Kamel Boukhalfa
Ladjel Bellatreche
Zaia ALIMAZIGHI

De la conception physique au tuning des entrepôts de données

Kamel Boukhalfa
Ladjel Bellatreche
Zaia ALIMAZIGHI

De la conception physique au tuning des entrepôts de données

Approches d'Optimisation et Outil d'Administration

Presses Académiques Francophones

Impressum / Mentions légales
Bibliografische Information der Deutschen Nationalbibliothek: Die Deutsche Nationalbibliothek verzeichnet diese Publikation in der Deutschen Nationalbibliografie; detaillierte bibliografische Daten sind im Internet über http://dnb.d-nb.de abrufbar.
Alle in diesem Buch genannten Marken und Produktnamen unterliegen warenzeichen-, marken- oder patentrechtlichem Schutz bzw. sind Warenzeichen oder eingetragene Warenzeichen der jeweiligen Inhaber. Die Wiedergabe von Marken, Produktnamen, Gebrauchsnamen, Handelsnamen, Warenbezeichnungen u.s.w. in diesem Werk berechtigt auch ohne besondere Kennzeichnung nicht zu der Annahme, dass solche Namen im Sinne der Warenzeichen- und Markenschutzgesetzgebung als frei zu betrachten wären und daher von jedermann benutzt werden dürften.

Information bibliographique publiée par la Deutsche Nationalbibliothek: La Deutsche Nationalbibliothek inscrit cette publication à la Deutsche Nationalbibliografie; des données bibliographiques détaillées sont disponibles sur internet à l'adresse http://dnb.d-nb.de.
Toutes marques et noms de produits mentionnés dans ce livre demeurent sous la protection des marques, des marques déposées et des brevets, et sont des marques ou des marques déposées de leurs détenteurs respectifs. L'utilisation des marques, noms de produits, noms communs, noms commerciaux, descriptions de produits, etc, même sans qu'ils soient mentionnés de façon particulière dans ce livre ne signifie en aucune façon que ces noms peuvent être utilisés sans restriction à l'égard de la législation pour la protection des marques et des marques déposées et pourraient donc être utilisés par quiconque.

Coverbild / Photo de couverture: www.ingimage.com

Verlag / Editeur:
Presses Académiques Francophones
ist ein Imprint der / est une marque déposée de
OmniScriptum GmbH & Co. KG
Heinrich-Böcking-Str. 6-8, 66121 Saarbrücken, Deutschland / Allemagne
Email: info@presses-academiques.com

Herstellung: siehe letzte Seite /
Impression: voir la dernière page
ISBN: 978-3-8416-2015-6

Copyright / Droit d'auteur © 2013 OmniScriptum GmbH & Co. KG
Alle Rechte vorbehalten. / Tous droits réservés. Saarbrücken 2013

Remerciements

J'exprime tout d'abord tous mes remerciements à mon directeur de thèse, M. Ladjel BELLATRECHE, qui m'a donné une grande chance de travailler dans un domaine de recherche passionnant. Son soutien, ses conseils, ses encouragements ainsi que ses remarques très pointues m'ont certainement permis de mener à bien mon travail de thèse. Je remercie également son épouse pour son accueil et sa relecture des différents papiers entrant dans le cadre de ma thèse. Je remercie Pr. Guy PIERRA pour son accueil au sein du laboratoire, ses encouragements et ses remarques qui m'ont permis de bien cadrer mon travail. J'apprécie aussi ses qualités humaines hors du commun. Je remercie aussi Pr. Zaia ALIMAZIGHI qui m'a aidé à effectuer ma thèse à Poitiers et qui n'a jamais cessé de me soutenir.

Je tiens aussi à remercier Pr. Jérôme DARMONT et Pr. Arnaud GIACOMETTI qui m'ont fait l'honneur de porter intérêt à ma thèse et d'en être les rapporteurs. Je remercie également Pr. Zohra BELLAHSENE, Pr. Zaia ALIMAZIGHI et Pr. Pascal RICHARD d'avoir accepté d'être les examinateurs de ce travail.

Un remerciement particulier à Pr. Yamine AIT AMEUR qui était toujours disponible pour m'apporter son aide. Ses conseils m'ont été très utiles scientifiquement et humainement. Je remercie Pr. Pascal RICHARD et Mlle Sybille CAFFIAU pour leur collaboration qui a donné un grand apport à mon travail.

Je remercie toutes les personnes qui ont contribué à l'élaboration de ce travail notamment Mohand Saïd OUSSAÏDANE pour sa relecture et ses corrections du manuscrit et Saïd MEDJBER qui s'est chargé de la saisie d'une bonne partie de la thèse. Je souhaite adresser mes remerciements à tous les membres de l'équipe IDD qui ont facilité mon intégration au LISI, notamment Idir, Stéphane, Chimène, Hondjack, Dung, Nabil, David et Michel. Un remerciement particulier à Loé, Idir, Ahmed, Chaker, Nadia et Ahlem avec lesquels j'ai partagé des moments inoubliables. Je n'oublie pas Loé (le gentleman), Nasser, Rafik, Omar, Dilek, Ozgu, Mehdi, Jean-Claude, Dago, Guillaume, Eric, Dominique G., Annie G., Mikaël R., Claudine R., Frédéric C., Manu G., Karim T., Sadouanouan M., Chedlia C., Gayo D., Christian F., Valéry T., François D., Hung, Hieu.

Un très grand merci à mon épouse qui a supporté mon absence et éloignement durant de longues périodes et qui a fait beaucoup de sacrifices pour que ce travail se concrétise. Je remercie mes parents, beaux-parents, ma petite et grande famille pour leur soutien qui m'a bien soulagé dans des moments très difficiles.

Enfin, je remercie certaines personnes que j'ai rencontrées un peu partout et avec lesquelles j'ai partagé certaines passions. Merci à mes amis : Kamel, Hichem, Abdeselem, Patrice, Jean-Alain, Michèle, Onzo, Bachir, Raghda, Hamid, Djamel, Ryadh et aux membres du blog Tablat, ma ville notamment Djamel, Ayman, Rachid et Hamid.

Merci à tous ceux qui ont participé de près ou de loin à l'aboutissement de ce travail.

Kamel

A ...
Djida, Zayd et la mémoire de Obeida.

Table des matières

Table des figures	ix

Chapitre 1 Introduction Générale

1.1	Contexte	1
1.2	Objectifs et contributions	2
1.3	Organisation de la thèse	4

Chapitre 2 État de l'Art — 5

2.1	Introduction	5
2.2	Architecture et modélisation des entrepôts de données	6
	2.2.1 Architecture d'un entrepôt de données	6
	2.2.2 Modélisation d'un entrepôt de données	8
	2.2.2.1 Systèmes MOLAP	9
	2.2.2.2 Systèmes ROLAP	9
	2.2.2.2.1 Schéma en étoile	10
	2.2.2.2.2 Schéma en flocon de neige	10
	2.2.2.2.3 Schéma en constellation	10
2.3	La conception physique des entrepôts de données	11
	2.3.1 Techniques d'optimisation redondantes	12
	2.3.1.1 Les index	12
	2.3.1.1.1 Techniques d'indexation	13
	2.3.1.1.1.1 Index B-arbre	13
	2.3.1.1.1.2 Index de projection	13
	2.3.1.1.1.3 Index de hachage	14
	2.3.1.1.1.4 Index binaire (*bitmap index*)	14
	2.3.1.1.1.5 Index de jointure	16
	2.3.1.1.1.6 Index de jointure en étoile	17

Table des matières

- 2.3.1.1.1.7 Index de jointure binaire (*bitmap join index*) 17
- 2.3.1.1.1.8 Index de jointure de dimension 20
- 2.3.1.1.2 Problème de sélection des index 20
  - 2.3.1.1.2.1 Travaux de Chaudhuri 22
  - 2.3.1.1.2.2 Travaux de Frank et al. 23
  - 2.3.1.1.2.3 Travaux de Whang 24
  - 2.3.1.1.2.4 Travaux de Gundem 24
  - 2.3.1.1.2.5 Travaux de Golfarelli 25
  - 2.3.1.1.2.6 Travaux de Aouiche 27
  - 2.3.1.1.2.7 Travaux de Bellatreche et al. 30
- 2.3.1.1.3 Bilan et discussion 31
- 2.3.1.2 Vues matérialisées 32
  - 2.3.1.2.1 La sélection des vues matérialisées 32
  - 2.3.1.2.2 La maintenance des vues matérialisées 34
  - 2.3.1.2.3 Similarité entre les index et les vues 34
- 2.3.2 Techniques d'optimisation non redondantes 35
  - 2.3.2.1 La fragmentation horizontale primaire et dérivée 35
    - 2.3.2.1.1 Évolution de la fragmentation horizontale 36
    - 2.3.2.1.2 Mode Simple 38
    - 2.3.2.1.3 Mode Composé 42
    - 2.3.2.1.4 Le mode Référence pour la fragmentation dérivée . 43
    - 2.3.2.1.5 Règles de correction de la FH 43
    - 2.3.2.1.6 Problème de sélection d'un schéma de FH 44
    - 2.3.2.1.7 Algorithmes de sélection d'un schéma de FH ... 45
  - 2.3.2.2 Bilan et discussion 49
- 2.4 Sélection multiple des techniques d'optimisation 50
  - 2.4.1 Sélection séquentielle 51
  - 2.4.2 Sélection conjointe 52
    - 2.4.2.1 Résolution du problème de sélection conjointe 53
      - 2.4.2.1.1 Sélection des vues matérialisées et d'index 54
      - 2.4.2.1.2 Sélection de la FH et la FV 55
      - 2.4.2.1.3 Sélection de la FH, des index et du TP 56
      - 2.4.2.1.4 Sélection des vues, des index et de la FH 57
  - 2.4.3 Bilan et discussion 60
- 2.5 Le tuning des bases et entrepôts de données 61

	2.5.1	A quel moment faut-il tuner ?	62

- 2.5.1 A quel moment faut-il tuner ? 62
- 2.5.2 Le tuning dans les SGBD commerciaux 62
  - 2.5.2.1 Microsoft SQL Server 63
  - 2.5.2.2 IBM DB2 64
  - 2.5.2.3 Oracle 11g 64
- 2.5.3 Les outils d'aide à l'administration et au tuning 65
  - 2.5.3.1 Outil WARLOCK 66
  - 2.5.3.2 Oracle SQL Acces Advisor 67
  - 2.5.3.3 DB2 Design Advisor 69
  - 2.5.3.4 Microsoft Database Tuning Advisor 70
  - 2.5.3.5 Bilan et discussion 72
- 2.6 Conclusion 73

Chapitre 3 Sélection Isolée : La FH Primaire et Dérivée   74

- 3.1 Introduction 74
- 3.2 Les avantages de la fragmentation horizontale 75
  - 3.2.1 Fragmenter pour améliorer la performance 77
    - 3.2.1.1 Améliorations apportées par la fragmentation primaire ... 77
    - 3.2.1.2 Améliorations apportées par la fragmentation dérivée ... 77
  - 3.2.2 Fragmenter pour améliorer la facilité de gestion 79
  - 3.2.3 Fragmenter pour améliorer la disponibilité 79
- 3.3 La fragmentation horizontale pour les entrepôts de données relationnels .. 80
  - 3.3.1 Scénario 1, fragmentation primaire des TD 80
  - 3.3.2 Scénario 2, fragmentation primaire de la TF 81
  - 3.3.3 Scénario 3, fragmentation primaire des TD et de la TF 82
  - 3.3.4 Scénario 4, fragmentation primaire des TD et dérivée de la TF ... 82
  - 3.3.5 Bilan et discussion 83
- 3.4 Démarche de fragmentation d'un entrepôt de données relationnel 84
  - 3.4.1 Préparation de la fragmentation 85
    - 3.4.1.1 Extraction des prédicats de sélection 86
    - 3.4.1.2 Identification des tables de dimensions candidates 86
    - 3.4.1.3 Génération d'un ensemble de prédicats complet et minimal 86
    - 3.4.1.4 Découpage du domaine de chaque attribut en sous-domaines 88
    - 3.4.1.5 La sélection d'un schéma de fragmentation 90
      - 3.4.1.5.1 La génération des schémas de fragmentation ... 90
      - 3.4.1.5.2 L'évaluation de chaque schéma 91

Table des matières

	3.4.1.5.3 La sélection du meilleur schéma	91
	3.4.1.6 Fragmentation des tables de dimension	91
	3.4.1.7 Fragmentation dérivée de la table des faits	92
3.5	Problème de sélection d'un schéma de fragmentation horizontale	94
	3.5.1 Formalisation	96
	3.5.2 Étude de complexité	96
	3.5.2.1 NP-Complétude du problème de FHD	98
	3.5.2.2 Nombre de schémas de fragmentation possibles	100
	3.5.2.3 Bilan et discussion	100
	3.5.3 Modèle de coût	101
	3.5.3.1 Pourquoi un modèle de coût ?	101
	3.5.3.2 Nos hypothèses	102
	3.5.3.2.1 Coût d'exécution	103
	3.5.3.2.2 Type de requêtes prises en compte	103
	3.5.3.2.3 Ordre et algorithme de jointure	104
	3.5.3.2.4 Paramètres de notre modèle de coût	106
	3.5.3.3 Taille des résultats intermédiaires	107
	3.5.3.4 Coût d'une requête sur un schéma non fragmenté	107
	3.5.3.5 Coût d'une requête sur un schéma fragmenté	108
	3.5.3.5.1 Identification des sous-schémas valides	110
	3.5.3.5.2 Exécution de la requête sur les sous-schémas valides	112
	3.5.3.5.2.1 Correspondance requête-fragment	113
	3.5.3.5.2.2 Identification des jointures à effectuer : . . .	114
	3.5.3.5.3 Effectuer l'union des résultats	114
3.6	Conclusion	115

Chapitre 4 La FH : Algorithmes de sélection et Validation   116

4.1	Introduction	116
4.2	Méta-heuristiques pour la sélection d'un schéma de fragmentation horizontale	117
	4.2.1 Mécanisme de codage d'un schéma de fragmentation	119
	4.2.1.1 Principe	119
	4.2.1.2 Problème de multi-instanciation	121
	4.2.1.3 Partitionner un ensemble et les FCR	122
	4.2.1.4 Génération d'un schéma de FH à partir d'un codage	124
	4.2.1.4.1 Génération des fragments de dimension	124
	4.2.1.4.2 Génération des fragments de faits	125

		4.2.2	Algorithme d'affinité 126

- 4.2.2 Algorithme d'affinité 126
    - 4.2.2.1 Adaptation de *Algo_Navathe* pour la FH 126
    - 4.2.2.2 Bilan 130
- 4.2.3 Algorithme de Hill Climbing 130
    - 4.2.3.1 Solution initiale 131
    - 4.2.3.2 Mouvements effectués pour améliorer la solution 131
        - 4.2.3.2.1 La fonction *Merge* 131
        - 4.2.3.2.2 La fonction *Split* 132
    - 4.2.3.3 Choix de l'ordre d'application des deux fonctions : ... 132
    - 4.2.3.4 Choix de l'attribut subissant le mouvement : 133
    - 4.2.3.5 Choix des partitions : 134
    - 4.2.3.6 Bilan 136
- 4.2.4 Algorithme Recuit Simulé 138
    - 4.2.4.1 Principe 138
    - 4.2.4.2 Fonction objectif 139
    - 4.2.4.3 La fonction de transformation 140
    - 4.2.4.4 Paramètres du RS 140
    - 4.2.4.5 Bilan 141
- 4.2.5 Algorithme Génétique 142
    - 4.2.5.1 Principe 143
    - 4.2.5.2 Fonction objectif 144
    - 4.2.5.3 Génération de la population initiale 145
    - 4.2.5.4 Sélection 147
    - 4.2.5.5 Croisement 147
    - 4.2.5.6 Mutation 148
- 4.2.6 Bilan 149
- 4.3 Évaluation de performance des trois algorithmes 150
    - 4.3.1 L'entrepôt de données 150
    - 4.3.2 Charge de requêtes 151
    - 4.3.3 Comparaison 151
        - 4.3.3.1 Paramètres de AG 151
        - 4.3.3.2 Paramètres de RS 152
        - 4.3.3.3 Expériences 153
    - 4.3.4 Bilan 156
- 4.4 Validation sous Oracle 10g 157

Table des matières

      4.4.1 Architecture d'implémentation 157

            4.4.1.1 Une technique d'implémentation de la FHP 158

            4.4.1.2 Une technique d'implémentation de la FHD 159

            4.4.1.3 Réécriture des requêtes 161

      4.4.2 Implémentation sous Oracle 10g 162

            4.4.2.1 Chargement de l'entrepôt 162

            4.4.2.2 Exécution des requêtes 162

4.5 Conclusion 163

Chapitre 5 Sélection Isolée : Les Index de Jointure Binaires   165

5.1 Introduction 165

5.2 Stratégie d'exécution en présence des IJB 166

5.3 Problème de sélection des index de jointure binaires 168

      5.3.1 Formalisation 168

      5.3.2 Complexité 169

5.4 Modèle de coût 170

      5.4.1 Coût de stockage d'un IJB 170

      5.4.2 Coût d'exécution 170

5.5 Approche de sélection d'index de jointure binaires 171

      5.5.1 Sélection d'une configuration d'index mono-attributs 172

      5.5.2 Sélection d'une configuration d'index multi-attributs 173

            5.5.2.1 Représentation d'une configuration d'index 174

            5.5.2.2 Identification des attributs indexables 174

            5.5.2.3 Construction d'une configuration par requête 174

            5.5.2.4 Construction d'une configuration initiale 176

            5.5.2.5 Construction d'une configuration finale 176

5.6 Expériences 179

      5.6.1 Evaluation 179

      5.6.2 Validation sous Oracle 10g 182

5.7 Conclusion 184

Chapitre 6 Sélection Multiple de Schémas de Fragmentation et d'IJB   186

6.1 Introduction 186

      6.1.1 Similarité entre la FHD et les IJB : Exemple de motivation 188

            6.1.1.1 Fragmentation seule de l'entrepôt(FHSEULE) 188

            6.1.1.2 Indexation seule de l'entrepôt (IJBSEULE) 190

	6.1.2	Similitudes entre la FHD et les IJB 190
		6.1.2.1 Amélioration de la performance 191
		6.1.2.2 Optimisation des sélections et des jointures 192
		6.1.2.3 Partage des attributs de sélection 192
	6.1.3	Différences entre la FHD et les IJB 193
	6.1.4	Complémentarité entre la FHD et les IJB 194
6.2	Sélection conjointe d'un schéma de FH et d'une configuration d'IJB 198
	6.2.1	Formalisation du problème 198
	6.2.2	Approche de sélection conjointe de la FHD et des IJB 199
		6.2.2.1 Principe de l'approche 199
		6.2.2.1.1 Élagage de l'espace de recherche des IJB 199
		6.2.2.1.2 Réduction de la charge de requêtes 200
		6.2.2.2 Étapes de l'approche 202
		6.2.2.2.1 Énumération des attributs de sélection 203
		6.2.2.2.2 Génération d'un ensemble minimal et complet . . 203
		6.2.2.2.3 Sélection d'un schéma de fragmentation 203
		6.2.2.2.4 Identification des requêtes bénéficiaires 204
		6.2.2.2.5 Identification des attributs candidats à l'indexation 205
		6.2.2.2.6 Sélection d'une configuration d'index 205
		6.2.2.3 Modèles de coût 205
		6.2.2.4 L'utilisation de l'approche pour le tuning 206
	6.2.3	Bilan et discussion 208
6.3	Expérimentation 209
	6.3.1	Évaluation 210
	6.3.2	Validation sous Oracle 10g 212
		6.3.2.1 Architecture de notre implémentation 213
		6.3.2.1.1 Module de sélection des IJB (MSIJB) 213
		6.3.2.1.2 Module de réécriture 214
		6.3.2.2 Résultats sous Oracle 216
6.4	Conclusion 216

Chapitre 7 ParAdmin : Outil d'aide à l'administration et le tuning   218

7.1	Introduction 218
7.2	Difficultés liées à l'administration d'un entrepôt de données 220
	7.2.1 Choix des techniques d'optimisation 221
	7.2.2 Le choix de la nature de la sélection 221

Table des matières

        7.2.3   Choix et paramétrage des algorithmes de sélection 221
        7.2.4   Choix des attributs et tables candidats 222
        7.2.5   Bilan des difficultés 223
  7.3   Conception et réalisation de l'outil d'assistance ParAdmin 224
        7.3.1   Analyse des besoins 224
                7.3.1.1   Techniques d'optimisation supportées 225
                        7.3.1.1.1   Fragmentation horizontale primaire et dérivée . . . 225
                        7.3.1.1.2   Les index de jointure binaires 225
                7.3.1.2   Modes de sélection supportés 225
                7.3.1.3   Algorithmes supportés 226
                7.3.1.4   Besoin de tuning de l'entrepôt 227
                7.3.1.5   Besoin de personnalisation de l'administration 227
        7.3.2   Conception 228
                7.3.2.1   Objectifs 228
                7.3.2.2   Modèles de tâches pour la conception de ParAdmin 229
                7.3.2.3   Architecture fonctionnelle de ParAdmin 230
        7.3.3   Implémentation et Validation 233
                7.3.3.1   La visualisation de l'état de l'entrepôt 235
                7.3.3.2   Le partitionnement de l'entrepôt 235
                7.3.3.3   La tâche d'indexation 238
  7.4   Conclusion 239

Chapitre 8 Conclusion et perspectives	**241**

  8.1   Contributions 241
        8.1.1   Sélection d'un schéma de fragmentation horizontale 241
        8.1.2   Sélection d'une configuration d'index de jointure binaires 241
        8.1.3   Combinaison des techniques d'optimisation pour le tuning des ED . 242
        8.1.4   Développement d'outil d'aide à la conception physique et au tuning . 242
  8.2   Perspectives 242

Glossaire	**245**

Bibliographie	**246**

Table des figures

2.1	Architecture d'un entrepôt de données	7
2.2	Un exemple de cube de données	8
2.3	Représentation sous forme de tableau multidimensionnel	9
2.4	Schéma en étoile	10
2.5	Schéma en flocon de neige	11
2.6	Classification des techniques d'optimisation	12
2.7	Index B-arbre	13
2.8	Index de projection	14
2.9	Index de hachage	14
2.10	Index binaire	15
2.11	Index de jointure	16
2.12	Index de jointure binaire	18
2.13	Approche générique de sélection d'index	21
2.14	Architecture de l'outil de sélection d'index IST	22
2.15	Architecture de fonctionnement de l'approche de Golfareli	26
2.16	Architecture de fonctionnement de l'approche de Aouiche	27
2.17	Génération des motifs fréquents par l'algorithme CLOSE	29
2.18	Exemple d'une fragmentation primaire et dérivée	35
2.19	Évolution de la fragmentation horizontale sous Oracle	38
2.20	Classification des modes de fragmentation primaire	38
2.21	Types de fragmentation simple	39
2.22	Fragmentation RANGE	39
2.23	La fragmentation par HASH	41
2.24	La fragmentation par LIST	41
2.25	Mode composé	42
2.26	Exemple du mode composé RANGE-LIST	43
2.27	Modes de fragmentation par référence	44
2.28	Approche basée sur les prédicats	45
2.29	Approche basée sur les affinités	46
2.30	Approche basée sur un modèle de coût	48
2.31	Modes de sélection des techniques d'optimisation	51
2.32	Approche de sélection séquentielle	52

Table des figures

2.33	Approche de sélection conjointe	52
2.34	Architecture de fonctionnement de l'approche de Aouiche et al.	54
2.35	Principales étapes de l'algorithme AutoPart	55
2.36	Architecture de l'outil Microsoft DTA	58
2.37	Architecture d'administration centrée administrateur	65
2.38	Architecture d'administration centrée outil	66
2.39	Architecture de l'outil Warlock	68
2.40	Architecture de l'outil Oracle Advisor	69
2.41	Architecture de l'outil DB2 Advisor	70
3.1	Schéma en étoile de l'entrepôt	76
3.2	Population de l'entrepôt de données	76
3.3	Effet de la fragmentation primaire sur l'exécution des requêtes	78
3.4	Effet de la fragmentation dérivée sur l'exécution des requêtes	78
3.5	Scenarii de fragmentation	81
3.6	Démarche de fragmentation	85
3.7	Découpage des domaines en sous-domaines	90
3.8	Exemple d'un schéma en étoile fragmenté	93
3.9	Tables de dimension fragmentées	109
3.10	Fragments de faits	110
4.1	Classification des principales méta-heuristiques	118
4.2	Codage d'un schéma de fragmentation	120
4.3	Deux codes du même schéma de fragmentation	121
4.4	Exemple de renumérotation de deux codages équivalents	123
4.5	Exemple de codage	124
4.6	Matrice d'usage des sous-domaines de l'attribut Ville	128
4.7	Matrice d'affinité des sous-domaines	129
4.8	Application de l'algorithme d'affinité	130
4.9	Application des fonctions Merge et Split	132
4.10	Exemple de croisement	148
4.11	Exemple de mutation d'un individu	149
4.12	Schéma de l'entrepôt	150
4.13	Taux de réduction du coût d'exécution par algorithme	152
4.14	Effet de W	153
4.15	Etude de l'impact du buffer	153
4.16	Effet de la taille des TD	154
4.17	Effet du nombre de prédicats	154
4.18	Temps d'exécution de chaque algorithme	155
4.19	Choix et nombre de tables de dimension	155
4.20	Choix des attributs de la table *Timelevel*	155
4.21	Effet du nombre d'attributs de fragmentation de chaque table	155

4.22	Architecture de notre implémentation	157
4.23	Résultats sous Oracle	157
4.24	Implémentation de la fragmentation primaire	158
4.25	Implémentation de la fragmentation dérivée	160
4.26	Création et chargement de l'entrepôt issu du banc d'essais Apb-1	163
5.1	Exécution d'une requête en utilisant trois IJB	168
5.2	Architecture de notre approche de sélection d'IJB mono-attribut	172
5.3	Exemple d'une configuration d'IJB	174
5.4	Exemple de génération d'une configuration initiale	175
5.5	Architecture de notre approche de sélection d'IJB multi-attribut	178
5.6	Comparaison de performance en fonction de l'espace stockage	180
5.7	Nombre d'attributs indexables vs performance	180
5.8	Effet de *minsup* sur la performance de DM	181
5.9	Effet de *minsup* sur la taille de la configuration sélectionnée par DM	181
5.10	Nombre de tables de dimension vs performance	181
5.11	Cardinalité vs performance	181
5.12	Temps d'exécution des requêtes sous Oracle	184
5.13	Pourcentage de réduction du coût d'exécution	184
6.1	Le sous-schéma en étoile contenant le fragment $Ventes\_PBJ$	190
6.2	L'index de jointure binaire IJB_VMT_bjix	191
6.3	Scenarii de fragmentation des index et des tables indexées	196
6.4	Exemple de sélection conjointe	198
6.5	Notre approche conjointe	202
6.6	Effet de λ et W sur les choix d'optimisation	207
6.7	FHSEULE vs IJBSEULS(S)	210
6.8	IJBSEULS vs FHSEULE(W)	211
6.9	Comparaison des trois approches	211
6.10	Effet de S sur notre approche	212
6.11	Effet de λ HP&IJB	212
6.12	Architecture de notre implémentation	213
6.13	Plan d'exécution sans Hint	215
6.14	Plan d'exécution avec Hint	215
6.15	Validation sous Oracle 10g	215
7.1	La conception physique	218
7.2	Répartition de l'effort de l'administrateur	219
7.3	Choix effectués par l'administrateur	222
7.4	Le modèle des cas d'utilisation de ParAdmin	229
7.5	Edition d'une tâche dans K-MADe	231
7.6	Modèle de tâches de la fragmentation de l'entrepôt	231
7.7	Production d'un scénario dans K-MADe	232

Table des figures

7.8	Architecture générale du fonctionnement de *ParAdmin*	233
7.9	Interface globale de l'outil ParAdmin	234
7.10	Visualisation des tables de l'entrepôt	236
7.11	Visualisation de la charge de requête	236
7.12	Choix et configuration des algorithmes	236
7.13	Fragmentation non personnalisée	236
7.14	Qualité du schéma de fragmentation sélectionné	237
7.15	Attributs de fragmentation	237
7.16	Personnalisation de la fragmentation	238
7.17	Qualité du schéma issu de la fragmentation personnalisée	238
7.18	Génération des scripts et réécriture des requêtes	238
7.19	Recommandations d'indexation dans IJBSEULS	238
7.20	Personnalisation de l'indexation	239
7.21	Recommandation d'indexation dans HP&IJB	239

Chapitre 1

Introduction Générale

1.1 Contexte

L'informatique décisionnelle a connu et connaît aujourd'hui encore un essor important. Elle permet l'exploitation des données d'une organisation dans le but de faciliter la prise de décision. Les systèmes décisionnels manipulent de très importants volumes de données stockées dans des entrepôts de données. Ces derniers sont alimentés par des données provenant de sources distribuées et hétérogènes. Les entrepôts de données sont très souvent modélisés par un schéma en étoile. Ce schéma est caractérisé par une table de faits de très grande taille (allant de quelques gigaoctets à plusieurs tera-octets) liée à un ensemble de tables de dimension de plus petite taille. La table des faits contient les clés étrangères des tables de dimension ainsi qu'un ensemble de mesures collectées durant l'activité de l'organisation. Les tables de dimension contiennent des données qualitatives qui représentent des axes sur lesquels les mesures ont été collectées. Les requêtes définies sur un schéma en étoile (connues par *requêtes de jointure en étoile*) sont caractérisées par des opérations de sélection sur les tables de dimension, suivies de jointures avec la table des faits. Aucune jointure n'existe entre les tables de dimension. Toute jointure doit passer par la table des faits, ce qui rend le coût d'exécution de ces requêtes très important. Sans technique d'optimisation, leur exécution peut prendre des heures, voire des jours.

Pour optimiser ces requêtes, l'administrateur est amené à effectuer deux tâches importantes : *la conception physique* et *le tuning*. Durant la conception physique, l'administrateur choisit un ensemble de techniques d'optimisation à sélectionner de manière isolée ou combinée. La phase de tuning consiste à régler l'utilisation de ces techniques suite aux évolutions survenues sur l'entrepôt de données afin d'éviter la dégradation des performances. Plusieurs techniques ont été proposées pour optimiser les requêtes de jointure en étoile. Ces techniques appartiennent à deux catégories : redondantes comme les index et les vues matérialisées et non redondantes comme la fragmentation horizontale et le traitement parallèle. Dans le cadre de cette thèse, nous nous intéressons à une technique par catégorie, à savoir la fragmentation horizontale (technique non redondante) et les index de jointure binaires (technique redondante).

Chapitre 1. Introduction Générale

La fragmentation horizontale consiste à décomposer une table, vue ou index en plusieurs ensembles de lignes indépendamment manipulables. Deux modes de fragmentation horizontale sont possibles : primaire et dérivée. La fragmentation primaire décompose une table en fonction de ses attributs. La fragmentation dérivée décompose une table en fonction des attributs d'une autre table. La fragmentation horizontale a connu une évolution importante durant ces dernières années. Utilisée au début des années 80 pour la conception logique des bases de données réparties, elle est devenue une technique incontournable pour la conception physique des bases et entrepôts de données. La plupart des éditeurs des SGBD l'ont adoptée.

Les techniques d'indexation ont été largement étudiées et constituent une option très importante pour la phase de conception physique des bases de données traditionnelles. L'indexation dans le contexte d'entrepôt de données est un enjeu important dû au grand volume de données manipulées et au nombre d'attributs candidats qui peut être aussi très grand. La plupart des travaux proposés considère les index définis sur une seule table. Les index de jointure binaires sont des index multi-tables proposés pour optimiser les requêtes de jointure en étoile. Ils permettent de pré-calculer les jointures entre la table des faits et les tables de dimension. Ils sont définis sur la table des faits en utilisant des attributs d'une ou de plusieurs tables de dimension. Ils sont très adaptés pour les attributs ayant une faible cardinalité (nombre de valeurs distinctes).

Les deux techniques précédemment citées sont sélectionnées d'une manière indépendante, bien qu'elles présentent une forte similarité concernant l'optimisation des sélections et de jointures.

Les entrepôts de données ont accordé plus d'importance à la conception physique, vu le nombre important de techniques d'optimisation que l'administrateur doit sélectionner. Compte tenu de cette importance, la nécessité de développer des outils d'administration assistant les administrateurs dans leur tâche devient primordiale. Ces outils doivent fournir à l'administrateur un ensemble de recommandations concernant les techniques d'optimisation et les ressources utilisées par ces dernières.

1.2 Objectifs et contributions

L'objectif principal de ce travail consiste à proposer un ensemble de méthodes d'optimisation et de gestion d'un entrepôt de données relationnel modélisé par un schéma en étoile. Ces méthodes comprennent trois techniques d'optimisation, à savoir la fragmentation horizontale primaire des tables de dimension, la fragmentation dérivée de la table des faits et les index de jointure en étoile définis entre les tables de dimension et la table des faits. Un outil d'administration assistant les concepteurs dans leurs tâches fait également partie de nos objectifs. Plus concrètement, les méthodes d'optimisation proposées s'articulent autour de quatre grands axes :

1. Proposition d'une approche de sélection d'un schéma de fragmentation horizontale d'un entrepôt de données relationnel.

1.2. Objectifs et contributions

2. Proposition d'une approche de sélection d'un ensemble d'index de jointure binaires.

3. Proposition d'une approche de sélection multiple d'un schéma de fragmentation horizontale et d'un ensemble d'index de jointure binaires.

4. Développement d'un outil d'aide à l'administration de la conception physique et de tuning des entrepôts de données.

La fragmentation horizontale a été largement étudiée dans le contexte des bases de données traditionnelles (relationnelles, objets). Les algorithmes de fragmentation horizontale proposés alors consistaient à fragmenter une seule table d'un schéma d'une base de données. Ces derniers ne permettaient pas aux concepteurs de contrôler le nombre de fragments générés. Ce nombre qui peut être très important, rend la gestion de l'entrepôt complexe. Dans un entrepôt de données, la fragmentation doit concerner les tables de dimension et la table des faits afin d'optimiser les requêtes de jointure en étoile qui contiennent des opérations de sélection sur les tables de dimension et des jointures entre ces dernières et la table des faits. Notre approche permet de fragmenter un schéma d'un entrepôt de données en un ensemble de fragments et offre aux concepteurs la possibilité de contrôler le nombre de ces fragments.

Le problème de sélection des index a été largement étudié dans la littérature, spécialement pour les index définis sur une seule table. Dans les entrepôts de données, pour optimiser les requêtes de jointure en étoile, les index doivent concerner les tables de dimension et la table des faits (appelés des index de jointure binaires). Peu de travaux ont été réalisés sur la sélection des index de jointure binaires. Pour pallier cette limite, nous proposons dans le cadre de cette thèse une approche de sélection d'index de jointure binaires basée sur un algorithme glouton.

La sélection séparée ou isolée de la fragmentation horizontale et les index de jointure ne permettent pas d'exploiter les similarités existantes entre ces deux techniques. Dans le cadre de cette thèse, nous avons identifié une forte similarité entre la fragmentation horizontale dérivée et les index de jointure en étoile. Cette similarité nous a permis de proposer une approche multiple de sélection d'un schéma de fragmentation horizontale et un ensemble d'index de jointure en étoile. Une caractéristique de cette approche est la possibilité d'être utilisée pour tuner un entrepôt de données.

Lors du développement des techniques d'optimisation avec leurs algorithmes, nous avons identifié un besoin crucial concernant le développement des outils d'administration des entrepôts de données. En examinant en détail les différentes tâches d'administration d'un concepteur ou administrateur d'un entrepôt, nous constatons qu'elles sont nombreuses : (a) le choix des techniques d'optimisation utilisées, (b) le mode de leur sélection (isolée ou multiple), (c) les algorithmes de sélection utilisés, (d) les tables de dimension à fragmenter, (e) les attributs à utiliser pour indexer et fragmenter, etc. Effectuer ces choix manuellement nécessite un temps d'administration non négligeable. Pour répondre à ce besoin d'administration, nous proposons à travers cette thèse un outil permettant d'aider l'administrateur dans ses tâches de conception physique et de tuning.

Chapitre 1. Introduction Générale

1.3 Organisation de la thèse

La thèse est organisée en huit chapitres. Le chapitre 2 présente un état de l'art portant sur l'optimisation physique des entrepôts de données relationnels, la conception physique et le tuning. Il en rappelle les principales techniques d'optimisation proposées dans la littérature et supportées par les principaux systèmes de gestion de bases de données (SGBD) commerciaux (vues matérialisées, index, fragmentation). Il se concentre principalement sur les travaux effectués pour la sélection des techniques d'optimisation, à savoir la fragmentation des données et les techniques d'indexation. Pour chaque technique d'optimisation, nous détaillons le processus de sa sélection et quelques algorithmes principaux, nous montrons ensuite les avantages et les insuffisances des techniques de sélection proposées. Cette analyse nous permettra de proposer une classification des techniques d'optimisation existantes. Nous détaillons également la sélection multiple permettant aux administrateurs/concepteurs de sélectionner plus qu'une technique d'optimisation. Un aperçu sur les outils d'administration développés par les SGBD commerciaux est également présenté.

Le chapitre 3 expose le problème de la sélection d'un schéma de fragmentation horizontale. La fragmentation horizontale est une technique d'optimisation non redondante. Une formalisation du problème ainsi qu'une étude de complexité sont proposés. Il aborde par la suite notre approche de fragmentation horizontale dans les entrepôts de données relationnels.

Le chapitre 4 propose trois algorithmes de sélection offrant une solution quasi-optimale au problème de partitionnement : hill climbing, génétique et recuit simulé. Une expérience intensive est effectuée, en utilisant, dans un premier temps un modèle de coût théorique et en le validant ensuite sur le SGBD Oracle en utilisant les données d'un banc d'essais.

Le chapitre 5 présente une étude du problème de sélection d'une configuration d'index de jointure binaires qui est une technique d'optimisation redondante. Il propose une formalisation du problème et une approche de sélection. Cette dernière repose sur un algorithme glouton qui permet d'abord de sélectionner une configuration initiale, ensuite l'améliorer afin de réduire le coût d'exécution d'un ensemble de requêtes et de satisfaire une contrainte d'espace de stockage. Plusieurs stratégies d'amélioration ont été proposées. Deux validations théoriques et réelles sur Oracle 10g sont décrites.

Le chapitre 6 présente une étude de similarité entre la fragmentation horizontale dérivée et les index de jointure binaires. A l'issue de cette étude, il propose une nouvelle approche permettant de combiner les deux techniques. Sa principale caractéristique est qu'elle utilise la fragmentation horizontale pour réduire la complexité du problème de sélection des index de jointure binaire. Cette approche peut être utilisée pour le tuning d'un entrepôt de données.

Le chapitre 7 présente l'outil que nous avons développé afin d'assister l'administrateur dans ses tâches de conception physique et de tuning. Les principales fonctionnalités de l'outil sont présentées à travers une utilisation sur un entrepôt issu d'un banc d'essais.

Le chapitre 8 présente les conclusions générales de ce travail et esquisse diverses perspectives.

Chapitre 2

État de l'Art

2.1 Introduction

Pour faire face aux nouveaux enjeux dus aux effets de la mondialisation et la rude concurrence, l'entreprise doit collecter, traiter, analyser les informations de son environnement pour anticiper et rester concurrente. L'entreprise manipule et stocke une multitude de données au sein de plusieurs applications. Ces données se trouvent dans différentes sources hétérogènes, distribuées et autonomes. Elles peuvent aussi être structurées, semi-structurées ou non structurées et stockées sous plusieurs formes : relationnelles, objets, texte, XML, HTML, fichiers, etc. Ces données sont utilisées quotidiennement et sont souvent inappropriées pour des besoins de prise de décision. Il devient alors fondamental de rassembler et d'homogénéiser les données afin de permettre l'analyse des indicateurs pertinents pour faciliter la prise de décision.

Afin de permettre l'exploitation et le partage des données de l'entreprise par les décideurs, les entrepôts de données ont été proposés. Bill Inmon [81] a donné la définition suivante : " *Un entrepôt de données est une collection de données orientées sujet, intégrées, non volatiles, historisées et utilisées pour supporter un processus d'aide à la décision.* ". Une des caractéristiques des entrepôts de données est leur volume de données important qui peut atteindre quelques milliers de giga-octets (téraoctet).

Les entrepôts de données sont dédiés aux applications d'analyse et de prise de décision. Cette analyse est souvent réalisée par l'intermédiaire de requêtes complexes caractérisées par des opérations de sélections, de jointures et d'agrégations. Exécuter de telles requêtes sur un entrepôt volumineux nécessite un temps de réponse très élevé qui n'est pas acceptable par les décideurs qui exigent un temps de réponse raisonnable afin de répondre aux besoins décisionnels. Pour réduire ce dernier et satisfaire les besoins des décideurs, l'administrateur (ou le concepteur) de l'entrepôt est amené à faire une bonne conception physique, où il doit sélectionner un ensemble de techniques d'optimisation qu'il considère pertinent pour l'ensemble des besoins des décideurs (exprimés sous forme de requêtes). En explorant la littérature sur la conception physique, nous avons identifié une panoplie de techniques d'optimisation. On peut ainsi citer les vues matérialisées, les index avancés, la fragmentation, le traitement parallèle, la compression des données, etc. Pour chaque technique d'optimisation, un ensemble d'algorithmes peut être utilisé pour sélectionner une meilleure solution.

L'entrepôt de données évolue constamment. Cette évolution peut toucher trois aspects : (1) le schéma et le contenu des tables, (2) la taille des techniques d'optimisation déjà sélectionnées (l'ajout de données dans l'entrepôt de données peut rendre la taille d'un index très importante dépassant ainsi le quota de l'espace alloué) et (3) la charge des requêtes sur laquelle la sélection des techniques d'optimisation a été établie. Ces changements peuvent toucher les fréquences d'accès de ces requêtes, l'ajout, la suppression d'une ou plusieurs requêtes, etc. Cette évolution peut rendre les techniques d'optimisation sélectionnées obsolètes et peut détériorer les performances de l'entrepôt. Pour pallier ce problème, une phase de réglage des performances (*tuning*) de l'entrepôt est nécessaire. Cette phase vise à surveiller l'utilisation des techniques d'optimisation utilisées afin de réduire le coût d'exécution des requêtes définies sur l'entrepôt.

Durant les phases de conception physique et tuning, l'administrateur est amené à effectuer plusieurs choix concernant plusieurs niveaux : les techniques d'optimisation utilisées, la manière de leur sélection (isolée ou combinée), les algorithmes de sélection utilisés, les paramètres de ces algorithmes, etc. Le nombre important des choix rend les tâches de conception physique et tuning de plus en plus compliquées. Pour aider l'administrateur à bien assurer ces deux tâches, le développement d'outils d'assistance est nécessaire.

Nous présentons dans ce chapitre un état de l'art portant sur la conception physique, le tuning et les outils d'aide à l'administration. Il est organisé en six sections. La section 2 présente l'architecture et la modélisation des entrepôts de données. La section 3 décrit la phase de conception physique où nous détaillons les principales techniques d'optimisation utilisées, leurs problèmes de sélection ainsi que les principaux travaux étudiant ces techniques. La section 4 présente la sélection multiple des techniques d'optimisation où nous montrons ses différents modes ainsi que les principaux travaux qui la traitent. La section 5 présente la phase de tuning en insistant sur l'évolution du tuning ainsi que les principaux travaux dans ce domaine. Un état de l'art sur les outils d'administration et de tuning proposés pour aider l'administrateur dans ses tâches d'administration. La section 6 conclut ce chapitre.

2.2 Architecture et modélisation des entrepôts de données

Nous présentons dans cette section l'architecture générale d'un entrepôt de données et ce qui le différencie d'une base de données classique. Nous présentons ensuite les différents modèles pour représenter les entrepôts de données multidimensionnels et relationnels.

2.2.1 Architecture d'un entrepôt de données

L'entrepôt de données joue un rôle stratégique dans la vie d'une entreprise. Il stocke des données pertinentes aux besoins de prise de décision en provenance des systèmes opéra-

2.2. Architecture et modélisation des entrepôts de données

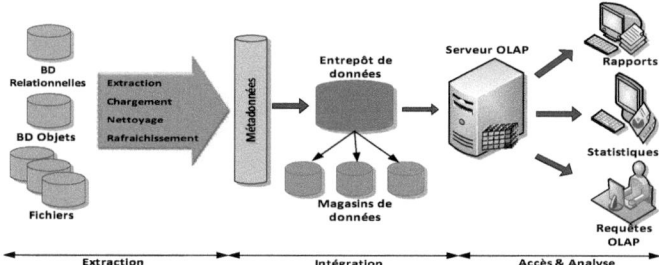

FIGURE 2.1 – Architecture d'un entrepôt de données

tionnels de l'entreprise et d'autres sources externes. A la différence d'une base de données classique supportant des requêtes transactionnelles de type OLTP (On-Line Transaction Processing), un entrepôt de données est conçu pour supporter des requêtes de type OLAP (On-Line Analytical Processing). L'interrogation est l'opération la plus utilisée dans le contexte d'entrepôt de données où la mise à jour consiste seulement à alimenter l'entrepôt. Le tableau 2.1 montre la différence entre un système opérationnel doté d'une base de données classique et un entrepôt de données.

	Systèmes opérationnels	Entrepôt de données
But	Exécution d'un processus métier	Evaluation d'un processus métier
Interaction avec l'utilisateur	Insertion, Modification, Interrogation, Suppression	Interrogation
Données	Courantes	Courantes et Historiques
Usage	Support de l'opération de l'entreprise	Support de l'analyse de l'entreprise
Requêtes	Simples, Prédéterminées	Complexes, Ad-hoc
Type d'utilisateur	Employé	Décideur
Principe de conception	Troisième forme normale	Conception multidimensionnelle

TABLE 2.1 – Base de données vs Entrepôt de données

Le processus de construction d'un entrepôt de données est composé de trois principales phases : (1) extraction des données à partir des différentes sources, (2) organisation et intégration des données dans l'entrepôt et (3) accès aux données intégrées et analyse de ces dernières dans une forme efficace et flexible (voir figure 2.1). Dans la première et la deuxième phases, les données issues de différentes sources de données sont extraites, nettoyées et intégrées dans l'entrepôt de données. Les métadonnées contiennent des informations utiles sur la création, l'utilisation et la gestion de l'entrepôt. Durant la troisième phase, un serveur OLAP se charge de présenter les informations demandées par les utilisateurs sous plusieurs formes : tableaux, rapports, statistiques, etc.

7

Chapitre 2. État de l'Art

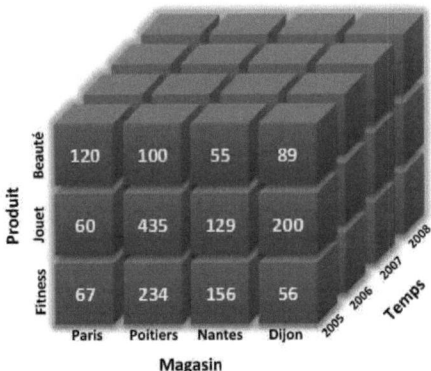

FIGURE 2.2 – Un exemple de cube de données

2.2.2 Modélisation d'un entrepôt de données

Les données dans l'entrepôt doivent être organisées d'une manière à faciliter leur exploitation ainsi que leur analyse par les décideurs. Il est évident que ces analyses nécessitent l'exécution de requêtes particulières. Ces requêtes doivent produire comme résultat une représentation des données selon plusieurs axes d'analyses (analyse des tendances, préférences d'achat, etc.). Les données manipulées dans le contexte d'entrepôts de données sont représentées sous forme multidimensionnelle qui est mieux adaptée pour le support des processus d'analyse [91]. Ce modèle permet d'observer les données selon plusieurs perspectives ou axes d'analyse et facilite l'accès aux données.

Le modèle multidimensionnel repose sur le concept de CUBE (ou hypercube) pour représenter les données (voir figure 2.2). Un cube organise les données en une ou plusieurs dimensions qui déterminent une mesure d'intérêt. Deux concepts fondamentaux caractérisent le modèle multidimensionnel : faits et dimensions. Un fait représente le sujet analysé, il est formé de mesures correspondant aux informations de l'activité étudiée. Ces mesures sont calculables à partir d'un grand nombre d'enregistrements en appliquant les opérations d'addition, de calcul du minimum ou de la moyenne, etc. [140]. Par exemple pour la gestion des commandes client, les mesures peuvent être la quantité de produit commandé, le montant de la commande, etc.

La *dimension* représente l'axe d'analyse de l'activité. Elle regroupe des paramètres et des informations qui peuvent influencer les mesures d'activités du fait. Si on considère l'analyse de la quantité de produits vendus, il est évident que cette quantité varie selon la nature des données présentes dans la dimension produit. C'est ainsi que les dimensions doivent fournir des règles de calculs pour chaque mesure. De plus, ces dimensions sont munies d'une ou plusieurs hiérarchies permettant de faire l'analyse d'un niveau faible de détail vers un niveau plus détaillé. La dimension temps par exemple peut être hiérarchisée

2.2. Architecture et modélisation des entrepôts de données

Temps \ Produit	Ville	Trimestre 1			Trimestre 2			Trimestre 3			Trimestre 4			Total		
		P	N	Total	P	N	Total	P	N	Total	P	N	Total	P	N	Total
TV LCD		12	34	46	22	36	58	24	37	61	33	55	88	91	162	253
Lecteur DVD		29	66	95	44	50	94	56	55	111	44	39	83	173	210	383
Caméoscope		55	34	89	69	27	96	31	26	57	68	70	138	223	157	380
Total		96	134	230	135	113	248	111	118	229	145	114	309	487	529	1016

FIGURE 2.3 – Représentation sous forme de tableau multidimensionnel

du moins fin au plus fin comme suit : années, mois, semaines et jours. Les mesures dans la table des faits peuvent être par conséquent agrégées par jour, semaine, mois ou année, selon le niveau de granularité voulu.

L'implémentation du modèle multidimensionnel sur un SGBD réel peut se faire selon deux modèles : MOLAP (*Multidimensional On-Line Analytical Processing*) et ROLAP(*Relational On-Line Analytical Processing*). Nous décrivons ces deux implémentations dans la section suivante.

2.2.2.1 Systèmes MOLAP

Les systèmes de type MOLAP constituent une approche qui permet de représenter les données de l'entrepôt sous la forme d'un tableau multidimensionnel à n dimensions, où chaque dimension de ce tableau est associée à une dimension de l'hypercube de données. La figure 2.3 représente un tableau multidimensionnel pé-calculant le volume de ventes effectuées par type de produit (dimension Produit), trimestre (dimension Temps) et ville (dimension Client). Les systèmes MOLAP nécessitent un pré-calcul de toutes les agrégations possibles afin de les matérialiser dans les cellules du tableau multidimensionnel. L'avantage principal de cette implémentation est le gain considérable en temps d'exécution des requêtes, vu que l'accès aux données est direct. Par contre, les opérations de mise à jour sont difficiles à effectuer compte tenu que les valeurs des cellules du tableau multidimensionnel doivent être recalculées après chaque opération de mise à jour.

2.2.2.2 Systèmes ROLAP

Les systèmes de type ROLAP utilisent une représentation relationnelle du cube de données. Chaque fait correspond à une table appelée *table de faits* et chaque dimension correspond à une table appelée *table de dimension*. La table de faits possède comme attributs les mesures d'activités et les clés étrangères vers les tables de dimension. Ce modèle a pour avantage l'utilisation des systèmes de gestion de bases de données existants, ce qui réduit le coût de mise en oeuvre.

Trois modèles ont été proposés pour la modélisation des systèmes ROLAP, *le schéma en étoile, le schéma en flocon de neige* et *le schéma en constellation*.

Chapitre 2. État de l'Art

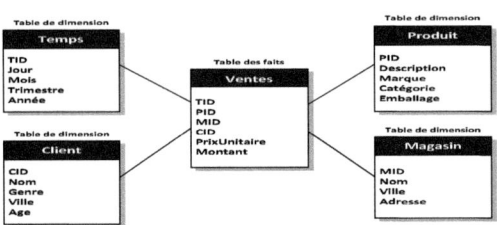

FIGURE 2.4 – Schéma en étoile

2.2.2.2.1 Schéma en étoile : Dans ce modèle, chaque groupe de dimensions est placé dans une table de dimension ; les faits sont placés dans une table des faits. Le résultat de cette classification est un schéma en étoile où la table des faits se trouve au milieu de l'étoile et les tables de dimension dans les côtés [93]. Les tables de dimension contiennent généralement un nombre important d'attributs représentant des données qualitatives supportant un ensemble de processus d'analyse. La table des faits contient généralement un nombre très important d'instances. Chaque n-uplet dans la table des faits contient deux types d'attributs : (1) un ensemble de clés étrangères référençant les tables de dimension et (2) un ensemble de mesures qui peuvent être agrégées pour effectuer certains traitements. La table des faits est généralement normalisée, par contre les tables de dimension sont dé-normalisées. Les requêtes définies sur ce schéma sont appelées *requêtes de jointure en étoile*. La figure 2.4 montre un schéma en étoile d'une activité de ventes. La table des faits *ventes* est liée par des clés étrangères avec les tables de dimension Client, Produit et Temps.

Dans ce travail, nous considérons un entrepôt de données modélisé par un schéma en étoile.

2.2.2.2.2 Schéma en flocon de neige : La dé-normalisation des tables de dimension dans un schéma en étoile ne reflète pas les hiérarchies associées à chaque dimension. Pour mettre en évidence cette hiérarchie, le modèle en flocon de neige a été proposé. Chaque table de dimension est éclatée en un ensemble de hiérarchies. Ce schéma normalise les dimensions, réduisant la taille de chacune des relations et permettant ainsi de formaliser la notion de hiérarchie au sein d'une dimension [3]. Les tables représentant la hiérarchie la plus fine sont directement liées à la table des faits. Les tables représentant les autres hiérarchies sont liées entre elles selon leur niveau dans cette hiérarchie. La figure 2.5 représente un schéma en flocon de neige. Sur ce schéma, deux hiérarchies sont représentées : (Jour, Mois, Trimestre, Année) et (Ville, Département, Pays).

2.2.2.2.3 Schéma en constellation : Il est possible d'avoir plusieurs relations de faits pour représenter les situations dans lesquelles les faits (mesures) ne sont pas déterminés par exactement le même ensemble de dimensions. Dans ce cas, les relations de faits forment

10

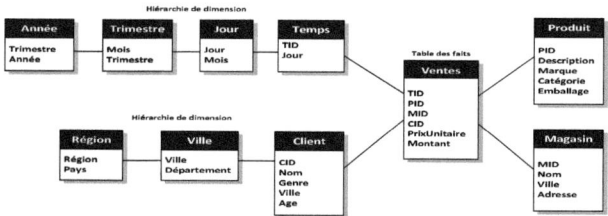

FIGURE 2.5 – Schéma en flocon de neige

une famille qui partage plusieurs relations de dimension mais où chaque membre possède ses propres dimensions [93]. Le schéma résultant s'appelle constellation de faits [37].

Les schémas relationnels adaptés aux besoins du modèle multidimensionnel possèdent certains avantages par rapport aux schémas en troisième forme normale. L'étoile, le flocon et la constellation autorisent l'expression des mesures, des dimensions et des hiérarchies, d'une manière simple qui permet de les distinguer clairement. Ces schémas facilitent également l'accès aux mesures, même si la taille de la table des faits est souvent importante, parce que le nombre de jointures est plus petit.

2.3 La conception physique des entrepôts de données

La conception physique d'une base ou entrepôt de données consiste à établir une configuration physique sur le support de stockage. Cela comprend la spécification détaillée des éléments de données, les types de données et la sélection des techniques d'optimisation. Cette dernière est au coeur de la conception physique. Dans la première génération de moteurs d'exécution de requêtes dédiés aux bases de données traditionnelles, la conception physique n'avait pas autant d'importance. Aujourd'hui face à la complexité des requêtes à traiter et le volume important des données, la conception physique a reçu une importance phénoménale [40].

Plusieurs techniques d'optimisation ont été proposées dans la littérature et supportées par les systèmes de gestion de bases de données commerciaux. Nous pouvons les classer en deux catégories principales [18, 24] : *techniques redondantes* et *techniques non redondantes*. Les techniques redondantes optimisent les requêtes, mais exigent un coût de stockage et de maintenance. Cette catégorie regroupe les vues matérialisées [70], les index [72], la fragmentation verticale[1][108, 130], etc. Les techniques non redondantes ne nécessitent ni coût de stockage ni coût de maintenance. Cette catégorie regroupe la fragmentation horizontale [17, 130], le traitement parallèle [136], etc. La figure 2.6 montre une classification des principales techniques d'optimisation.

---

1. Dans la fragmentation verticale, la clé de la table fragmentée est dupliquée sur tous les fragments. Pour cela, elle est considérée comme une technique redondante

Chapitre 2. État de l'Art

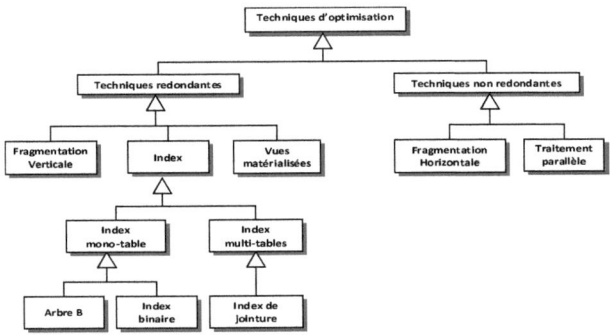

FIGURE 2.6 – Classification des techniques d'optimisation

Nous présentons dans les sections suivantes deux techniques d'optimisation redondantes : les index et les vues matérialisées et deux techniques d'optimisation non redondantes : la fragmentation horizontale primaire et la fragmentation horizontale dérivée. Pour chaque technique, nous présentons les principaux travaux effectués pour résoudre le problème de sa sélection.

2.3.1 Techniques d'optimisation redondantes

Nous présentons dans cette section deux techniques d'optimisation redondantes étudiées dans le cadre de cette thèse : l'indexation et les vues matérialisées. Nous nous penchons également sur leurs problèmes de sélection et présentons des algorithmes proposés pour les résoudre.

2.3.1.1 Les index

Interroger des tables volumineuses via un ensemble de requêtes pour accéder à un certain nombre de n-uplets est une tâche fréquente dans un environnement d'entrepôt de données. Répondre efficacement à ces requêtes est souvent difficile compte tenu de la nature complexe des requêtes OLAP et des volumes de données. La manière la plus facile de procéder consiste à effectuer un balayage complet des tables et vérifier pour chaque n-uplet s'il satisfait le prédicat de la requête. Ce balayage peut être très coûteux lorsque les tables scannées sont volumineuses. Pour pallier ce problème, plusieurs techniques d'indexation ont été proposées. Un index est une structure redondante ajoutée à la base de données pour permettre les accès rapides aux données. Il permet à partir d'une clé d'index de trouver l'emplacement physique des n-uplets recherchés.

Parmi les techniques d'indexation proposées dans le cadre des bases de données classiques, nous pouvons citer l'index B-tree, l'index de hachage, l'index de projection, l'index de jointure, etc. La majorité de ces index est aussi utilisée dans le cadre des entrepôts

2.3. La conception physique des entrepôts de données

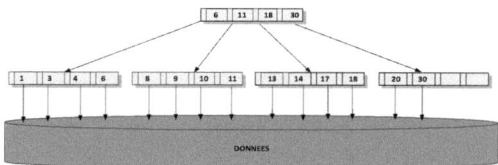

FIGURE 2.7 – Index B-arbre

relationnels. Certaines techniques d'indexation sont apparues dans le contexte d'entrepôts de données comme les index binaires, les index de jointure binaires, les index de jointure en étoile, etc.

Nous pouvons classer les index proposés en deux catégories, les index mono-table et les index multi-tables. Les index mono-table sont des index définis sur un ou plusieurs attributs de la même table, comme les index B-tree, de hachage, binaires, etc. Les index multi-tables sont des index définis sur plusieurs tables comme les index de jointure standards, en étoile et binaires.

2.3.1.1.1.1 Techniques d'indexation : Nous décrivons dans cette section un ensemble de techniques d'indexation dont les plus connues sont : les index B-arbre, les index binaires, les index de jointure, etc.

2.3.1.1.1.1 Index B-arbre : L'index B-arbre est l'index par défaut pour la plupart des SGBD commerciaux [92]. Cet index est organisé sous forme d'arbre à plusieurs niveaux. Chaque noeud d'un niveau pointe vers le niveau inférieur. Les noeuds feuilles (niveau le plus bas) contiennent les entrées d'index ainsi qu'un pointeur vers l'emplacement physique de l'enregistrement correspondant (généralement un identifiant physique, ROWID). La figure 2.7 représente un exemple d'index B-arbre construit sur l'attribut *PID* de la table *Produit*.

2.3.1.1.1.2 Index de projection : Un index de projection [112] est défini sur un ou plusieurs attributs d'une table. Il consiste à stocker toutes les valeurs de ces attributs dans l'ordre de leur apparition dans la table. Généralement, les requêtes accèdent à un sous-ensemble d'attributs d'une table. Si ces attributs sont contenus dans un index de projection, l'optimiseur ne charge que cet index pour répondre à la requête. La figure 2.8 montre un index de projection défini sur l'attribut *Ville* de la table *Client*.

Sybase IQ implémente ce type d'index, il est connu sous le nom de *Fast Projection Index* [53]. Pour chaque colonne de la table, un index de projection est créé par défaut. Ce type d'index est très utile pour les SGBD qui stockent les données par colonnes, comme le cas de *Sybase IQ*. Ce dernier propose deux manières d'implémenter cet index, une implémentation en bitmap pour les attributs de faible cardinalité et un B-tree pour les attributs de forte cardinalité.

Chapitre 2. État de l'Art

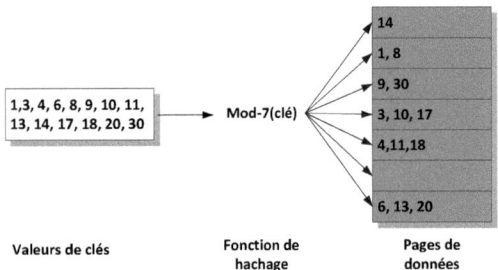

FIGURE 2.8 – Index de projection

FIGURE 2.9 – Index de hachage

2.3.1.1.1.3 Index de hachage : L'index de hachage repose sur l'utilisation d'une fonction de hachage. Cette fonction permet, à partir d'une valeur de clé c, de donner l'adresse $f(c)$ d'un espace de stockage où l'élément doit être placé. La figure 2.9 montre un index de hachage construit sur l'attribut PID d'une table *Produit*. Dans ce type d'index, le choix de la fonction de hachage est très important pour garantir une bonne performance de l'index. Par exemple, si la fonction donne la même valeur à un nombre important d'éléments, alors l'accès ressemblera à un balayage séquentiel.

2.3.1.1.1.4 Index binaire (*bitmap index*) : L'index binaire repose sur l'utilisation d'un ensemble de vecteurs binaires (contenant des valeurs 0 ou 1) pour référencer l'ensemble des n-uplets d'une table. Pour chaque valeur de l'attribut indexé, un vecteur de bits dit *bitmap* est stocké. Ce vecteur contient autant de bits qu'il y a de n-uplets dans la table indexée. L'index binaire a été considéré comme le résultat le plus important obtenu dans le cadre de l'optimisation de la couche physique des entrepôts de données [66].

Supposons un attribut A ayant n valeurs distinctes $v_1, v_2, \cdots, v_n$ (n est appelé cardinalité de A) appartenant à une table T composée de m instances. La construction de l'index binaire IB défini sur l'attribut A se fait de la manière suivante :

1. Créer n vecteurs composés chacun de m entrées ;

2.3. La conception physique des entrepôts de données

Table Client					Index binaire sur l'attribut Ville		
CID	Nom	Age	Sexe	Ville	Poitiers	Paris	Nantes
616	Gilles	15	M	Poitiers	1	0	0
515	Yves	25	F	Paris	0	1	0
414	Patrick	33	M	Nantes	0	0	1
313	Didier	50	M	Nantes	0	0	1
212	Eric	40	F	Poitiers	1	0	0
111	Pascal	20	M	Poitiers	1	0	0

FIGURE 2.10 – Index binaire

2. Pour chaque n-uplet i, $(1 \leq i \leq m)$ dans T, si $i.A = v_k$, alors mettre 1 dans le $i^{ème}$ bit du vecteur correspondant à v_k, mettre 0 dans les $i^{èmes}$ bits des autres vecteurs.

Si une requête recherche les n-uplets vérifiant un prédicat d'égalité (par exemple $A = v_k$), alors il suffit de lire le vecteur associé à v_k, chercher les bits ayant la valeur 1, ensuite accéder aux n-uplets correspondant à ces bits. La figure 2.10 montre un exemple d'index binaire construit sur l'attribut Ville de la table Client. Par exemple, la ville du premier n-uplet est *Poitiers*, par conséquent la première case du vecteur correspondant à *Poitiers* sera mise à 1, les cases des autres vecteurs sont mises à 0. Cet index pourra être construit à l'aide de la commande SQL suivante :

```
CREATE BITMAP INDEX Client_Ville_BI_idx
ON Client.ville;
```

Ce type d'index est très efficace pour les requêtes de type count(*) où seule la lecture de l'index suffit pour répondre à ces requêtes. Par exemple, soit la requête Q suivante :

```
SELECT count(*)
FROM Client
WHERE Ville='Poitiers'.
```

Pour exécuter cette requête, l'optimiseur lit le vecteur correspondant à la ville de Poitiers et retourne le nombre de 1 trouvés (il retourne 3).

La nature binaire de ce type d'index permet d'améliorer les performances des requêtes en permettant d'appliquer des opérations logiques AND, OR, NOT, etc. Ces opérations permettent de rechercher des n-uplets vérifiant des conjonctions ou des disjonctions de prédicats.

Exemple 1 *Soit la requête suivante :*

```
Select count(*)
from Client
where Ville='Poitiers' or Ville='Paris'.
```

Pour répondre à cette requête, l'optimiseur lit les vecteurs de bits associés aux villes Poitiers et Paris, effectue une opération OR et accède aux n-uplets ayant un bit mis à 1 dans le vecteur résultat (il en trouve 4).

15

Chapitre 2. État de l'Art

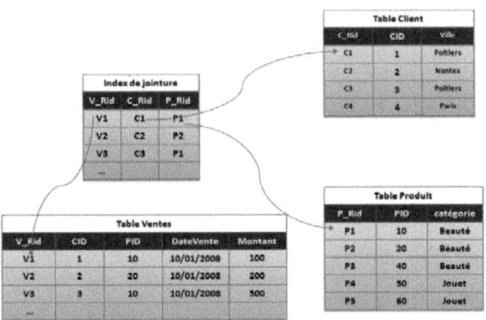

FIGURE 2.11 – Index de jointure

Notons que l'index binaire est supporté par la plupart des SGBD commerciaux comme *Oracle, DB2, SQL Server*, etc. D'après la définition de l'index bitmap, sa taille dépend de la cardinalité de l'attribut indexé et la taille de la table indexée. Pour cette raison, l'index binaire est très utile pour les attributs de faible cardinalité. Il est très efficace dans le contexte d'entrepôts de données gérant de grands volumes de données où les dimensions analysées sont basées sur des attributs qualitatifs de faible cardinalité, comme l'attribut *genre* qui possède deux valeurs. Pour réduire la taille d'un index binaire, un ensemble de techniques de compression a été proposé [86, 153]. Une variante de l'index binaire a été aussi proposée pour réduire sa taille, *l'index binaire encodé*[42]. Un index binaire encodé, défini sur un attribut A, consiste à considérer : (1) un ensemble de vecteurs binaires, (2) une table de correspondance et (3) un ensemble de fonctions booléennes. Chaque valeur de l'attribut A est encodée en utilisant un nombre de bits. La table de correspondance permet d'établir la correspondance entre la valeur de A et sa représentation encodée. Ce type d'index est implémenté dans le SGBD *DB2*. Il est moins volumineux qu'un index binaire standard et peut être efficace pour les attributs de forte cardinalité. Il est bénéfique aux requêtes d'intervalle, par contre inefficace pour les requêtes utilisant des prédicats d'égalité, car elles nécessitent le chargement de plusieurs vecteurs en même temps.

2.3.1.1.1.5 Index de jointure : L'opération de jointure est toujours présente dans les requêtes OLAP. Elle est très coûteuse, puisqu'elle manipule de grands volumes de données. Plusieurs implémentations de la jointure ont été proposées dans les bases de données traditionnelles : les boucles imbriquées, les fonctions de hachage, le tri-fusion, etc. Ces implémentations sont limitées lorsque la taille des tables concernées par la jointure est importante. Valduriez a proposé un index de jointure qui précalcule la jointure entre deux tables [146]. L'index de jointure matérialise les liens existant entre deux tables en utilisant une table à deux colonnes chacune représentant l'identifiant d'une table. Soit R et S deux tables qui peuvent être jointes par les attributs $R.a$ et $S.b$. L'index de jointure est l'ensemble des n-uplets $< R.ID_i, S.ID_j >$ tel que les n-uplets de R et S ayant respectivement pour identifiant ID_i et ID_j vérifient la condition de jointure. L'exploitation de l'index de jointure IJ entre R et S se fait de la manière suivante :

1. Charger l'index de jointure IJ ;
2. Effectuer la semi-jointure $R \ltimes IJ$;
3. Effectuer la semi-jointure $S \ltimes IJ$;
4. Effectuer la jointure des deux résultats.

Notons que la taille de l'index de jointure dépend de la sélectivité de la jointure. Si la jointure est très sélective alors la taille de l'index est très petite.

2.3.1.1.1.6 Index de jointure en étoile : Valduriez a proposé les index de jointure dans le cadre des bases de données de type OLTP pour joindre deux tables. Dans le contexte d'entrepôts de données, les requêtes OLAP comportent généralement plusieurs jointures entre la table des faits et les tables de dimension. Par exemple pour exploiter ces index dans un entrepôt modélisé par un schéma en étoile, il faut subdiviser la requête en fonction des jointures. Effectuer cette décomposition revient à choisir un ordre de jointure, or pour N jointures, $N!$ ordres sont possibles (problème d'ordre de jointure). Pour pallier ce problème, RedBrick [137] ont proposé un index de jointure spécial, appelé Index de Jointure en Etoile (*star join index*) qui est plus adapté aux entrepôts modélisés par un schéma en étoile. Un index de jointure en étoile (IJE) contient toutes les combinaisons possibles entre l'identifiant de la table des faits et les clés étrangères des tables de dimension.

Un IJE est complet s'il est construit en joignant toutes les tables de dimension avec la table des faits. Il est partiel s'il est construit en joignant certaines tables de dimension avec la table des faits. L'index complet est bénéfique pour n'importe quelle requête, mais il nécessite un coût de stockage et de maintenance important. Notons que cet index n'est pas adapté aux entrepôts modélisés par un schéma en flocon de neige, où des jointures supplémentaires sont effectuées entre les hiérarchies de dimension et qui ne sont pas précalculées par cet index.

2.3.1.1.1.7 Index de jointure binaire (*bitmap join index*) : L'index de jointure binaire (IJB) est une variante des index de jointure. Il constitue une combinaison entre l'index de jointure et l'index binaire. Il a été proposé pour précalculer les jointures entre une ou plusieurs tables de dimension et la table des faits dans les entrepôts de données modélisés par un schéma en étoile [111, 112]. Au contraire des index binaires standards où les attributs indexés appartiennent à la même table, l'IJB est défini sur un ou plusieurs attributs appartenant à plusieurs tables. Plus précisément, il est défini sur la table des faits en utilisant des attributs appartenant à une ou plusieurs tables de dimension. Supposons un attribut A ayant n valeurs distinctes $v_1, v_2, \cdots, v_n$ appartenant à une table de dimension D. Supposons que la table des faits F est composée de m instances. La construction de l'index de jointure binaire IJB défini sur l'attribut A se fait de la manière suivante :

Chapitre 2. État de l'Art

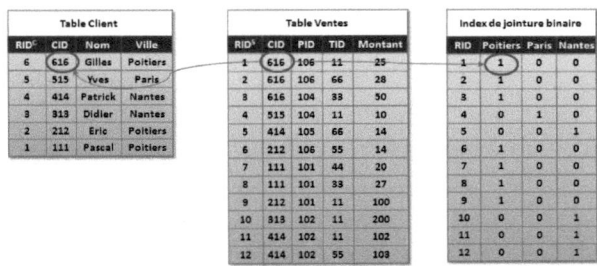

FIGURE 2.12 – Index de jointure binaire

1. Créer n vecteurs composés chacun de m entrées ;
2. Le $i^{ème}$ bit du vecteur correspondant à une valeur v_k est mis à 1 si le n-uplet de rang i de la table des faits est joint avec un n-uplet de la table de dimension D tel que la valeur de A de ce n-uplet est égale à v_k. Il est mis à 0 dans le cas contraire. Plus formellement :
$IJB_j^k = 1$ si et seulement si $\exists td \in D$ tel que $tf_j.D_{id} = td.D_{id} \wedge td.A = v_k$ où $IJB_j^k, tf_j, td, D_{id}$ représentent respectivement le j^{me} bit du vecteur correspondant à la valeur v_k, le n-uplet de F de rang j, un n-uplet de la table D, la clé étrangère de D.

Exemple 2 *Pour comprendre la construction des index de jointure, considérons l'exemple de la figure 2.12. Cette figure représente l'index de jointure binaire $Client\_Ville\_IJB\_idx$ construit sur la table ventes en utilisant l'attribut Ville. Cet index peut être construit par la commande SQL suivante :*

```
CREATE BITMAP INDEX Client_Ville_BI_idx
ON Ventes(Client.Ville)
FROM Ventes V, Client C
WHERE V.CID= C.CID
```

Le premier n-uplet de la table Ventes est joint avec un n-uplet de la table Client correspondant à un client habitant Poitiers. Par conséquent, la case correspondante à la ville de Poitiers de la première ligne de cet index est mise à 1, les deux autres cases sont mises à 0.

L'IJB est utilisé pour optimiser les requêtes de jointure en étoile. La structure générale d'une requête de jointure en étoile est la suivante :

```
SELECT *
FROM F, D1, D2, ..., Dd
WHERE
F.ID1=D1.ID1 AND
F.ID2=D2.ID2 AND
...
F.IDd=Dd.IDd AND
D1.A1 op V1 AND
```

```
D2.A2 op V2 AND
...
Dd.Ad op Vd
```

où $Di.IDi, Di.Ai, Vi, op$ représentent respectivement la clé primaire de Di, un attribut non clé de Di, une constante et une opération de comparaison.

Pour exploiter les IJB, l'optimiseur opère généralement une *transformation en étoile*. Cette transformation consiste à séparer les opérations de sélection et jointures effectuées sur une table de dimension dans des sous-requêtes. Elle nécessite une réécriture sous la forme suivante :

```
SELECT *
FROM F, D1, D2, ..., Dd
WHERE
F.ID1 in (SELECT ID1 FROM D1 WHERE D1.A1 op V1) AND
F.ID2 in (SELECT ID2 FROM D2 WHERE D2.A2 op V2) AND
...
F.IDd in (SELECT IDd FROM Dd WHERE Dd.Ad op Vd)
```

En effectuant cette transformation, chaque IJB défini sur l'attribut $Di.Ai$ d'une table de dimension est utilisé pour trouver les n-uplets de F vérifiant le prédicat défini sur cette table de dimension.

La réponse à ce type de requêtes se fait de la manière suivante :

1. Pour chaque sous-requête, charger le vecteur binaire vérifiant son prédicat.
2. Effectuer la conjonction des prédicats des sous-requêtes en utilisant une opération AND logique entre les vecteurs trouvés dans l'étape 1.
3. A partir du vecteur résultat trouvé en 2, accéder aux n-uplets de faits correspondant aux bits mis à 1 dans ce vecteur.

Exemple 3 *Supposons deux IJB : I1, I2 définis respectivement sur les attributs Client.Ville et Temps.Mois. Soit la requête suivante :*

```
SELECT C.Genre, sum(montant)
FROM Ventes V, Client C, Temps T
WHERE C.Ville='Poitiers' AND T.Mois='Mars'
AND V.CID=C.CID AND V.TID=T.TID
GROUP BY C.Genre
```

Pour exécuter cette requête, I1 et I2 sont chargés, une opération AND est effectuée entre les vecteurs représentant les valeurs Poitiers et Mars. Les cases mises à 1 dans le vecteur résultat permettent d'accéder aux n-uplets de la table des faits vérifiant les deux prédicats contenus dans la requête.

Comme les index binaires classiques, les IJB sont très bénéfiques pour les requêtes de type *Count(*)* où la réponse à ces requêtes ne nécessite que l'accès à l'index binaire. Aucun accès aux tables n'est effectué, il suffit de calculer le nombre de 1 dans le vecteur résultat des opérations AND.

2.3.1.1.1.8 Index de jointure de dimension

: Les IJB ne sont pas applicables dans les entrepôts de données modélisés par un schéma en flocon de neige, car les jointures existantes entre les hiérarchies de dimension ne sont pas précalculées. Bizarro [117] a proposé un index appelé *index de jointure de dimension* pour prendre en compte les requêtes définies sur un schéma en flocon de neige. L'index de jointure de dimension est un index binaire permettant de rapprocher les tables de dimension de la table des faits en précalculant des jointures intermédiaires. Cet index repose sur le même principe que l'IJB. La seule différence est que le remplissage des vecteurs de cet index se fait en calculant toutes les jointures nécessaires pour joindre les tables de dimension indexées quel que soit leur niveau de hiérarchie avec la table des faits.

2.3.1.1.2 Problème de sélection des index

: Pour réduire le temps d'exécution des requêtes définies sur l'entrepôt, l'administrateur doit sélectionner un ensemble d'index appelé *configuration* sous une contrainte donnée qui peut représenter l'espace de stockage ou le temps de maintenance. Le problème de sélection d'index constitue un aspect très important dans la phase de conception physique des bases et entrepôts de données. Dans le contexte d'entrepôts, la sélection d'index est devenue un enjeu important. Cela est dû au fait que le nombre d'attributs et de tables à indexer est important. En plus, les index peuvent être définis sur plusieurs attributs issus de plusieurs tables.

Le problème de sélection d'une configuration d'index peut être formalisé comme suit :
Étant donné :
- un entrepôt de données composé d'un ensemble de tables de dimension $D = \{D_1, D_2, ..., D_d\}$ et une table des faits F,
- une charge de requêtes $Q = \{Q_1, Q_2, ..., Q_m\}$, où chaque requête Q_j possède une fréquence d'accès f_j, et
- Un ensemble de contraintes comme les coûts maximums de stockage et de maintenance autorisés.

le problème de sélection des index consiste à trouver une configuration CI tel que :

1. Le coût d'exécution de Q en présence de CI est minimal
2. La configuration CI respecte les contraintes du problème.

Le problème de sélection d'index est connu NP-Complet [48]. De ce fait, il n'existe pas d'algorithme exhaustif proposant une solution optimale en un temps fini. Plusieurs travaux de recherche proposent des solutions proches de la solution optimale en utilisant des heuristiques réduisant la complexité du problème.

Les algorithmes proposés pour la sélection d'index comportent généralement deux étapes (voir figure 2.13) : (1) la détermination des attributs candidats à l'indexation et (2) la construction d'une configuration d'index.

La sélection des attributs indexables peut se faire de deux manières : *manuelle* ou *automatique*. La sélection manuelle est effectuée par l'administrateur qui choisit un certain nombre d'attributs candidats pour l'indexation [43, 44, 58]. Cette sélection dépend largement de l'expérience de l'administrateur. La sélection automatique repose sur une

2.3. La conception physique des entrepôts de données

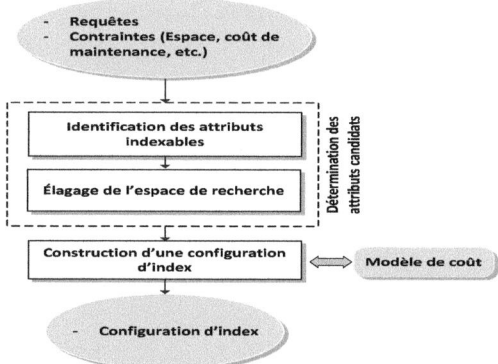

FIGURE 2.13 – Approche générique de sélection d'index

analyse syntaxique des requêtes prises en compte pour la sélection des index [38, 65, 148]. Le but de cette étape est d'élaguer l'espace de recherche des index. Notons que la taille de l'espace de recherche est exponentielle par rapport au nombre d'attributs candidats. Plusieurs approches ont été proposées pour l'élagage de l'espace de recherche des index [10, 36, 38, 99, 148].

L'étape de construction d'index vise à construire un ensemble d'index à partir des attributs indexables candidats et l'ensemble des requêtes définies sur la base de données. Nous pouvons classer les approches de construction d'index en deux catégories : approches ascendantes et approches descendantes. Les approches ascendantes commencent par une configuration vide et enrichissent cette configuration en plusieurs itérations. Le but recherché dans chaque itération est de réduire le coût d'exécution des requêtes, par conséquent le processus s'arrête lorsqu'aucune réduction n'est possible en effectuant tous les ajouts possibles [38, 44, 58]. Les approches descendantes commencent par une configuration complète. Cette configuration contient tous les index candidats. Dans chaque itération, un ou plusieurs index sont éliminés afin de réduire les coûts de stockage et d'exécution. Le processus s'arrête lorsqu'aucune amélioration du coût n'est possible par n'importe quelle élimination d'index.

La plupart des travaux sur la sélection d'index considèrent des index sur une seule table. Peu de travaux ont traité le problème de sélection d'index multi-tables [10, 25]. Les éditeurs de SGBD proposent plusieurs outils de sélection d'index comme AutoAdmin [39] qui a été développé dans le cadre de l'auto-administration des bases de données.

Nous présentons dans ce qui suit quelques travaux sur la sélection d'index dans les bases et entrepôts de données.

Chapitre 2. État de l'Art

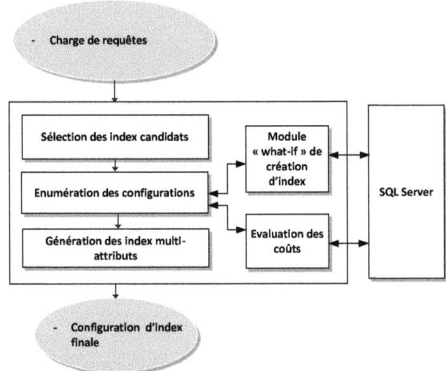

FIGURE 2.14 – Architecture de l'outil de sélection d'index IST

2.3.1.1.2.1 Travaux de Chaudhuri : Chaudhuri et al. du groupe de base de données de Microsoft ont développé un outil de sélection d'index IST (*Index Selection Tool*) sous *Microsoft SQL Server 7.0*. Cet outil entre dans le cadre du projet AutoAdmin [2]. Ce projet de recherche a été lancé par Microsoft dans le but de trouver de nouvelles techniques pour auto-administrer une base de données, tout en assurant des performances comparables à celles d'une base de données gérée uniquement par un administrateur humain.

L'outil IST permet de sélectionner une configuration d'index mono et multi-attributs à partir d'une charge de requêtes et une contrainte d'espace de stockage. Les principaux modules de sélection sont représentés dans la figure 2.14. Pour évaluer la qualité de chaque configuration d'index, l'approche utilise deux composants : *l'optimiseur* pour estimer le coût d'exécution pour les index existants et le module *What-if* pour estimer le coût des index non existants, en simulant leur présence [39]. La sélection de configuration d'index passe par trois principales étapes : (1) la sélection des index candidats, (2) la sélection des configurations et (3) la génération des index multi-attributs.

1. **Sélection des index candidats :** Cette étape commence par énumérer l'ensemble des attributs indexables. Ces attributs sont choisis parmi ceux présents dans les clauses WHERE, GROUP BY et ORDER BY. Le but de cette étape est de sélectionner une meilleure configuration pour chaque requête d'une manière indépendante. Les configurations candidates sont évaluées en utilisant le module d'évaluation des coûts ou le moule *what-if*. La configuration générant le minimum de coût, sera choisie comme la meilleure configuration pour la requête.

2. **Génération des configurations :** Durant cette étape, plusieurs index non utiles apportant moins de gain de coût sont éliminés. Pour effectuer cette tâche, un algorithme glouton est utilisé. Il permet de sélectionner les k meilleurs index parmi les n

---
2. http ://www.research.microsoft.com/dmx/AutoAdmin

2.3. La conception physique des entrepôts de données

index candidats. Le module correspondant à cette étape interroge l'optimiseur pour évaluer la qualité de chaque index. La sélection des configurations d'index se fait en trois étapes :

   (a) Trouver la meilleure configuration de taille m (m très petit par rapport à k). Un algorithme exhaustif peut être utilisé pour trouver cette configuration.

   (b) Ajouter l'index qui minimise le coût d'exécution à la configuration actuelle.

   (c) Répéter l'étape 2 tant qu'il y a des index à ajouter réduisant le coût de requêtes.

3. **Génération des index multi-attributs :** La construction des index multi-attributs se base sur l'ensemble des index mono-attributs sélectionnés dans l'étape précédente. Cette génération repose sur l'utilisation de deux fonctions : MC-LEAD et MC-ALL. La fonction MC-LEAD permet de générer un index multi-attribut en combinant un index mono-attribut avec un attribut indexable (non encore indexé). La fonction MC-ALL permet de générer un index multi-attributs en combinant deux attributs mono-attributs. La génération des index multi-attributs de taille supérieure se fait selon le même principe.

Dans le but de minimiser les coûts de stockage et de maintenance, Chaudhuri et al. ont proposé une technique appelée *fusion d'index* (*index merging*). Elle prend un ensemble d'index ayant une capacité d'espace S et fournit un nouvel ensemble d'index ayant une capacité d'espace S' inférieure à celle de départ (S' < S). L'opération de fusion est guidée par un modèle de coût, la fusion est appliquée s'il y a une réduction dans le coût d'exécution des requêtes.

2.3.1.1.2.2 Travaux de Frank et al. : Frank et al. [58] ont proposé un outil d'aide pour le choix d'index dans une base de données. La sélection des index repose sur des échanges entre l'outil et l'optimiseur de requêtes. Ces échanges permettent de calculer le gain de performance qu'apporte l'utilisation d'un ou plusieurs index sur la performance des requêtes. Le gain est défini par la différence entre le coût d'exécution avant et après la création des index. Pour calculer ce coût, l'approche repose sur le modèle de coût utilisé par l'optimiseur de requêtes.

La sélection d'index se fait requête par requête en plusieurs itérations. Dans chaque itération, l'outil demande à l'optimiseur de lui donner le meilleur index parmi un ensemble d'index candidats. L'optimiseur lui recommande un index avec le coût de la charge de requêtes en matérialisant cet index. L'échange entre l'outil et l'optimiseur s'arrête lorsqu'il n'y a plus d'index à proposer.

Pour un ensemble d'index à créer $I = \{I_1, I_2, \cdots, I_n\}$, l'outil permet de sélectionner un sous-ensemble $I' \subseteq I$. Pour cela, l'outil construit un graphe d'index qui comporte les combinaisons d'index possibles. L'approche de sélection d'index est constituée des étapes suivantes :

1. L'outil envoie la première requête à l'optimiseur ainsi qu'un ensemble d'index initial.

2. Les index sélectionnés par l'optimiseur pour la requête courante sont sauvegardés ainsi que le gain qu'ils apportent à la requête.
3. L'étape 2 est réitérée pour toutes les requêtes.
4. Les gains apportés par chaque index sur l'ensemble des requêtes sont cumulés.
5. L'outil recommande les index présentant un gain positif pour l'ensemble des requêtes.

2.3.1.1.2.3 Travaux de Whang : Whang et al [94, 151] ont proposé deux approches de sélection d'index, ascendante et descendante. Deux algorithmes de sélection *DROP* et *ADD* implémentent respectivement les deux approches.

L'approche descendante considère un état initial contenant tous les index possibles. Durant chaque itération, l'index engendrant la plus grande décroissance du coût d'exécution de la charge de requête est éliminé. Quand l'élimination d'un seul index à la fois ne permet pas de réduire le coût d'exécution des requêtes, l'algorithme *DROP* élimine deux index à la fois, ensuite trois index, et ainsi de suite.

L'approche ascendante quant à elle considère un état initial vide où aucun index n'est encore sélectionné. Durant chaque itération de l'algorithme *ADD*, un index réduisant le coût d'exécution des requêtes est ajouté à l'état courant. Le processus s'arrête lorsque tous les index sont créés ou aucune réduction de coût n'est possible.

2.3.1.1.2.4 Travaux de Gundem : Un attribut peut être indexé en utilisant plusieurs techniques d'indexation. Chaque technique apporte un gain en temps d'exécution spécifique et occupe un espace de stockage différent. Les travaux de Gundem [142] s'intéressent au problème de choix du type d'index à créer sur un attribut donné.

L'approche propose le partitionnement de l'ensemble des index possibles d'une table donnée en plusieurs sous-ensembles représentant chacun les index définis sur le même attribut. Chaque sous-ensemble est appelé *classe d'équivalence*.

L'approche suppose que l'administrateur doit pouvoir fournir les informations suivantes :
– L'ensemble des index candidats
– L'espace de stockage disponible
– Le choix des index multiples sur chaque attribut
– Les fréquences d'accès des requêtes de sélection et de mise à jour
– Un seuil du taux d'erreur toléré.

A partir de ces informations, l'approche proposée permet de sélectionner un sous-ensemble d'index qui minimise, en fonction du taux d'erreur toléré, le coût d'exécution des requêtes sans dépasser la capacité de l'espace de stockage. Deux principales étapes caractérisent cette approche, *l'optimisation locale* et *l'optimisation globale*.

L'optimisation locale permet de sélectionner un ensemble d'index par classe d'équivalence. Un ensemble d'index disjoints est donc sélectionné (disjoints car au plus un index est créé sur chaque attribut). Pour chaque attribut, tous les index candidats sont évalués en utilisant une fonction de coût. Cette fonction calcule le gain apporté par la matérialisation des index. Ce gain représente la différence entre le gain de coût en matérialisant l'index et le coût de création des index. Les index ayant un coût de création supérieur au gain apporté sont automatiquement éliminés. Le résultat de cette étape est un ensemble d'index I où chaque élément de cet ensemble est un index défini sur une seule classe d'équivalence.

L'optimisation globale vise à minimiser le coût d'exécution total en considérant tous les index dans l'ensemble I construit dans l'étape précédente. La fonction objectif utilisée représente le gain en coût d'exécution avant et après création d'un ensemble d'index. L'objectif recherché est de trouver le sous-ensemble d'index dans I vérifiant les contraintes suivantes :

1. Le gain apporté par ce sous-ensemble d'index est maximum.
2. La taille de ce sous-ensemble d'index ne dépasse pas l'espace de stockage réservé aux index.

2.3.1.1.2.5 Travaux de Golfarelli : Golfarelli et al. [65] ont proposé une approche heuristique qui sélectionne un ensemble d'index optimal à partir du schéma logique d'un entrepôt de données comprenant des vues matérialisées, une charge, des statistiques et une contrainte sur l'espace disque dédié aux index. Le but est de déterminer le schéma physique optimal et un jeu d'index minimisant le temps d'exécution des requêtes tout en respectant la contrainte d'espace de stockage. Les auteurs ont défini un modèle d'optimiseur qui crée un plan d'exécution pour chaque requête et un modèle de coût pour comparer les différentes solutions. Le modèle d'optimiseur proposé par les auteurs est basé sur des règles *Rule Based Optimizer (RBO)*. Le *RBO* a été retenu de façon à obtenir toujours le même résultat pour deux requêtes dont la seule différence porte sur des valeurs de prédicats.

Les index considérés sont de type, liste de valeurs et bitmap. Les requêtes expriment des agrégations sur des jointures en étoile entre une table des faits et plusieurs tables de dimensions ; les sélections pouvant être formulées sur les attributs des tables de dimensions. Un ensemble potentiel d'index candidats utiles est déterminé préalablement, compte tenu de la charge. Puis un algorithme glouton choisit progressivement, à partir des index candidats, les index les plus bénéfiques tant que la contrainte d'espace est satisfaite.

La figure 2.15 présente l'architecture fonctionnelle de l'approche proposée par les auteurs.

L'approche nécessite comme entrées les informations suivantes :
– *Le schéma logique* : il décrit la structure des tables de l'entrepôt ainsi que leurs éventuelles relations.
– *La charge* : elle représente l'ensemble des requêtes à exécuter sur l'entrepôt. Chaque requête est caractérisée par sa fréquence d'accès.
– *Les statistiques* : elles représentent toutes sortes d'informations quantitatives nécessaires pour l'optimiseur pour évaluer le coût d'exécution des requêtes, comme la cardinalité des tables, le nombre de valeurs distinctes de chaque attribut, etc.
– *Les contraintes* : la sélection des index doit tenir compte des limites imposées par le matériel, telles que l'espace disque réservé pour les index.

Chapitre 2. État de l'Art

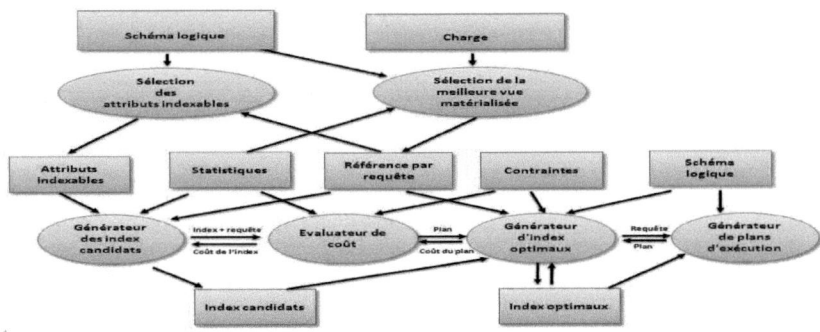

FIGURE 2.15 – Architecture de fonctionnement de l'approche de Golfareli

Plusieurs composants sont implémentés par l'approche. Chaque composant est responsable d'une fonction particulière.
- *Le composant de sélection des attributs indexables* : ce composant se base sur la structure des requêtes pour déterminer les attributs des tables de dimensions pouvant être utilement indexés.
- *Le générateur des index candidats* : pour chaque attribut indexable, ce composant évalue le type d'index le plus adapté. Les index candidats sélectionnés par ce composant sont définis par couple (attribut, type d'index).
- *Le générateur de l'ensemble d'index optimal* : ce composant implémente l'algorithme qui sélectionne les index devant être créés.
- *L'évaluateur de coût* : il est à la fois nécessaire pour le générateur des index candidats et pour le générateur de l'ensemble d'index optimal afin d'évaluer le coût de chaque index.
- *Le générateur de plan d'exécution* : une requête définie sur l'entrepôt de données possède plusieurs plans d'exécution selon l'ordre des jointures utilisées ainsi que les structures physiques implémentées. Ce composant permet de sélectionner le meilleur plan d'exécution d'une requête parmi les plans d'exécution disponibles.

Chaque composant dans cette approche produit des résultats qui peuvent être finaux (comme les index finaux sélectionnés) ou intermédiaires utilisés comme entrées pour d'autres composants (comme les index candidats). Nous pouvons citer parmi ces résultats les éléments suivants :
- *Les attributs indexables* : l'ensemble des index pouvant être utilement indexés pour accélérer le traitement de certaines requêtes.
- *Les index candidats* : l'ensemble d'index pouvant être construit sur les attributs indexables.
- *Les index optimaux* : les index finaux à construire sur l'entrepôt de données.

2.3. La conception physique des entrepôts de données

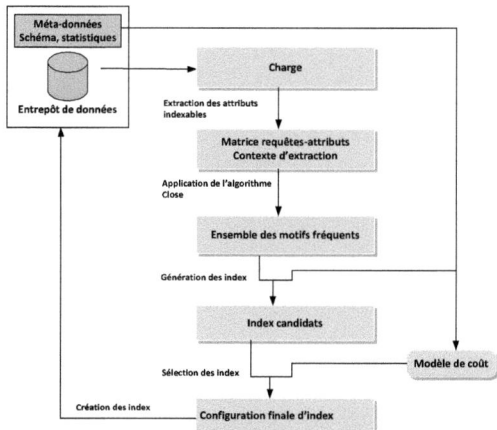

FIGURE 2.16 – Architecture de fonctionnement de l'approche de Aouiche

2.3.1.1.2.6 Travaux de Aouiche : Le travail d'Aouiche et al. [10] est parmi les rares travaux qui traitent le problème de sélection des IJB dans le contexte d'entrepôts de données modélisés par un schéma en étoile. L'approche proposée se base sur une technique de datamining (recherche des motifs fréquents) pour élaguer l'espace de recherche des index de jointure. Un algorithme glouton est utilisé pour la sélection d'une configuration d'index. La figure 2.16 représente les principales étapes de l'approche proposée.

Pour comprendre l'approche utilisée, nous présentons dans la section suivante la notion de motifs fréquents ainsi que l'algorithme CLOSE qui permet de rechercher ces motifs à partir d'un contexte d'extraction donné.

Définition 1 (*Motif fréquent*) *Soient $I = i_1, \cdots, i_m$ un ensemble de m items et $B = t_1, \cdots, t_n$ une base de données de n transactions. Chaque transaction est composée d'un sous-ensemble d'items $I' \subseteq I$. Un sous-ensemble I' de taille k est appelé un k-itemset. Une transaction t_i contient un motif I' si et seulement si $I' \subseteq t_i$. Le support d'un motif I' est la proportion de transactions de B qui contiennent I'. Le support est donné par la formule suivante.*

$$support(I') = \frac{|\{t \in B, I' \subseteq t\}|}{|\{t \in B\}|}$$

Pour décider si un motif est fréquent ou non, l'utilisateur fixe un seuil minimum du support *minsup*. Si $Support(I') < minsup$ alors I' est un motif fréquent, sinon il est non fréquent.

Exemple 4 *Soient les transactions, T1, T2, T3, T4, T5 et T6 utilisant cinq motifs, m1, m2, m3, m4 et m5 (attributs par exemple) comme suit :*
  – *T1 utilise les motifs m1, m3 et m4*

Chapitre 2. État de l'Art

- *T2 utilise les motifs m2, m3 et m5*
- *T3 utilise les motifs m1, m2, m3 et m5*
- *T4 utilise les motifs m2 et m5*
- *T5 utilise les motifs m1, m2, m3 et m5*
- *T6 utilise les motifs m2, m3 et m5*

En utilisant la formule de calcul du support, nous pouvons calculer les supports de chaque motif. Ces supports sont respectivement : $3/6, 5/6, 5/6, 1/6, 5/6$. Pour un support minimum de $4/6$ seuls les motifs $m2$, $m3$ et $m5$ sont fréquents.

Définition 2 *(Motif fréquent fermé)* *Un motif fermé est un ensemble maximal de motifs communs à un ensemble d'objets. Un motif $i' \subseteq I$ tel que $support(i) \geq minsup$ est appelé motif fréquent fermé.*

Dans l'exemple précédent, le motif $\{m2, m3, m5\}$ est un motif fermé, car il est l'ensemble maximal d'items communs aux transactions T2, T3, T5 et T6. Le motif $\{m2, m3\}$ n'est pas un motif fermé, car toutes les transactions utilisant $m2$ et $m3$ (transactions T2, T3, T5 et T6) contiennent également le motif $m5$.

L'algorithme CLOSE pour la recherche des motifs fréquents :

Plusieurs algorithmes ont été proposés pour la génération d'un ensemble de motifs fréquents. Nous pouvons citer les algorithmes CLOSE [119], CHARM [156], CLOSET [75], CLOSET+ [150].

La génération des motifs fréquents est une tâche compliquée, car le nombre de motifs fréquents peut exploser lorsque le nombre de motifs initial est important. Pour réduire cette complexité, l'algorithme CLOSE génère les motifs fréquents fermés. L'ensemble des motifs fréquents peut être généré directement à partir de l'ensemble des motifs fréquents fermés. Dans le contexte de la sélection d'index, la génération des motifs fréquents fermés permet de générer moins d'index candidats et par conséquent réduire la complexité de la sélection des index.

Nous présentons dans ce qui suit l'algorithme CLOSE qui est utilisé par Aouiche [10] et Bellatreche et al.[24, 23].

L'algorithme CLOSE parcourt l'ensemble des générateurs des motifs fermés fréquents par niveaux. À l'étape $k = 1$, l'ensemble des *1-générateurs* est initialisé aux *1-itemsets*. À chaque itération, l'algorithme considère un ensemble de k-itemsets générateurs. Il construit un ensemble de motifs fermés candidats qui sont les fermetures de ces k-générateurs et détermine ensuite parmi ces candidats les motifs fermés fréquents selon le seuil minimal du support $minsup$. Finalement, il crée les (k + 1)-générateurs qui seront utilisés lors de l'itération suivante afin de construire l'ensemble des motifs fermés candidats qui sont les fermetures des (k + 1)-générateurs. Un balayage du contexte d'extraction est nécessaire durant chaque itération, afin de déterminer les fermetures des k-générateurs et calculer leurs supports.

Si l'ensemble de k-générateurs fréquents est vide, l'algorithme s'arrête. Sinon, ce nouvel ensemble de (k +1)-générateurs est utilisé à l'itération suivante.

2.3. La conception physique des entrepôts de données

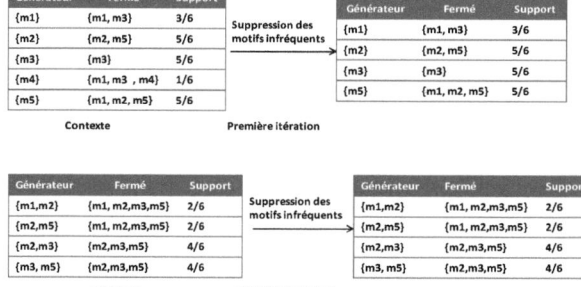

FIGURE 2.17 – Génération des motifs fréquents par l'algorithme CLOSE

La figure 2.17 montre un exemple d'extraction de motifs fermés fréquents avec l'algorithme *CLOSE* pour un support minimal égal à 2/6 (l'algorithme est appliqué sur le contexte d'extraction décrit dans l'exemple 4).

L'approche de sélection des index de jointure binaires :

L'approche de sélection proposée par les auteurs comporte six étapes : (1) extraction de la charge de requêtes, (2) analyse de la charge, (3) construction d'un contexte de recherche des motifs fréquents, (4) application de l'algorithme CLOSE sur ce contexte, (5) construction de l'ensemble des index candidats et (6) construction de la configuration d'index finale.

1. *Extraction de la charge de requêtes* : la charge de requêtes est extraite à partir du journal des transactions sauvegardé et maintenu automatiquement par le SGBD.

2. *Analyse de la charge* : la charge de requête obtenue est analysée afin d'extraire l'ensemble des attributs indexables. Ces attributs sont ceux qui font l'objet de prédicats de sélection dans les clauses WHERE des requêtes.

3. *Construction d'un contexte de recherche des motifs fréquents* : le contexte d'extraction est représenté par une matrice requête-attributs construite à partir des requêtes et des attributs indexables. Les lignes dans cette matrice représentent les requêtes et les colonnes les attributs indexables utilisés par chaque requête. La $j^{ème}$ case d'une ligne i dans cette matrice est mise à 1 si la requête Q_i utilise l'attribut indexable A_j, elle est mise à 0 sinon.

4. *Application de l'algorithme CLOSE sur ce contexte* : l'algorithme CLOSE est appliqué sur le contexte d'extraction afin d'extraire l'ensemble des motifs fréquents. Chaque motif extrait est composé d'un ensemble d'attributs de l'entrepôt de données. Un motif possède la forme suivante : $< Table_1.Attribut_i, Table_2.Attribut_j, \cdots , Table_n.Attribut_k >$.

5. *Construction de l'ensemble des index candidats* : l'ensemble des index candidats est

construit à partir des motifs fréquents fermés résultant de l'application de l'algorithme CLOSE. Le but de cette étape est de vérifier si les attributs contenus dans chaque motif fréquent permettent de créer un IJB sur l'entrepôt. Le script de création d'un IJB est le suivant :

```
CREATE BITMAP INDEX <nom_IJB>
ON TF(D1.Ai, D2.Aj, ..., Dn.Ak)
FROM TF, D1, D2, ..., Dn
WHERE
TF.id1=D1.id1 and
TF.id2=D2.id2 and
TF.idn=Dn.idn
```

où TF, Di, idi, Ak représentent respectivement la table des faits, la $i^{ème}$ table de dimension, la clé étrangère de la table de dimension Di et un attribut de dimension. Un mapping est effectué durant cette étape entre les attributs formant les motifs fréquents et ceux permettant de construire un index de jointure binaire. Un motif fréquent permet de générer un index s'il vérifie les conditions suivantes :

(a) Il contient des clés étrangères de la table des faits. Ces clés sont nécessaires pour la construction des clauses FROM et WHERE de la requête de création de l'index.

(b) Il contient des clés primaires des tables de dimension. Ces attributs sont nécessaires pour construire la clause WHERE pour joindre leurs tables de dimension à la table des faits. Ces tables sont ajoutées dans la clause FROM.

(c) Un ensemble d'attributs non clés des tables de dimension. Ces attributs sont nécessaires pour construire la clause ON.

A la fin de cette étape, un ensemble d'index candidats est construit à partir des motifs fréquents.

6. *Construction de la configuration d'index finale :* A partir de l'ensemble d'index générés dans l'étape précédente, un algorithme glouton est appliqué pour sélectionner une configuration d'index finale. Cet algorithme procède en plusieurs itérations. Dans la première itération, la fonction objectif est calculée pour chaque index candidat. L'index I_{max} maximisant la fonction objectif est choisi pour former la configuration initiale. Durant chaque itération, un nouvel index vérifiant la même condition est ajouté à la configuration courante. L'algorithme s'arrête dans les cas suivants :
   – Aucune amélioration de la fonction objectif n'est possible ;
   – Tous les index ont été sélectionnés ;
   – L'espace de stockage disponible est saturé.

La fonction objectif utilisée repose sur un modèle de coût qui permet de calculer la taille des index sélectionnés ainsi que le coût d'exécution des requêtes en présence de ces index.

2.3.1.1.2.7 Travaux de Bellatreche et al. : Les travaux de Bellatreche et al. [24, 23] présentent une amélioration des travaux de Aouiche et al [10]. Ces derniers considèrent seulement les fréquences d'accès des attributs comme critère de génération des motifs fréquents fermés. Bellatreche et al. ont montré à travers un exemple que la fréquence d'accès seule ne permet pas de sélectionner un ensemble d'index efficace. En effet, les IJB sont créés pour optimiser des jointures entre la table des faits et les tables de dimension. En utilisant l'approche de Aouiche et al., l'algorithme peut éliminer des index sur des attributs non fréquemment utilisés mais qui appartiennent à des tables de dimension volumineuses, ce qui ne permet pas d'optimiser une opération de jointure. Pour pallier ce problème, Bellatreche et al. proposent d'inclure d'autres paramètres dans la génération des motifs fréquents comme la taille des tables de dimension, la taille de la page système, etc.

Les auteurs proposent deux algorithmes *DynaClose* et *DynaCharm* qui constituent une adaptation des algorithmes *Close* et *Charm*. Au lieu d'utiliser le support comme critère de détermination des motifs fréquents, les algorithmes proposés reposent sur une fonction fitness permettant de pénaliser chaque motif fréquent en prenant en compte les paramètres cités ci-dessus.

Pour un motif fréquent m_i, cette fonction est définie comme suit :
$Fitness(m_i) = \frac{1}{n} \times (\sum_{j=1}^{n} \alpha_j \times sup_j)$
où n représente le nombre d'attributs non clés A_j dans m_i. sup_j représente le support de A_j et α_j est un paramètre de pénalisation défini par l'équation suivante : $\alpha_j = \frac{|D_j|}{|F|}$ où $|D_j|, |F|$ représentent respectivement le nombre de pages nécessaires pour stocker la table de dimension D_j et la table des faits F.

Etant donné un support minimum $minsup$, une valeur minimum de la fonction fitness $minfitness$ est calculée comme suit : $minfit = \frac{minsup}{|F|} \times \left\lceil (\sum_{j=1}^{d} \frac{|D_j|}{d}) \right\rceil$ où d représente le nombre de tables de dimension.

Les algorithmes *DynaClose* et *DynaCharm* sont utilisés dans la phase d'élagage de l'espace de recherche des index. Une fois les motifs fréquents générés, une étape de purification permet d'éliminer les motifs qui ne peuvent pas générer un index de jointure. Par exemple, un motif fréquent ne contenant aucun attribut non clé des tables de dimension sera supprimé. La purification permet de générer un ensemble d'attributs indexables candidats. Cet ensemble est défini par l'union des attributs non clés appartenant aux motifs fréquents générés. A partir de l'ensemble d'attributs candidats, un algorithme glouton proposé par les auteurs permet de sélectionner une configuration d'index finale sous une contrainte d'espace de stockage. L'algorithme glouton commence par l'index défini sur l'attribut ayant la cardinalité minimum, ajouter ensuite d'autres index itérativement jusqu'à ce que l'espace de stockage soit consommé ou tous les index sélectionnés.

2.3.1.1.3 Bilan et discussion : Nous avons présenté dans les précédentes sections les principaux travaux sur le problème de sélection des index. La plupart des approches proposées commencent par l'identification des attributs indexables, qui peut être manuelle ou automatique, ensuite elles utilisent des algorithmes de sélection (algorithme glouton ou dirigé par des techniques de data mining) afin de générer la configuration d'index finale. La qualité de cette configuration est mesurée soit par un modèle de coût mathématique, soit par le modèle de l'optimiseur du SGBD. Le tableau 2.2 présente une comparaison entre les

Chapitre 2. État de l'Art

principaux travaux en se basant sur les critères que nous venons de citer.

Travaux	Sélection des attributs candidats	Algorithme de sélection	Modèle de coût
Chaudhuri et al. [39]	Automatique	Glouton	Optimiseur + module *what-if*
Frank et al. [58]	Manuelle	Glouton	Optimiseur
Wang et al. [151]	Manuelle	Glouton	Mathématique
Gundem et al. [142]	Manuelle	Glouton	Mathématique
Golfarelli et al. [65]	Automatique	Glouton	Optimiseur
Aouiche et al. [10]	Automatique	Data Mining + Glouton	Mathématique
Bellatreche et al. [24]	Manuelle	Data Mining + Glouton	Mathématique

TABLE 2.2 – Comparaison des travaux effectués sur la sélection d'index

2.3.1.2 Vues matérialisées

Une vue est une requête nommée. Elle est dite matérialisée si son résultat est stockée physiquement. Les vues améliorent l'exécution des requêtes, en précalculant les opérations les plus coûteuses comme la jointure et l'agrégation et en stockant leurs résultats dans la base. En conséquence, certaines requêtes nécessitent seulement l'accès aux vues matérialisées et sont ainsi exécutées plus rapidement. Les vues dans le contexte OLTP ont été largement utilisées pour répondre à plusieurs rôles : la sécurité, la confidentialité, l'intégrité référentielle, etc.

Les vues matérialisées peuvent être utilisées pour satisfaire plusieurs objectifs, comme l'amélioration de la performance des requêtes ou la fourniture des données dupliquées. Le concept a été largement utilisé dans l'informatique distribuée. Elles sont utilisées pour dupliquer des données au niveau des sites distribués. Les réplicas permettent de résoudre des requêtes uniquement par des accès locaux.

Deux problèmes majeurs sont liés aux vues matérialisées : (1) *le problème de sélection des vues matérialisées* et (2) *le problème de maintenance des vues matérialisées*. Nous présentons brièvement ces deux problèmes dans les sections suivantes.

2.3.1.2.1 La sélection des vues matérialisées
: La sélection des vues matérialisées consiste à choisir un sous-ensemble de vues candidates permettant de réduire le coût d'exécution d'une charge de requêtes. La sélection des vues peut être effectuée sous certaines contraintes, généralement un quota d'espace et/ou un seuil de temps de maintenance à ne pas dépasser. Le problème de sélection des vues matérialisées (PSV) peut donc être formalisé comme suit [71, 145] :
Étant donné une contrainte de ressource S (capacité de stockage, par exemple), le PSV consiste à sélectionner un ensemble de vues $\{V_1, V_2, ..., V_k\}$ minimisant une fonction objectif (coût total d'évaluation des requêtes et/ou coût de maintenance des vues sélectionnées) et satisfaisant la contrainte.

2.3. La conception physique des entrepôts de données

Le PSV dans les entrepôts de données a été largement étudié tant pour l'approche MOLAP que pour l'approche ROLAP. Dans l'approche MOLAP, le cube de données est considéré comme la structure primordiale pour sélectionner les vues matérialisées. Chaque cellule du cube est considérée comme une vue potentielle. Dans l'approche ROLAP, chaque requête est représentée par un arbre algébrique [27]. Chaque noeud (non feuille) est considéré comme une vue potentielle.

Deux types de PSV ont été considérés : le PSV statique et le PSV dynamique. Le PSV statique consiste à sélectionner un ensemble de vues à matérialiser afin de minimiser le coût total d'évaluation de ces requêtes, le coût de maintenance ou les deux, et ce, sous la contrainte de la ressource. Le problème suppose donc que l'ensemble des requêtes n'évolue pas. Si des évolutions sont enregistrées dans des requêtes, alors il est nécessaire de reconsidérer totalement le problème (en reconstruisant les vues à matérialiser). Le PSV dynamique considère que l'ensemble des requêtes évolue dans le temps. Dans ce cas, l'algorithme dynamique peut être amené à modifier l'ensemble des vues matérialisées en fonction de nouvelles requêtes. En effet, il peut insérer de nouvelles vues et en supprimer d'autres dans le cas où l'espace maximum autorisé serait atteint. Pour combler les lacunes du PSV statique, Kotidis et al. [96] ont proposé un système appelé *DynaMat*, qui matérialise les vues d'une manière dynamique. *DynaMat* combine en fait les problèmes de la sélection et de la maintenance des vues.

Le PSV est connu comme un problème NP-Complet [8, 71]. Le nombre de vues candidates pour la matérialisation peut être très important. Si d est le nombre de dimensions dans le schéma d'un entrepôt de données et qui ne contient aucune hiérarchie, alors ce nombre est égal à 2^d. La complexité du PSV est de $O(2^n)$ où n représente le nombre de vues candidates dans le schéma [8, 14].

Plusieurs travaux ont étudié le problème de sélection des vues matérialisées. Ces travaux peuvent être classés en deux grandes catégories : (1) travaux dirigés par le temps d'interrogation et (2) travaux dirigés par le temps de maintenance. La première catégorie privilégie l'optimisation des performances de l'interrogation de l'entrepôt et fonctionne sous contrainte d'espace de stockage des vues matérialisées. La seconde vise à réduire le temps de maintenance des vues matérialisées [71]. Elle est employée dans le cas où les rafraîchissements de l'entrepôt seraient conséquents ou leur fréquence élevée. Notons que certaines approches ont été proposées dans le souci de satisfaire simultanément les deux besoins [51].

Comme les travaux effectués sur la sélection des index, ceux proposés pour la sélection des vues matérialisées utilisent souvent des heuristiques pour trouver une solution quasi optimale. Les algorithmes proposés procèdent en deux principales étapes : (1) génération des vues candidates et (2) sélection un sous-ensemble de ces vues. Dans la première étape, l'ensemble de vues matérialisées candidates V est construit à partir d'une charge de requêtes Q les plus fréquentes. Cet ensemble est structuré de manière à prendre en compte les relations susceptibles d'exister entre les vues candidates. Plusieurs structures ont été proposées pour représenter les relations entre les vues. Nous pouvons citer les structures suivantes : les treillis [1, 12, 74, 77, 106], les graphes [51, 67, 73, 141], les plans d'exécution

Chapitre 2. État de l'Art

des requêtes [13, 33, 134], etc.

Dans la deuxième étape, les algorithmes sélectionnent un sous-ensemble des vues candidates en fonction de la fonction objectif utilisée ainsi que des contraintes du problème de sélection. Plusieurs types d'algorithmes ont été utilisés pour effectuer cette sélection. Nous pouvons citer : les algorithmes gloutons [1, 12, 73, 106, 77, 131, 134], les méthodes issues de la recherche opérationnelle (sac à dos [13]) ou d'un algorithme génétique [33].

2.3.1.2.2 La maintenance des vues matérialisées : Les tables de base changent et évoluent au rythme des mises à jour. Cependant, si ces changements ne sont pas reportés dans les vues matérialisées, leurs contenus deviendront obsolètes et leurs objets ne représenteront plus la réalité. La maintenance des vues matérialisées consiste à apporter les modifications survenues sur les tables de base au niveau des vues. Cela peut se faire selon trois approches : périodique, immédiate et différée. Dans la première, les vues sont mises à jour continuellement à des périodes précises ; dans ce cas, ces vues peuvent être considérées comme des photographies (*snapshots*). Dans la seconde les vues sont mises à jour immédiatement à la fin de chaque transaction. Dans la dernière, les modifications sont propagées d'une manière différée. Dans ce cas, une vue est mise à jour uniquement au moment où elle est utilisée par une requête d'un utilisateur.

La maintenance des vues peut être effectuée en recalculant ces vues sur les tables de base. Cependant, cette approche est complètement inefficace (très coûteuse). En effet, une bonne maintenance des vues est réalisée lorsque les changements (insertions, suppressions, modifications) effectués dans les tables sources peuvent être propagés aux vues sans être dans l'obligation de recalculer intégralement leur contenu. Pour résoudre ce problème, trois types de maintenance ont été proposées : incrémentale, autonome et en batch. La maintenance incrémentale consiste à identifier le nouvel ensemble de n-uplets à ajouter à la vue dans le cas d'une insertion, ou le sous-ensemble de n-uplets à retirer de la vue dans le cas d'une suppression, sans réévaluer intégralement la vue. La maintenance autonome assure que la maintenance d'une vue V peut être calculée uniquement à partir de V et des changements survenus sur les tables de bases sur lesquelles elle est définie. La maintenance en batch est effectuée en utilisant des transactions de mise à jour. Une transaction de maintenance est relativement longue et peut donc interrompre l'usage de l'entrepôt. Par conséquent, elle est exécutée souvent durant les périodes d'activité creuse (la nuit par exemple). Cette maintenance n'est pas souhaitable, car avec l'émergence d'internet, un entrepôt doit être opérationnel continuellement (24/24 h).

2.3.1.2.3 Similarité entre les index et les vues : En analysant les vues matérialisées et les index, nous constatons qu'ils possèdent de fortes similarités :
- Les deux techniques sont redondantes et partagent la même ressource qui est l'espace de stockage. L'administrateur doit partager l'espace de stockage entre elles.
- Elles nécessitent des mises à jour régulières.
- Une vue est matérialisée sous forme d'une table relationnelle (dans le contexte ROLAP), donc son indexation peut améliorer les performances des requêtes référençant

2.3. La conception physique des entrepôts de données

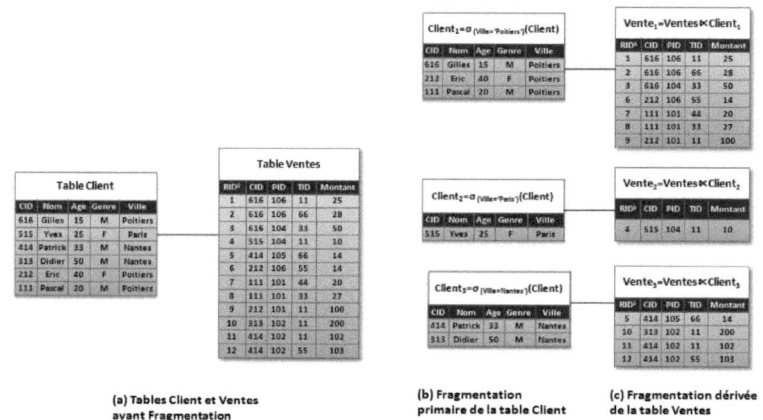

(a) Tables Client et Ventes avant Fragmentation

(b) Fragmentation primaire de la table Client

(c) Fragmentation dérivée de la table Ventes

FIGURE 2.18 – Exemple d'une fragmentation primaire et dérivée

cette vue. La présence d'un index peut rendre une vue plus avantageuse.

Plusieurs travaux ont identifié cette similarité et proposé une sélection simultanée des vues et des index [20, 87, 9, 99, 131, 138]. Nous détaillons cette sélection plus loin dans ce chapitre.

2.3.2 Techniques d'optimisation non redondantes

Dans cette section, nous présentons deux techniques d'optimisation non redondantes, à savoir la fragmentation horizontale primaire définie et la fragmentation horizontale dérivée.

2.3.2.1 La fragmentation horizontale primaire et dérivée

La fragmentation horizontale consiste à partitionner les objets de la base de données (tables, vues et index) en plusieurs ensembles de lignes appelés *fragments horizontaux*. Chaque ligne représente une instance de l'objet fragmenté. Les instances appartenant au même fragment horizontal vérifient généralement un prédicat de sélection. Chaque fragment horizontal T_i d'une table T est défini par une clause de sélection sur la table T comme suit :

$$T_i = \sigma_{cl_i}(T)$$

La fragmentation horizontale constitue un aspect important dans la conception physique des bases de données [130, 118]. Elle est considérée comme une technique d'optimisation non redondante du fait qu'elle ne réplique pas de données. Elle a un impact significatif sur la performance des requêtes définies sur des volumes de données importants. Elle a aussi un impact significatif sur la facilité de gestion et la maintenance des données. Deux

Chapitre 2. État de l'Art

types de fragmentation horizontale sont disponibles : *primaire* et *dérivée*. La fragmentation horizontale primaire d'une table se base sur les prédicats de sélection définis sur cette table. La fragmentation horizontale dérivée exploite le lien existant entre deux tables pour fragmenter l'une d'entre elles en fonction des fragments de l'autre. Par conséquent, la fragmentation horizontale dérivée d'une table se base sur les prédicats de sélection définis sur une autre table. Concrètement, la fragmentation dérivée d'une table S n'est possible que lorsqu'elle est liée avec une table T par sa clé étrangère. Une fois la table T fragmentée par la fragmentation primaire, les fragments de S sont générés par une opération de semi-jointure entre S et chaque fragment de la table T. Les deux tables seront équi-partitionnées grâce au lien père-fils.

Exemple 5 *Soient deux tables Client et Ventes liées par une relation de clé étrangère dont les instances sont représentées dans la figure 2.18(a). La figure 2.18(b) représente la fragmentation horizontale de la table Client en trois fragments $Client_1$, $Client_2$, $Client_3$. Chaque fragment est défini par un prédicat de sélection sur l'attribut Ville de cette table, comme suit :*

- $Clients_1 : \sigma_{Ville='Poitiers'}(Client)$
- $Clients_2 : \sigma_{Ville='Paris'}(Client)$
- $Clients_3 : \sigma_{Ville='Nantes'}(Client)$

La figure 2.18(b) représente la fragmentation dérivée de la table Ventes en trois fragments en fonction des trois fragments de la table Client. Chaque fragment de la table Ventes est généré à l'aide d'une opération de semi-jointure entre un fragment de la table Client et la table des faits comme suit :

- $Ventes_1 = Ventes \ltimes Clients_1$
- $Ventes_2 = Ventes \ltimes Clients_2$
- $Ventes_3 = Ventes \ltimes Clients_3$

2.3.2.1.1 Évolution de la fragmentation horizontale : Plusieurs travaux se sont intéressés à la fragmentation horizontale. Ils proviennent de deux tendances différentes : académique et industrielle. Les travaux académiques s'intéressent principalement à l'étude de la fragmentation horizontale du point de vue de la formalisation et proposition d'approches de fragmentation. La direction industrielle s'intéresse à mettre en oeuvre des commandes DDL (langage de définition de données) permettant de fragmenter physiquement les objets de la base de données et de fournir des fonctions de manipulation des partitions obtenues. Nous présentons l'évolution de la fragmentation horizontale à travers ces deux tendances dans la section suivante.

1. **Contexte académique** : Plusieurs travaux de recherche se sont intéressés à la fragmentation horizontale [34, 52, 116, 124, 147]. Ces travaux touchent plusieurs contextes, les bases de données centralisées, les bases de données distribuées et parallèles, les entrepôts de données centralisées, les entrepôts de données distribués et parallèles.

    La fragmentation horizontale a été initialement introduite vers la fin des années 70

2.3. La conception physique des entrepôts de données

pour la conception logique des bases de données dans le but d'améliorer les performances des requêtes. La fragmentation horizontale a connu un grand succès dans les années 80. Elle a été largement utilisée pour la conception des bases de données distribuées [34, 116] et les bases de données parallèles [52, 124, 147]. Dans le contexte des bases de données distribuées, elle permet de partitionner une table globale en un ensemble de fragments horizontaux où chaque fragment doit être alloué à un noeud du système. Les utilisateurs finaux sur chaque noeud peuvent effectuer des transactions locales sur les fragments alloués à ce noeud, ce qui réduit considérablement le coût d'exécution des requêtes.

Dans le contexte de bases de données parallèles, la fragmentation horizontale a été utilisée pour accélérer l'exécution des requêtes où les données sont horizontalement partitionnées et allouées sur un ensemble de noeuds indépendants. La fragmentation horizontale permet d'effectuer une exécution parallèle intra-requêtes et inter-requêtes [52].

Dans le contexte d'entrepôt de données, la fragmentation horizontale a été introduite comme une alternative importante de conception physique [130]. Elle permet de partitionner les tables de l'entrepôt (tables de dimension et/ou table des faits)[14, 26], les vues matérialisées et les index [130] en un ensemble de fragments de plus petite taille. Elle a été utilisée essentiellement pour améliorer la performance des requêtes en leur permettant de ne charger que les fragments pertinents, ce qui réduit le volume de données chargées. Elle a été aussi utilisée pour améliorer la facilité de gestion de l'entrepôt en permettant de gérer un fragment à la fois et d'utiliser toutes les opérations usuelles (définies sur les tables globales) au niveau de la partition.

Dans le contexte d'entrepôts de données parallèles, la fragmentation horizontale a été considérée comme la composante la plus importante [136]. Elle implique une augmentation des performances du système en permettant, comme dans le contexte de bases de données parallèles, une exécution parallèle intra-requête et inter-requêtes des requêtes OLAP définies sur l'entrepôt.

La fragmentation horizontale a été combinée avec d'autres techniques d'optimisation pour améliorer les performances des requêtes [18, 26, 124, 130, 136]. [26] ont proposé la combinaison de la fragmentation horizontale avec les index et les vues matérialisées, [124] ont proposé une combinaison avec le traitement parallèle. Sanjay et al. [130] ont proposé une combinaison de la fragmentation horizontale avec la fragmentation verticale dans la conception physique des bases de données volumineuses. Stohr et al. [136] proposent une combinaison de la fragmentation horizontale avec les index binaires et le traitement parallèle dans la conception des entrepôts de données parallèles. [159] ont proposé une combinaison de la fragmentation horizontale avec les vues matérialisées, les index et le clustering.

2. **Contexte industriel** : Les éditeurs de SGBD commerciaux s'intéressent de plus en plus à la fragmentation horizontale. Plusieurs modes de fragmentation ont été proposés. Actuellement, la plupart des SGBD commerciaux supportent la fragmentation

Chapitre 2. État de l'Art

FIGURE 2.19 – Évolution de la fragmentation horizontale sous Oracle

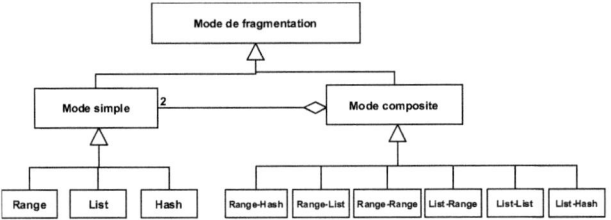

FIGURE 2.20 – Classification des modes de fragmentation primaire

horizontale et offrent des commandes DDL pour fragmenter les objets de la base de données et manipuler les partitions obtenues. La figure 2.19 montre l'évolution de la fragmentation horizontale dans le SGBD Oracle qui offre le plus de modes de fragmentation. Nous pouvons classer les modes de fragmentation en deux catégories, *mode simple* (à un seul niveau) et *mode composé* (modes à deux niveaux). Un mode de fragmentation simple permet de partitionner une table selon les valeurs d'un seul attribut en un ensemble de partitions. Le mode composé permet de fragmenter une table en un ensemble de partitions en utilisant plusieurs attributs. Nous détaillons dans les sections suivantes les deux modes de fragmentation.

2.3.2.1.2 Mode Simple : Un mode de fragmentation simple d'une table T est défini par : $MS < C, V >$ où C désigne la clé de fragmentation et V un ensemble de valeurs de cette clé $V = \{V_1, V_2, \cdots, V_n\}$ [3]. Chaque élément dans l'ensemble V est constitué d'une ou plusieurs valeurs du domaine de valeurs de la clé C. L'ensemble V peut être vu alors comme un découpage du domaine de valeurs de C en plusieurs sous-domaines $sd_1, sd_2, \cdots, sd_n$, où chaque sd_i correspond à une valeur V_i. Chaque sous-domaine sd_i permet de générer une partition T_i de la table T. Lorsqu'une instance I est insérée dans la table T, le système recherche le sous-domaine sd_i contenant la valeur de C de cette instance et attribue cette dernière à la partition T_i définie par sd_i (voir figure 2.21).

Trois types de fragmentation peuvent réaliser le mode simple ont été proposés, *Range*, *List* et *Hash*. La différence entre ces types réside dans la façon dont l'ensemble V est déterminé.

---

3. Pour simplifier, nous considérons le cas où la clé de fragmentation est constituée d'un seul attribut.

2.3. La conception physique des entrepôts de données

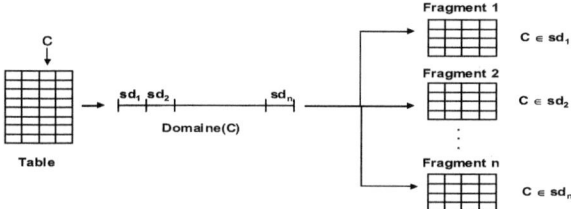

FIGURE 2.21 – Types de fragmentation simple

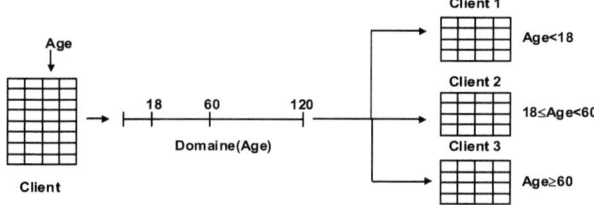

FIGURE 2.22 – Fragmentation RANGE

(a) **Fragmentation par intervalle (RANGE)** : Dans ce mode, chaque élément V_i de l'ensemble V correspond à un intervalle de valeurs. Chaque intervalle Vi est représenté par une borne inférieure (bf_i) et une borne supérieure (bs_i).

Exemple 6 *Une fragmentation de la table Client sur l'attribut Age par le mode Range peut être représentée par :*
$RANGE :< Age, \{[1-18[,[18-60[,[60-120]\} >$.
Cette fragmentation permet de créer trois partitions, $Client_1, Client_2, Client_3$, chacune correspond à un intervalle (voir figure 2.22).

Notons que le nombre de partitions est explicite dans ce mode, il correspond au nombre d'intervalles considérés (la cardinalité de l'ensemble V).

La fragmentation de la table Client selon ce découpage se fait en utilisant la commande suivante :

```
CREATE TABLE CLIENT
(CID number(6), Nom varchar(30), Ville varchar(30),
Genre char(1), Age number(3)
PARTITION BY RANGE(Age)
PARTITION C-Enfants VALUES LESS THAN (18) TABLESPACE TBS-Enfants,
PARTITION C-Adultes VALUES LESS THAN (60) TABLE SPACE TBS-Adultes,
PARTITION C-Retraites VALUES LESS THAN (MAXVALUE) TABLE SPACE TBS-Retraites) ;
```

La clause PARTITION BY RANGE montre qu'il s'agit d'une fragmentation par intervalles. Chaque partition est caractérisée par un nom (par exemple C-enfants), une borne su-

Chapitre 2. État de l'Art

périeure non inclusive (par exemple 18) et un TableSpace où elle sera stockée [4] (par exemple TBS-Enfants). La clause MAX VALUE désigne la plus grande valeur que l'attribut Age peut prendre.

Pour attribuer une instance à une des trois partitions, le système récupère la valeur de l'attribue Age de cette instance et le compare avec la borne de chaque partition en commençant par la partition représentant la plus petite borne. La première partition dont la borne est supérieure à la valeur de l'attribut Age sera la partition qui recevra l'instance. Par exemple, supposons une instance avec Age=30. Le système compare 30 avec la première borne (18), il trouve 30 >18 alors il passe à la prochaine borne (60), il trouve 30 <60, il met alors cette instance dans la partition C-Adultes.

La fragmentation par Range est utilisée généralement pour l'historisation des données en utilisant comme clé de fragmentation un attribut de type Date. Chaque partition correspondra alors à une période de temps. Les instances correspondantes à une période donnée seront mises dans une seule partition, ce qui facilite par exemple leur historisation. Le mode Range peut être bénéfique pour les requêtes d'intervalles utilisant des prédicats coïncidant avec les intervalles définissant les partitions où seules les données nécessaires seront chargées.

Soit la requête suivante :

```
SELECT count(*) FROM Client
WHERE Age<18
```

Pour exécuter cette requête, seule la partition C-Enfants sera chargée car le prédicat utilisé dans la requête coïncide avec l'intervalle définissant cette partition.

(b) La fragmentation par hachage (HASH) : Le mode de fragmentation par hachage utilise une fonction de hachage fournie par le système pour fragmenter une table. Pour utiliser ce mode, il suffit de spécifier au système la clé de fragmentation ainsi que le nombre de partitions voulues (les éléments de l'ensemble V sont générés par la fonction de hachage). Ce mode est donc défini par $<C, n>$ où C est la clé de fragmentation et n est le nombre de partitions voulues.

La fonction de hachage est une fonction interne du système, elle permet, à partir d'une valeur de la clé de fragmentation d'une instance, d'attribuer une partition à cette instance (voir figure 2.23). Cette fonction dépend aussi du type de la clé de fragmentation (entier, réel, caractère, etc.). Par exemple si la clé est de type entier, la fonction de hachage peut attribuer à une instance une partition dont le numéro représente le reste de la division de la clé de fragmentation sur le nombre de partitions. Dans ce mode, les noms de partitions ainsi que les TABLESPACES peuvent être spécifiés explicitement ou laissés à la charge système.

Exemple 7 *Le code suivant permet de fragmenter par hachage la table Client sur l'attribut CID en quatre partitions, chacune est stockée dans un TABLESPACE différent.*

---

4. Un TableSpace est un espace de stockage où la partition sera physiquement sauvegardée

2.3. La conception physique des entrepôts de données

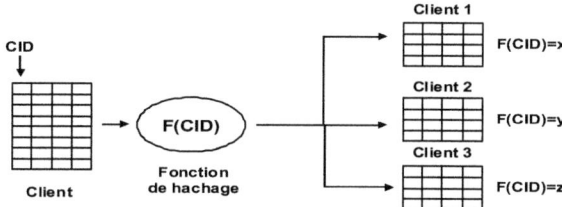

FIGURE 2.23 – La fragmentation par HASH

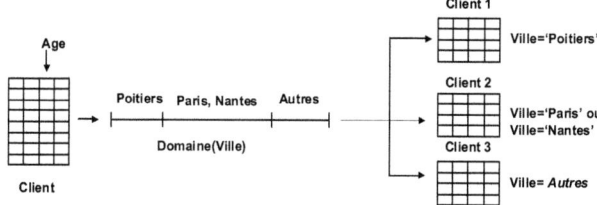

FIGURE 2.24 – La fragmentation par LIST

```
CREATE TABLE CLIENT (CID number(6), Nom varchar(30), Ville varchar(30),
Genre char(1), Age number(3))
PARTITION BY HASH (CID)
PARTITION 4 STORE IN (TBS1, TBS2, TBS4, TBS4) ;
```

Les noms des quatre partitions sont attribués par le système. Elles seront stockées dans les TableSpaces TBS1, TBS2, TBS3 et TBS4.

(c) La fragmentation par liste (LIST) : Dans le mode List, un élément V_i de l'ensemble de valeurs V est composé d'une énumération de valeurs de la clé de fragmentation C. Chaque partition de la table correspondra alors à une liste de valeurs de la clé de fragmentation. Au contraire du mode Range où les valeurs dans les éléments V_i sont liées par une relation d'ordre, dans le mode List, les valeurs sont énumérées et ne possèdent aucune relation préalable.

Exemple 8 *Le code suivant permet de fragmenter la table Client en trois partitions selon l'attribut Ville. La première partition correspond aux clients habitant Poitiers, le deuxième ceux habitant Paris ou Nantes et la troisième correspond aux autres clients.*

```
CREATE TABLE CLIENT (CID number(6), Nom varchar(30), Ville varchar(30),
Genre char(1), Age number(3))
PARTITION BY LIST (Ville)
(PARTITION C- poitevins VALUES ('Poitiers'),
PARTITION C-Parisien-ou-Nantais VALUES ('Paris',' Nantes'),
PARTITION C-Autres VALUES (DEFAULT)) ;
```

Le mode par List peut être bénéfique pour les requêtes utilisant des prédicats d'égalité comme la requête suivante :

Chapitre 2. État de l'Art

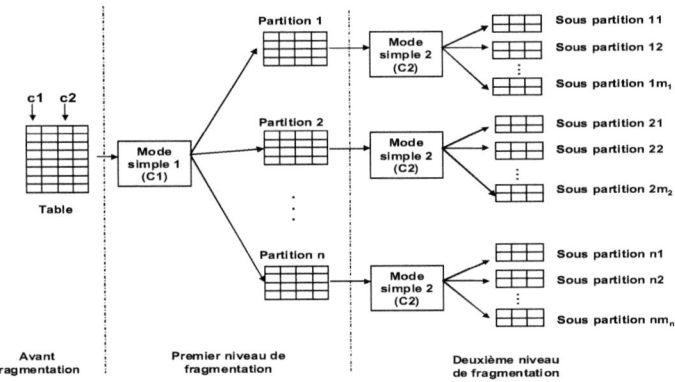

FIGURE 2.25 – Mode composé

```
SELECT Count(*) FROM Client
WHERE Ville='Poitiers'
```

Pour exécuter cette requête, seule la partition $C - poitevins$ sera chargée.

2.3.2.1.3 Mode Composé : Le mode composé permet de combiner deux modes simples de fragmentation MS_1 et MS_2 (Voir figure 2.25). Le premier mode simple MS_1 est utilisé pour fragmenter la table en un ensemble de partitions (premier niveau de fragmentation). Le deuxième mode simple MS_2 est utilisé pour fragmenter chaque partition obtenue par MS_1 en un ensemble de sous-partions (deuxième niveau de fragmentation). Notons que la clé de fragmentation utilisée dans MS_1 doit être différente à celle utilisée dans MS_2.

En combinant tous les modes simples, plusieurs modes composites peuvent être définis : Range-Range, Range-List, Range-Hash, List-Range, List-List, etc.

Exemple 9 *La figure 2.26 montre une fragmentation composite de la table Client. Cette dernière est fragmentée par le mode Range sur l'attribut Age en trois partitions, ensuite chaque partition est fragmentée en deux sous-partitions sur l'attribut Genre. Le premier niveau de fragmentation est spécifié à l'aide de la clause PARTITION BY tandis que le deuxième niveau par la clause SUBPARTITION BY.*

Cette fragmentation composite peut être matérialisée par la commande suivante :

```
CREATE TABLE CLIENT
(CID number(6), Nom varchar(30), Ville varchar(30),
Genre char(1), Age number(3)
PARTITION BY RANGE(Age)
SUBPARTITION BY LIST(Genre)
SUBPARTITION TEMPLATE
(SUBPARTITION C-Masculins VALUES ('M'),
 SUBPARTITION C-Femenins VALUES ('F'))
```

2.3. La conception physique des entrepôts de données

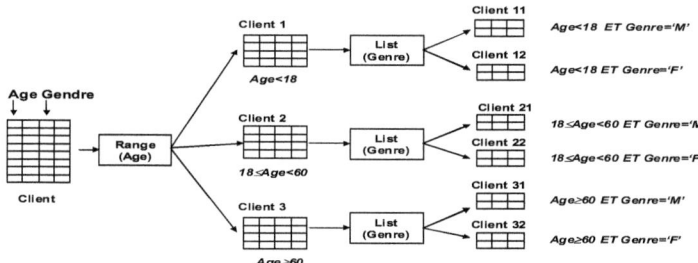

FIGURE 2.26 – Exemple du mode composé RANGE-LIST

```
(PARTITION C-Enfants VALUES LESS THAN (18) TABLESPACE TBS-Enfant,
PARTITION C-Adultes VALUES LESS THAN (60) TABLE SPACE TBS-Adultes,
PARTITION C-Retraite VALUES LESS THAN (MAXVALUE) TABLE SPACE TBS-Retraite)) ;
```

Les modes de fragmentation simple et composé que nous avons présentés s'appliquent sur une seule table et correspondent donc à une fragmentation primaire. La fragmentation horizontale dérivée a été supportée récemment par Oracle 11g à travers le mode de fragmentation par référence que nous présentons dans la section suivante.

2.3.2.1.4 Le mode Référence pour la fragmentation dérivée : La fragmentation par référence permet de fragmenter une table S selon les fragments d'une autre table T en utilisant la relation père-fils entre les deux tables. Ce mode correspond à une fragmentation dérivée de la table S. Le lien par clé étrangère entre T et S garantit que les deux tables sont équi-partitionnées. La table T peut être fragmentée en utilisant n'importe quel mode de fragmentation simple ou composite, et la table S hérite ce mode de fragmentation. Si T est fragmentée en utilisant un mode simple (Range, List ou Hash), alors le nombre de partitions de la table S est égal au nombre de partitions de T. Par contre, si T est fragmentée en utilisant un mode composite, le nombre de partitions de S est égal au nombre de sous-partitions de T.

Exemple 10 *Soit la table Client fragmentée par le mode Range en trois fragments comme dans l'exemple 6. La fragmentation par référence de la table Ventes permet de créer trois partitions chacune liée à une partition de la table Client (voir figure2.27).*
Le code suivant permet de fragmenter la table Ventes par référence.

```
CREATE TABLE VENTES
(CID number(6), Date DATE , Montant Number(8,2)
CONSTRAINT Client_fk FOREIGN KEY (CID) REFERENCES Client(CID))
PARTITION BY REFERENCE(Client_fk);
```

2.3.2.1.5 Règles de correction de la fragmentation horizontale : Pour qu'une fragmentation horizontale d'une table T en p fragments $T_1, T_2, \cdots, T_p$ soit valide, elle doit vérifier trois règles de correction : complétude, disjonction et reconstruction.

Chapitre 2. État de l'Art

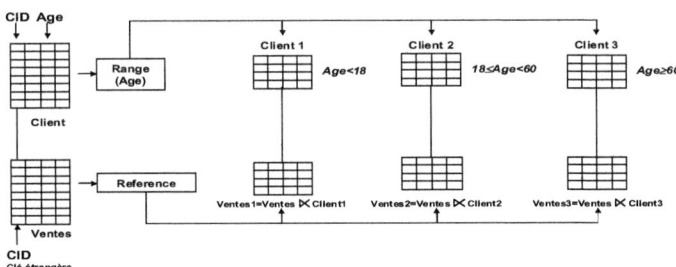

FIGURE 2.27 – Modes de fragmentation par référence

1. *Complétude* : toute instance de T doit être présente dans au moins un fragment ($i \in T \Rightarrow \exists T_k \in \{T_1, T_2, \cdots, T_p\} \wedge i \in T_k$). La complétude garantit qu'aucune instance ne sera perdue après la fragmentation de la table.

2. *Disjonction* : toute instance appartenant à un fragment T_j ne doit pas appartenir à un autre fragment T_k ($i \in T_j \Rightarrow \not\exists T_k \neq T_j \wedge i \in T_k$).

3. *Reconstruction* : une fois la fragmentation effectuée, il doit être toujours possible de reconstruire la table d'origine à partir de ses fragments. Pour cela, il faut disposer d'un opérateur OP qui permet de reconstruire la table T ($T = OP(T_1, T_2, \cdots, T_p)$). La règle de correction garantit que tout processus de fragmentation est toujours réversible. OP **représente l'opération d'union.**

En respectant ces trois règles de correction, l'opération de fragmentation horizontale réalise une partition des n-uplets de la table T, au sens mathématique du terme.

2.3.2.1.6 Problème de sélection d'un schéma de fragmentation horizontale :
Un schéma de fragmentation horizontale d'une table est le résultat du processus de fragmentation de cette table. Il contient un ensemble des fragments horizontaux, où chacun est défini par une clause de prédicats simples. Pour une table donnée, plusieurs schémas de fragmentation sont possibles selon les prédicats utilisés pour générer les fragments horizontaux.

Plusieurs travaux ont été proposés pour sélectionner un schéma de fragmentation horizontale dans le contexte de bases de données classiques et d'entrepôts de données relationnels. La plupart de ces travaux sont cencontrés sur la fragmentation horizontale primaire. **Le problème de sélection d'un schéma de fragmentation horizontale est formalisé comme suit :** Étant donné :
- une relation R, composée de n instances,
- une charge de requêtes $Q = \{Q_1, Q_2, ..., Q_m\}$, où chaque requête Q_j possède une fréquence d'accès f_j

Le problème de sélection d'un schéma de fragmentation horizontale consiste à partitionner

2.3. La conception physique des entrepôts de données

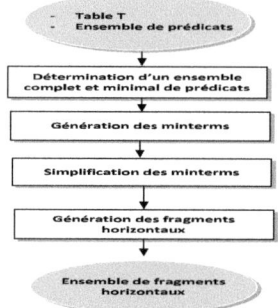

FIGURE 2.28 – Approche basée sur les prédicats

R en p fragments horizontaux $R_1, R_2, \cdots, R_p$ tel que le coût d'exécution de Q sur la table fragmentée est minimal.

2.3.2.1.7 Algorithmes de sélection d'un schéma de FH : Plusieurs travaux ont étudié la fragmentation horizontale et montré son intérêt dans le contexte des bases de données classiques [34, 116, 124, 147, 157], le contexte des bases de données objets [21, 22, 49, 89, 90, 125] et le contexte d'entrepôts de données [14, 109, 130, 136]. Les algorithmes proposés peuvent être classés en trois principales catégories : *algorithmes basés sur les prédicats*, *algorithmes basés sur l'affinité* et *algorithmes basés sur un modèle de coûts*. Tous ces algorithmes commencent par une table à fragmenter et un ensemble de prédicats ou de requêtes les plus fréquentes ainsi que leurs fréquences d'accès et donnent en sortie un schéma de fragmentation horizontale de la table.

(a) **Algorithmes basés sur les prédicats** : Pour fragmenter une table, ces algorithmes utilisent l'ensemble des prédicats de sélection définis sur les attributs pour fragmenter la table en entrée [34, 116]. L'approche commence donc par une table T et un ensemble de prédicats $P = \{P_1, P_2, \cdots, P_n\}$ définis sur les attributs de cette table et fournit en sortie un ensemble de fragments horizontaux de la table T. Quatre étapes principales caractérisent cette approche, (1) la génération d'un ensemble complet et minimal de prédicats, (2) la génération de l'ensemble des minterms, (3) la simplification des minterms et (4) la génération des fragments.

1. *Détermination d'un ensemble complet et minimal de prédicats* : A partir de l'ensemble des transactions, les prédicats simples sont énumérés. L'algorithme COM-MIN [114] permet de générer un ensemble de prédicats complet et minimal $EPCM = \{q_1, q_2, \cdots, q_m\}$ à partir de l'ensemble des prédicats simples. La complétude garantit que toutes les applications aient accès à chaque fragment avec la même probabilité. Plus de détail sur les notions de complétude et de minimalité ainsi que l'algorithme COM-MIN se trouvent dans la section 3.4.1.3.

Chapitre 2. État de l'Art

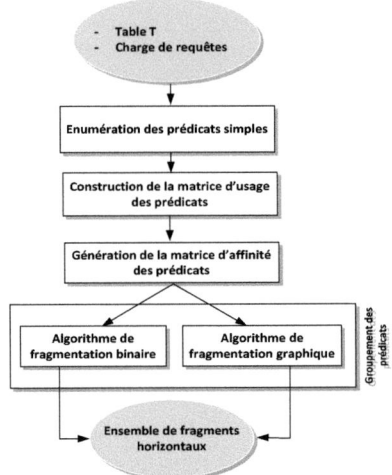

FIGURE 2.29 – Approche basée sur les affinités

2. *Génération des minterms :* à partir de l'ensemble $EPCM$, l'ensemble des minterms M est généré comme suit :
$M = \{m_i/m_i = \wedge_{q_j \in EPCM} q_j^*, 1 \leq i \leq 2^n, 1 \leq j \leq n\}$, où $q_j^* = q_j$ ou $q_j^* = \neg q_j$

3. *Simplification des minterms :* l'ensemble des minterms M est réduit en éliminant les minterms contradictoires par rapport à un ensemble d'implications entre les prédicats.

4. *Génération des fragments horizontaux :* chaque minterm m_i restant dans l'ensemble M permet de générer un fragment T_i de la table T comme suit : $T_i = \sigma_{m_i}(T)$.

L'approche basée sur les prédicats est caractérisée par une grande complexité par rapport au nombre de prédicats. Pour n prédicats simples, cette approche génère 2^n minterms. Son utilisation est donc limitée à un nombre de prédicats raisonnable.

(b) Algorithmes basés sur l'affinité : Cette approche a été proposée dans le souci de réduire la complexité de l'approche basée sur les prédicats. Les travaux appartenant à cette approche [157, 108, 89] ont adapté les travaux de Navathe [107] sur la fragmentation verticale afin de les utiliser pour la fragmentation horizontale. Cette approche est composée de cinq étapes : (1) l'énumération des prédicats simples, (2) la construction de la matrice d'usage des prédicats, (3) la génération de la matrice d'affinité des prédicats, (4) le regroupement des prédicats et (5) la génération des fragments horizontaux.

1. *Enumération des prédicats simples :* à partir de l'ensemble des requêtes, on énumère l'ensemble des prédicats de sélection définis sur les attributs de la table à fragmenter.

2. *Construction de la matrice d'usage des prédicats :* La matrice d'usage des prédicats (MUP) est une matrice nxm où n représente le nombre de requêtes et m le nombre

de prédicats. Un élément mup_{ij} reçoit 1 si la requête Q_i utilise le prédicat P_j ; sinon il reçoit 0.

3. *Génération de la matrice d'affinité des prédicats :* la matrice d'affinité des prédicats est une matrice m x m où m est le nombre de prédicats. La valeur d'un élément map_{ij} correspond à la valeur d'affinité entre les deux prédicats P_i et P_j. Cette valeur correspond à la somme des fréquences d'accès des requêtes utilisant simultanément les deux prédicats. Bellatreche et al.[14] ont utilisé deux autres valeurs dans la matrice d'affinité, " $\Rightarrow$ " qui indique que le prédicat P_i implique P_j et " $*$ " qui indique qu'il y a une similarité entre P_i et P_j.

4. *Regroupement des prédicats :* cette étape permet de décomposer l'ensemble des prédicats en sous-groupes de prédicats. Pour réaliser cette étape, deux algorithmes ont été proposés. Zhang et al [158] ont utilisé l'algorithme BEA[102]. Cet algorithme est appliqué sur la matrice d'affinités des prédicats et permet de générer un ensemble de semi-blocs diagonaux sur cette matrice. Bellatreche et al. [14, 21] ont adapté l'algorithme de regroupement graphique développé pour la fragmentation verticale par Navathe [108]. L'algorithme commence par la matrice d'affinité des prédicats qui la considère comme un graphe complet étiqueté où les noeuds représentent les prédicats, et les arêtes représentent les valeurs d'affinité entre les prédicats. L'algorithme permet de générer un ensemble de cycles ; chacun est constitué d'un ensemble de prédicats appelés composantes représentant les noeuds du cycle. L'approche proposée effectue une optimisation des composantes de chaque cycle en éliminant certains prédicats en utilisant les implications entre prédicats se trouvant dans la matrice d'affinité. Après l'optimisation des composantes, certaines d'entre elles ne couvrent pas tous les attributs de fragmentation. Chaque composante ne couvrant pas les attributs de fragmentation sera éclatée en plusieurs composantes où chacune contient ses prédicats actuels plus un des prédicats définis sur les attributs non couverts. En sortie de cette étape, l'ensemble des composantes contenant chacune des prédicats définis sur tous les attributs de fragmentation est construit.

5. *Génération des fragments horizontaux :* la génération des fragments horizontaux dans les travaux de Zhang et al. consiste à associer chaque fragment à un semi-bloc diagonal. Sur chaque fragment, les prédicats simples définis sur le même attribut seront liés par l'opérateur logique OR et ceux définis sur des attributs différents par l'opérateur AND. Un fragment supplémentaire est généré ; il est défini par négation de la disjonction des différents prédicats définissant chaque fragment. Dans [21], la génération des fragments est effectuée en associant chaque composante à un fragment. De la même manière, la clause définissant chaque fragment est définie en liant les prédicats référençant le même attribut par l'opérateur OR et ceux référençant des attributs différents par l'opérateur AND. Un fragment supplémentaire, appelé ELSE, est généré ; il représente la négation de la disjonction de toutes les clauses de prédicats définissant l'ensemble des fragments. Bellatreche et al. ajoutent une dernière étape qui permet de générer un ensemble de fragments disjoints. Si les clauses définissant

Chapitre 2. État de l'Art

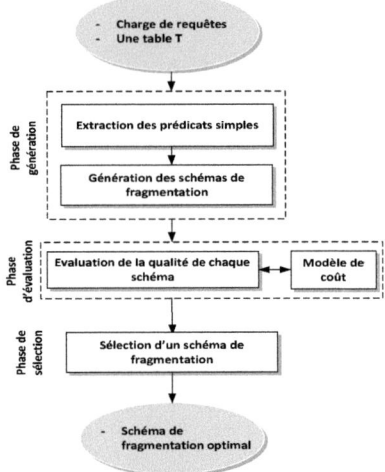

FIGURE 2.30 – Approche basée sur un modèle de coût

les fragments horizontaux ne sont pas mutuellement exclusives, ces fragments seront non disjoints. Pour résoudre ce problème, les fragments non disjoints sont combinés pour former un seul fragment.

La complexité de cet algorithme est : $O(n \times N + N^2)$ [14] où n et N représentent respectivement le nombre de requêtes et le nombre de prédicats simples contenus dans ces requêtes. Cette approche est donc moins complexe que celle basée sur les prédicats dont la complexité est $O(2^n)$. Mais l'approche basée sur les affinités ne prend en considération que la fréquence d'accès comme critère de fragmentation. Or pour fragmenter un entrepôt de données, plusieurs paramètres doivent être pris en compte, comme les facteurs de sélectivité des prédicats, la taille des tables, etc. Cette approche ne permet pas aussi de contrôler le nombre de fragments finaux de la table.

Les approches basées sur les prédicats et celles basées sur les affinités ne fournissent aucune métrique qui permet d'évaluer la qualité du schéma de fragmentation obtenu. Pour pallier ce problème, une nouvelle approche est apparue, elle est basée sur un modèle de coût.

(c) Algorithmes basés sur un modèle de coût : Cette approche repose sur l'évaluation la qualité de chaque schéma de fragmentation candidat en utilisant un modèle de coût mathématique [14]. Trois phases caractérisent cette approche : (1) la génération des schémas de fragmentation, (2) l'évaluation des schémas générés et (3) la sélection du schéma de fragmentation quasi optimal.

1. *La génération des schémas de fragmentation :* La génération d'un schéma de frag-

mentation se base sur les prédicats de sélection utilisés dans les requêtes les plus fréquentes. A partir de l'ensemble des prédicats, l'ensemble des minterms M est généré. Les minterms contenus dans M sont dits minterms primitifs et chaque minterm génère un fragment. Une combinaison de minterms primitifs permet de générer d'autres minterms, donc d'autres fragments. Cette combinaison permet de générer tous les schémas de fragmentation possibles.

2. *L'évaluation des schémas générés :* Chaque schéma de fragmentation obtenu est évalué en utilisant un modèle de coût qui constitue le coeur de cette approche. Il permet de calculer le coût d'exécution (en termes de nombre d'entrées sorties) de l'ensemble de requête sur le schéma de fragmentation.

3. *La sélection du schéma de fragmentation quasi optimal :* Cette phase consiste à choisir le meilleur schéma de fragmentation généré. Le meilleur schéma est celui ayant un coût minimum.

Les auteurs de cette approche ont proposé deux algorithmes, un algorithme exhaustif et un algorithme approximatif. L'algorithme exhaustif énumère tous les schémas de fragmentation possibles, chaque schéma généré est évalué et celui générant le coût minimum sera sélectionné. Cet algorithme garantit de sélectionner le schéma de fragmentation optimal mais présente une grande complexité par rapport au nombre de minterms. Il s'applique dans le cas réel sur des ensembles de prédicats de cardinalité réduite, ce qui n'est pas souvent le cas.

L'algorithme approximatif permet de parcourir un sous-ensemble des schémas de fragmentation possibles et renvoie par conséquent un schéma de fragmentation quasi optimal. L'algorithme proposé est de type Hill Climbing qui permet à partir d'une solution initiale de l'améliorer d'une manière itérative. La solution initiale est obtenue en utilisant l'algorithme basé sur les affinités. L'amélioration de cette solution se fait en utilisant deux opérations : assemblage de deux fragments et éclatement d'un fragment. L'assemblage de deux fragments consiste à fusionner les deux fragments en un seul. Le nombre de fragments diminue, par conséquent. L'éclatement d'un fragment permet de partitionner un fragment en plusieurs fragments. Ce qui permet d'augmenter leur nombre et de diminuer leur taille. L'algorithme s'arrête lorsqu'aucune amélioration n'est obtenue.

Cette approche permet de sélectionner un schéma de fragmentation quasi optimal mais elle est limitée par le fait qu'elle ne permet aucun contrôle sur le nombre de fragments générés.

2.3.2.2 Bilan et discussion

La fragmentation horizontale est une technique d'optimisation très importante de la conception physique d'un entrepôt de données. Elle permet d'optimiser les requêtes et faciliter la gestion des données (diviser pour mieux gérer). Cette étude montre que les algorithmes de fragmentation proposés sont souvent guidés par les prédicats de sélection utilisés par les requêtes. Sélectionner un schéma de fragmentation n'est pas une tâche facile, en conséquence plusieurs approches de sélection ont été proposées. Ces dernières

Chapitre 2. État de l'Art

présentent plusieurs limites. Les approches de sélection basées sur les prédicats de sélection sont caractérisées par une grande complexité (pour n prédicats, 2^n minterms sont générés). Les approches basées sur les affinités sont moins complexes, mais aucune métrique n'est fournie pour estimer la qualité du schéma de fragmentation obtenu. Seules les fréquences d'accès sont utilisées pour générer les fragments horizontaux. Les approches basées sur un modèle de coût répondent à ce problème. Une autre limite des approches existantes est le fait qu'elles ne contrôlent pas le nombre de fragments générés. En d'autres termes, quand le concepteur exécute son algorithme de fragmentation favori, il ne découvre, qu'à la fin, le nombre de fragments généré. Si nous faisons le lien avec les modes de partitionnement proposés par les systèmes de gestion de bases de données, nous constatons que le langage de définition de données offre aux utilisateurs (concepteur) la possibilité de partitionner leurs tables selon un nombre de fragments connu d'avance (*Create Table ... Partition By ... Partition P_1, Partition P_2, ... , Partition P_n*). En conséquence, il est important de définir une approche de fragmentation horizontale qui permet de garantir une bonne performance d'un côté et de maîtriser le nombre de fragments de l'autre côté.

Le tableau 2.3 résume les principaux travaux effectués sur la fragmentation horizontale. Ce tableau montre pour chaque travail le type de fragmentation effectué (horizontale primaire, horizontale dérivée), l'approche de fragmentation suivie (basée prédicats, affinité ou modèle de coût), l'algorithme utilisé et le modèle de coût utilisé.

Travaux	Type de fragmentation horizontale	Approche de sélection	Algorithme de sélection	Modèle de coût
Ceri et al. [35]	Primaire	Basée sur les prédicats		Non
Zhang et al. [158]	Primaire	Basée sur les affinités	BEA + Groupement graphique	Non
Ozsü et al. [115]	Primaire	Basée sur les prédicats		Non
Bellatreche et al. [14]	Primaire et dérivée	Basée sur un modèle de coût	Hill Climbing	Mathématique

TABLE 2.3 – Comparaison des travaux effectués sur la fragmentation horizontale

Jusqu'à présent, nous avons présenté des méthodes de sélection des techniques d'optimisation selon le *mode isolé*, où chaque technique est sélectionnée toute seule. Cependant, dans les applications réelles d'entreposage, l'utilisation d'une seule technique n'est pas suffisante pour optimiser toutes les requêtes [136]. En conséquence, l'administrateur doit choisir plus d'une technique d'optimisation. Après ce constat, la question à se poser est de savoir comment offrir aux administrateurs une sélection multiple.
La section suivante donne quelques éléments de réponses à cette question.

2.4 Sélection multiple des techniques d'optimisation

Nous présentons d'abord le principe de la sélection multiple ainsi que ses différentes implémentations.

2.4. Sélection multiple des techniques d'optimisation

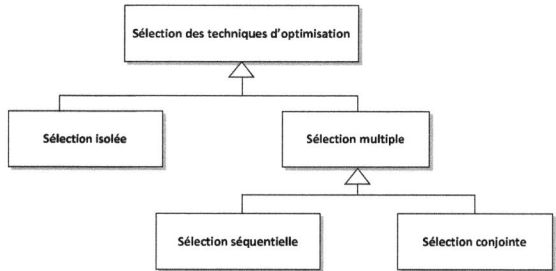

FIGURE 2.31 – Modes de sélection des techniques d'optimisation

La sélection multiple consiste à sélectionner un ensemble de techniques d'optimisation qui peuvent être toutes redondantes, toutes non redondantes, ou mixtes pour satisfaire une charge de requêtes.

Le problème de sélection multiple des techniques d'optimisation peut être formulé comme un problème d'optimisation comme suit :

Étant donné :
- Une charge de requêtes $Q = \{Q_1, Q_2, \cdots, Q_m\}$ où chaque requête Q_j possède une fréquence d'accès f_j ;
- Des contraintes $C = \{C_1, C_2, \cdots, C_p\}$ qui peuvent représenter le temps de maintenance ou l'espace disque pour les techniques redondantes ou le nombre de fragments générés pour le cas de la fragmentation horizontale.

Le problème de sélection multiple des techniques d'optimisation consiste alors à sélectionner un ensemble de techniques TO selon les préférences de l'administrateur tels que :
- Le coût d'exécution de la charge Q en présence de l'ensemble de techniques sélectionnées soit réduit ;
- Les contraintes appartenant à C soient vérifiées.

Pour résoudre ce problème, deux solutions principales s'offrent aux administrateurs : (a) une solution naïve (séquentielle) et (b) une solution conjointe. Nous détaillons ces deux types de sélection dans les sections qui suivent.

2.4.1 Sélection séquentielle

Dans cette sélection, les techniques d'optimisation souhaitées par l'administrateur sont sélectionnées l'une après l'autre d'une manière indépendante. S'il choisit, par exemple, les vues matérialisées et les index pour optimiser ses traitements, il peut d'abord sélectionner un ensemble de vues en utilisant son algorithme favori, ensuite les index avec son algorithme favori. Dans cette sélection, le problème global (correspondant à la sélection multiple) est décomposé en plusieurs sous-problèmes, où chacun est traité indépendamment des autres. Finalement, l'administrateur exécute l'ensemble des recommandations issues des différents

Chapitre 2. État de l'Art

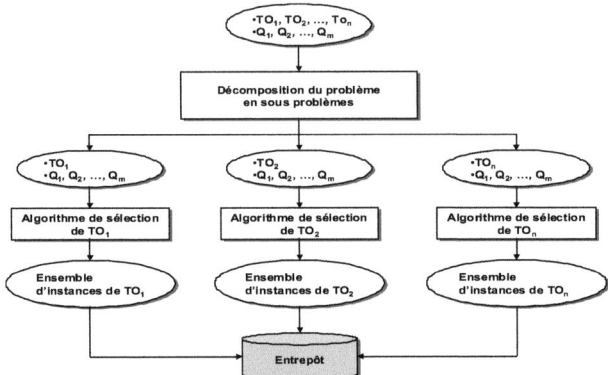

FIGURE 2.32 – Approche de sélection séquentielle

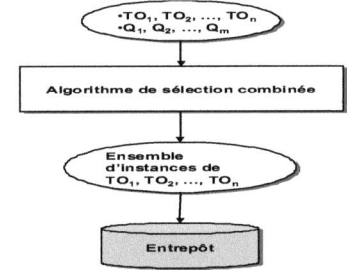

FIGURE 2.33 – Approche de sélection conjointe

sous-problèmes dans n'importe quel ordre (voir figure 2.32). Cette sélection possède deux avantages à savoir : sa simplicité et la possibilité d'implémenter chaque sous problème par un module indépendamment des autres [159]. Ce qui facilite l'ajout de nouveaux modules implémentant de nouvelles techniques d'optimisation. L'inconvénient majeur de cette sélection est l'ignorance des interdépendances entre les techniques d'optimisation.

2.4.2 Sélection conjointe

Dans la sélection conjointe, les techniques d'optimisation sont sélectionnées en même temps. Cette sélection n'est possible que pour les techniques ayant une forte similarité comme les vues matérialisées et les index (voir la section 2.3.1.2.3). Figure 2.33 illustre cette sélection.

En examinant les différentes techniques d'optimisation, nous constatons leurs similarités (dépendances) (voir la Section 2.3.1.2.3). Le degré de dépendance entre les techniques

2.4. Sélection multiple des techniques d'optimisation

d'optimisation n'est pas toujours le même et dépend principalement de la nature de ces dernières. Deux degrés de dépendance ont été définis [159] : *dépendance faible* et *dépendance forte*.

Définition 3 *Une technique d'optimisation TO_1 dépend fortement d'une autre technique d'optimisation TO_2 si un changement dans la sélection de TO_2 se traduit souvent par un changement de celle de TO_1. Dans les autres cas, TO_1 dépend faiblement de TO_2.*

A partir de cette définition, nous affirmons que les vues matérialisées et les index sont mutuellement fortement dépendants [131, 159]. La relation de dépendance n'est pas symétrique. A partir de cette définition, nous pouvons énumérer trois combinaisons de dépendances : *Forte-Forte*, *Forte-Faible* et *Faible-Faible* que la sélection multiple doit prendre en considération. Le tableau 2.4 montre l'ensemble des dépendances entre les vues matérialisées, les index et la fragmentation horizontale identifié par [159].

TO_1/TO_2	Index	VM	FH
Index	–	Forte	Faible
VM	Forte	–	Faible
FH	Faible	Forte	–

TABLE 2.4 – Dépendances entre techniques d'optimisation

2.4.2.1 Résolution du problème de sélection conjointe

Pour résoudre le problème de la sélection conjointe, nous pouvons imaginer l'utilisation d'un seul algorithme parcourant l'espace global de recherche correspondant aux techniques considérées (voir figure 2.33). L'avantage d'un tel algorithme est sa prise en compte des interdépendances entre ses techniques. L'inconvénient majeur de cette approche est sa complexité, car l'espace de recherche augmente de manière combinatoire [159] en fonction du nombre important des combinaisons possibles. Ainsi, les problèmes de sélection de chaque technique sont connus comme des problèmes NP-Complet et leur combinaison ne fait qu'augmenter la complexité du problème. Un autre inconvénient concerne son extensibilité. Pour ajouter une nouvelle technique, il faut modifier l'algorithme de recherche et peut-être les structures de données représentant le problème combiné [159]. La sélection conjointe a un sens que pour les techniques ayant une forte similarité. Afin de réduire sa complexité, certains travaux ont proposé des règles guidant la résolution du problème de la sélection multiple en prenant en considération les degrés de dépendance entre les techniques que nous pouvons résumer ainsi [159] :

1. Si deux techniques d'optimisation TO_1 et TO_2 sont mutuellement fortement dépendantes (TO_1 dépend fortement de TO_2 et inversement), alors l'approche conjointe est souhaitable [20, 138]

Chapitre 2. État de l'Art

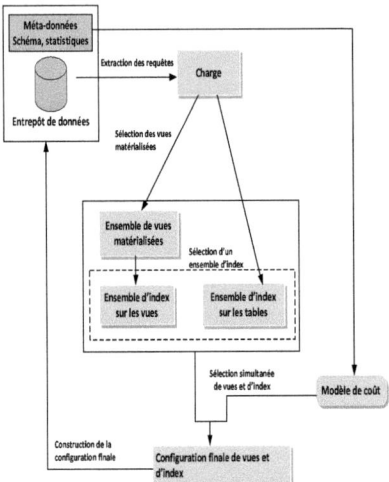

FIGURE 2.34 – Architecture de fonctionnement de l'approche de Aouiche et al.

2. Si la dépendance forte n'est pas mutuelle, c'est-à-dire, TO_1 dépend fortement de TO_2 mais TO_2 dépend faiblement de TO_1, alors la sélection séquentielle est appliquée ; mais en respectant l'ordre d'application de deux techniques : TO_1 doit être sélectionnée après la sélection de TO_2 [118, 130, 136].

3. Si deux techniques TO_1 et TO_2 sont faiblement dépendantes, alors l'approche séquentielle est appliquée avec n'importe quel ordre.

Nous présentons dans les sections suivantes les principaux travaux effectués pour la sélection conjointe.

2.4.2.1.1 Sélection des vues matérialisées et d'index : Dans cette section, nous présentons le travail d'Aouiche et al. [8, 9, 87] sur la sélection des vues matérialisées et des index. L'approche proposée est de type glouton et permet de générer une solution initiale et de l'améliorer itérativement. La figure 2.34 représente l'architecture générale de fonctionnement de cette approche.

1. *Solution initiale :* La solution initiale est obtenue en effectuant une sélection isolée sur chaque technique. La sélection des vues est basée sur une heuristique de classification non supervisée des requêtes qui permet de grouper les requêtes dans des classes. L'ensemble des vues candidates est généré à partir de ces classes de requêtes. Un algorithme glouton est ensuite utilisé pour sélectionner l'ensemble final des vues matérialisées. Il choisit itérativement les vues qui maximisent la fonction objectif jusqu'à ce qu'aucune amélioration ne soit possible ou que le quota d'espace soit

2.4. Sélection multiple des techniques d'optimisation

FIGURE 2.35 – Principales étapes de l'algorithme AutoPart

consommé. La sélection des IJB est effectuée en utilisant un algorithme de recherche des motifs fermés fréquents suivi d'un algorithme glouton (voir section 2.3.1.1.2.6). Le résultat de cette sélection est un ensemble d'index définis sur les tables de bases et les vues sélectionnées permettant de réduire le coût d'exécution de la charge de requêtes. Par conséquent, la solution initiale est composée d'un ensemble d'index sur les tables de base, un ensemble de vues et un ensemble d'index sur les vues.

2. *Amélioration de la solution* : l'amélioration de la solution est obtenue de manière itérative. Dans la première itération, la valeur de la fonction objectif est calculée pour chaque index et vue dans l'ensemble initial, et la configuration finale est considérée vide. L'ensemble de vues et d'index permettant de maximiser la fonction objectif est ajouté à la configuration finale si sa taille ne dépasse pas l'espace de stockage disponible. Après l'ajout des vues et d'index, l'espace de stockage est mis à jour. La valeur de la fonction objectif est recalculée pour tous les éléments restants, car cette valeur dépend des techniques qui se trouvent dans la configuration finale. Les opérations d'ajout sont réitérées plusieurs fois, jusqu'à ce qu'aucune amélioration ne soit possible ou l'espace de stockage soit consommé.

2.4.2.1.2 Sélection de la fragmentation horizontale et verticale : Le travail de Stratos et al. [118] entre dans le cadre de l'optimisation des larges bases de données scientifiques. Il permet de fragmenter verticalement et horizontalement une base de données. L'approche proposée permet de fragmenter horizontalement une ou plusieurs tables, ensuite sélectionner un ensemble de fragments verticaux. L'algorithme proposé dans cette approche est appelé *AutoPart*. Il prend comme entrée une ou plusieurs tables, un ensemble de requêtes et une contrainte de réplication qui représente l'espace de stockage réservé pour les attributs répliqués entre les fragments verticaux. Quatre principales étapes caractérisent l'algorithme AutoPart : (1) la fragmentation horizontale par catégorie, (2) la génération d'une fragmentation verticale initiale, (3) la génération des fragments composés pour l'amélioration de la fragmentation verticale et (4) la fusion de certains fragments verticaux par jointure.

1. *Fragmentation horizontale par catégorie* : Cette étape permet de fragmenter horizontalement les tables en utilisant un attribut de catégorie. Un attribut de catégorie est un attribut possédant un nombre réduit de valeurs discrètes et qui permet d'identifier des classes d'instances de la relation. La fragmentation se fait en utilisant l'approche proposée par Ceri et al. [34].

2. *Génération d'une fragmentation verticale initiale* : La fragmentation verticale commence par une solution initiale constituée des fragments atomiques. Un fragment atomique est un fragment qui ne contient pas un sous-fragment accédé par une requête de la charge. Généralement, un fragment atomique contient un seul attribut. Les fragments atomiques sont disjoints et leur union donne la table d'origine.

3. *Génération des fragments composites* : L'amélioration de la fragmentation initiale se fait en plusieurs itérations. Dans chaque itération, plusieurs fragments composites sont générés. Les fragments composés sont obtenus en étendant les fragments obtenus dans la précédente itération. Un fragment composé est généré en combinant des fragments composites entre eux ou avec les fragments atomiques. Le nombre de fragments composites générés peut être très grand. Pour cela, les fragments non utilisés par au moins X requêtes ne seront pas considérés. La valeur de X permet de ne retenir que les fragments les plus utilisés. A partir des fragments obtenus, la sélection consiste à choisir itérativement un sous-ensemble de ces fragments pour les inclure dans le schéma de fragmentation. Pour une itération k, tous les fragments sont insérés un par un, et celui engendrant le meilleur coût sera ajouté au schéma courant. Cette opération est ré-exécutée jusqu'à ce qu'aucune amélioration ne soit possible sur le schéma fragmenté ou la contrainte de réplication soit violée. Lorsqu'un fragment F est ajouté à un schéma, tous les sous-fragments de F sont éliminés du schéma pour ne pas violer la contrainte de réplication rapidement. La qualité d'un schéma est obtenue par deux types de modèle de coût : (1) un modèle de coût analytique et (2) le modèle de coût de l'optimiseur.

4. *Fusion de fragments* : A partir du schéma obtenu, des opérations de fusion sont effectuées. Elles consistent à fusionner les fragments deux à deux pour former d'autres fragments. Les fragments améliorant le coût seront retenus dans le schéma final.

Ce travail ne prend pas en considération les dépendances entre la fragmentation horizontale et la fragmentation verticale. En conséquence, il offre une sélection séquentielle.

2.4.2.1.3 Sélection de la fragmentation horizontale, les index et le traitement parallèle
: Stohr et al. [136] proposent une approche de construction et d'exploitation d'un entrepôt de données sur une machine parallèle de type shared disk ayant K disques. L'entrepôt considéré est modélisé par un schéma en étoile caractérisé par une table de faits volumineuse et un nombre de tables de dimension de petite taille. Les auteurs proposent

2.4. Sélection multiple des techniques d'optimisation

une approche de fragmentation qui décompose la table des faits en utilisant une méthode de partitionnement appelée Fragmentation Hiérarchique Multidimensionnelle. Elle consiste à fragmenter la table de faits en utilisant plusieurs attributs de tables de dimension. Chaque table de dimension est fragmentée virtuellement en utilisant le mode intervalle (Range partitioning) sur des attributs appartenant à des niveaux plus bas de la hiérarchie. Les tables de dimensions et leurs index (B*-arbre) sont répliquées sur chaque disque de la machine parallèle. Pour accélérer les requêtes, des index de jointure en étoile entre les tables de dimension et la table des faits sur des attributs appartenant à des niveaux plus hauts de la hiérarchie sont définis.

Cette approche de fragmentation présente quelques inconvénients. La fragmentation et l'indexation se basent sur l'hypothétique existence d'une seule hiérarchie dans chaque dimension. Or, dans un entrepôt réel, les dimensions peuvent ne pas avoir de hiérarchies ou avoir plus d'une hiérarchie. La fragmentation horizontale dans cette approche se fait selon chaque valeur d'un attribut de fragmentation. Par exemple si un attribut est constitué de n valeurs distinctes, alors n fragments sont générés. Cette approche ne peut pas être définie sur un attribut dont les valeurs ne sont pas discrètes comme l'attribut *Salaire*. De plus, la fragmentation par valeurs engendre une explosion du nombre de fragments de la table des faits. La démarche exige aussi qu'un seul attribut par dimension soit utilisé pour fragmenter la table des faits. La fragmentation utilise donc au maximum m attributs pour fragmenter l'entrepôt où m est le nombre de dimensions. Par conséquent, le nombre d'attributs non utilisés pour fragmenter l'entrepôt peut être important. La sélection des IJB à partir de ces attributs reste un problème difficile, car le nombre d'index candidat est exponentiel par rapport au nombre d'attributs candidats. L'utilisation de plusieurs attributs appartenant à plusieurs dimensions pour fragmenter l'entrepôt de données permet d'élaguer l'espace de recherche des index. La sélection de trois techniques d'optimisation se font d'une manière séquentielle avec un ordre bien établi : fragmentation, indexation et allocation.

2.4.2.1.4 Sélection des vues, des index et de la FH : Nous présentons dans cette section deux travaux permettant de sélectionner trois techniques d'optimisation : les vues, les index et la fragmentation horizontale. Il s'agit des travaux de Sanjay et al. [130] et de Zilio et al [159].

(a) Travaux de Sanjay et al. : Le travail de Sanjay et al. [130] entre dans le cadre du développement des outils d'administration et de tuning sous SQL Server. L'approche proposée permet de sélectionner trois techniques d'optimisation, les index, les vues ainsi que la fragmentation horizontale. La sélection de ces techniques se fait d'une manière intégrée en prenant en compte toutes les dépendances existantes entre elles. L'approche est composée de quatre étapes (voir figure 2.36) : restriction des colonnes, sélection des configurations candidates, fusion des configurations et énumération.

1. *Restriction de colonnes :* la taille de l'espace de recherche pour une sélection combinée des index, vues et fragmentation horizontale peut être très importante. L'explosion de la taille de cet espace est causée par le nombre important d'attributs utilisés pour la sélection de ces techniques. Le but de cette étape est d'élaguer cet espace de recherche

Chapitre 2. État de l'Art

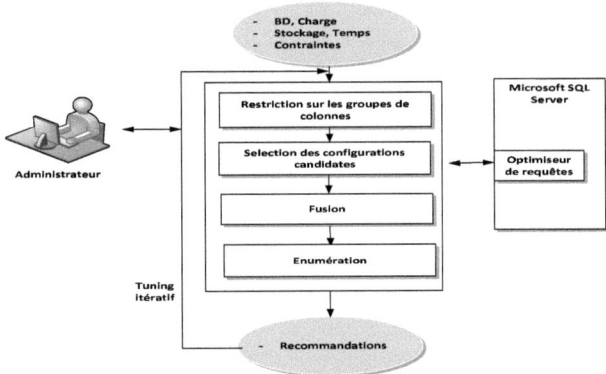

FIGURE 2.36 – Architecture de l'outil Microsoft DTA

en réduisant le nombre d'attributs utilisés pour la sélection des configurations. Les attributs éliminés sont ceux ayant un impact non significatif sur la qualité de la configuration finale. Ce sont généralement les attributs référencés par un nombre réduit de requêtes. Le résultat de cette étape est un ensemble d'attributs intéressants pour la génération des recommandations.

2. *Sélection des configurations candidates :* dans cette étape, une seule configuration est sélectionnée pour chaque requête à part. Cette sélection est basée sur le modèle de coût de l'optimiseur. Un algorithme glouton permet de sélectionner une meilleure configuration pour chaque requête.

3. *Fusion des configurations :* les configurations sélectionnées dans l'étape précédente sont bénéfiques pour chaque requête individuellement mais pas nécessairement pour la totalité de la charge de requêtes. Si l'espace de stockage est limité ou le coût de mise à jour de ces configurations est important, alors il est indispensable de retravailler ces configurations. Le but de cette étape est de générer de nouvelles configurations par fusion des configurations existantes. Les configurations fusionnées peuvent être bénéfiques à un nombre plus important de requêtes.

4. *Enumération :* cette étape prend en entrée l'ensemble des configurations générées lors des étapes précédentes et fournit en sortie une configuration finale. Un algorithme glouton est utilisé pour générer la configuration finale.

(b) Travaux de Zilio et al. : L'approche proposée par Zilio et al. [159] permet de sélectionner les vues, index et fragmentation horizontale et donne la possibilité d'ajouter une autre technique, en l'occurrence *le clustering*.

Cette approche se base essentiellement sur l'optimiseur de requêtes de DB2. Des extensions ont été opérées sur cet optimiseur afin de supporter ces techniques. L'optimiseur fonctionne désormais en deux modes : RECOMMEND et EVALUATE. En mode RECOM-

2.4. Sélection multiple des techniques d'optimisation

MEND, l'optimiseur génère un ensemble de techniques candidates à partir d'une charge de requêtes. En mode EVALUATE, l'optimiseur évalue l'ensemble des techniques candidates, les classes et sélectionne celles générant moins de coût d'exécution des requêtes. L'approche propose une architecture composée de trois modules :

1. Un module permettant d'effectuer une sélection combinée des index et des vues matérialisées.
2. Un module permettant de sélectionner un schéma de fragmentation horizontale.
3. Un module de sélection d'un schéma de clustering.

La distribution des techniques sur les modules est motivée par la nature des dépendances détectées entre ces techniques. Par exemple, la dépendance forte entre les vues et les index a motivé la combinaison de ces deux techniques dans le même module. Chaque module génère ses recommandations avec ses propres contraintes. La sélection des techniques dans chaque module est implémentée par un algorithme spécifique. Les modules ne sont pas totalement indépendants, puisque chaque module met à jour les statistiques qui seront utilisées par les autres modules.

L'algorithme proposé pour implémenter la démarche procède en plusieurs itérations comme suit :

1. L'algorithme commence par avoir la liste des requêtes de la charge ainsi que la contrainte d'espace. En l'absence de cette dernière, l'outil recommande une valeur calculée selon la taille de la base et de l'espace total disponible.
2. Chaque requête dans la charge est évaluée pour calculer le coût initial de la charge.
3. L'algorithme commence les itérations en distribuant l'espace de stockage sur les modules.
4. L'algorithme lance chaque composant avec l'espace de stockage alloué. Chaque composant permet de générer un ensemble de recommandations et consomme une certaine quantité d'espace. Si les recommandations générées ne consomment pas tout l'espace occupé, alors l'espace non occupé sera transféré au module suivant pour sélectionner d'autres techniques.
5. L'algorithme estime le coût d'exécution de la charge en présence de toutes les recommandations générées. S'il y a amélioration, alors il passe à l'itération suivante, sinon d'autres recommandations seront générées.
6. L'algorithme s'arrête lorsqu'aucune amélioration n'est possible ou lorsque l'algorithme consomme un certain temps d'exécution fixé par l'utilisateur.

Les différentes itérations de l'algorithme permettent d'exploiter certaines dépendances entre techniques. Par exemple, après la sélection des vues et d'un schéma de fragmentation horizontale sur les tables de base, une deuxième itération permet de sélectionner un schéma de fragmentation sur les vues sélectionnées dans la première itération.

2.4.3 Bilan et discussion

La plupart des travaux sur la conception physique recommande l'utilisation de la sélection multiple des techniques d'optimisation afin de satisfaire la totalité de requêtes. Deux modes de sélections ont été proposés : le mode séquentiel (dans lequel les techniques d'optimisation sont sélectionnées d'une manière indépendante) et le mode conjoint (qui exploite les dépendances entre les techniques d'optimisation). Le mode conjoint est coûteux en termes de complexité. Il a été largement utilisé pour sélectionner les vues matérialisées et les index. Rappelons que ces deux techniques sont mutuellement fortement dépendantes. D'autres travaux sur la sélection conjointe ont été proposés, en considérant un degré de dépendance moins fort. En se basant sur ces travaux, nous distinguons trois types de sélection multiple : la sélection multiple séquentielle, la sélection multiple conjointe mutuelle (dans le cas où les techniques d'optimisation seraient mutuellement fortement conjointes) et la sélection multiple conjointe non mutuelle (dans le cas où les techniques d'optimisation seraient fortement conjointes).

Le tableau 2.5 résume les principaux travaux effectués sur la sélection multiple de techniques d'optimisation. Pour chaque travail, il est mentionné les techniques concernées, le mode de sélection utilisé, l'algorithme de sélection ainsi que le modèle de coût utilisé.

Travaux	Techniques sélectionnées	Mode de sélection	Algorithme de sélection	Modèle de coût
Bellatreche et al. [20]	Index de jointure, VM	Conjointe mutuelle	Glouton	Mathématique
Aouiche et al. [87, 9, 8]	IJB, VM	Conjointe mutuelle	Data Mining	Mathématique
Stratos et al. [118]	FH, FV	Conjointe mutuelle	Glouton	Mathématique
Stohr et al. [136]	FH, IJB, TP	Conjointe non mutuelle	Glouton	Mathématique
Sanjay et al. [130]	FH, Index, VM	Conjointe mutuelle	Glouton	Optimiseur
Zilio et al. [159]	Index, VM, FH, Clustering	Conjointe non mutuelle	Glouton	Optimiseur

TABLE 2.5 – Comparaison des travaux effectués sur la sélection multiple

Les travaux existants sur la sélection multiple considèrent les index d'une manière générale, sans donner des détails sur leurs types : index sur une seule table, index de jointure, index binaire de jointure, etc. Un consensus existe dans la communauté sur l'interdépendance entre les vues matérialisées et les index. Il serait intéressant d'étudier des dépendances entre les autres techniques d'optimisation comme la fragmentation horizontale dérivée et les index de jointure binaire que nous allons détailler dans le chapitre 5.

Les techniques d'optimisation que nous avons présentées dans les sections précédentes ainsi que les principaux travaux effectués pour les sélectionner constituent un aspect très important de la phase de conception physique. Cette phase vise à sélectionner une bonne configuration physique qui implique une bonne performance de l'entrepôt de données. Au fur et à mesure que des changements s'opèrent sur l'entrepôt ou la charge de requêtes, la configuration sélectionnée devient de plus en plus obsolète. La phase de tuning permet de régler les performances en effectuant des changements sur cette configuration. Nous présentons dans la section suivante la phase de tuning ainsi que les principaux travaux proposés dans cette phase.

2.5 Le tuning des bases et entrepôts de données

La conception d'un entrepôt de données passe par plusieurs étapes. Après l'établissement d'un cahier des charges, une traduction des besoins auxquels sera dédié l'entrepôt, en un modèle conceptuel puis logique, est effectuée. Ce modèle doit être implémenté physiquement en prenant en compte les structures de données à utiliser et les contraintes physiques d'exécution et de stockage (conception physique). Notons que la conception physique consiste, à partir d'une charge de requêtes et un ensemble de contraintes, à sélectionner un ensemble de techniques d'optimisation vérifiant les contraintes en entrée et minimisant le coût d'exécution de la charge de requêtes. Cette conception est à la charge de l'administrateur, qui doit avoir une parfaite connaissance de tous les paramètres indispensables pour la mise en oeuvre d'un entrepôt.

Une fois la conception physique établie, il faudrait assurer une bonne gestion des structures physiques d'optimisation. En effet, l'architecture physique de l'entrepôt doit pouvoir supporter l'ajout de nouvelles données, les opérations de maintenance ne doivent pas altérer l'exécution des requêtes de traitement et l'espace de stockage doit être optimisé. Les évolutions qui surviennent sur l'entrepôt de données rendent la configuration sélectionnée obsolète ou inefficace. Pour pallier ce problème, l'administrateur effectue périodiquement des réglages sur cette configuration pour améliorer ses performances. Cette phase de réglage est appelée *tuning*. Nous pouvons définir le tuning comme un processus de réglage continu dans le but d'atteindre une performance maximale de toutes les composantes d'un système de base de données [121]. Les changements effectués durant la phase de tuning peuvent consister à :

- Supprimer certaines structures d'optimisation qui deviennent obsolètes ou non utilisables. Par exemple, un index volumineux rarement utilisé peut être supprimé et l'espace qu'il occupe récupéré pour sélectionner une autre technique redondante.
- Ajouter d'autres techniques d'optimisation qui permettent de mieux optimiser les performances.
- Réaffecter l'espace de stockage alloué à chaque technique d'optimisation de façon à favoriser les techniques les plus intéressantes.
- Régler les paramètres physiques comme la mémoire qui constitue une tâche de tuning très importante. Ce réglage consiste à distribuer la mémoire disponible entre plusieurs types de mémoires comme la mémoire de tri, de hachage, de compilation, les buffers, etc. Par exemple DB2 fournit un outil d'administration de la mémoire STMM (Self-Tuning Memory Manager). Cet outil permet de régler périodiquement les quotas affectés aux différents types de mémoires.

Plusieurs travaux se sont intéressés à l'administration des entrepôts de données et plus particulièrement à leur tuning. Le but étant de choisir des structures d'optimisation, de

Chapitre 2. État de l'Art

les implémenter et d'assurer leur maintenance et d'éviter au maximum de refaire toute la conception physique dès le début. La plupart des SGBD commerciaux propose des outils automatiques pour effectuer la phase de tuning fournis avec leurs produits.

Les premiers travaux traitaient l'élaboration d'approches et d'outils permettant de sélectionner une configuration d'index. La sélection d'un ensemble de vues matérialisées a ensuite pris une importance et a été combinée à la sélection d'index et intégrée dans les outils proposés. L'intérêt croissant que la communauté académique et industrielle a octroyé à la fragmentation des données a vite imposé le besoin d'adopter cette technique dans les travaux de tuning. La fragmentation horizontale a été intégrée et est considérée actuellement comme une option très importante dans la conception physique et le tuning. Elle est intégrée dans la plupart des outils proposés par les éditeurs de SGBD [4, 159, 5]. La fragmentation verticale a été aussi considérée comme une option de tuning et a été intégrée dans certains travaux et outils de recherche [118, 130].

2.5.1 A quel moment faut-il tuner ?

Durant l'évolution de l'entrepôt de données plusieurs changements peuvent avoir lieu. Ces changements peuvent toucher la structure de l'entrepôt, la charge de requêtes ou le contenu de l'entrepôt. Ces changements ont un impact significatif sur la configuration sélectionnée durant la conception physique. Par exemple, suite à plusieurs processus d'alimentation de l'entrepôt, un index devient volumineux et sa performance se dégrade. Le tuning de l'entrepôt permet d'effectuer des changements sur la configuration pour améliorer ses performances. Tout au long de l'évolution de l'entrepôt, l'administrateur effectue le tuning des structures d'optimisation sélectionnées. Une question importante que l'administrateur se pose souvent est : *est-il est intéressant de continuer le tuning ou refaire la conception physique ?* A un moment donné de l'évolution de l'entrepôt, il se peut que la conception physique effectuée ne corresponde plus au schéma actuel de l'entrepôt. Ainsi, continuer le tuning pourrait ne pas améliorer les performances mais au contraire les dégrader. Dans ce cas, il faudrait revoir la conception physique en sélectionnant d'autres techniques qu'exige cette nouvelle situation. Dans [32], les auteurs introduisent un outil *Alerter* qui permet de détecter puis d'alerter l'administrateur quand le schéma physique adopté doit être complètement changé. Cet outil est exécuté en permanence, il effectue continuellement une évaluation du schéma actuel et évalue ses performances. Dans le cas de dégradation de ces performances, l'outil alerte l'administrateur et lui propose des configurations plus optimales pouvant être adoptées

2.5.2 Le tuning dans les SGBD commerciaux

Les applications actuelles deviennent de plus en plus complexes et variées. Le tuning de la conception physique est devenu un enjeu très important pour tous les administrateurs des bases et entrepôts de données. Les éditeurs de SGBD commerciaux ont pressenti cet enjeu. La plupart d'entre eux proposent des outils automatiques pour tuner la conception physique avec l'objectif de réduire le coût humain d'administration. Ces éditeurs motivent la nécessité de tels outils par le coût important d'administration qui ne cesse d'augmenter par rapport au coût du matériel qui diminue constamment. Le coût humain d'administration et de tuning dépasse 80% du coût total d'administration [5]. Le but de ces outils est de remplacer l'administrateur en effectuant automatiquement certaines de ses tâches d'administration. Ces outils doivent avoir des modules de surveillance de l'état de la base de données afin de décider à quel moment lancer les tâches de tuning. Néanmoins, ces outils présentent un inconvénient majeur : la robustesse des techniques d'optimisation sélectionnées. Des recommandations générées sans l'intervention de l'administrateur peuvent détériorer les performances du système. Pour cela, la présence de l'administrateur est primordiale pour effectuer certaines tâches comme l'identification de la charge de requêtes sur laquelle il serait intéressant d'effectuer le tuning, les techniques d'optimisation utilisées, les recommandations intéressantes à matérialiser, etc. Nous présentons dans ce qui suit les principaux travaux effectués sur le tuning dans trois grands SGBD : SQL Server, DB2 et Oracle.

2.5.2.1 Microsoft SQL Server

L'étude de l'auto-administration chez Microsoft commençait avec le projet de recherche *Auto-Admin* en 1996. Le SGBD *SQL Server 7.0* intègre dès 1998 des options et des outils supportant le tuning.

Les premiers travaux [38] se sont intéressés à la mise en oeuvre d'un outil qui contribue à résoudre le problème de sélection d'index simples et multi-attributs. L'outil *Index Tuning Wizard* a été intégré au système. Il permet de recommander un ensemble d'index pour réduire le coût d'une charge de requête et respecte une contrainte de stockage des index sélectionnés. A partir d'une charge de requêtes, l'outil construit un ensemble d'index candidats. Vu que le problème de sélection d'index est un problème NP-Complet [10], l'utilisation d'une heuristique s'avère indispensable. *Index Tuning Wizard* utilise un algorithme glouton. Au départ, il sélectionne une configuration optimale de m index avec m petit, établie d'une manière exhaustive. Ensuite, cette configuration est enrichie jusqu'à obtenir celle qui a le meilleur coût.

Dans [131] les auteurs proposent une sélection combinée des vues et des index. Cette sélection a été intégrée dans l'outil développé pour la sélection des index (textitSQL Server 2000). Dans [130] les auteurs proposent une approche intégrée de sélection des vues, des index et de la fragmentation horizontale. Elle permet, à partir d'une charge de requêtes, de sélectionner une configuration d'index, de vues, d'index sur les vues et de schéma de fragmentation horizontale primaire permettant de réduire le coût de la charge sous certaines contraintes comme l'espace de stockage. Dans *SQL Server 2005*, l'outil intègre la sélection d'un schéma de fragmentation horizontale et porte désormais le nom de *Database Tuning Advisor*. Cet outil est le fruit de la collaboration des équipes de recherche du projet AutoAdmin et celles de SQL Server. La fragmentation verticale a été intégrée dans l'outil mais dans un prototype de recherche proposé par [130].

---

5. source : http ://relay.bvk.co.yu/progress/aberdeen/aberdeen.htm

Chapitre 2. État de l'Art

2.5.2.2 IBM DB2

Dans [148], les auteurs proposent une approche de sélection d'index qui est implémentée dans l'outil *DB2 Index Advisor Tool*. L'optimiseur de requêtes a été étendu pour la sélection d'index et leur évaluation. Ce dernier permet de sélectionner un ensemble d'index candidats à partir d'une analyse des requêtes les plus fréquemment exécutées. Ces index sont alors évalués et le coût d'optimisation est calculé afin de retenir les index les plus bénéfiques. Le principal avantage de la solution proposée par ces auteurs par rapport aux travaux de Chaudhuri et al [39] est le fait que l'algorithme de sélection des index est intégré dans l'optimiseur, ce qui supprime pratiquement le coût des appels fréquents à l'optimiseur.

Dans [124] les auteurs proposent une approche de sélection d'un schéma de fragmentation horizontale pour réduire le coût d'exécution d'une charge de requêtes. Elle propose aussi l'extension de l'optimiseur pour prendre en compte la recommandation et l'évaluation des schémas de fragmentation horizontale. Elle a été implémentée sous *DB2* et l'outil développé s'appelle *DB2 Partition Advisor*. L'outil permet de fragmenter les tables de base ainsi que les vues matérialisées définies sur ces tables.

Dans [159], les auteurs proposent une approche de sélection multiple de quatre techniques d'optimisation, les index, les vues, la fragmentation horizontale et le clustering qui est implémentée dans l'outil *DB2 Design Advisor*.

2.5.2.3 Oracle 11g

Une évolution similaire du tuning a été constatée chez *Oracle*. Un ensemble d'outils d'aide (*Advisor*) a été développé et intégré au fur et à mesure. Par exemple, l'outil *Summary Advisor* permet de sélectionner un ensemble de vues matérialisées permettant de réduire le coût d'une certaine charge de requêtes. L'outil permet de prendre en compte les coûts de stockage et de rafraîchissement des vues matérialisées dans le processus de génération des recommandations fournies à l'administrateur.

Oracle fournit un ensemble d'outils permettant d'automatiser les tâches d'administration et de tuning. Nous pouvons citer l'outil AWR (*Automatic Workload Repository*) qui permet de collecter des statistiques sur les requêtes définies sur la base et propose à l'administrateur une liste de requêtes représentatives. L'outil ADDM (*Automatic Database Diagnostic Monitor*) permet de surveiller les performances du système et diagnostique les sources de dégradation de performance (taille insuffisante des buffers, requêtes nécessitant des opérations de tuning, etc.). Enfin, l'outil *Oracle Access Advisor* permet à partir d'une charge de requêtes de recommander un ensemble de techniques d'optimisation permettant de réduire le coût d'exécution de ces requêtes. Ces techniques sont les index, les vues matérialisées ainsi que la fragmentation horizontale. L'outil *SQL Tuning Advisor* permet d'analyser un certain nombre de requêtes afin de proposer des recommandations permettant d'améliorer les performances de ces requêtes. L'outil peut recommander la collecte de statistiques sur certains objets de la base, ou l'utilisation d'un certain nombre de chemins d'accès comme les index ou carrément la réécriture des requêtes. Les outils d'Oracle peuvent aussi proposer des recommandations concernant les structures existantes comme

2.5. Le tuning des bases et entrepôts de données

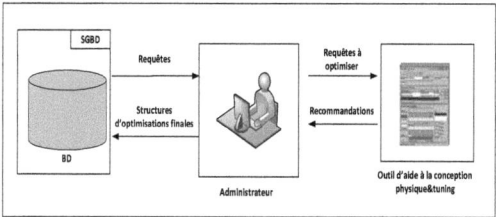

FIGURE 2.37 – Architecture d'administration centrée administrateur

la reconstruction des tables ou d'index fragmentées lors de sessions précédentes, allouer les objets de la base à de nouveaux espaces de stockage, etc.

2.5.3 Les outils d'aide à l'administration et au tuning

Les besoins des sociétés en données ne cessent de s'accroître requérant ainsi un grand volume en bases de données (taille atteignant plusieurs téraoctets ou pétaoctets). Le développement des SGBD et du matériel informatique a suivi cette demande et satisfait ce passage à l'échelle, mais d'un autre côté, la gestion de ces grands volumes de bases de données est devenue une tâche difficile. Cette difficulté a compliqué la tâche des administrateurs de bases de données (DBA) et augmente le coût humain de la tâche d'administration.

Choisir une bonne conception physique est une tâche essentielle que l'administrateur d'une base de données doit effectuer [41]. Le tuning de la conception physique a une incidence importante sur les performances des requêtes. Sélectionner un ensemble de techniques d'optimisation est une partie très importante dans le tuning de la conception physique. L'administration de la conception physique et du tuning d'une base ou entrepôt de données nécessite d'effectuer un nombre important de choix, comme les techniques d'optimisations utilisées, les algorithmes de sélection de chaque technique, les paramètres utilisés dans chaque algorithme, etc. Cette administration repose essentiellement sur les connaissances de l'administrateur. Elle nécessite une grande expérience et un effort considérable. Pour aider l'administrateur dans ses tâches de conception physique et de tuning, des outils d'aide sont nécessaires. Deux architectures peuvent être définies pour ces outils : *architecture centrée administrateur* et *architecture centrée outil*.

Dans la première architecture, trois principaux acteurs participent dans la tâche d'administration : le SGBD, l'administrateur et l'outil d'aide (voir figure 2.37). L'administrateur joue un rôle essentiel dans cette architecture. Il constitue un intermédiaire entre l'outil d'aide et le SGBD. L'administrateur reçoit un ensemble d'informations des deux autres acteurs, sélectionne celles qui lui semblent pertinentes et les transmets vers l'autre acteur.

Exemple 11 *Pour montrer le processus d'administration dans cette architecture, nous considérons le scénario suivant. L'administrateur interroge le SGBD pour avoir l'ensemble*

Chapitre 2. État de l'Art

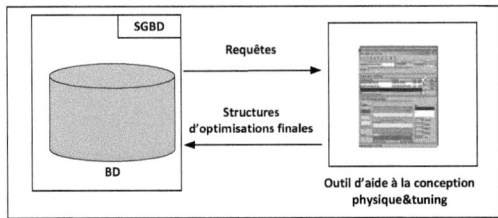

FIGURE 2.38 – Architecture d'administration centrée outil

des requêtes à optimiser. Supposons que le SGBD lui fournit n requêtes. L'administrateur choisit m (m ≤ n) requêtes parmi les requêtes d'origine qu'il juge utile d'optimiser. Il envoi les m requêtes à l'outil d'aide. Ce dernier sélectionne un ensemble de techniques d'optimisation permettant d'améliorer la performance de l'ensemble des m requêtes. L'outil donne à l'administrateur un ensemble de recommandations montrant pour chaque technique sélectionnée l'amélioration qu'elle apporte dans la performance globale ainsi que les ressources qu'elle consomme. L'outil génère aussi les scripts nécessaires pour matérialiser chaque recommandation. L'administrateur sélectionne un sous-ensemble de recommandations qu'il juge utile de matérialiser sur la base de données et lance l'exécution des scripts correspondants.

Dans la deuxième architecture, l'administrateur est éloigné du processus d'administration (voir figure 2.38). Les outils ayant cette architecture entrent dans le cadre de l'auto-administration. Ces outils remplacent totalement l'administrateur dans le processus d'administration. A partir de l'ensemble des requêtes fournies par le SGBD, l'outil sélectionne automatiquement un ensemble de techniques d'optimisation optimisant la performance des requêtes. La plupart des SGBD commerciaux, comme *IBM BD2*, *Microsoft SQL SERVER* et *Oracle 11g* proposent des outils d'auto-administration. Certains outils sont spécifiques pour une seule technique d'optimisation comme les outils (*Index Selection Tool for Microsoft SQL Server*, *DB2 Index Advisor*) qui permettent de recommander des index. Ces SGBD proposent aussi des outils d'auto-administration pour plusieurs techniques en même temps. On peut citer les outils *Database Tuning Advisor (DTA)*, *DB2 Design Advisor* et *SQL Access Advisor*.

Nous présentons dans ce qui suit une étude détaillée d'un outil d'administration de la conception physique *WARLOCK* développé par Stohr et al. [135] ainsi que trois outils d'administration et de tuning développés par les grands éditeurs de SGBD : *Oracle SQL Acces Advisor* [4], *DB2 Design Advisor* [159] et *Microsoft Database Tuning Advisor* [5].

2.5.3.1 Outil WARLOCK

Nous avons présenté dans la section 2.4.2.1.3 les travaux de Stohr et al. [136] pour la sélection d'un schéma de fragmentation et d'index de jointure dans le contexte d'un entrepôt

2.5. Le tuning des bases et entrepôts de données

de données parallèles. Les auteurs ont développé l'outil *Warlock* qui permet d'implémenter leur approche [135]. Il permet de fragmenter l'entrepôt et d'allouer les fragments sur les noeuds du système.

L'architecture générale de l'outil est représentée dans la figure 2.39. L'outil est modélisé par trois niveaux : le niveau des entrées, le niveau de prédiction et le niveau d'analyse et de sortie.

1. *Niveau des entrées :* dans ce niveau l'utilisateur fournit toutes les données nécessaires en entrée pour l'outil. Ces données concernent les informations suivantes :
   – Le schéma de l'entrepôt : les tables de dimension, la table des faits, les attributs de chaque table, les hiérarchies des dimensions, etc.
   – Charge de requêtes : l'ensemble des requêtes définies sur l'entrepôt ainsi que leurs fréquences d'accès.
   – Les statistiques : taille de la page, nombre de disque etc.
   – Contraintes : taille minimum d'un fragment

2. *Niveau prédiction :* Le but de ce niveau est de prédire deux différents coûts : le coût d'exécution des requêtes et le coût supplémentaire dû à l'accès aux différents noeuds du système. L'estimation de ces coûts permet de déterminer le schéma de fragmentation et d'allocation le plus adapté. Des seuils comme la taille minimum d'un fragment sont utilisés pour éliminer certaines options de fragmentation. Les deux coûts estimés sont deux métriques contradictoires. Une fragmentation fine permet d'avoir plus de fragments et donc plus de parallélisme, ce qui implique un temps de réponse réduit mais un coût d'accès élevé (plusieurs accès sont nécessaires). Une fragmentation avec moins de fragments implique un coût d'accès meilleur mais un degré de parallélisme inférieur. Les schémas de fragmentation sont présentés à l'utilisateur par ordre croissant en nombre d'E/S. L'outil détermine pour chaque schéma de fragmentation un schéma d'indexation, des IJB sur les attributs de faible cardinalité et des IJB encodés pour les attributs de forte cardinalité.

3. *Niveau d'analyse et de sortie :* L'outil présente les schémas de fragmentation classés et pour chaque schéma un ensemble de bitmap à créer et un schéma d'allocation. L'utilisateur peut avoir des statistiques sur des classes de requêtes. L'allocation physique des fragments spécifie la distribution de fragments de faits et des IJB sur les disques. L'outil permet le réglage de certains paramètres comme l'élimination de certains index créés pour des besoins de stockage.

2.5.3.2 Oracle SQL Acces Advisor

L'outil *SQL Access Advisor* est une nouvelle solution disponible dans *Oracle Tuning Pack*. Il offre un ensemble complet de conseils sur la manière d'optimiser la conception d'un schéma pour maximiser les performances d'une application. L'architecture générale de l'outil est représentée dans la figure 2.40. Les outils *SQL Tuning Advisor* et *SQL Access Advisor* sont deux assistants qui automatisent l'ensemble des techniques de tuning, pratiquées aujourd'hui manuellement sur les bases de données Oracle, et forment le coeur de la

Chapitre 2. État de l'Art

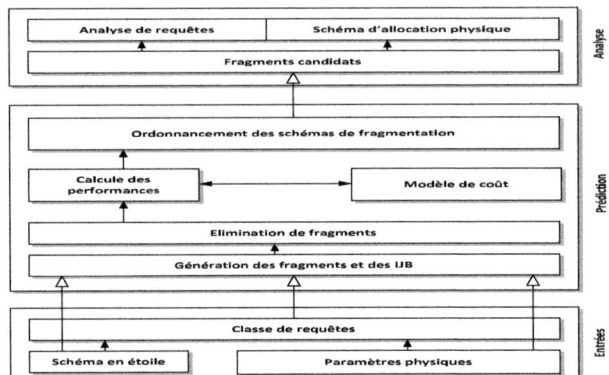

FIGURE 2.39 – Architecture de l'outil Warlock

solution de tuning automatique d'Oracle. *SQL Access Advisor* accepte des données de plusieurs sources de données : le cache, des requêtes collectées par l'outil *Automatic Workload Repository (AWR)* ou des requêtes saisies par l'utilisateur. L'outil analyse complètement la charge et propose des recommandations pour créer de nouveaux index si nécessaire, de supprimer les index inutilisés, de créer de nouvelles vues matérialisées, etc. Les recommandations générées sont accompagnées par une évaluation quantifiée des gains de performance attendus ainsi que des scripts nécessaires pour les implémenter. Les recommandations sont ordonnées selon le facteur d'amélioration attendu. L'utilisateur peut sélectionner et exécuter une ou plusieurs recommandations en demandant leur implémentation.

L'utilisation de *SQL Access Advisor* passe par quatre étapes :

1. *Création et gestion des tâches* : la tâche contient toutes les informations concernant le processus de génération des recommandations ainsi que les résultats obtenus. Elle pourra être créée en utilisant la procédure $DBMS\_ADVISOR.CREATE\_TASK$. Une fois créée, une entrée correspondante à la tâche est ajoutée dans la métabase d'Oracle (dictionnaire).

2. *Préparer les tâches* : dans cette étape, un ensemble de paramètres de la tâche est initialisé comme les techniques d'optimisation utilisées dans la tâche, le propriétaire de la tâche, etc. (la procédure $SET\_TASK\_PARAMETER$ est utilisée).

3. *Gérer la charge de requêtes* : La charge est la plus importante information donnée en entrée. Elle est composée d'un ensemble de requêtes SQL et un ensemble statistique et d'attributs caractérisant chaque requête. La charge est séparée de la tâche pour qu'elle puisse être référencée par plusieurs tâches en même temps. La charge est créée en utilisant la procédure $CREATE\_SQLWKLD$. Plusieurs opérations sont disponibles pour gérer la charge comme $IMPORT\_SQLWKLD$ pour importer la charge dans l'outil ou DELETE_SQLWKLD qui permet de supprimer la charge.

2.5. Le tuning des bases et entrepôts de données

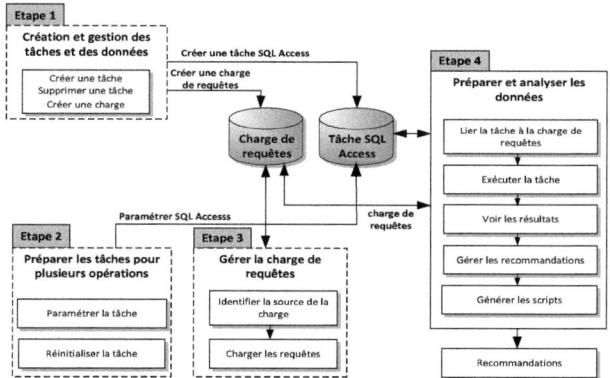

FIGURE 2.40 – Architecture de l'outil Oracle Advisor

4. *Préparation et génération des recommandations* : Cette étape représente le coeur de l'opération de tuning. Elle commence par lier la charge de requêtes à la tâche de tuning avec la procédure $DBMS\_ADVISOR.ADD\_SQLWKLD\_REF$. Une fois la tâche créée et liée à la charge, la génération des recommandations se fait en exécutant la tâche de tuning en appelant la procédure $DBMS\_ADVISOR.EXECUTE\_TASK$. Une recommandation peut aller d'une simple suggestion à une procédure complexe comme la création d'un ensemble de vues, la suppression d'autres, etc. Trois techniques peuvent être recommandées : les vues matérialisées, les index et la fragmentation horizontale. Après la génération des recommandations, l'administrateur peut les manipuler en les acceptant toutes ou en posant certaines recommandations qu'il juge utiles. La génération des scripts permettant d'implémenter les recommandations se fait à l'aide de la procédure $DBMS\_ADVISOR.GET\_TASK\_SCRIPT$.

2.5.3.3 DB2 Design Advisor

DB2 Design Advisor fait partie de DB2 V8.2 et constitue une amélioration de l'outil *DB2 Index Advisor Tool* [148] qui permet de sélectionner un ensemble d'index. L'outil permet d'optimiser un ensemble de requêtes en proposant un ensemble de recommandations. Ces recommandations concernent quatre techniques d'optimisation : les index, les vues matérialisées, la fragmentation horizontale et le clustering. L'outil peut être utilisé en mode graphique ou en ligne de commande (en utilisant la commande *db2advis*). L'outil peut être utilisé dans plusieurs cas, comme l'amélioration des performances d'une seule requête, une charge de requêtes, l'identification des techniques d'optimisation créées mais non utilisées, etc. L'utilisation de *DB2 Design Advisor* se fait suivant quatre étapes : (1) la collecte de la charge de requêtes, (2) la configuration et exécution de l'outil, (3) la visualisation des recommandations et (4) l'implémentation des recommandations.

Chapitre 2. État de l'Art

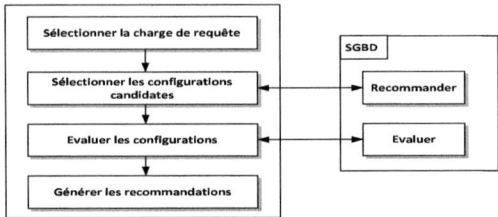

FIGURE 2.41 – Architecture de l'outil DB2 Advisor

1. *Collecte de la charge de requêtes* : l'outil possède plusieurs options pour la collecte de la charge de requêtes. Cette dernière peut être chargée à partir d'un fichier de requêtes, à partir du cache ou à partir de certains outils de surveillance. Chaque requête dans la charge est représentée par sa description ainsi que sa fréquence d'accès.

2. *Configuration et exécution de l'outil* : dans cette étape, certains paramètres sont configurés, comme l'espace de stockage utilisé par les vues et les index, les techniques d'optimisation choisies pour optimiser la charge, etc. Après cette configuration, l'outil est exécuté pour recommander un ensemble de techniques d'optimisation. La figure 2.41 montre l'architecture de fonctionnement du processus de génération des recommandations. La sélection des configurations repose sur l'utilisation de l'optimiseur pour évaluer les différentes alternatives et choisir les meilleures d'entre elles.

3. *Visualisation des recommandations* : Après l'exécution de l'outil, un ensemble de recommandations est présenté à l'administrateur. Ces recommandations contiennent les informations suivantes : les techniques d'optimisation sélectionnées, l'espace de stockage consommé par ces techniques, le taux d'amélioration de performance, les techniques d'optimisation existantes et non utilisées, etc. L'optimiseur peut choisir l'ensemble des recommandations à implémenter et de supprimer certaines techniques non utilisées par les requêtes.

4. *Implémentation des recommandations* : dans cette étape, l'administrateur demande à l'outil d'implémenter les recommandations qui seront matérialisées sur la base de données.

2.5.3.4 Microsoft Database Tuning Advisor

Le projet *Microsoft Research AutoAdmin* [39] a mis au point des assistants pour sélectionner automatiquement des index et des vues matérialisées. Leurs outils ont exploité le modèle de coûts utilisé par l'optimiseur pour estimer l'intérêt des index et des vues matérialisées. Nous avons vu que l'outil *Index Wizard Advisor* a subi plusieurs améliorations sous *SQL Server* depuis 1998. Dans la version la plus récente de *Microsoft SQL Server 2005*, les fonctionnalités de cet outil ont été remplacées par une véritable application appelée *Database Tuning Advisor (DTA)* [5]. La figure 2.36 montre l'architecture générale de fonctionnement de l'outil. *DTA* peut fournir des recommandations intégrées pour les index définis sur les tables de base, les vues, les index définis sur les vues et le partitionnement horizontal. L'outil prend en considération la performance et la facilité de gestion lors de la sélection des meilleures recommandations. DTA permet aux administrateurs de bases de données d'exprimer plusieurs contraintes, comme l'espace de stockage, les techniques d'optimisation existantes à conserver, etc.

DTA prend comme entrées un ensemble de BD sur un serveur, une charge de requêtes, les techniques d'optimisation à sélectionner ainsi qu'un ensemble de contraintes, comme l'espace de stockage des techniques redondantes. Il donne en sortie un ensemble de recommandations sur les index, les vues ainsi que la fragmentation horizontale.

Les principales fonctionnalités de l'outil peuvent être résumées dans les points suivants :

1. *Sélection intégrée des techniques d'optimisation :* *DTA* permet de sélectionner d'une manière intégrée un ensemble d'index, vues, index sur les vues et fragments horizontaux. Cette sélection prend en considération les interdépendances entre ces techniques afin de sélectionner une bonne configuration.

2. *Incorporation de la facilité de gestion dans la conception physique :* Les outils de conception considèrent essentiellement le critère de performance pour sélectionner une conception physique. Il est important de considérer facilité de gestion comme un autre critère. Cela est motivé par le fait que la sélection d'une configuration améliorant les performances mais en même temps difficile à gérer peut détériorer les performances voulues. DTA considère la contrainte d'alignement dans le choix des configurations. L'alignement consiste à fragmenter les tables et les index qui les référencent de la même façon. En prenant en compte cette contrainte, chaque fragment d'index référence un fragment de la table. Cela facilitera la gestion du système du fait que toutes les opérations se font au niveau partition et que tous les changements sur une partition auront un impact local sur le fragment d'index correspondant.

3. *La mise à l'échelle :* La taille de la charge de requêtes utilisée pour effectuer la conception physique peut être importante. Notons que durant cette conception, chaque requête sera évaluée pour chaque technique d'optimisation candidate par l'optimiseur de requêtes. Si le nombre de requêtes est important, de multiples appels de l'optimiseur sont effectués, ce qui pourra détériorer ses performances. Pour pallier ce problème, *DTA* propose une technique de compression de la charge de requête. Cette technique permet de réduire la taille de la charge avec une détérioration minimum de la qualité des recommandations générées.

4. *Minimiser le temps de tuning :* l'invocation de l'optimiseur à plusieurs reprises peut augmenter le temps de tuning. Pour accélérer le tuning, DTA utilise un ensemble de serveurs de tests pour ne pas encombrer les serveurs d'applications. Le processus de tuning se déroule sur les serveurs de test, ensuite les recommandations générées sont exécutées sur les serveurs d'application. DTA procède comme suit : les méta-données et les statistiques sont copiées sur les serveurs de tests. La charge de requêtes est

Chapitre 2. État de l'Art

tunée sur ces serveurs. Une fois les recommandations générées, elles seront exécutées sur les serveurs d'application et les statistiques sont mises à jour.

5. *Scriptabilité* : pour augmenter la communication entre l'outil de conception physique et d'autres outils, il serait intéressant de représenter les données d'entrées et de sorties dans un format structuré échangé par ces outils. DTA permet d'exprimer ses entrées et sorties sous format XML. Définir un schéma XML pour les entrées et sorties les rend exploitables par d'autres outils comme les outils de reporting. Le schéma XML défini permet d'exprimer plusieurs informations, comme la charge de requêtes, les tables, les configurations, les recommandations, etc.

2.5.3.5 Bilan et discussion

Nous avons présenté dans cette section les principaux outils d'aide à l'administration et le tuning. La plupart de ces outils ont été proposés dans le cadre de l'auto-administration des bases de données. Ils sont généralement spécifiques à un SGBD donné et permettent de recommander des techniques d'optimisation (Index, fragmentation horizontale (FH), fragmentation verticale (FV), Traitement parallèle(TP), Clustering (CL)) pour ce SGBD. Le tableau 2.6 donne une comparaison entre les outils que nous avons étudiés. Cette comparaison porte sur les techniques d'optimisation recommandées par chaque outil, le SGBD supportant l'outil ainsi que le modèle de coût utilisé pour évaluer les recommandations générées.

Outil	SGBD	Techniques d'optimisation					Modèle de coût
		Index	FH	FV	VM	TP	CL	
Oracle Access Advisor	Oracle	X	X		X			Optimiseur
Databse Tuning Advisor	SQL Server	X	X	X	X			Optimiseur
DB2 Advisor	DB2	X	X		X		X	Optimiseur
WarLock	-	X	X			X		Mathématique

TABLE 2.6 – Comparaison des principaux outils d'administration

En voulant automatiser l'administration et le tuning des bases et entrepôts de données, les auteurs de ces outils visaient à décharger l'administrateur et à l'éloigner de ces deux tâches. [63] montre qu'une conception physique élaborée sans l'intervention de l'administrateur pose un problème de robustesse. Les techniques d'optimisation générées peuvent détériorer les performances au lieu de les améliorer. Les algorithmes utilisés par ces outils pour la sélection des techniques d'optimisation sont figés et non accessibles pour l'administrateur. Il est intéressant d'enrichir cette panoplie d'outils par d'autres outils d'aide permettant plus d'interactivité avec l'administrateur. Ces outils doivent donner la possibilité à l'administrateur de personnaliser sa conception physique et d'utiliser son expérience afin d'améliorer la qualité des techniques d'optimisation sélectionnées.

2.6 Conclusion

Nous avons présenté dans ce chapitre un état de l'art sur les principales techniques d'optimisation de requêtes définies dans le contexte des entrepôts de données relationnels : les index avancés, les vues matérialisées, la fragmentation horizontale primaire et la fragmentation horizontale dérivée. Pour chaque technique, des algorithmes de sélection sont présentés. Nous avons identifié les insuffisances de la sélection isolée et l'intérêt de la sélection multiple de techniques d'optimisation. Pour mettre en oeuvre la sélection multiple, deux implémentations sont décrites : la sélection séquentielle et la sélection conjointe. Chaque implémentation est analysée en mettant en évidence ses avantages et ses inconvénients.

Nous avons également présenté les principaux outils d'aide à l'administration et le tuning qui permettent d'assister les administrateurs dans leurs tâches. Certains outils offrent plus de présence aux administrateurs dans la tâche de sélection de techniques et d'autres moins.

Nous décrivons dans le reste de ce manuscrit, deux techniques d'optimisation en mode isolé, à savoir la sélection de schéma de fragmentation d'un entrepôt de données relationnel et la sélection des index de jointure binaire, une sélection multiple de schémas de fragmentation et d'indexation et finalement un outil assistant les administrateurs dans la conception physique et tuning des entrepôts de données offrant plus de présence aux administrateurs et concepteurs durant la phase de conception et de tuning.

Chapitre 3

Sélection Isolée : La Fragmentation Horizontale Primaire et Dérivée

3.1 Introduction

Dans le chapitre précédent, nous avons décrit un panorama de techniques d'optimisation avec leurs modes de sélection (isolé, multiple). Ces techniques sont souvent concentrées sur l'optimisation de la jointure et la sélections ; deux opérations toujours présentes dans le contexte des entrepôts de données relationnels modélisés par un schéma en étoile. La fragmentation horizontale est une technique d'optimisation non redondante qui offre cette optimisation grâce à son mode primaire pour optimiser la sélection et son mode dérivée pour optimiser la jointure.

Plusieurs travaux ont étudié la fragmentation horizontale et montré son intérêt [14, 34, 89, 108, 116, 157]. Nous avons classé dans le chapitre 2 ces travaux en trois principales catégories d'approches : *approches basées sur les prédicats, approches basées sur l'affinité* et *approches basées sur un modèle de coûts*. Ces approches n'offrent qu'une fragmentation primaire, et elles ne permettent pas de contrôler le nombre de fragments générés.

Nous proposons dans ce chapitre, un exemple de sélection isolée de techniques d'optimisation, à savoir la fragmentation horizontale primaire et dérivée dans le contexte d'entrepôts de données relationnels. Une formalisation du problème de sélection d'un schéma de fragmentation horizontale, une étude de complexité de ce problème sont présentés. Vue la difficulté de sélectionner un schéma de fragmentation optimal, nous proposons trois heuristiques : hill climbing, un algorithme génétique et un recuit simulé. Afin de valider la qualité de nos algorithmes des expérimentations intensives en utilisant un modèle de coût mathématiques et un le SGBD Oracle10g sont conduites.

L'approche de fragmentation que nous proposons se caractérise par les points suivants :
- Elle fait partie des approches basées sur un modèle de coût.
- Elle permet de contrôler le nombre de fragments générés.
- A partir d'un nombre de fragments maximum fixé par l'administrateur, notre approche permet de lui fournir un sous-ensemble de tables de dimension à fragmenter

par la fragmentation primaire, les attributs utilisés pour fragmenter chaque table ainsi que l'ensemble des prédicats définissant chaque fragment de dimension.
- À partir des schémas de fragmentation des tables de dimension, notre approche permet de générer les fragments de la table des faits en utilisant la fragmentation dérivée.

Ce chapitre est organisé en six sections comme suit :
- La Section 2 décrit l'intérêt de la FH pour garantir une bonne performance et une meilleure facilité de gestion.
- La section 3 présente les différents scenarii de FH dans le contexte d'entrepôts de données relationnels.
- La section 4 propose notre démarche de fragmentation d'un entrepôt de données relationnel qui consiste à fragmenter d'abord virtuellement ou réellement les tables de dimension ensuite la table des faits en contrôlant le nombre de fragments généré.
- La section 5 étudie le problème de sélection de schéma de fragmentation et montre sa complexité. Un modèle de coût mathématique permettant d'estimer le coût d'exécution de requête est donné.
- La section 6 conclut le chapitre.

3.2 Les avantages de la fragmentation horizontale

La FH permet d'éclater les objets de la base de données (tables, vues et index) en plusieurs partitions de plus petites tailles. L'administrateur de la BD et l'utilisateur final considèrent différemment la BD fragmentée. Du point de vue de l'administrateur, une BD fragmentée est composée de plusieurs partitions qui peuvent être gérées et manipulées collectivement ou individuellement. Cela pourra donner une meilleure flexibilité pour gérer ces partitions.

Du point de vue utilisateur, une base de données fragmentée est identique à celle non fragmentée. Aucune modification n'est nécessaire dans les requêtes interrogeant la BD car leur réécriture sur la BD fragmentée est effectuée automatiquement par le SGBD cible (la transparence).

La fragmentation horizontale peut être bénéfique pour une multitude d'applications en améliorant trois aspects : la facilité de gestion, la performance de requêtes et la maintenance. Pour illustrer ces trois aspects, nous utilisons un exemple d'entrepôt de données qui sera exploité tout au long de ce chapitre.

Exemple 12 *Soit un entrepôt de données représentant l'activité de ventes d'une grande surface. Il est modélisé par un schéma en étoile composé de trois tables de dimension, Temps, Produit et Client et d'une table des faits Ventes. Une instance de la table Ventes représente le montant d'une vente effectuée à une certaine date, pour un certain client et pour un produit donné. La table Ventes est liée aux tables Temps, Produit et Client par leurs clés étrangères, TID, PID et CID respectivement. Le schéma de l'entrepôt est représenté dans la figure 3.1. La figure 3.2 représente les instances de chaque table.*

Chapitre 3. Sélection Isolée : La FH Primaire et Dérivée

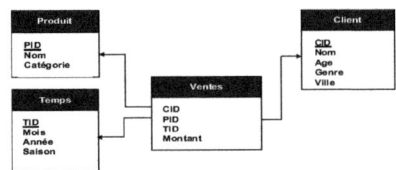

FIGURE 3.1 – Schéma en étoile de l'entrepôt

FIGURE 3.2 – Population de l'entrepôt de données

3.2. Les avantages de la fragmentation horizontale

3.2.1 Fragmenter pour améliorer la performance

La FH permet d'éliminer les données non nécessaires pour répondre à une requête ce qui réduit considérablement le temps de réponse et donc augmente la performance. Cette élimination est appelée *Partition Pruning* sous Oracle. Une partition non pertinente pour une requête est une partition qui ne contient aucun n-uplet référencé par cette requête.

La fragmentation horizontale dérivée permet d'optimiser les jointures en éliminant des jointures non pertinentes. Une jointure non pertinente à une requête est une jointure entre des partitions non pertinentes à cette requête. Nous étudions dans ce qui suit les améliorations de performance apportées par les deux types de fragmentation.

3.2.1.1 Améliorations apportées par la fragmentation primaire

La fragmentation horizontale primaire d'une table est effectuée en utilisant un ou plusieurs attributs appelés *clé de fragmentation*. Chaque partition de la table est définie par une conjonction de prédicats définis sur la clé de fragmentation. Toute requête utilisant un prédicat de sélection défini sur un ou plusieurs attributs contenus dans la clé de fragmentation sera dirigée vers les partitions vérifiant ce prédicat (partitions pertinentes). Toutes les autres partitions ne seront pas concernées par cette requête. Si le volume des partitions pertinentes est très petit par rapport au volume de la table entière, un gain considérable en temps de réponse sera constaté.

Exemple 13 *Soit la requête suivante :*

```
SELECT Count(*)
FROM
Client WHERE Ville= 'Poitiers'
```

Supposons que la table Client est fragmentée en trois partitions, $Client_1$, $Client_2$, $Client_3$ définies comme suit :
- $Client_1 : \sigma_{ville='Poitiers'}(Client)$
- $Client_2 : \sigma_{ville='Nantes'}(Client)$
- $Client_3 : \sigma_{ville='Bordeaux'}(Client)$

Supposons que 5% des clients habitent Poitiers, 80% habitent Paris et 15% habitent Nantes. En examinant le prédicat de sélection contenu dans la requête Q, l'optimiseur élimine les partitions $Client_2$ et $Client_3$ qui correspondent à des clients habitant Nantes et Paris respectivement. Par conséquent seule la partition $Client_1$ est pertinente pour Q. L'optimisation charge cette partition qui ne représente que 5% du volume de la table client, ce qui implique une réduction importante dans le coût d'exécution (voir figure 3.3).

3.2.1.2 Améliorations apportées par la fragmentation dérivée

La fragmentation horizontale dérivée d'une table T selon les fragments d'une autre Table S permet de partitionner la jointure entre ces deux tables en plusieurs sous-jointures. Chaque sous-jointure est effectuée entre une partition de T et la partition de S qui a permis

Chapitre 3. Sélection Isolée: La FH Primaire et Dérivée

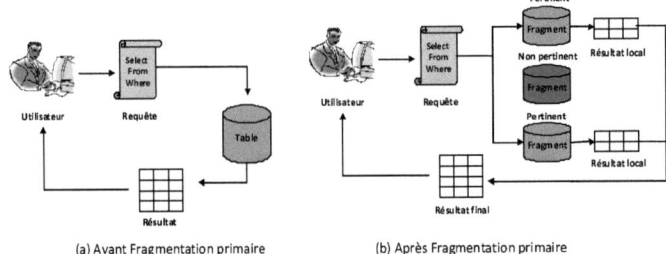

FIGURE 3.3 – Effet de la fragmentation primaire sur l'exécution des requêtes

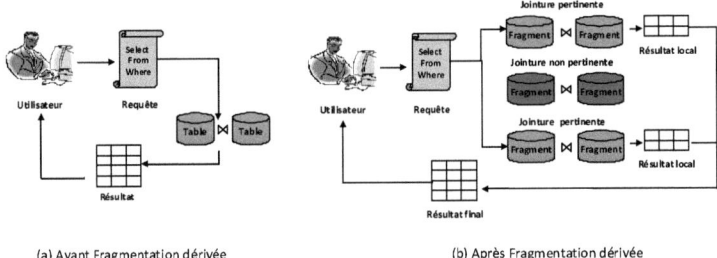

FIGURE 3.4 – Effet de la fragmentation dérivée sur l'exécution des requêtes

de la générer. Cela est possible car les deux tables S et T sont équi-partitionnées et que chaque partition de T est liée à une seule partition S grâce au lien père-fils. Lors de l'exécution d'une requête impliquant une jointure entre la table T et S, seules les jointures contenant des partitions pertinentes seront effectuées (voir figure 3.4).

Si la table T est fragmentée en n partitions $T_1, T_2, \cdots, T_n$, la fragmentation dérivée de S éclate cette dernière en n fragments $S_1, S_2, \cdots, S_n$. Chaque fragment S_i est défini par : $S_i = S \ltimes T_i$. Par conséquent la jointure entre S et T ($S \bowtie T$) sera elle-même fragmentée en n sous-jointures, $S_i \bowtie T_i$ ($1 \leq i \leq n$). L'éclatement de la jointure en plusieurs sous-jointures améliore la performance en permettant d'effectuer :

1. des jointures moins coûteuses car définies entre partitions de plus petite taille.
2. des sous-jointures en parallèle étant donné qu'elles sont indépendantes.

Exemple 14 *Supposons que la table Client est fragmentée comme dans l'exemple précédent. La fragmentation dérivée de la table Ventes permet de créer trois fragments, $Ventes_1$, $Ventes_2$ et $Ventes_3$. Par conséquent, la jointure $Ventes \bowtie Client$ est elle-même fragmentée en trois jointures, $Ventes_1 \bowtie Client_1$, $Ventes_2 \bowtie Client_2$ et $Ventes_3 \bowtie Client_3$.*
Soit la requête :

```
SELECT Genre, Sum(Montant)
FROM Client C, Ventes V
WHERE C.CID=V.VID AND Ville= 'Poitiers'
Group By Genre
```

Pour exécuter cette requête, seule la jointure $Ventes_1 \bowtie Client_1$ sera calculée. Par conséquent cette requête sera réécrite de la manière suivante :

```
SELECT Genre, Sum(Montant)
FROM Client PARTITION(Client1) C, Ventes PARTITION(Ventes1) V
WHERE C.CID=V.VID
Group By Genre
```

3.2.2 Fragmenter pour améliorer la facilité de gestion

La FH permet de décomposer les tables, vues et index en plusieurs partitions de taille inférieure donc plus faciles à manipuler et à gérer. Elle préserve aussi le schéma logique, ce qui implique que toutes les opérations effectuées sur les objets d'origine sont aussi applicables sur leurs partitions. Par conséquent, le système manipule une partition à la fois au lieu de la totalité de l'objet. Plusieurs opérations ont été définies pour manipuler des partitions. Nous pouvons citer l'opération de fusion de deux partitions (MERGE PARTITION), l'opération d'éclatement d'une partition en deux partitions (SPLIT PARTITION), l'opération de conversion d'une partition en une table (EXCHANGE PARTITION), etc. Le tableau 3.1 donne certaines fonctions de manipulation des partitions supportées par le SGBD Oracle [46].

Fonction	Signification
ADD PARTITION	Ajouter une partition à une table déjà fragmentée
COLESCE PARTITION	Redistribuer les n-uplets d'une partition dans les autres partitions
DROP PARTITION	Supprimer une partition ainsi que son contenu
EXCHANGE PARTITION	Convertir une table non fragmentée en une partition d'une autre table et inversement
MERGE PARTITION	Fusionner deux partitions dans une seule
SPLIT PARTITION	Eclater une partition en deux partitions
TRUNCATE PARTITION	Vider une partition sans la supprimer

TABLE 3.1 – Fonctions de gestion des partitions

3.2.3 Fragmenter pour améliorer la disponibilité

Lors des opérations de maintenance, la base de données est généralement non accessible, ce qui pénalise les utilisateurs du système. La FH permet de cibler la tâche de maintenance où seules certaines partitions seront concernées par cette tâche, ce qui réduit

Chapitre 3. Sélection Isolée : La FH Primaire et Dérivée

le temps d'arrêt du système. Les partitions non concernées par la maintenance resteront toujours disponibles. Lors de la fragmentation d'une table, l'administrateur peut spécifier un emplacement physique pour stocker chaque partition (TABLESPACE). Si les emplacements physiques des différentes partitions se trouvent sur des espaces physiques différents, alors une panne au niveau d'un espace de stockage n'affecte que les partitions stockées sur ce dernier, les autres partitions resteront toujours disponibles.

3.3 La fragmentation horizontale pour les entrepôts de données relationnels

Un entrepôt de données relationnel modélisé par un schéma en étoile ou en flocon de neige est constitué de deux types de tables : table des faits (TF) et tables de dimension (TD). Sachant qu'il y a deux types de FH, primaire et dérivée, l'administrateur est donc amené à faire deux choix :
- Le choix du type de table à fragmenter, à savoir la table des faits, les tables de dimension ou les deux en même temps.
- Le choix du type de fragmentation de chaque table, primaire ou dérivée.

En combinant les différents choix, nous avons identifié quatre scenarii de fragmentation, (1) fragmenter certaines ou toutes les tables de dimension par la fragmentation primaire, (2) fragmenter la table des faits seulement par la fragmentation primaire, (3) fragmenter certaines ou toutes les tables de dimension et la table des faits par la fragmentation primaire et (4) fragmenter certaines ou toutes les tables de dimension par la fragmentation primaire et fragmenter la table des faits par la fragmentation dérivée en utilisant les schémas de fragmentation des tables de dimension.

Pour chaque scénario présenté, nous montrons ses avantages et ses inconvénients à travers la satisfaction ou non de ces deux types d'optimisation. La figure 3.5 présente le résultat de la fragmentation de l'entrepôt en suivant chaque scénario.

Pour illustrer chaque scénario et montrer son effet sur l'exécution des requêtes de jointure en étoile, nous considérons la requête Q suivante :

```
Q:
SELECT Count(*)
FROM Client C, Ventes V
WHERE V.CID=C.CID AND C.Genre='F'
```

3.3.1 Scénario 1, fragmentation primaire des TD

Ce scénario consiste à choisir un ensemble de tables de dimension à fragmenter en utilisant un des modes de fragmentation simple ou composite. Pour chaque table de dimension à fragmenter, trois types d'informations doivent être spécifiés : (1) la clé de fragmentation, (2) le mode de fragmentation choisi (List, Range, Range-List, Range-Range, etc.)et (3) les valeurs de la clé de fragmentation permettant de définir chaque partition. L'avantage de fragmenter l'entrepôt selon ce scénario réside dans la possibilité d'optimiser les opérations

3.3. La fragmentation horizontale pour les entrepôts de données relationnels

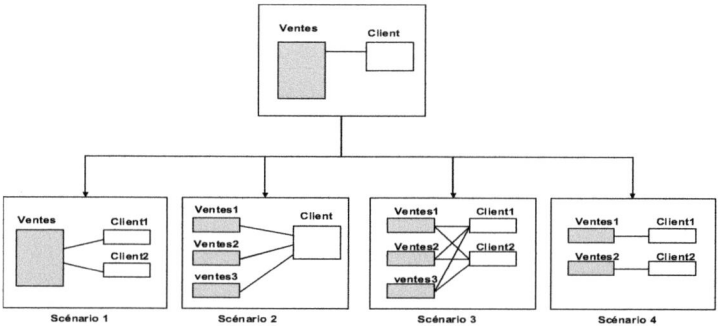

FIGURE 3.5 – Scenarii de fragmentation

de sélection définies sur les tables de dimension. L'inconvénient de ce scénario réside dans l'incapacité d'optimiser les opérations de jointures entre la table des faits et les tables de dimension. Étant donné que la table des faits est très volumineuse, ne pas la fragmenter ne réduit pas significativement le coût d'exécution des jointures qui représentent les opérations les plus coûteuses [101].

Exemple 15 *Supposons que la table Client est fragmentée en deux partitions sur l'attribut Genre comme suit :*
- $Client_1 : \sigma_{Genre='M'}(Client)$
- $Client_2 : \sigma_{Genre='F'}(Client)$

Durant l'exécution de la requête Q, l'optimiseur effectue sa réécriture comme suit :

```
SELECT Count(*)
FROM Client PARTITION(Client1) C, Ventes V
WHERE V.CID=C.CID
```

L'opération de sélection a été optimisée par l'accès à la partition $Client_1$. Par contre, l'opération de jointure impliquant la table Ventes n'est pas optimisée.

3.3.2 Scénario 2, fragmentation primaire de la TF

Ce scénario consiste à fragmenter la table des faits en utilisant un de ses attributs comme clé de fragmentation. Rappelons que la table des faits est composée d'un ensemble de clés étrangères ainsi qu'un ensemble de mesures caractérisant chaque fait. La FH repose sur les prédicats de sélection souvent définis sur les tables de dimension [109, 112]. Fragmenter seulement la table des faits par la fragmentation primaire implique que tous les fragments de faits seront joints avec les tables de dimension pour pouvoir exécuter ces requêtes. En conséquence, ce scénario n'optimise ni les opérations de sélection ni les opérations de jointure.

81

Chapitre 3. Sélection Isolée : La FH Primaire et Dérivée

Exemple 16 *supposons que la table Ventes est fragmentée selon ce scénario sur l'attribut Montant comme suit :*
- $Ventes_1 : \sigma_{Montant<100}(Ventes)$
- $Ventes_2 : \sigma_{Montant \geq 100 \wedge Montant < 1000}(Ventes)$
- $Ventes_3 : \sigma_{Montant \geq 1000}(Ventes)$

L'exécution de la requête Q nécessite trois jointures entre la table Client et les trois partitions de la table Ventes et de faire l'union des résultats obtenus. Elle sera réécrite comme suit :

```
SELECT Count(*)
FROM Client C, Ventes PARTITION(Ventes1) V
WHERE V.CID=C.CID AND C.Genre='F'
UNION ALL
SELECT Count(*)
FROM Client C, Ventes PARTITION(Ventes2) V
WHERE V.CID=C.CID AND C.Genre='F'
UNION ALL
SELECT Count(*)
FROM Client C, Ventes PARTITION(Ventes3) V
WHERE V.CID=C.CID AND C.Genre='F'
```

3.3.3 Scénario 3, fragmentation primaire des TD et de la TF

Ce scénario constitue une combinaison des deux précédents scenarii. La table des faits et les tables de dimension sont fragmentées de manière indépendante. Comme le premier scénario, les opérations de sélection peuvent être optimisées, par contre, la fragmentation primaire de la table des faits ne prend pas en considération ses liens avec les tables de dimensions. Par conséquent, les opérations de jointure ne sont pas optimisées par ce scénario.

Exemple 17 *Supposons que la table Client est fragmentée comme dans le scénario 1 et la table Ventes est fragmentée comme dans le scénario 2.*
L'exécution de la requête Q nécessite de faire trois jointures entre le fragment $Client_1$ et les trois partitions de la table Ventes et de faire l'union des résultats obtenus. Elle sera réécrite comme suit :

```
SELECT Count(*)
FROM Client PARTITION(Client1) C, Ventes PARTITION(Ventes1) V
WHERE V.CID=C.CID
UNION ALL
SELECT Count(*)
FROM Client PARTITION(Client1) C, Ventes PARTITION(Ventes2) V
WHERE V.CID=C.CID
UNION ALL
SELECT Count(*)
FROM Client PARTITION(Client1) C, Ventes PARTITION(Ventes3) V
WHERE V.CID=C.CID
```

3.3.4 Scénario 4, fragmentation primaire des TD et dérivée de la TF

La fragmentation dans ce scénario passe par deux étapes. Premièrement, les tables de dimension sont fragmentées virtuellement ou réellement selon les besoins de l'administrateur. Ensuite, la table des faits est fragmentée en utilisant les schémas de fragmentation des tables de dimension. Chaque fragment de la table des faits est obtenu par une opération de semi-jointure entre la table des faits et des fragments des tables de dimension. Ce scénario permet d'optimiser les opérations de sélection sur les tables de dimension grâce à la fragmentation primaire et les opérations de jointure grâce à la FH dérivée. En effet, lors de la construction de chaque fragment de faits, un nombre de jointures sont pré-calculées et cela grâce à l'opérateur de semi-jointure. Lors de l'exécution d'une requête impliquant ces jointures, ces dernières ne seront pas recalculées.

Exemple 18 *Supposons que la table Client soit fragmentée en deux fragments $Client_1$ et $Client_2$ comme dans le premier scénario. La fragmentation dérivée de la table Ventes en fonction des fragments de la table Client permet d'avoir deux fragments $Ventes_1$ et $Ventes_2$ définis comme suit :*
- $Ventes_1 : Ventes \ltimes Client_1$
- $Ventes_2 : Ventes \ltimes Client_2$

La requête Q sera réécrite en :

```
SELECT Count(*)
FROM VENTES PARTITION(Ventes1)
```

Nous constatons dans cette réécriture l'absence de toute opération de jointure ou de sélection, ce qui constitue une amélioration importante dans le coût d'exécution de cette requête.

Ce scénario présente deux inconvénients majeurs :
- Le nombre de fragments de la table des faits peut être très important.
- Pour mettre en oeuvre ce scénario, l'administrateur doit utiliser le mode de fragmentation par *référence*. Actuellement, ce mode est supporté par Oracle 11g, et permet de fragmenter la table des faits en fonction d'une seule table de dimension.

3.3.5 Bilan et discussion

Le tableau 3.2 représente un récapitulatif des avantages et inconvénients de chaque scénario par rapport à leur capacité de répondre aux exigences des requêtes de jointure en étoile.

D'après ce tableau, nous pouvons faire les conclusions suivantes :
- Le scénario 1 est bénéfique pour les requêtes accédant seulement aux tables de dimension à travers un ensemble de prédicats de sélection sans aucune jointure avec la table des faits. Ce type de requêtes est rare dans le contexte d'entrepôts de données relationnels car la majorité des requêtes décisionnelles implique la table des faits. Donc nous avons écarté ce scénario de notre démarche de fragmentation.
- Le scénario 2 est bénéfique pour les requêtes accédant seulement à la table des faits à travers des prédicats de sélection définis sur ses attributs. Ce type de requêtes est aussi rare dans le contexte d'entrepôt de données relationnels. Par conséquent, ce scénario a été aussi écarté.

Chapitre 3. Sélection Isolée : La FH Primaire et Dérivée

Scénario	Avantages	Inconvénients
Scénario 1	Sélection optimisée	Jointure non optimisée
Scénario 2		Sélection non optimisée
		Jointure non optimisée
Scénario 3	Sélection optimisée	Jointure non optimisée
Scénario 4	Sélection optimisée	Explosion du nombre de fragments
	Jointure optimisée	La fragmentation dérivée avec plusieurs tables non supportée

TABLE 3.2 – Avantages et inconvénients des quatre scenarii

- Le scénario 3 est bénéfique aux requêtes appartenant à l'une des deux types de requêtes précédents. Le fait de fragmenter la table des faits sans tenir compte de ses liens avec les tables de dimension ne garantit aucune performance des requêtes de jointure en étoile.

    Ces trois premiers scenarii ne répondent pas aux exigences des requêtes de jointure en étoile qui sont la réduction des coûts de sélection sur les tables de dimension et des jointures entre ces dernières et la table des faits. Par conséquent, nous avons écarté ces scenarii de notre démarche de fragmentation.
- Le scénario 4 est le plus adapté aux requêtes de jointure en étoile, où il répond aux exigences de ces requêtes en optimisant les opérations de sélection et de jointures. Nous avons donc adopté ce scénario dans notre démarche de fragmentation. Vu les problèmes posés par ce scénario (l'explosion du nombre de fragments de faits et sa mise en oeuvre), nous avons proposé des solutions à ces deux problèmes dans notre démarche de fragmentation que nous présentons dans la section suivante.

3.4 Démarche de fragmentation d'un entrepôt de données relationnel

Notre démarche de fragmentation permet à partir d'un ensemble de requêtes les plus fréquentes, un schéma de l'entrepôt et un seuil W représentant le nombre de fragments de la table des faits à générer, de sélectionner un schéma de fragmentation permettant de partitionner le schéma en étoile initial en un ensemble de sous-schémas en étoile. Le schéma de fragmentation sélectionné réduit le temps d'exécution de l'ensemble des requêtes en entrée et génère un nombre de fragments inférieur ou égal à W. Cette démarche est caractérisée par quatre principales phases (voir figure 3.6) : (1) la préparation de la fragmentation, (2) la sélection d'un schéma de fragmentation, (3) la fragmentation des tables de dimension et (4) la fragmentation de la table des faits.

3.4. Démarche de fragmentation d'un entrepôt de données relationnel

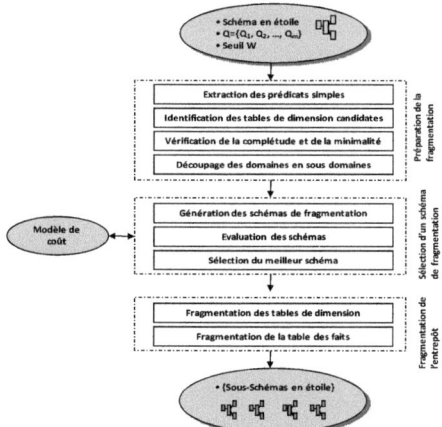

FIGURE 3.6 – Démarche de fragmentation

3.4.1 Préparation de la fragmentation

Cette étape permet de collecter toutes les informations nécessaires pour le processus de fragmentation à partir de l'ensemble des requêtes les plus fréquentes $Q = \{Q_1, Q_2, \cdots, Q_m\}$. Ces requêtes peuvent être déterminées par l'administrateur selon les applications accédant à l'entrepôt ou obtenues automatiquement à partir du journal de transactions du SGBD hôte [10]. Chaque requête est caractérisée par sa fréquence d'accès ainsi que les prédicats de sélection qu'elle utilise. L'entrepôt de données, objet de ces requêtes, est considéré, dans notre travail, modélisé par un schéma en étoile composé d'une table des faits F et un ensemble de tables de dimensions $D = \{D_1, D_2, \cdots, D_n\}$.

La fragmentation de l'entrepôt de données nécessite la collecte de deux types d'informations [116] : (1) des informations quantitatives, comme la fréquence d'accès des requêtes et les facteurs de sélectivité des prédicats de sélection et de jointure, et (2) des informations qualitatives représentant l'ensemble des prédicats utilisés par les requêtes les plus fréquentes.

L'étape de préparation de la fragmentation est composée de quatre sous-étapes [17] : (1) l'extraction des prédicats de sélection, (2) l'identification des tables de dimensions concernés par le processus de fragmentation, (3) la généralisation d'un ensemble des prédicats complet et minimal pour chaque table candidate et (4) le découpage du domaine de chaque attribution en sous-domaines,

85

Chapitre 3. Sélection Isolée : La FH Primaire et Dérivée

3.4.1.1 Extraction des prédicats de sélection

Chaque requête de jointure en étoile utilise un ensemble de prédicats de sélection définis sur des attributs de dimension. Un prédicat de sélection P_k défini sur un attribut A_j d'une table de dimension D_i possède la forme suivante :

$$D_i.A_j \; \theta \; Valeur$$

Où θ représente un opérateur de comparaison parmi l'ensemble $\{=, <, >, <=, >=\}$ et $valeur \in domaine(A_j)$.

Rappelons que le domaine d'un attribut est l'ensemble de toutes ses valeurs que peut prendre. L'ensemble des prédicats de sélection extraits à partir de l'ensemble des requêtes est noté par P(soit l sa cardinalité). A partir de cet ensemble, nous regroupons les prédicats par attributs. Pour chaque attribut de dimension A_j, nous construisons l'ensemble de ses prédicats, cet ensemble est noté $EPSA_j$. Par conséquent, le résultat de cette étape est un ensemble de prédicats de sélection pour chaque attribut.

3.4.1.2 Identification des tables de dimensions candidates

Dans le scénario de fragmentation que nous avons adopté, un sous-ensemble de tables de dimension seront fragmentées. Le but de cette étape est de définir l'ensemble des tables de dimension candidates au processus de fragmentation [6]. Une table de dimension D_i est candidate pour la fragmentation s'il existe des prédicats de sélection définis sur ses attributs. Nous construisons pour chaque table de dimension D_i, l'ensemble de ses prédicats de sélection $EPSD_i$. Cet ensemble est défini comme suit : $EPSD_i = \{p_k \in P/p_k \in EPSA_j \wedge A_j \in EA_i, 1 \leq k \leq l, 1 \leq j \leq n_i\}$ où EA_i représente l'ensemble des attributs de tables D_i et n_i sa cardinalité. Deux scénarios peuvent être considérés pour chaque ensemble $EPSD_i$:
- $EPSD_i = \phi$, ce cas signifie qu'aucun prédicat n'est défini sur les attributs de la table D_i. Par conséquent, cette table ne sera pas candidate à la fragmentation et donc non utilisée pour fragmenter la table des faits.
- $EPSD_i \neq \phi$, dans ce cas la table de dimension D_i peut être fragmentée en utilisant l'ensemble $EPSD_i$. Elle est donc candidate au processus de fragmentation.

A partir des ensembles $EPSD_i$ ($1 \leq i \leq d$) non vides nous définissons l'ensemble des tables de dimension candidates comme suit : $D_{candidates} = \{D_i/D_i \in D \wedge EPSD_i \neq \phi, 1 \leq i \leq d\}$. Soit h la cardinalité de l'ensemble $D_{candidates}$.

3.4.1.3 Génération d'un ensemble de prédicats complet et minimal

Le but de cette étape est de générer pour chaque table de dimension un ensemble de prédicats complet et minimal. La complétude garantit que chaque fragment soit accédé par toutes les applications avec la même probabilité. La minimalité garantit que tous les fragments d'une table soient accédés différemment par au moins une application.

---
6. La table des faits sera obligatoirement fragmentée étant donné que nous avons écarté tout scénario qui ne la fragmente pas.

3.4. Démarche de fragmentation d'un entrepôt de données relationnel

Définition 4 *[116]* : un ensemble de prédicats simples P est complet si et si seulement il y a une probabilité équivalente d'accès pour chaque application à n'importe quel n-uplet appartenant à un fragment défini par un minterm généré par P [7].

La minimalité d'un ensemble de prédicats stipule que si un prédicat dans cet ensemble permet de partitionner un fragment f en deux fragments f_i et f_j , alors au moins une application accède à f_i et f_j individuellement. Cela veut dire que le prédicat est pertinent dans la détermination de f_i et f_j.

Définition 5 *[34]* un prédicat p est pertinent à un ensemble de prédicats simples P s'il existe un prédicat $q \in P$, tel que les fragments horizontaux définis par $(P \wedge)q$ et $(P \wedge \neg q)$ soient accédés individuellement par au moins une application.

Définition 6 *Un ensemble de prédicats est dit minimal s'il ne contient que des prédicats qui lui sont pertinents.*

Pour expliquer la notion de complétude et de minimalité, nous présentons l'exemple suivant.

Exemple 19 *Supposons l'ensemble P composé des prédicats P_1, P_2 et P_3 , définis sur la table Client tel que : $P_1 : Ville =' Poitiers'$, $P_2 : Ville =' Nantes'$ et $P_3 : Ville =' Paris'$.*

Supposons que la table Client est fragmentée en trois fragments : $Client_1$, $Clients_2$, $Clients_3$ définis respectivement par les minterms m_1, m_2, et m_3, où chaque minterm m_i correspondant à un prédicat $P_i (1 \leq i \leq 3)$.

Supposons qu'il existe une seule application accédant à la table Client en utilisant l'attribut Ville (nous supposons qu'il y a seulement trois villes). Tous les n-uplets de $Client_1$, $Client_2$ et $Client_3$ ont la même probabilité d'être accédés par cette application, donc l'ensemble $P = \{P1, P2, P3\}$ est complet.

Supposons maintenant une autre application accédant à ces trois fragments de la table Client mais pour les clients âgés de moins de 18 ans. Dans ce cas, certains n-uplets des trois fragments ont une forte probabilité d'être accédés, donc P devient non complet. Pour rendre cet ensemble complet, nous ajoutons le prédicat $P4 : Age < 18$ et sa négation $P5 : Age \geq 18$, ce qui rend l'ensemble $P' = \{P1, P2, P3, P4, P5\}$ complet.

L'ensemble $P' = \{P1, P2, P3, P4, P5\}$ est aussi minimal car tous les prédicats le constituant sont pertinents pour lui. Si nous ajoutons un prédicat $P6 : Saison =' hiver'$ à l'ensemble P' , ce dernier devient non minimal. Cela est dû au fait que le prédicat P6 n'est pas pertinent à P' car toutes les applications accèdent à tous les fragments générés par P_6 en même temps.

La génération d'un ensemble de prédicats simple minimal et complet est un enjeu important avant de fragmenter une table. Ozsu et al. [115] ont proposé un algorithme appelé $COM - MIN$ permettant de générer un ensemble de prédicats complet et minimal. L'algorithme $COM - MIN$ repose sur la règle de complétude et de minimalité suivante :

---

7. Un minterm est une conjonction de prédicats définissant un fragment horizontal

Chapitre 3. Sélection Isolée : La FH Primaire et Dérivée

Règle1 : une relation ou un fragment est partitionné en au moins deux fragments qui sont accédés différemment par au moins une application.

L'algorithme $COM - MIN$ est représenté dans l'algorithme 1 . Il commence par initialiser l'ensemble des prédicats résultats par un prédicat et sa négation qui partitionne la table en deux fragments en respectant la règle1. Ensuite itérativement, ajoute tout nouveau prédicat qui partitionne chaque fragment existant en deux fragments en respectant la règle1. Après chaque itération de l'algorithme, les prédicats non pertinents par rapport à l'ensemble des prédicats résultats seront éliminés.

Algorithme COM-MIN
Entrée : R : relation , P : ensemble de prédicats simples
Sortie : P' : ensemble de prédicats complet et minimal
Variables : F : l'ensemble des fragments, f_i : un fragment défini par minter m_i
Début
$P' = \phi$
Choisir un prédicat $p_i \in P$ tel que p_i partitionne R en respectant la règle 1
$P' = \{p_i\}; P = P - \{p_i\}; F = \{f_i\};$
Répéter
  choisir un prédicat $p_i \in P$ tel que p_i partitionne des fragments de R en respectant la règle 1
  $P' = P' \cup \{p_i\}; P = P - \{p_i\}; F = F \cup \{f_i\};$
  S'il existe un prédicat $p_j \in P'$ qui n'est pas pertinent alors $P' = P' - \{p_j\}; F = F - \{f_j\};$
jusqu'à ce que (P' est complet)
Fin.

Algorithme 1: Algorithme COM-MIN

3.4.1.4 Découpage du domaine de chaque attribut en sous-domaines

A l'issue de l'étape précédente, à chaque table de dimension D_i est attribué un ensemble de prédicats simple complet et minimal $EPSSMD_i$. Cet ensemble contient un ensemble de prédicats définis sur des attributs de la table D_i.

Nous créons pour chaque attribut A_j ($1 \leq j \leq na$, où na est le nombre d'attributs de sélection[8]) l'ensemble de ses prédicats à partir de l'ensemble $EPSSMD_i$ de la table de dimension. Cet ensemble est noté $EPCMA_j$.

Chaque prédicat p_k dans $EPCMAj$ permet de sélectionner un sous-ensemble de valeurs du domaine de définition de l'attribut A_j. Ce prédicat permet alors de découper le domaine de cet attribut en deux sous-domaines sd_1 et sd_2. Le sous-domaine sd_1 correspond aux valeurs sélectionnées par P_k et sd_2 correspond aux valeurs restantes. Par exemple, le prédicat $P : Age < 18$ permet de découper le domaine de Age en deux sous-domaines, $[0, 18]et]18, 120]$. Si nous considérons tous les prédicats dans $EPCMA_j$, un découpage du domaine de l'attribut A_j en plusieurs sous-domaines est généré.

---

8. Un attribut de sélection est un attribut sur lequel un prédicat de sélection est défini

3.4. Démarche de fragmentation d'un entrepôt de données relationnel

La FH d'une table de dimension D_i est basée sur son ensemble de prédicats $EPSCMD_i$ or cet ensemble permet de découper les domaines de valeurs des attributs de fragmentation en sous-domaines. Par conséquent, la fragmentation horizontale primaire d'une table correspond à un certain découpage des domaines des attributs de fragmentation en sous-domaines.

Un découpage initial des domaines des attributs de sélection est effectué par l'AED. Dans ce découpage, chaque domaine est décomposé en un ensemble de *sous-domaines stables*[9]. Ce découpage peut se faire selon deux manières :
- *A priori* : le découpage est réalisé lors de la conception de l'application accédant à l'entrepôt de données. Par exemple le système de gestion des réservations de la SNCF gère des clients en fonction de leur âge, carte enfants, carte 12-25 ans et carte senior.
- *A posteriori* : l'AED découpe le domaine de chaque attribut selon les prédicats définis sur cet attribut dans les requêtes accédant à l'entrepôt.

Exemple 20 *Pour illustrer le découpage a posteriori, supposons cinq prédicats définis sur la table Client : $P1 : Age > 18$; $P2 : Age \leq 30$; $P3 : Age > 60$; $P4 : Genre =' M'$ et $P5 : Genre =' F'$, et quatre prédicats définis sur la table Temps : $P6 : saison =' printemps'$; $P7 : saison =' été'$; $P8 : saison =' automne'$; $P9 : saison =' hiver'$*

Supposons que les domaines des attributs âge, genre et saison sont définis comme suit :
- *$Domaine(Age) =]0, 120]$*
- *$Domaine(Genre) = 'M', 'F'$*
- *$Domaine(Saison) = 'Été', 'Automne', 'Hiver', 'Printemps'$*

Les prédicats définis sur l'attribut Age permettent de découper son domaine comme suit :
- *Le prédicat P1 permet de découper Domaine(Age) en deux sous-domaines $sd_1 =]0, 18]$ et $sd_2 = [18, 120]$.*
- *Le prédicat P2 permet de découper sd_2 en deux sous-domaines $sd_3 = [18, 30]$ et $sd_4 =]30, 120]$.*
- *Le prédicat P3 permet de découper sd_4 en deux sous-domaines $sd_5 =]30, 60]$ et $sd_6 =]60, 120]$.*

Par conséquent, le domaine de l'attribut âge est décomposé en quatre sous-domaines définis comme suit $Dom(Age) = d_{11} \cup d_{12} \cup d_{13} \cup d_{14}$, avec $d_{11} =]0, 18]$, $d_{12} =]18, 30]$, $d_{13} = [30, 60]$ et $d_{14} =]60, 120]$.

De la même manière les domaines des attributs Genre et Saison sont découpés en sous-domaines comme suit : $Dom(Genre) = d_{21} \cup d_{22}$, avec $d_{21} = \{'M'\}$, $d_{22} = \{'F'\}$ et $Dom(Saison) = d_{31} \cup d_{32} \cup d_{33} \cup d_{34}$, avec $d_{31} = \{'Printemps'\}$ et $d_{32} = \{'Eté'\}$, $d_{33} = \{'Automne'\}$ et $d_{34} = \{'Hiver'\}$. Les différents sous-domaines des trois attributs de fragmentation sont représentés sur la figure 3.7.

Notons que la notion du découpage du domaine des attributs de fragmentation dans les

---
9. Un sous-domaine stable est un sous-domaine appartenant au découpage initiale du domaine d'un attribut

Chapitre 3. Sélection Isolée : La FH Primaire et Dérivée

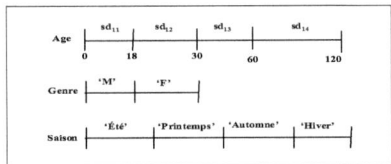

FIGURE 3.7 – Découpage des domaines en sous-domaines

travaux académiques (voir chapitre précédent) est implicite à travers les prédicats utilisés dans les clauses de fragmentation. Par contre, elle est explicite dans les travaux industriels où l'administrateur donne une décomposition du domaine en un ensemble d'intervalles pour la fragmentation par le mode Range ou un ensemble de valeurs énumérées pour la fragmentation par le mode List. Dans le mode de fragmentation par Hachage, la décomposition est effectuée par le système selon la fonction de hachage utilisée.

3.4.1.5 La sélection d'un schéma de fragmentation

Nous avons vu dans la section précédente que la FH d'une table correspond à un découpage du domaine de ses attributs de fragmentation. La sélection d'un schéma de fragmentation permet, à partir des tables de dimension candidates ainsi que le découpage initial des domaines des attributs de sélection, de générer tous les schémas de fragmentation possibles et de choisir le meilleur schéma. Un schéma de fragmentation d'une table de dimension D_i est défini par :
- La liste des attributs de fragmentation de cette table.
- Pour chaque attribut de fragmentation, un découpage de son domaine de valeurs. Ce découpage est déterminé à partir du découpage initial en combinant certains sous-domaines stables.

Le schéma de fragmentation sélectionné doit réduire le temps d'exécution des requêtes. Donc, chaque schéma de fragmentation doit être évalué et sa contribution dans la réduction du coût d'exécution des requêtes quantifiée. La sélection d'un schéma de fragmentation est composée de trois étapes, la génération des schémas de fragmentation, l'évaluation de chaque schéma et la sélection du meilleur schéma.

3.4.1.5.1 La génération des schémas de fragmentation : Cette étape consiste à générer tous les découpages possibles des domaines des attributs de sélection. Le nombre de schémas peut être très important ; ce qui rend la tâche d'énumération exhaustive de tous les schémas de fragmentation difficile. Nous avons consacré une section entière pour effectuer une étude détaillée du problème de sélection d'un schéma de fragmentation où nous montrons qu'il est NP-Complet (voir section 3.5.2).

3.4. Démarche de fragmentation d'un entrepôt de données relationnel

3.4.1.5.2 L'évaluation de chaque schéma : le but de cette étape est de quantifier la contribution de chaque schéma dans la réduction du temps d'exécution des requêtes. Cette quantification permet de comparer la qualité des schémas de fragmentation générés pour en choisir le meilleur. L'évaluation de chaque schéma repose sur un modèle de coût que nous avons défini. Ce dernier prend en entrée un schéma et donne en sortie le coût d'exécution des requêtes sur ce schéma. Ce coût est exprimé par le nombre d'entrées-sorties nécessaires pour exécuter toutes les requêtes sur l'entrepôt fragmenté selon le schéma. Nous détaillons le modèle de coût que nous avons proposé dans la section 3.5.3 .

3.4.1.5.3 La sélection du meilleur schéma : en se basant sur tous les schémas générés, ainsi que l'évaluation de chacun d'entre eux, le schéma de fragmentation garantissant la meilleure performance parmi tous les schémas générés est sélectionné comme schéma de fragmentation final. Ce schéma doit générer un nombre de fragments inférieur au seuil W.

3.4.1.6 Fragmentation des tables de dimension

Le schéma de fragmentation obtenu à l'issue de l'étape précédente propose un nouveau découpage des domaines des attributs de sélection en un ensemble de sous-domaines. La fragmentation des tables de dimension repose sur ce découpage. Soit n_j le nombre de sous-domaines de l'attribut A_j générés par le schéma de fragmentation sélectionné. Deux scénarios peuvent être considérés :

1. $n_j = 1$, ce qui signifie que tous les sous-domaines stables ont été combinés dans un seul. Par conséquent le domaine est considéré en entier et donc l'attribut ne participe pas dans la fragmentation de sa table de dimension. Il n'est pas considéré comme attribut de fragmentation.

2. $n_j \geq 2$, dans ce cas l'attribut A_j est utilisé pour fragmenter sa table de dimension. Il est donc considéré comme un *attribut de fragmentation*.

Un schéma de fragmentation donné permet de décomposer les tables de dimension en deux catégories, tables fragmentées et tables non fragmentées.
- Toute table de dimension candidate ne possédant aucun attribut de fragmentation dans le schéma sélectionné ne sera pas fragmentée.
- Toute table de dimension candidate possédant au moins un attribut de fragmentation sera fragmentée et son schéma de fragmentation est utilisé pour fragmenter la table des faits.

Chaque table de dimension D_i appartenant à la deuxième catégorie est partitionnée en m_i fragments $\{D_{i1}, Di2, \cdots, D_{im_i}\}$ où chaque fragment D_{ij} est défini par une clause cl_{ij} comme suit :
$D_{ij} = \sigma_{cl_{ij}}(D_i)$, où cl_{ij} est une conjonction de prédicats définis sur les attributs de fragmentation. Chaque prédicat défini sur un attribut contenu dans cette clause permet de sélectionner un sous-domaine du découpage généré par le schéma de fragmentation.

Chapitre 3. Sélection Isolée : La FH Primaire et Dérivée

Exemple 21 *Supposons que le schéma de fragmentation sélectionné propose un découpage des domaines des attributs Age, Genre et Saison comme suit :*
- *Le domaine de l'attribut Age est décomposé en deux sous-domaines [0,18] et]18, 120]. Par rapport au découpage initial, les sous-domaines stables [18,30[, [30, 60[et [60, 120] ont été regroupés dans un seul sous-domaine [18, 120].*
- *le domaine de l'attribut Genre n'a pas été découpé car les deux sous-domaines le constituant ont été regroupés.*
- *Le domaine de l'attribut Saison est décomposé en deux sous-domaines {été, printemps, automne} et {hiver}. Les sous-domaines initiaux {été}, {printemps} et {automne} ont été regroupés dans un seul domaine.*

A partir de ce découpage, les tables Client et Temps sont fragmentées comme suit :
- *La table Clients est fragmentée en deux fragments en utilisant l'attribut Age comme suit :*
$Client_1 = \sigma_{Age<18}(Client)$ *et* $Client_2 = \sigma_{Age \geq 18}(Client)$.
- *La table Temps est fragmentée en deux fragments en utilisant l'attribut Saison comme suit :*
$Temps_1 = \sigma_{(Saison='été' \vee Saison='printemps' \vee Saison='automne')}(Temps)$ *et*
$Temps_2 = \sigma_{Saison='hiver'}(Temps)$

A la fin de cette étapes nous disposons de deux ensembles de tables de dimension :
- L'ensemble des tables de dimension fragmentées noté D_{frag}. Soit g la cardinalité de cet ensemble ($g \leq h \leq d$)
- L'ensemble des tables de dimension non fragmentées noté D_{nf} ($D_{nf} = \{D_{n1}, \cdots, D_{np}\}$, où p est donné par $p = d - h$). Cet ensemble est défini par : $D_{nf} = D - D_{frag}$.

Parmi l'ensemble des tables de dimension à fragmenter, certaines tables peuvent être de petites cardinalité. Ces tables de dimension peuvent être fragmentées physiquement ou virtuellement. La fragmentation virtuelle consiste à utiliser le schéma de fragmentation de la table de dimension pour fragmenter physiquement la table des faits sans que cette table de dimension soit fragmentée physiquement. La fragmentation virtuelle n'optimise pas les opérations de sélection définies sur les tables de dimension, elle est donc utile pour les tables de dimension de petite taille.

3.4.1.7 Fragmentation dérivée de la table des faits

La fragmentation dérivée de la table des faits est effectuée en utilisant les schémas de fragmentation des tables de dimension de l'ensemble D_{frag}. Pour générer les fragments de faits, toutes les combinaisons possibles entre les fragments de dimension sont considérées [15, 17]. Chaque fragment de faits est obtenu par une semi-jointure entre la table des faits et une combinaison des fragments de dimension comme suit :
$F_i = F \ltimes D_{1j} \ltimes D_{2k} \ltimes \cdots \ltimes D_{gl}$ ($1 \leq j \leq m_1, 1 \leq k \leq m_2, \cdots, 1 \leq l \leq m_g$).

Exemple 22 *Pour montrer comment générer les fragments de faits, nous nous basons sur la fragmentation des tables de dimension Client et Temps définies dans l'exemple 21.*

3.4. Démarche de fragmentation d'un entrepôt de données relationnel

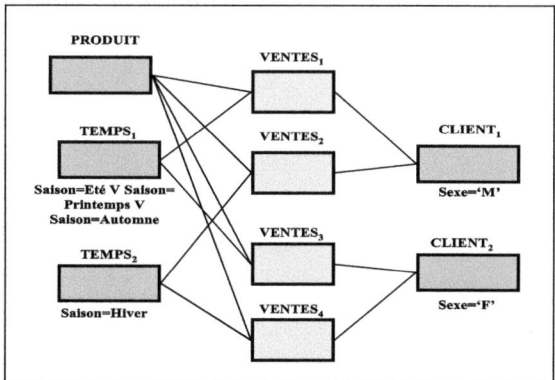

FIGURE 3.8 – Exemple d'un schéma en étoile fragmenté

Puisque les tables Client et Temps sont fragmentées en deux fragments chacune, alors la table des faits Ventes sera fragmentée en quatre fragments, $Ventes_1$, $Ventes_2$, $Ventes_3$ et $Ventes_4$ définis comme suit :

- $Ventes_1 = Ventes \ltimes Client_1 \ltimes Temps_1$
- $Ventes_1 = Ventes \ltimes Client_1 \ltimes Temps_2$
- $Ventes_2 = Ventes \ltimes Client_2 \ltimes Temps_1$
- $Ventes_2 = Ventes \ltimes Client_2 \ltimes Temps_2$

Par conséquent, le schéma en étoile initial S est fragmenté en quatre sous-schémas en étoile (voir figure 3.8) Sc_1, Sc_2, Sc_3 et Sc_4 définis comme suit :

- Sc_1 *comporte les tables $Ventes_1$, $Client_1$, $Temps_1$ et Produit*
- Sc_2 *comporte les tables $Ventes_2$, $Client_1$, $Temps_2$ et Produit*
- Sc_3 *comporte les tables $Ventes_3$, $Client_2$, $Temps_1$ et Produit*
- Sc_4 *comporte les tables $Ventes_4$, $Client_2$, $Temps_2$ et Produit*

Nous avons présenté dans cette section notre démarche de fragmentation d'un ED relationnel modélisé par un schéma en étoiles. La démarche est basée sur une sélection d'un schéma de fragmentation parmi tous les schémas possibles. Ce dernier sera utilisé pour fragmenter les tables de dimension par la fragmentation primaire ; ensuite fragmenter la table des faits par la fragmentation dérivée. Sélectionner le schéma de fragmentation optimal est une tâche difficile vu le nombre important de schémas possibles. Nous proposons dans la section suivante, une étude détaillée du problème de sélection d'un schéma de fragmentation où nous proposons une formalisation de ce problème et nous étudions sa complexité.

3.5 Problème de sélection d'un schéma de fragmentation horizontale

Nous avons vu que le meilleur scénario pour fragmenter un entrepôt de données relationnel consiste à fragmenter les tables de dimension par la fragmentation primaire, ensuite utiliser leurs schémas de fragmentation pour fragmenter la table des faits par la fragmentation dérivée. Comme conséquence à ce scénario, le schéma en étoile en entrée est fragmenté en N sous-schémas en étoile $\{SE_1, SE_2, \cdots, SE_n\}$. Le nombre de sous-schémas dépend du nombre de tables de dimension fragmentées et du nombre de fragments de chaque table.

Soit un entrepôt de données composé d'une table des faits F et d tables de dimension $\{D_1, D_2, \cdots, D_d\}$. Supposons que g tables de dimension sont fragmentées ($g \leq d$) et que chaque table de dimension D_i est fragmentée en m_i fragments. Le nombre de sous-schémas en étoile généré est calculé par l'équation 3.1.

$$N = \prod_{i=1}^{g} m_i \qquad (3.1)$$

Nous constatons que le nombre de fragments générés peut être très important. Pour illustrer ce problème, considérons l'exemple suivant.

Exemple 23 *Supposons que les trois tables de dimension sont fragmentées comme suit :*
- *La table Client est fragmentée en 100 fragments en utilisant l'attribut Ville*
- *La table Produit en 80 fragments en utilisant l'attribut type de produit.*
- *La table Temps en 48 fragments en utilisant l'attribut mois*[10]*.*

Par conséquent, la table des faits est fragmentée en $100 \times 80 \times 48 = 384000$ fragments de faits donc l'entrepôt de données sera fragmenté en 384.000 sous-schémas en étoile. Gérer et maintenir ce nombre important de sous-schémas devient une tâche très difficile à l'AED.

D'après cet exemple, le contrôle du nombre de sous-schémas en étoile est indispensable pour garantir deux objectifs : (1) éviter une explosion du nombre de fragments de faits (sous-schémas en étoile) et (2) assurer une meilleure performance d'un ensemble de requêtes les plus fréquentes.

Pour satisfaire le premier objectif, nous donnons la possibilité à l'AED de contrôler le nombre de sous-schémas qu'il souhaite avoir en utilisant un seuil W [29, 15, 16]. Tout algorithme de fragmentation doit alors sélectionner un schéma de fragmentation générant N fragments de faits [11] tel que $N \leq W$ (nous appelons l'inéquation $N \leq W$, *la contrainte de maintenance*). Notons que le nombre de fragments est une donnée que l'AED doit obligatoirement fournir s'il veut fragmenter une table en utilisant les modes de fragmentation supportés par les SGBDs commerciaux [12].

---

[10]. Pour analyser les ventes effectuées durant 4 ans
[11]. Le nombre de fragments de la table des faits détermine le nombre de sous-schémas en étoile où chaque fragment de faits est associé à un et un seul sous-schéma en étoile
[12]. Ce nombre est implicite pour le mode de fragmentation par Hash et explicite pour les modes Range et List

3.5. Problème de sélection d'un schéma de fragmentation horizontale

D'après l'équation 3.1, l'explosion du nombre de fragments est due à deux paramètres : le nombre de tables de dimension fragmentées (g) et le nombre de fragments (m_i) pour chaque table de dimension D_i. Tout algorithme de fragmentation doit agir sur ces deux paramètres pour contrôler le nombre de fragments générés. Pour réduire le nombre de tables de dimension fragmentées, l'AED doit sélectionner un sous-ensemble de tables de dimension qui seront fragmentées.

Le nombre de fragments m_i d'une table de dimension fragmentée D_i dépend du nombre d'attributs de fragmentation de cette table ainsi que du nombre de sous-domaines de ces attributs générés par le schéma de fragmentation. Il est calculé en utilisant la formule suivante :

$$m_i = \prod_{j=1}^{r_i} n_{ij} \qquad (3.2)$$

où r_i et n_{ij} représentent respectivement le nombre d'attributs de fragmentation de la table D_i et le nombre de sous-domaines de l'attribut A_j de la table D_i.

D'après l'équation 3.2, pour réduire le nombre de fragments de chaque table de dimension D_i, il faut agir sur deux paramètres, le nombre d'attributs de fragmentation (r_i) et le nombre de sous-domaines de chacun de ces attributs (n_{ij}). Pour réduire le premier paramètre (r_i), l'AED choisi un sous-ensemble d'attributs de sélection pour fragmenter la table. Pour réduire le deuxième paramètre (n_{ij}), l'AED regroupe certains sous-domaines dans un seul plus large. Cela revient à définir un nouveau découpage du domaine des attributs de fragmentation. Dans ce nouveau découpage, des sous-domaines sont regroupés pour former un seul sous-domaine que nous appelons *partition*.

Définition 7 *Soit un attribut A_i dont le domaine Dom_i est découpé en n_i sous-domaines. Une partition de sous-domaines P_i^k est un ensemble de sous-domaines de Dom_i regroupés pour former un seul sous-domaine plus large.*

D'après cette définition, deux cas particuliers peuvent être considérés :
- La partition P_i^k regroupe un seul sous-domaine, on parle alors d'une *partition élémentaire*.
- La partition P_i^k regroupe n_i sous-domaines. Dans ce cas, tous les sous-domaines sont regroupés dans une seule partition ce qui implique que le domaine est pris en entier. Par conséquent, l'attribut A_i n'est pas utilisé pour fragmenter la table de dimension D_i.

Exemple 24 *Considérons le découpage suivant du domaine de l'attribut Saison de la table Temps. $Dom(Saison) = \{\text{Été}\} \cup \{\text{Automne}\} \cup \{\text{Hiver}\} \cup \{\text{Printemps}\}$.*

Supposons que la table temps est fragmentée sur l'attribut Saison selon ce découpage. Quatre fragments sont créés comme suit :
- $Temps_1 = \sigma_{saison=été}(Temps)$
- $Temps_2 = \sigma_{saison=Automne}(Temps)$

Chapitre 3. Sélection Isolée : La FH Primaire et Dérivée

- $Temps_3 = \sigma_{saison=Hiver}(Temps)$
- $Temps_4 = \sigma_{saison=Printemps}(Temps)$

Pour réduire le nombre de fragments, nous pouvons regrouper les quatre sous-domaines en deux partitions. Le nouveau découpage est donné par : $Dom(Saison) = \{été, Automne\} \cup \{Hiver, Printemps\}$. Par conséquent, deux fragments sont créés comme suit :

- $Temps_1 = \sigma_{Saison=été \vee Saison=Automne}(Temps)$
- $Temps_2 = \sigma_{Saison=Hiver \vee Saison=Printemps}(Temps)$

Pour assurer une bonne performance des requêtes les plus fréquentes (le deuxième objectif), il faut que chaque requête charge le moins de données possibles qui ne lui sont pas pertinentes et, dans le meilleur cas, ne charger que les données pertinentes. Cela peut être réalisé en augmentant le nombre de fragments générés. En conséquence, les partitions deviennent plus fines et par conséquent moins de données non pertinentes seront chargées.

Par conséquent, pour fragmenter l'entrepôt de données, nous devons sélectionner un schéma de FH en faisant un compromis entre le coût de maintenance (nombre de sous-schémas en étoile générés) et le coût d'exécution des requêtes. Ce compromis nous amène à formaliser le problème de sélection d'un schéma de FH comme un problème d'optimisation avec contraintes que nous présentons dans la section suivante. Nous présentons aussi une étude détaillée de la complexité de ce problème et nous montrerons qu'il est NP-Complet.

3.5.1 Formalisation

Nous formalisons le problème de sélection d'un schéma de FH (PSSFH) comme un problème d'optimisation avec contrainte comme suit :

Étant donné :

1. un entrepôt de données composé d'un ensemble de tables de dimension $D = \{D_1, D_2, ..., D_d\}$ et une table des faits F,
2. un ensemble de requêtes OLAP les plus fréquentes $Q = \{Q_1, Q_2..., Q_m\}$, où chaque requête $Q_i (1 \leq i \leq m)$ possède une fréquence d'accès $freq_i$ et
3. un seuil (W) fixé par AED représentant le nombre maximum de fragments qu'il peut maintenir.

Le problème de FH consiste à déterminer un ensemble de tables de dimension $D' \subseteq D$ à fragmenter et utiliser leurs schémas de fragmentation pour partitionner la table des faits F en un ensemble de N fragments horizontaux $\{F_1, F_2, \cdots, F_N\}$ tels que :

1. le coût total d'exécution des requêtes sur le schéma en étoile fragmenté soit réduit par rapport au coût avant fragmentation,
2. la contrainte de maintenance soit satisfaite ($N \leq W$)

3.5.2 Étude de complexité

Soit un schéma en étoile composé d'une table des faits F et d tables de dimension, $D_1, D_2, \cdots, D_d$, chaque table de dimension D_i possède na_i attributs de sélection. Le do-

3.5. Problème de sélection d'un schéma de fragmentation horizontale

maine de chaque attribut A_i^k ($1 \leq i \leq d, 1 \leq k \leq na_i$) est décomposé en un ensemble de sous-domaines stables. Le problème de sélection d'un schéma de fragmentation horiontale revient à trouver les tables de dimensions à fragmenter ainsi que la meilleure façon de les fragmenter pour réduire le temps d'exécution des requêtes les plus fréquentes et satisfaire la contrainte de maintenance.

Pour étudier la complexité du problème de sélection d'un schéma de FH, nous considérons un problème de décision simplifié qui prend en considération une seule table de dimension D ($d = 1$) composée d'un seul attribut A ($na_1 = 1$). Le domaine de A est découpé en un ensemble de sous-domaines stables $ESD = \{d_1, d_2, \cdots, d_n\}$. Le domaine ESD est alors utilisé pour fragmenter D par la fragmentation primaire et par la suite pour fragmenter F par la fragmentation dérivée. Nous appelons ce problème, *Problème de fragmentation horizontale à un Seul Domaine (PFHSD)*. Le problème d'optimisation correspondant consiste à partitionner la table des faits tel que le nombre de partitions de cette table soit borné par une constante et le nombre d'opérations d'entrées/sorties (E/S) nécessaires soit minimisé. Nous présentons ce problème d'optimisation comme suit :

Problème : Fragmentation Horizontale à un Seul Domaine
- **Instance :**
  - un ensemble ESD de sous-domaines disjoints $\{d_1, \cdots, d_n\}$ d'un attribut A d'une table de dimension D. Chaque sous-domaine d_i de A permet de sélectionner un ensemble de n-uplets de faits ($ETFAITS_i$). Cet ensemble est défini par :
  $ETFAITS_i = \{tf \in F / tf.fk = td.k \wedge td \in D \wedge td.A \in d_i\}$ où tf, td, fk, k représentent respectivement un n-uplet de faits, un n-uplet de dimension, la clé étrangère dans F et la clé primaire de D. Soit $l(d_i), 1 \leq i \leq n$, le nombre d'entrées sorties nécessaires pour lire les données de l'ensemble $ETFAITS_i$;
  - un ensemble de requêtes $\{Q_1, \cdots, Q_m\}$ et pour chaque requête Q_j la liste $f(Q_j) \subseteq ESD$ des sous-domaines utilisés pour l'exécution de la requête : $\{d_{j1}, \cdots, d_{jn_j}\}$, où $n_j (n_j \leq n)$ est le nombre de sous-domaines utilisés pour exécuter Q_j.
  - deux entiers positifs K et L, où K est le nombre maximum de partitions qui peuvent être créées et L est le nombre maximum d'E/S nécessaires pour exécuter chaque requête Q_j, $L \geq \sum_{d \in f(Q_j)} l(d)$.
- **Question :** Est-ce que ESD peut être partitionné au maximum en K partitions, $P_1, \cdots, P_K$ telles que chaque requête nécessite au plus L opérations d'entrées/sorties (E/S).

Le nombre minimum d'E/S nécessaires pour exécuter une requête Q_j correspond au cas où seules les données nécessaires sont chargées, ce nombre est calculé par : $\sum_{d \in f(Q_j)} l(d)$.

Le fait de regrouper des sous-domaines en partitions, cela augmente le nombre des opérations d'E/S puisque toutes les données d'une partition sont chargées lorsqu'elles sont utilisées par une requête donnée, même si cette requête ne nécessite pas toutes les données de la partition (c'est-à-dire un sous-ensemble des domaines de la partition). Ainsi, le regroupement des sous-domaines en partitions implique que le nombre des opérations d'entrées/sorties requises par une requête après fragmentation ne dépend pas des sous-domaines utilisés, mais uniquement des partitions utilisées.

Chapitre 3. Sélection Isolée : La FH Primaire et Dérivée

Exemple 25 *Supposons la requête Q suivante :*
```
SELECT count(*) FROM Ventes V, Temps T
WHERE V.TID=T.TID AND T.Saison='Automne'.
```

Supposons que le domaine de l'attribut saison soit découpé en deux partitions, $P_1 = \{Été, Automne\}$ et $P_2 = \{Printemps, Hivers\}$. Pour exécuter Q, toutes les données correspondantes à la partition P_1 sont chargées (les saisons été et automne) au lieu de celles correspondant à la saison été seulement.

Le nombre d'E/S nécessaire pour le chargement d'une partition P_i est défini par : $l(P_i) = \sum_{d \in P_i} l(d)$. En conséquence, le nombre d'E/S nécessaires à l'exécution d'une requête peut être défini comme : $l(Q_j) = \sum_{P_i \in F(Q_j)} l(P_i)$, où $F(Q_j)$ est la liste des partitions utilisées par la requête Q_j.

L'objectif du problème PFHSD est donc de réaliser une FH de la table des faits tel que le nombre de partitions est limité à K et le nombre d'E/S nécessaires pour exécuter chaque requête est limité par L pour chaque requête. Il est évident que si $K \geq n$, le partitionnement horizontal optimal est obtenu en définissant exactement une partition pour chaque $d_i \in ESD$. De cette manière, toutes les requêtes ne chargent que les données requises pendant leur exécution. Nous verrons que notre problème de décision simplifié devient difficile lorsque $K < n$. Nous supposerons aussi que $L \geq \sum_{d \in f(Q_j)} l(d)$ ($1 \leq j \leq m$), sinon il n'existe pas de partitionnement de ESD respectant cette contrainte. Nous montrons dans la section suivante que le problème de fragmentation horizontal est NP-Complet et nous étudions le nombre de schémas de fragmentation possibles pour un entrepôt de données quelconque.

3.5.2.1 NP-Complétude du problème de fragmentation horizontale dérivée

Dans une architecture de cluster, Sacca et Wiederhold [129] ont prouvé que le problème de partitionnement horizontal combiné avec le problème d'allocation est NP-Complet. Dans cette preuve la NP-Complétude ne provient pas de la difficulté à fragmenter les tables, puisque les auteurs considèrent des tables avec une seule instance composée d'un seul attribut, donc aucune fragmentation supplémentaire n'est possible. La NP-Complétude prouvée ne provient que de l'allocation des tables sur les différents processeurs du cluster (voir preuve dans [129], p.37). Dans notre cas, nous ne considérons que le problème de fragmentation dans une architecture centralisée et nous montrons qu'il est NP-Complet *au sens fort*[13].

Théorème 1 *Le problème de fragmentation horizontale à un seul domaine est NP-Complet au sens fort.*

Preuve 1 *Le PFHSD appartient clairement à NP car si on effectue un partitionnement de ESD, alors un algorithme polynomial peut vérifier qu'au plus K partitions sont utilisées*

---
13. Les problèmes NP-Complets au sens fort représentent la classe des problèmes les plus durs de NP. Pour plus de détail sur cette classe, voir [104]

3.5. Problème de sélection d'un schéma de fragmentation horizontale

et que chaque requête nécessite au plus L opérations d'E/S. Nous prouvons maintenant que le problème PFHSD est NP-Complet au sens fort. Nous utilisons le problème 3-Partition qui est NP-Complet au sens fort [104] et se définit comme suit :

Problème : 3-Partition
- **Instance** : Un ensemble A de $3m$ éléments, une borne $B \in Z^+$ et une taille $s(a) \in Z^+$ pour chaque $a \in A$ tel que $B/4 < s(a) < B/2$ et que $\sum_{a \in A} s(a) = mB$.
- **Question** : Est ce que A peut être partitionné en m ensembles disjoints $A_1, \cdots, A_m$ tel que, pour $1 \leq i \leq m$, $\sum_{a \in A_i} s(a) = B$? (notons que chaque A_i doit obligatoirement contenir trois éléments de A)

Pour prouver la NP-Complétude du problème PFHSD, nous réduisons à partir du problème 3-Partition. Pour chaque instance du problème 3-Partition, une instance du problème PFHSD est définie comme suit :

- pour chaque $a_i \in A$, un sous-domaine d_i est créé de sorte que $l(d_i) = s(a_i), 1 \leq i \leq 3m$.
- $3m$ requêtes sont créées tel que chaque requête utilise exactement un sous-domaine : $f(Q_i) = \{d_i\}, 1 \leq i \leq 3m$.
- $K = L = B$

Il est clair que la transformation est effectuée en un temps polynomial car elle consiste à une correspondance un à un des éléments de 3-partition, les sous-domaines et les requêtes. Nous prouvons maintenant que nous trouvons une solution à une instance du problème 3-partition, si et seulement si nous trouvons une solution à une instance du problème PFHSD.

(Condition nécessaire) Supposons que nous avons une solution au problème PFHSD, alors elle satisfait les conditions suivantes :

- puisque $B/4 < l(d) < B/2$, chaque sous-ensemble de ESD doit être défini avec exactement 3 sous-domaines (comme dans chaque instance 3-partition).
- Puisque nous avons une solution faisable du problème PFHSD, alors aucune requête ne nécessite plus de B opérations d'E/S. Par construction, nous vérifions que : $\sum_{d \in ESD} l(d) = mB$. Par conséquent, chaque requête nécessite exactement B opérations d'E/S (sinon, ce n'est pas une solution). En utilisant une correspondance un à un des sous-domaines en éléments de 3-Partition, une solution faisable à l'instance 3-partition est obtenue.

(Condition suffisante) Supposons que nous avons une solution à une instance 3-Partition. Alors, chaque sous-ensemble A_i a une taille totale de B et il est composé de exactement 3 éléments de A. Commençant par A_1, nous définissons une partition de sous-domaines en utilisant les mêmes indices des éléments appartenant à A_1. Puisque chaque requête est associée a exactement un sous-domaine et que trois sous-domaines sont groupés dans chaque partition, alors trois requêtes utilisent une partition donnée. Par conséquent, le nombre d'E/S associées à ces trois requêtes est exactement B. En répétant ce processus pour chaque sous-ensemble restant A_i, alors une solution faisable du problème PFHSD est trouvée.

Chapitre 3. Sélection Isolée : La FH Primaire et Dérivée

Nous venons de montrer que le problème simplifié PFHSD est NP-Complet au sens fort. Rappelons que ce problème se limite à une seule table de dimension composée d'un seul attribut. Le problème de FH dans le contexte d'entrepôts de données relationnels est au moins aussi complexe à résoudre que ce problème simplifié, car plusieurs attributs sont considérés et cela pour plusieurs tables de dimension, il est donc NP-Complet au sens fort.

3.5.2.2 Nombre de schémas de fragmentation possibles

Dans PFHSD, chaque partitionnement du domaine ESD définit un schéma de fragmentation de la table de dimension D et par conséquent de la table des faits F. Le nombre de schémas de fragmentation de F correspond donc au nombre de manières de partitionner l'ensemble ESD. Si ESD est composé de n sous-domaines, le nombre de manières de partitionner ESD (qui représente aussi le nombre de schémas de fragmentation possibles) est donné par le nombre de Bell (B_n). Le nombre de Bell est donné par : [45] :

$$B_n = \left\lceil \frac{1}{e} \sum_{m=1}^{2n} \frac{m^n}{m!} \right\rceil$$

D'après cette formule, le nombre de schémas de fragmentation suit une croissance exponentielle en n.

D'un point de vue pratique, les nombres de Bell peuvent être calculés en utilisant les nombres de *Stirling de second ordre* $S(n,k)$ comme suit : $B_n = \sum_{k=0}^{n} S(n,k)$ où $S(n,k)$ calcule le nombre de partitions de l'ensemble $\{1, \cdots, n\}$ en exactement k sous-ensembles. Les nombres de Stirling de second ordre sont calculés en utilisant la suite $S(n,k) = S(n-1, k-1) + k * S(n-1, k)$ avec la condition limite $S(n,n) = 1$.

Nous généralisons la formule précédente dans le cas d'un entrepôt de données relationnel où plusieurs tables de dimensions sont utilisées pour fragmenter la table des faits. Si m attributs de dimension (toutes dimensions confondues) participent dans la fragmentation de l'entrepôt et que le domaine ESD_i de chaque attribut A_i contient n_i sous-domaines, le nombre de schémas de fragmentation possibles (N) peut être calculé par le produit des nombres de schémas générés par chaque attribut comme suit : $N = \prod_{i=1}^{m} B_{n_i}$

3.5.2.3 Bilan et discussion

Nous avons montré que le problème de FH est NP-Complet et que le nombre de schémas de FH est exponentiel par rapport au nombre de sous-domaines utilisés pour fragmenter l'entrepôt. Par conséquent, une énumération exhaustive de tous les schémas de fragmentation est quasi impossible pour des valeurs élevées du nombre de sous-domaines. Ce nombre s'accroît avec l'augmentation du nombre de tables de dimension impliquées, le nombre d'attributs par table et le nombre de sous-domaines par attribut. Donc, pour des valeurs élevées de ces trois paramètres, il n'existe pas, a priori, d'algorithmes qui proposent une solution optimale en un temps fini.

3.5. Problème de sélection d'un schéma de fragmentation horizontale

Exemple 26 *Supposons un entrepôt de données composé de quatre tables de dimension, que chaque table soit composée de trois attributs de sélection et que le domaine de chaque attribut est composé de six sous-domaines. Il en découle ce qui suit :*
- *le nombre de manières de partitionner le domaine de chaque attribut est donné par $B_6 = 203$.*
- *le nombre de schémas de fragmentation possibles de chaque table de dimension est donné par $(B_6)^3 = 8365427$*
- *le nombre de schémas de fragmentation possibles de la table des faits est donné par $((B_6)^3)^4 = 4,8.10^{27}$*

Tout algorithme proposé doit chercher une solution proche de l'optimale, en utilisant généralement des heuristiques réduisant la complexité du problème. Ces algorithmes parcourent généralement une partie de l'espace de recherche grâce à des mécanismes d'exploration et choisissent la meilleure solution rencontrée. Trouver la meilleure solution parmi celles parcourues nécessite un mécanisme d'évaluation et de comparaison de la qualité de chaque solution (schéma de fragmentation) en fonction de l'objectif visé. Rappelons que le premier objectif visé est de réduire le coût d'exécution des requêtes. Pour quantifier cette réduction, la définition d'un modèle de coût est nécessaire. Ce dernier permet d'estimer le coût d'exécution des requêtes sur un entrepôt fragmenté selon un schéma de fragmentation donné. Ce modèle de coût sera présenté dans la section suivante.

3.5.3 Modèle de coût

Nous présentons dans cette section le modèle de coût que nous avons proposé pour évaluer la qualité d'un schéma de fragmentation donné. Nous commençons par présenter les motivations d'utilisation d'un modèle de coût dans notre approche de fragmentation. Nous présentons ensuite les hypothèses que nous avons considéré pour établir le modèle de coût. Enfin, nous présentons les paramètres utilisés dans le modèle et nous donnons les différentes formules de calcul de coût.

3.5.3.1 Pourquoi un modèle de coût ?

Une requête est composée d'un ensemble d'opérations algébriques, comme la sélection, la jointure, les agrégations, etc. L'exécution d'une requête se fait selon un plan d'exécution. Ce dernier est composé d'une séquence d'opérateurs algébriques ainsi que l'algorithme d'implémentation de chaque opérateur. Par exemple, pour une requête comportant deux jointures, un plan d'exécution montre, par exemple, qu'il faut commencer par la deuxième jointure, ensuite passer à la première, et que les deux jointures se font par Hachage. Une requête peut avoir donc plusieurs plans d'exécution possibles. L'optimiseur cherche le meilleur plan d'exécution en évaluant la qualité de chaque plan. Cette évaluation est effectuée en utilisant un modèle de coût, qui permet d'estimer le coût d'exécution de chaque plan. Un modèle de coût est caractérisé par deux composantes : logique et physique.

Chapitre 3. Sélection Isolée : La FH Primaire et Dérivée

La composante logique est basée sur les estimations des volumes de données impliquées par la requête. Généralement, les statistiques sur les données stockées dans la base de données sont utilisées pour prédire la quantité de données traitées par chaque opérateur ainsi que les tailles des résultats intermédiaires. Le problème d'estimation des résultats intermédiaires a été largement étudié dans la littérature [83, 122, 123].

La composante physique permet de comparer le coût des divers algorithmes implémentant chaque opérateur pour en choisir le meilleur.

Dans le contexte de la FH, nous avons vu que les approches guidées par les prédicats et celles guidées par les affinités ne proposent aucun mécanisme permettant d'estimer la qualité du schéma de fragmentation obtenu. Les approches guidées par les affinités supposent que la fréquence d'accès est le paramètre le plus important dans la définition d'un schéma de fragmentation. Cela n'est pas toujours vrai, car dans le contexte d'entrepôts de données, certaines requêtes non fréquentes peuvent engendrer un coût d'exécution important. Il faut donc prendre en considération d'autres paramètres comme la taille des tables, les facteurs de sélectivité des prédicats de sélection, la taille du tampon mémoire, etc.

Nous avons vu dans la section 3.5.2 que le problème de FH est NP-Complet, d'où la nécessité de définir des algorithmes heuristiques pour résoudre ce problème. Ces algorithmes parcourent un ensemble de schémas de fragmentations possibles et sélectionnent le meilleur schéma. L'estimation de la qualité de chaque schéma de fragmentation nécessite la définition d'un modèle de coût. Donc les algorithmes que nous proposons pour résoudre le problème de sélection d'un schéma de fragmentation sont guidés par le modèle de coût que nous présentons dans les sections qui suivent.

3.5.3.2 Nos hypothèses

Proposer un modèle de coût générique prenant en compte tous les types de requêtes et adapté à tous les SGBDs est une tâche très difficile. Plusieurs travaux ont porté sur la proposition de modèles de coût pour estimer le coût d'exécution d'une requête. Nous pouvons classer les modèles proposés en deux catégories : (1) modèles basés sur une fonction mathématique adhoc et (2) modèles basés sur l'optimiseur de requêtes. La première catégorie de modèles [151, 43, 98, 57] définit une fonction de coût qui prend en entrée une requête et un plan d'exécution et donne en sortie le coût de ce plan. Ce coût est calculé en utilisant des formules qui prennent en compte un certain nombre de paramètres et de statistiques collectées sur la base de données. Pour simplifier l'élaboration de la fonction de coût, un certain nombre de d'hypothèses sont considérées.

L'avantage de cette catégorie de modèles réside dans sa rapidité de calcul du coût mais elle est limitée par les hypothèses simplificatrices parfois trop irréalistes [50].

La deuxième catégorie fait appel à l'optimiseur de requêtes du SGBD utilisé pour estimer le coût d'une requête [38, 58, 65, 148]. L'optimiseur reçoit la requête, il évalue les différents plans d'exécution et retourne le meilleur plan avec son coût. Le fait d'utiliser l'optimiseur de requêtes rend le calcul du coût plus fiable mais engendre deux inconvénients majeurs : (1) le coût que l'optimiseur estime dépend du SGBD utilisé et (2) faire souvent appel à l'optimiseur engendre un coût d'exécution supplémentaire et dégrade la qualité de l'optimiseur qui passe plus de temps à estimer le coût d'exécution des requêtes qu'à les exécuter. Un certain nombre de travaux propose des techniques pour minimiser le nombre d'appels de l'optimiseur [58].

Dans le cadre de cette thèse, nous proposons un modèle de coût appartenant à la première catégorie pour être indépendant du SGBD utilisé et avoir rapidement un coût de chaque schéma de fragmentation sans passer par l'optimiseur. Pour élaborer notre modèle de coût, nous avons considéré certaines hypothèses liées à trois aspects : l'unité du coût d'exécution, le type de requêtes prises en compte, l'ordre de jointure et l'algorithme de jointure utilisé.

3.5.3.2.1 Coût d'exécution : L'exécution d'une requête dans le contexte de base de données ou entrepôt de données centralisés engendre deux coûts différents : (1) coût de chargement et de sauvegarde de données via ou sur le disque qu'on appelle le coût d'entrées/sorties et (2) le coût CPU de calcul.

Étant donné que le coût CPU est nettement inférieur au coût d'E/S, la plupart des modèles de coût proposés le considèrent négligeable. Ils ne prennent en compte que le nombre d'E/S comme estimation du coût d'exécution d'une requête [14, 68]. Notre modèle de coût permet donc à partir d'une requête et d'un schéma de fragmentation de donner le nombre d'E/S nécessaires pour l'exécution de cette requête sur un entrepôt fragmenté selon le schéma en entrée.

3.5.3.2.2 Type de requêtes prises en compte : Les requêtes prises en compte dans l'élaboration de notre modèle de coût sont des requêtes de jointure en étoile ayant la structure suivante :

```
SELECT [SGA], FC1(AA), FC2(AA),..., FCn(AA)
FROM F, D1, D2,... Dk
WHERE PJOIN AND PSEL
[GROUP BY GA]
```

où

- SGA : l'ensemble des attributs retournés dans la réponse à la requête (il peut être vide pour les requêtes retournant un calcul). Ces attributs peuvent être des attributs de dimension et/ou de faits.
- $FC1, FC2, \cdots, FCn$: les fonctions de calculs (MIN, MAX, COUNT, SUM, AVG).
- AA : l'ensemble des attributs d'agrégation, ces attributs sont généralement des mesures définies dans la table des faits.
- k : le nombre de tables de dimension utilisées par la requête
- $PJOIN$: un ensemble de prédicats de jointure entre la table des faits et les tables de dimension donnés sous forme de conjonction. Un prédicat de jointure (équi-jointure) a la forme suivante : $F.fk_i = D_i.k_i$. où fk_i, k_i représentent respectivement la clé étrangère et la clé primaire de la table de dimension D_i.

Chapitre 3. Sélection Isolée : La FH Primaire et Dérivée

- $PSEL$: un ensemble de prédicats de sélection sous forme de conjonction, chaque conjonction est constituée de plusieurs prédicats définis sur la même table.
- GA : l'ensemble des attributs de groupement. Ces attributs peuvent être des attributs de faits et/ou de dimension.

Exemple 27 *Les requêtes Q1 et Q2 suivantes sont des exemples de requêtes prises en charge par notre modèle de coût.*

```
Q1 :
SELECT Ville, Sum(Vente)
FROM Ventes V, PRODUIT P, Temps T, Client C
WHERE
V.CID=C.CID AND V.TID=T.TID AND V.PID=P.PID AND
P.type='Beauté' AND T.Mois='Juin' AND C.Genre='F'
GROUP BY Ville

Q2 :
SELECT Count(*)
FROM Ventes V, Temps T, Client C
WHERE
V.CID=C.CID AND V.TID=T.TID AND
T.Mois='Juin' AND C.Genre='F'
```

3.5.3.2.3 Ordre et algorithme de jointure : Comme nous venons de voir, les requêtes de jointure en étoile nécessitent plusieurs jointures entre la table des faits et les tables de dimension. La jointure est une opération commutative et associative ce qui implique : (1) l'ordre de jointure n'influe pas sur le résultat final de la requête et (2) plusieurs plans d'exécution sont possibles pour la même requête où chaque plan correspond à un ordre donné.

L'ordre de jointure influe sur la performance du plan d'exécution. Par exemple, si une requête possède deux jointures, et que la première correspond à un produit cartésien et la deuxième permet de sélectionner quelques lignes, il serait intéressant de commencer par la deuxième pour diminuer la taille du résultat intermédiaire et par conséquent réduire le nombre d'E/S nécessaires à son exécution.

D'une manière formelle, si une requête implique m jointures, alors $m!$ ordres différents sont possibles. Par conséquent, l'optimiseur doit évaluer chaque plan d'exécution pour choisir le meilleur.

Dans le contexte de requêtes de jointure en étoile, la table des faits se trouve toujours dans la première jointure pour éviter des produits cartésiens entre les tables de dimension [14]. Nous pouvons formuler donc le problème de sélection d'un ordre de jointure comme suit :

Étant donnée une requête de jointure en étoile Q impliquant m jointures entre la table des faits F et m tables de dimension $D_1, D_2, \cdots, D_m$. Le problème de sélection d'un ordre de jointure consiste à trouver une permutation de l'ensemble $\{1, 2, \cdots, m\}$ tel que le coût d'exécution de la requête suivant l'ordre de jointure généré par cette permutation soit minimal. Notons que chaque élément i de cet ensemble représente l'ordre d'apparition de la table de dimension D_i dans la séquence de jointures.

---

14. Rappelons qu'il n'y a aucun lien entre les tables de dimension

3.5. Problème de sélection d'un schéma de fragmentation horizontale

Pour résoudre ce problème, une recherche exhaustive peut être utilisée. Elle consiste à générer tous les ordres possibles, les évaluer et choisir le meilleur ordre. Pour des valeurs importantes de m, le problème de sélection d'un ordre de jointure devient NP-Complet [79], et par conséquent aucun algorithme ne pourra donner la solution optimale en un temps fini. Plusieurs travaux ont été effectués pour résoudre ce problème en proposant des algorithmes approximatifs. Nous pouvons classer ces travaux en deux catégories, ceux proposant des algorithmes déterministes et ceux proposant des algorithmes stochastiques. Dans la première catégorie, les algorithmes proposés construisent la solution pas à pas en fonction de certains critères. Parmi ces algorithmes, nous citons la technique de sélectivité minimum et l'heuristique de construction descendante.

Dans la deuxième catégorie, une partie de l'espace de recherche est parcourue. Les solutions sont générées en effectuant des mouvements aléatoires sur des solutions déjà parcourues jusqu'à ce qu'une condition d'arrêt soit satisfaite. La nature stochastique des mouvements effectués permet d'avoir des solutions éparpillées sur tout l'espace de recherche. Parmi ces algorithmes, nous pouvons citer l'algorithme de hill climbing, le recuit simulé, les algorithmes génétiques, etc. Pour plus de détail sur tous les travaux effectués sur la sélection de l'ordre de jointure, voir [85]. Dans le contexte de notre travail, nous avons utilisé la méthode de sélectivité minimum pour sélectionner un ordre de jointure, car cette méthode est simple à appliquer et non gourmande en temps de calcul.

La technique de sélectivité minimum repose sur l'hypothèse que les meilleures solutions sont généralement celles qui engendrent des résultats intermédiaires de petite taille. Rappelons que le facteur de sélectivité fs d'une jointure $R \bowtie S$ est donné par : $fs = \frac{|R \bowtie S|}{|R|.|S|}$ où $|T|$ désigne le nombre de n-uplets de la table T.

L'algorithme implémentant cette technique procède comme suit :

1. Initialement l'ensemble des relations à joindre est divisé en deux sous-ensembles, celui des relations déjà incorporées dans le résultat intermédiaire, noté RU (initialement vide) et celui des relations qui vont être jointes avec le résultat intermédiaire, noté RR (contient initialement toutes les relations à joindre).

2. Durant chaque étape de l'algorithme, la relation $R_i \in RR$ avec un facteur de sélectivité fs_i minimum est jointe avec le résultat intermédiaire. R_i sera déplacée de RR vers RU. Le facteur de sélectivité fs_i est calculé par :
$$fs_i = \frac{|R_i \bowtie (\bowtie_{ru \in RU} (ru))|}{|R_i| \, |\bowtie_{ru \in RU} (ru)|}$$

3. L'algorithme s'arrête lorsque l'ensemble RR devient vide (pas de relations à joindre).

Nous avons vu que le modèle de coût possède une composante physique qui s'occupe des algorithmes implémentant les différents opérateurs. Pour exécuter une opération de jointure, plusieurs algorithmes peuvent être utilisés pour l'implémenter, les plus connus sont l'algorithme de jointure par hachage, l'algorithme de tri-fusion et l'algorithme de boucles imbriquées. Pour une description détaillée de tous les algorithmes de jointure, voir [85]. Dans ce travail, nous avons utilisé l'algorithme de jointure par hachage. Cet algorithme est simple et donne de bons résultats lorsque la jointure est effectuée entre deux tables de

Chapitre 3. Sélection Isolée : La FH Primaire et Dérivée

tailles très différentes comme le cas de la table des faits et les tables de dimension. Le principe de cet algorithme est le suivant :
La première table est décomposée en n blocs en utilisant une fonction de hachage sur l'attribut de jointure. Les n-uplets appartenant au même bloc ont la même valeur de cette fonction. La deuxième table est hachée avec la même fonction sur l'attribut de jointure en n blocs. Les blocs similaires sont groupés par paires et une jointure est effectuée entre les deux blocs de chaque paire. Il est supposé que, pour chaque paire, un bloc tienne en mémoire. Si cette supposition n'est pas vraie, chaque bloc sera décomposé en sous-blocs qui tiennent en mémoire, une opération de jointure entre sous-blocs est ensuite effectuée.

3.5.3.2.4 Paramètres de notre modèle de coût : Au contraire des approches basées sur les affinités où la fréquence d'accès est le seul paramètre de fragmentation, notre approche, à travers le modèle de coût, prend en considération d'autres paramètres. Notre modèle de coût utilise trois types de données comme paramètres : (1) données de l'entrepôt, (2) données du système physique et (3) données de la charge de requêtes.

Les données de l'entrepôt englobent un nombre de paramètres comme le nombre de n-uplets de chaque table, la taille de chaque n-uplet, le nombre de pages stockant une table, etc. Certains paramètres physiques sont aussi nécessaires pour l'élaboration de notre modèle de coût comme la taille du buffer et la taille de la page système. La taille du buffer est très importante pour sauvegarder les résultats intermédiaires en mémoire et réduire ainsi le nombre d'E/S nécessaires. La taille de la page système sert à calculer le nombre de pages nécessaires pour stocker une table ou un résultat intermédiaire. Les données de la charge de requêtes concernent les fréquences d'accès, les facteurs de sélectivité des prédicats de sélection, les facteurs de sélectivité des jointures, etc. Le tableau 3.3 montre les principaux paramètres utilisés dans nos formules de coût.

Paramètre	Signification
F	la table des faits
D_i	i^{eme} table de dimension
$|R|$	nombre de pages nécessaires pour stocker la table R
$\|R\|$	nombre de n-uplets de la table R
B	taille du buffer en nombre de pages
$\|R \bowtie S\|$	nombre de n-uplets du résultat de la jointure entre R et S
$fs(R \bowtie S)$	facteur de sélectivité de la jointure entre R et S
PS	taille de la page système
TS_R	taille d'un n-uplet de la table R

TABLE 3.3 – Paramètres utilisés dans les formules de coût

3.5.3.3 Taille des résultats intermédiaires

Nous avons vu que la méthode de sélectivité minimum se base sur la taille des résultats intermédiaires pour déterminer un ordre de jointure. A une étape de l'algorithme implémentant la méthode, un résultat intermédiaire RES_i est obtenu en effectuant une jointure entre une table de l'ensemble RR et le résultat déjà calculé des jointures entre les tables de l'ensemble RU (voir section 3.5.3.2.3). $RES_i = D_i \bowtie (\bowtie_{ru \in RU} (ru))$

Le nombre de n-uplets de RES_i dépend du facteur de sélectivité fs_i de la jointure $D_i \bowtie (\bowtie_{ru \in RU} (ru))$. Ce dernier est calculé par : $\|RES_i\| = fs_i \times \|D_i\| \times \|(\bowtie_{ru \in RU} (ru))\|$

Notons que la taille des résultats intermédiaires est calculée de manière itérative. RES_1 sert à calculer la cardinalité de RES_2, et RES_2 pour calculer la cardinalité de RES_3, etc.

Afin de calculer le nombre de pages nécessaires pour stocker un résultat intermédiaire (ou une table), nous avons supposé que les n-uplets sont sauvegardés de manières successives. La formule de calcul du nombre de pages d'un résultat intermédiaire est donnée par : $|RES_i| = \left\lceil \dfrac{\|RES_i\| \times TS_{RES_i}}{PS} \right\rceil$ où TS_{RES_i} et PS représentent respectivement la taille d'un n-uplet du résultat intermédiaire et la taille de la page système.

3.5.3.4 Coût d'une requête sur un schéma non fragmenté

Soit un schéma en étoile composé d'une table de fait F et d tables de dimension, $D_1, D_2, \cdots, D_d$. Soit une requête Q définie sur cet entrepôt. Supposons que Q possède k jointures entre la table des faits et k tables de dimension ($k \leq d$).

L'exécution de Q passe par trois étapes : calcul de la première jointure entre la table des faits et une table de dimension, calcul des jointures entre les résultats intermédiaires et les autres tables de dimension et calcul des groupements et des agrégations.

– Dans la première étape la jointure ayant la sélectivité minimum est identifiée, soit D_{min} la table de dimension impliquée dans cette jointure. Une jointure par hachage est effectuée ensuite entre F et D_{min} et donne le résultat intermédiaire RES_1.

– La deuxième étape s'exécute de manière itérative. Durant chaque itération, la jointure ayant la plus petite sélectivité est identifiée. La table de dimension impliquée dans cette jointure sera jointe avec le résultat intermédiaire précédent pour générer un résultat qui sera lui-même utilisé dans la prochaine jointure. Pour effectuer une jointure par hachage entre un résultat intermédiaire et une table de dimension, nous utilisons la capacité mémoire du tampon pour garder ces résultats en mémoire. Le fait de garder des données dans le tampon réduit le volume de données sauvegardées sur le disque et chargées vers la mémoire et par conséquent réduit le nombre d'E/S. Après chaque jointure, le résultat intermédiaire est gardé en mémoire si la capacité du tampon le permet, sinon une partie est gardée en mémoire et le reste écrit sur disque. A la prochaine jointure, si une partie du résultat intermédiaire précédent est sur disque, elle sera chargée en mémoire pour être jointe.

– Dans la troisième étape, le résultat de toutes les jointures est utilisé pour effectuer les opérations de groupement et d'agrégations contenues dans la requête.

Chapitre 3. Sélection Isolée : La FH Primaire et Dérivée

Nous pouvons donc décomposer le coût d'exécution d'une requête en trois parties, coût de la première jointure C_{PJ}, coût de calcul des résultats intermédiaires C_{RI} et coût des groupements et agrégations C_{GA}. Nous détaillons dans ce qui suit la formule de calcul de chaque coût.

– *Coût de la première jointure* : ce coût corespond au coût de jointure par hachage entre la table des faits et la première table de dimension D_{min}. Ce coût est donné par [10] : $C_{PJ} = 3 \times (|F| + |D_{min}|)$

– *Coût de calcul des résultats intermédiaires* : ce coût correspond au coût d'une jointure par hachage d'un résultat intermédiaire courant et une table de dimension pour former un autre résultat intermédiaire. Ce coût est composé du coût de hachage de la table de dimension ainsi que le coût de sauvegarde et de chargement du résultat intermédiaire précédant. Nous définissons une fonction $Tdisp$ qui détermine si le tampon est suffisant pour sauvegarder le résultat intermédiaire ou non. Elle possède la signature suivante : $TDisp(B, RES)$: *entier* où B désigne la taille du tampon et RES est un résultat intermédiaire. Cette fonction est définie comme suit :
$$Tdisp(B, RES) = \begin{cases} 1 \text{ si } |RES| \leq B \\ 0 \text{ sinon.} \end{cases}$$
Le coût de calcul des résultats intermédiaires peut être donc donné par la formule suivante : $C_{RI} = \sum_{j=2}^{k} \left[2 \times TDisp(B, RES_i) \times (|RES_{j-1} - B + 1|) + 3 \times |D_{min_j}| \right]$ où D_{min_j} désigne la table de dimension impliquée par la jointure de sélectivité minimum.

– Coût des groupements et des agrégations : Le coût des agrégations et des groupements dépend de la taille du dernier résultat intermédiaire RES_k. Si ce résultat tient en mémoire, nous supposons que ces deux opérations se font en mémoire (aucun coût n'est ajouté). Dans le cas contraire, nous ajoutons le coût de sauvegarde et de chargement des données qui ne peuvent pas être gardées en mémoire. La formule de coût est alors comme suit : $C_{GA} = n \times Tdisp(RES_k) \times (|RES_k| - B + 1)$, où n est un entier qui dépend du type de la requête, il est défini comme suit :
  – $n = 2$ si la requête contient seulement des aggrégations
  – $n = 4$ si la requête contient des groupements et des agrégations.

3.5.3.5 Coût d'une requête sur un schéma fragmenté

Nous avons vu que la conséquence de l'application de notre approche de fragmentation est que le schéma en étoile en entrée est partitionné en un ensemble de sous-schémas en étoile. Ces derniers gardent le même schéma logique et ne diffèrent que par le nombre d'instances des tables formant chaque sous-schéma. Par conséquent, le modèle de coût que nous venons de présenter peut être appliqué sur chaque sous-schéma en étoile généré par le processus de fragmentation.

Pour illustrer l'application du modèle de coût présenté dans la section 3.5.3.4 sur un schéma fragmenté, nous présentons l'exemple suivant montrant un entrepôt fragmenté.

3.5. Problème de sélection d'un schéma de fragmentation horizontale

Produit₁

RID^C	CID	Nom	Age	Genre	Ville
6	616	Gilles	15	M	Poitiers
2	212	Eric	40	F	Poitiers
1	111	Pascal	20	M	Poitiers

Produit₂

RID^C	CID	Nom	Age	Genre	Ville
5	515	Yves	25	F	Paris
4	414	Patrick	33	M	Nantes
3	313	Didier	50	M	Nantes

Client₁

RID^D	PID	Nom	Catégorie
6	106	Sonoflore	Beauté
5	105	Clarins	Beauté
1	101	SlimForm	Fitness

Client₂

RID^P	PID	Nom	Catégorie
4	104	WebCam	Multimédia
3	103	Barbie	Jouet
2	102	Manure	Jardinage

Temps₁

RID^T	TID	Mois	Année	Saison
6	11	Janvier	2003	Hiver
5	22	Février	2003	Hiver
4	33	Mars	2003	Printemps

Temps₂

RID^T	TID	Mois	Année	Saison
3	44	Avril	2003	Printemps
2	55	Mai	2003	printemps
1	66	Juin	2003	Eté

FIGURE 3.9 – Tables de dimension fragmentées

Exemple 28 *Supposons trois attributs de sélection Ville, Catégorie et Mois.*
Le domaine de l'attribut Ville est subdivisé en trois sous-domaines comme suit :
$Dom(Ville) = \{'Poitiers','Paris','Nantes'\}$
Le domaine de l'attribut Catégorie est subdivisé en cinq sous-domaines comme suit :
$Dom(Catégorie) = \{'Beauté','Jouets','Jardinage','Fitness'\}$
Le domaine de l'attribut Mois est subdivisé en six sous-domaines comme suit :
$Dom(Mois) = \{'Janvier','Février','Mars','Avril','Mai','Juin'\}$

Supposons que les trois tables de dimension sont fragmentées comme suit :
La table Client est fragmentée selon l'attribut Ville en deux fragments :
- $Client_1 : \sigma_{Ville='Poitiers'}(Client)$
- $Client_2 : \sigma_{(Ville='Paris' \vee Ville='Nantes')}(Client)$.

La table Produit est fragmentée sur l'attribut Catégorie (représenté par Cat) en deux fragments :
- $Produit_1 : \sigma_{(Cat='Beauté' \vee Cat='Fitness')}(Produit)$
- $Produit_2 : \sigma_{(Cat='Multimédia' \vee Cat='Jouet' \vee Cat='Jardinage')}(Produit)$.

La table Temps est fragmentée sur l'attribut Mois en deux fragments :
- $Temps_1 : \sigma_{(Mois='Janvier' \vee Mois='Février' \vee Mois='Mars')}(Temps)$
- $Temps_2 : \sigma_{(Mois='Avril' \vee Mois='Mai' \vee Mois='Juin')}(Temps)$.

La figure 3.9 représente les instances des tables de dimension fragmentées. A partir des schémas de fragmentation des tables Client, Produit et Temps, la table des faits est fragmentée en huit fragments définis comme suit[15] *:*
$Vente_1 : (Ville =' Po') \wedge (Cat =' Be' \vee Cat =' Fi') \wedge (Mois =' Ja' \vee Mois =' Fév' \vee Mois =' Ma')$

---

[15]. Po=Poitiers, Pa=Paris, Na=Nantes, Be=Beauté, Jo=Jouet, Ja=Jardinage, Mu=Multimédia, Fi=Fitness, Jn=Janvier, Fe=Février, Ma=Mars, Av=Avril et Ju=Juin.

Chapitre 3. Sélection Isolée : La FH Primaire et Dérivée

	Ventes$_1$			
RID^S	CID	PID	TID	Montant
1	616	106	11	25
8	111	101	33	27
9	212	101	11	100
21	212	105	11	10
24	212	106	11	18

	Ventes$_2$			
RID^S	CID	PID	TID	Montant
2	616	106	66	28
6	212	106	55	14
7	111	101	44	20
16	111	105	66	44
22	212	105	44	10
23	212	105	55	18

	Ventes$_3$			
RID^S	CID	PID	TID	Montant
3	616	104	33	50
19	616	104	22	20

	Ventes$_4$			
RID^S	CID	PID	TID	Montant
15	212	103	44	45
17	212	104	66	40
20	616	104	55	20

	Ventes$_5$			
RID^S	CID	PID	TID	Montant
26	313	105	22	17
27	313	106	11	15

	Ventes$_6$			
RID^S	CID	PID	TID	Montant
5	414	105	66	14
25	313	105	66	19

	Ventes$_7$			
RID^S	CID	PID	TID	Montant
4	515	104	11	10
10	313	102	11	200
11	414	102	11	102
18	515	104	22	20

	Ventes$_8$			
RID^S	CID	PID	TID	Montant
12	414	102	55	103
13	515	102	66	100
14	515	103	55	17

FIGURE 3.10 – Fragments de faits

$Vente_2 : (Ville =' Po') \wedge (Cat =' Be' \vee Cat =' Fi') \wedge (Mois =' Av' \vee Mois =' Mai' \vee Mois =' Ju')$

$Vente_3 : (Ville =' Po') \wedge (Cat =' Mu' \vee Cat =' Jo' \vee Cat =' Ja') \wedge (Mois =' Ja' \vee Mois =' Fév' \vee Mois =' Ma')$

$Vente_4 : (Ville =' Po') \wedge (Cat =' Mu' \vee Cat =' Jo' \vee Cat =' Ja') \wedge (Mois =' Av' \vee Mois =' Mai' \vee Mois =' Ju')$

$Vente_5 : (Ville =' Pa' \vee Ville =' Na') \wedge (Cat =' Be' \vee Cat =' Fi') \wedge (Mois =' Ja' \vee Mois =' Fév' \vee Mois =' Ma')$

$Vente_6 : (Ville =' Pa' \vee Ville =' Na') \wedge (Cat =' Be' \vee Cat =' Fi') \wedge (Mois =' Av' \vee Mois =' Mai' \vee Mois =' Ju')$

$Vente_7 : (Ville =' Pa' \vee Ville =' Na') \wedge (Cat =' Mu' \vee Cat =' Jo' \vee Cat =' Ja') \wedge (Mois =' Ja' \vee Mois =' Fév' \vee Mois =' Ma')$

$Vente_8 : (Ville =' Pa' \vee Ville =' Na') \wedge (Cat =' Mu' \vee Cat =' Jo' \vee Cat =' Ja') \wedge (Mois =' Av' \vee Mois =' Mai' \vee Mois =' Ju')$

Les fragments de faits obtenus selon ce schéma de fragmentation sont représentés dans la figure 3.10.

L'exécution d'une requête sur un schéma fragmenté passe par trois principales étapes : (1) l'identification des sous-schémas valides, (2) l'exécution de la requête sur les schémas valides et (3) l'union des résultats.

3.5.3.5.1 Identification des sous-schémas valides : Un des intérêts de la FH est le fait qu'elle permet d'éliminer les partitions non pertinentes pour une requête donnée dans le but d'accéder seulement aux partitions valides. Par conséquent, pour exécuter une requête Q sur un schéma fragmenté, nous commençons par identifier l'ensemble des sous-schémas en étoile valides pour Q (noté $ESCEV(Q)$).

Définition 8 *Un sous-schéma en étoile sc_i est valide pour une requête Q, si et seulement*

3.5. Problème de sélection d'un schéma de fragmentation horizontale

si, Q accède à au moins un n-uplet du fragment de faits F_i composant sc_i.

Exemple 29 *Supposons la requête Q_1 suivante qui calcule la somme des ventes effectuées pour des clients poitevins durant le mois de janvier :*

```
Q1 :
SELECT Sum(ventes)
FROM Ventes V, Client C, Temps T
WHERE V.CID=C.CID AND V.TID=T.TID
AND C.Ville='Poitiers' AND T.Mois='Janvier'
```

Les fragments $Ventes_1$ et $Ventes_3$ sont valides pour Q_1 car ces deux fragments regroupent toutes les ventes effectuées par les clients poitevins durant le premier trimestre. Par contre, le fragment $Ventes_2$ n'est pas valide pour Q_1 puisqu'il ne contient que les ventes effectuées le deuxième trimestre.

Pour déterminer l'ensemble des sous-schémas valides pour une requête Q_j, nous avons défini une fonction $Valide(Q_j, sc_i)$ comme suit :

$$Valide(Q, sc_i) = \begin{cases} 1 \text{ si } sc_i \text{ est valide pour Q} \\ 0 \text{ sinon.} \end{cases}$$

La détermination des sous-schémas valides pour une requête se fait en deux étapes : (1) identification des fragments de dimensions valides pour la requête et (2) utilisation de ces fragments pour déterminer les fragments de faits valides. L'identification des fragments de dimension valides se base sur la comparaison des prédicats définis dans la requête et ceux formant la clause définissant chaque fragment de dimension.

Exemple 30 *Dans la requête Q1, deux prédicats de sélection sont utilisés, $P1 : Ville =' Poitiers'$ et $P2 : Mois =' Janvier'$. En comparant P1 avec les clauses définissant les deux fragments de la table Client, nous trouvons que $Client_1$ est valide pour Q1. En comparant P2 avec les clauses définissant les deux fragments de la table Temps, nous trouvons que $Temps_1$ est valide pour Q1. Aucun prédicat n'est défini sur les attributs de la table Produit, donc les deux fragments de la table Produit sont valides pour la requête Q ($Produit_1$ et $Produit_2$).*

La détermination des fragments de faits valides pour une requête se fait en recherchant tous les fragments de faits construits à partir des fragments de dimension valides construits dans l'étape précédente.

Exemple 31 *En se basant sur les fragments de dimension valides pour la requête Q1, nous pouvons déterminer deux fragments de faits valides pour Q1 :*
- *le premier fragment est construit par $Client_1$, $Temps_1$ et $Produit_1$, ce qui correspond au fragment $Ventes_1$.*
- *le deuxième fragment est construit par $Client_1$, $Temps_1$ et $Produit_2$, ce qui correspond au fragment $Ventes_3$.*

Par conséquent, deux sous-schémas en étoile sont valides pour Q1, sc_1 composé des fragments $Client_1$, $Temps_1$, $Produit_1$ et $Ventes_1$ et sc_2 composé des fragments $Client_1$, $Temps_1$, $Produit_2$ et $Ventes_3$.

Chapitre 3. Sélection Isolée : La FH Primaire et Dérivée

Notons que si une requête Q n'utilise que des prédicats de sélection définis sur des attributs ne participant pas dans la fragmentation de l'entrepôt, alors tous les sous-schémas en étoiles générés sont valides pour Q.

3.5.3.5.2 Exécution de la requête sur les sous-schémas valides : Une fois les sous-schémas valides sont identifiés, la requête sera exécutée sur chacun d'eux. L'exécution d'une requête sur un schéma fragmenté peut être effectuée de la même façon que sur un schéma non fragmenté. La seule différence réside dans les jointures à considérer entre le fragments de faits et les fragments de dimension. Si une requête implique k jointures sur un schéma non fragmenté, seulement l jointures parmi k ($l \leq k$) seront considérées, car certaines jointures auraient été pré-calculées lors de la fragmentation de la table des faits. Pour illustrer ce problème, nous présentons l'exemple suivant :

Exemple 32 : *Soit la requête Q2 suivante :*

```
Q2 :
SELECT Sum(ventes)
FROM Ventes V, Client C, Produit P, Temps T
WHERE V.CID=C.CID AND V.TID=T.TID AND V.PID=P.PID
AND C.Ville='Poitiers' AND T.Mois='Janvier' AND P.Catégorie='Fitness'
```

Le fragment $Ventes_1$ est le seul fragment de faits valide pour la requête $Q2$. Rappelons que ce fragment correspond aux ventes effectuées pour des clients habitant Poitiers, pour des produits de beauté ou de fitness durant le premier trimestre. Q2 contient trois jointures entre Ventes et les tables de dimension Client, Produit et Temps. Regardons maintenant chaque jointure séparément.

  - *La jointure impliquant la table Client est effectuée pour récupérer les ventes correspondant aux Clients habitant Poitiers, or le fragment $Ventes_1$ ne contient que des n-uplets correspondant aux clients habitant Poitiers, par conséquent cette jointure n'est pas nécessaire pour exécuter Q2 sur $Ventes_1$.*
  - *La jointure impliquant la table Temps est effectuée pour récupérer les n-uplets correspondant au mois de janvier, or $Ventes_1$ contient les ventes relatives au premier trimestre, donc pour les mois de janvier, février et mars. Pour exécuter Q2, il est nécessaire de faire une jointure entre $Ventes_1$ et $Temps_1$ pour récupérer les n-uplets correspondant au mois de janvier seulement.*
  - *La jointure impliquant la table Produit est effectuée pour récupérer les n-uplets correspondant aux produits de Fitness, or $Ventes_1$ contient les ventes relatives produit de Fitness et de beauté. Pour exécuter Q2, il est nécessaire de faire une jointure entre $Ventes_1$ et $Produit_1$ pour récupérer les n-uplets correspondant aux produits de catégorie Fitness seulement.*

D'après cet exemple, l'exécution d'une requête sur un schéma fragmenté nécessite d'identifier les jointures nécessaires à son exécution parmi les jointures contenues dans la requête. L'identification des jointures à effectuer repose sur le type de correspondance (ou matching) entre la requête et chaque fragment de faits F_i formant le sous-schéma sc_i.

3.5. Problème de sélection d'un schéma de fragmentation horizontale

3.5.3.5.2.1 Correspondance entre une requête et un fragment de faits :
Soit Q une requête et F_i un fragment de faits composant le sous-schéma sc_i. Soit q la conjonction de prédicats de sélection définissant Q et p la conjonction de prédicats définissant F_i. Trois types de correspondance peuvent être définis entre Q et F_i [29] : *pas de correspondance, correspondance totale* et *correspondance partielle*.

Définition 9 *Une requête Q et un fragment de faits F_i ne possédant aucune correspondance, si et seulement si, aucun n-uplet de F_i ne participe dans la réponse à Q. Formellement, il n'y a pas de correspondance entre Q et F_i, si et seulement si $p \wedge q$ est non satisfaisable.*

Notons que si Q et F_i ne possèdent aucune correspondance alors F_i n'est pas valide pour Q.

Définition 10 *Une requête Q est en correspondance partielle avec un fragment de faits F_i, si et seulement si le sous-schéma sc_i contenant F_i est valide pour Q et s'il existe au moins un n-uplet dans F_i ne participant pas dans la réponse à Q. Ce cas est constaté lorsque p n'implique pas q et p ne contredit pas q.*

Définition 11 *Une requête Q est en correspondance totale avec un fragment de faits F_i, si et seulement si tous les n-uplets dans F_i participent dans la réponse à Q. Formellement, Q est en correspondance totale avec F_i, si et seulement si $p \rightarrow q$.*

Exemple 33 : *La requête Q_1 définie dans l'exemple 29 n'a aucune correspondance avec le fragment $Ventes_2$ par exemple, car ce dernier concerne les ventes effectuées durant les mois avril, mai et juin or Q_1 cherche les ventes effectuées le mois de janvier. Par contre, Q_1 est en correspondance partielle avec le fragment $Ventes_1$ car ce dernier contient toutes les ventes effectuées par les clients poitevins durant les mois de janvier, février et mars. Cette correspondance est partielle car le fragment contient, en plus des ventes effectuées le mois de janvier, également les ventes effectuées les mois de février et mars. Nous constatons que Q_1 n'est en correspondance totale avec aucun fragment, car tous les fragments valides pour Q_1 concernent le premier trimestre et non pas le mois de janvier seul. Pour montrer un exemple de la correspondance totale, nous supposons la requête Q_3 suivante qui calcule la somme des ventes effectuées par les clients poitevins :*

```
Q3 :
SELECT Sum(ventes)
FROM Ventes V, Client C
WHERE V.CID=C.CID
AND C.Ville='Poitiers'
```

Q_2 est en correspondance totale avec $Ventes_1, Ventes_2, Ventes_3$ et $Ventes_4$ car tous ces fragments ne contiennent que des ventes concernant des clients poitevins.

Chapitre 3. Sélection Isolée : La FH Primaire et Dérivée

3.5.3.5.2.2 Identification des jointures à effectuer : Comme nous venons de voir, certaines jointures ne sont pas nécessaires pour exécuter une requête sur un schéma fragmenté.

Dans les requêtes que nous considérons, les tables de dimension à joindre sont celles ayant un attribut référencé dans la clause SELECT ou dans la clause WHERE. Sur un sous-schéma en étoile valide sc_i, les tables de dimension ayant un attribut référencé dans la clause SELECT sont jointes automatiquement avec le fragment de faits. Par contre, la jointure des tables de dimension possédant un attribut de sélection (dans la clause WHERE) n'est pas automatique mais dépend du type de correspondance entre Q et sc_i.

1. *Pas de correspondance :* dans ce cas, le fragment n'est pas valide, par conséquent Q ne sera pas exécutée sur le sous-schéma sc_i.

2. *Correspondance totale :* dans ce cas, aucune table de dimension référencée dans la clause WHERE n'est à joindre, toutes les sélections et les jointures présentes dans Q ont été déjà pré-calculées par le processus de fragmentation. Nous identifions deux cas possibles :(1) la clause SELECT ne contient aucun attribut de dimension. Dans ce cas, aucune table de dimension n'est jointe et l'optimiseur charge le fragment de faits seulement pour répondre à Q. Le coût sera alors celui de chargement du fragment de fait F_i ; (2) la clause SELECT contient des attributs de dimension, dans ce cas ces tables de dimension sont jointes avec le fragment de faits.

3. *Correspondance partielle :* dans ce cas, le fragment F_i contient certains n-uplets qui ne correspondent pas à Q. L'optimiseur doit éliminer ces n-uplets en effectuant des jointures avec les fragments de dimension liés à F_i. En plus de ces jointures, l'optimiseur effectue aussi les jointures avec les tables ayant un attribut référencé dans la clause SELECT.

Une fois toutes les jointures nécessaires identifiées, nous appliquons le même modèle de coût défini pour l'entrepôt non fragmenté, la seule différence réside dans les instances constituant le sous-schéma en étoile. Le fragment de faits remplace la table des faits et les fragments de dimension remplacent leurs tables de dimension.

3.5.3.5.3 Effectuer l'union des résultats : Dans cette étape, une union des résultats obtenus sur chaque sous-schéma valide est effectuée pour construire le schéma final.

Le temps global d'exécution d'une requête Q_j sur les N sous-schémas générés par un schéma de fragmentation SF est calculé en effectuant la somme des coûts d'exécution sur chaque sous-schéma. Nous avons défini une fonction $Cost\_Query(Q_j, SE)$ qui permet de calculer le coût d'exécution (en nombre d'E/S) de la requête Q_j sur un schéma en étoile quelconque. Nous utilisons la même fonction pour calculer le coût d'exécution de Q_j sur un sous-schéma en étoile, en lui fournissant les cardinalités des différents fragments ainsi que les jointures à effectuer parmi les jointures de cette requête.

Nous avons défini une fonction $Cost(Q, SF)$ qui permet de calculer le coût d'exécution de l'ensemble des requêtes les plus fréquentes sur l'entrepôt fragmenté selon un schéma SF. Elle est donnée par :

$$Cost(Q, SF) = \sum_{Q_j \in Q} Freq_{Q_j} \times \sum_{i=1}^{N} [Valide(Q_j, sc_i) \times Cost\_Query(Q_j, sc_i)]$$

où $Cost\_Query(Q_j, sc_i)$ représente le coût d'exécution de la requête Q_j sur le sous-schéma en étoile sc_i.

3.6 Conclusion

La fragmentation horizontale a connu une évolution importante ces dernières années. Elle est supportée par la plupart des SGBD commerciaux (Oracle, DB2, SQL Server, PostgreSQL, Sybase et MySQL). Pour effectuer une bonne fragmentation, l'administrateur doit effectuer plusieurs choix : les tables à fragmenter, les attributs à utiliser pour fragmenter ces tables ainsi que le partitionnement des domaines des attributs utilisés. Il doit aussi maîtriser le nombre de fragments générés après le processus de fragmentation.

Dans ce chapitre, nous avons défini une démarche de fragmentation permettant de fragmenter l'entrepôt de données. Elle repose sur la fragmentation des tables de dimension par la fragmentation primaire et la fragmentation de la table des faits par la fragmentation dérivée en se basant sur le schéma de fragmentation des tables de dimension. Nous avons formalisé le problème de sélection d'un schéma de fragmentation horizontale et nous avons prouvé qu'il est NP-Complet. Nous avons présenté par la suite le modèle de coût que nous avons utilisé pour estimer le coût d'exécution de chaque requête sur l'entrepôt fragmenté et non fragmenté. Ce coût permet de guider nos algorithmes de sélection d'un schéma de fragmentation en leur permettant de comparer la qualité des différents schémas de fragmentation. Nous présentons ces algorithmes dans le chapitre suivant ainsi qu'un ensemble d'expérimentation pour valider notre approche.

Chapitre 4

La fragmentation horizontale : Algorithmes de sélection et Validation

4.1 Introduction

Nous avons montré dans le chapitre précédant que le problème de sélection d'un schéma de fragmentation horizontale est NP-Complet. Par conséquent, l'utilisation des algorithmes de recherche exhaustive est impossible. Il est nécessaire de définir des algorithmes approchés qui permettent de mieux parcourir l'espace de recherche et de retourner une solution satisfaisante.

Pour sélectionner un schéma de FH, nous avons proposé trois algorithmes heuristiques qui permettent de trouver une solution approchée, il s'agit d'un algorithme de Hill Climbing (HC), un algorithme de Recuit Simulé (RS) et d'un Algorithme génétique (AG). Nous détaillons ces trois algorithmes dans la première partie du présent chapitre. Afin de de valider notre approche de fragmentation et comparer nos algorithmes, nous effectuons dans la deuxième partie de ce chapitre une étude expérimentale sur le banc d'essais APB-1 et le SGBD Oracle.

Ce chapitre est organisé comme suit :
- La section 2 présente trois algorithmes heuristiques que nous avons proposé pour sélectionner un schéma de FH (Hill Climbing, Recuit Simulé et Algorithme Génétique).
- La section 3 présente un ensemble d'expériences effectuées en utilisant notre modèle de coût théorique.
- La section 4 présente l'implémentation de notre démarche sur le SGBD Oracle 10g . Nous présentons l'architecture de notre implémentation ainsi que les différentes techniques utilisées pour implémenter la fragmentation horizontale primaire et dérivée ainsi que le processus de réécriture des requêtes sur le schéma fragmenté.
- La section 5 présente une conclusion du chapitre.

4.2 Méta-heuristiques pour la sélection d'un schéma de fragmentation horizontale

Nous avons formalisé le problème de sélection d'un schéma de FH comme un problème d'optimisation combinatoire. Rappelons qu'un problème d'optimisation combinatoire est défini par un ensemble d'instances. A chaque instance du problème est associé un ensemble discret de solutions S, un sous-ensemble X de S représentant les solutions admissibles (réalisables) et une fonction de coût f (ou fonction objectif) qui assigne à chaque solution $s \in X$ le nombre réel (ou entier) $f(s)$. Résoudre un tel problème (plus précisément une telle instance du problème) consiste à trouver une solution $s^* \in X$ optimisant la valeur de la fonction de coût f. Une telle solution s^* s'appelle une solution optimale ou un optimum global. Notons que dans notre cas, les ensembles S et X correspondent respectivement à l'ensemble de tous les schémas de fragmentation possibles de l'entrepôt et l'ensemble des schémas vérifiant la contrainte de maintenance. La fonction objectif correspond à la fonction de coût calculant le coût d'exécution de l'ensemble des requêtes sur le schéma fragmenté.

La plupart des problèmes d'optimisation combinatoire sont faciles à définir et à formuler mais très difficiles à résoudre. En effet, la plupart de ces problèmes appartiennent à la classe des problèmes NP-Complets et ne possèdent donc pas à ce jour de solution algorithmique efficace valable pour toutes les données [62]. Étant donné l'importance de ces problèmes, de nombreuses méthodes de résolution ont été développées. Ces méthodes peuvent être classées en deux grandes catégories : les méthodes exactes qui garantissent la complétude de la résolution et les méthodes approchées qui perdent la complétude pour gagner en efficacité.

Le principe essentiel d'une méthode exacte consiste généralement à énumérer, souvent de manière implicite, l'ensemble des solutions de l'espace de recherche. Les méthodes exactes ont permis de trouver des solutions optimales pour des problèmes de taille raisonnable. Le temps de calcul nécessaire pour trouver une solution risque d'augmenter exponentiellement avec la taille du problème, les méthodes exactes rencontrent généralement des difficultés face aux applications de taille importante.

Les méthodes approchées constituent une alternative très intéressante pour traiter les problèmes d'optimisation de grande taille si l'optimalité n'est pas primordiale. Parmi les méthodes approchées nous pouvons citer une catégorie de méthodes puissantes et générales, appelées *méta-heuristiques* [2, 126].

Une heuristique est une méthode qui cherche une bonne solution en un temps de réponse raisonnable sans garantir l'optimalité. Notons qu'une heuristique est une méthode, conçue pour un problème d'optimisation donné, qui produit une solution non nécessairement optimale lorsqu'on lui fournit une instance de ce problème. Une méta-heuristique est définie de manière similaire, mais à un niveau d'abstraction plus élevé. Ainsi les méta-heuristiques sont adaptables et applicables à une large classe de problèmes.

Nous pouvons classer les méta-heuristiques selon le nombre de solutions traitées simultanément en deux grandes catégories (voir figure 4.1) : (1) méthodes basées sur une

Chapitre 4. La FH : Algorithmes de sélection et Validation

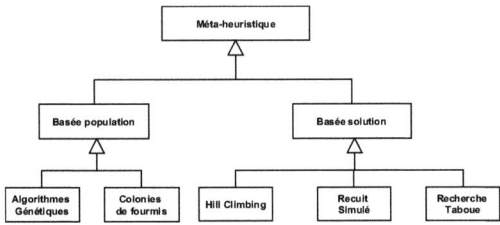

FIGURE 4.1 – Classification des principales méta-heuristiques

population et (2) méthodes basées sur une seule solution. Les méthodes basées sur une population manipulent un ensemble de solutions de l'espace de recherche en même temps et exploitent l'évolution de cet ensemble pour trouver de meilleures solutions. Parmi ces méthodes, nous pouvons citer les algorithmes génétiques [78] et les algorithmes de colonies de fourmis [54, 55]. Les méthodes basées solution exploitent, quant à elles, une seule solution à la fois. Elles sont appelées méthode à trajectoire, car elles décrivent une trajectoire de solutions au sein de l'espace de recherche. Parmi ces méthodes, nous pouvons citer le hill climbing, le recuit simulé [95] et la recherche tabou [64, 76].

Grâce à ces méta-heuristiques, on peut proposer aujourd'hui des solutions approchées pour des problèmes d'optimisation classiques de plus grande taille et pour de très nombreuses applications qu'il était impossible de traiter auparavant [60, 80].

Vu la complexité du problème de sélection d'un schéma de fragmentation que nous avons montré, la recherche d'un schéma de fragmentation optimal en utilisant une recherche exhaustive est quasi impossible. Nous proposons donc un ensemble d'algorithmes heuristiques pour sélectionner un schéma de fragmentation quasi optimal permettant de minimiser le temps d'exécution d'un ensemble de requêtes et respectant la contrainte de maintenance. Nous avons proposé trois algorithmes, à savoir un algorithme génétique (AG) [16, 15], un algorithme de recuit simulé (RS)[17, 28] et un algorithme de Hill Climbing (HC). Nous avons choisi ces algorithmes pour plusieurs considérations.

Nous avons utilisé HC du fait que c'est un algorithme rapide qui permet de donner une solution en utilisant un minimum de ressources (temps d'exécution, complexité des fonctions, etc.). Le HC a été utilisé pour résoudre le problème de FH dans les BDOO [21].

Nous avons utilisé RS du fait qu'il a été utilisé pour résoudre le problème d'optimisation des requêtes de jointure [84, 82]. Il est généralement utilisé pour pallier les problèmes d'optimums locaux inhérents à HC. Plusieurs études [128, 127] ont montré que sous certaines conditions concernant la façon dont la prochaine solution est créée et la manière dont la température est décrémentée jusqu'à ce qu'elle soit proche de zéro, alors l'algorithme du RS converge vers la solution optimum[84].

Les AGs ont été largement utilisés pour la conception physique des bases de données. On peut citer le problème d'optimisation des requêtes de jointure [82], le problème de sélection des vues matérialisées [155] et l'automatisation de la conception physique des bases de données parallèles [124]. Nous avons adopté les AGs pour deux raisons principales : (1) leurs contributions à l'optimisation de l'opération de jointure [82] et (2) leur utilisation par les optimiseurs de SGBD comme PostgreSQL [16].

Pour évaluer la qualité d'un schéma de fragmentation, les trois algorithmes utilisent le modèle de coût mathématique que nous avons défini dans la section 3.5.3. Pour faciliter la manipulation des schémas de fragmentation au sein de nos algorithmes, nous avons utilisé un codage particulier pour représenter chaque schéma de fragmentation. Nous présentons notre mécanisme de codage dans la section suivante.

4.2.1 Mécanisme de codage d'un schéma de fragmentation

Nous présentons dans cette section le mécanisme de codage que nous avons adopté pour représenter un schéma de fragmentation. Nous commençons par présenter le principe de codage, ensuite nous donnons ses avantages et ses inconvénients. Nous évoquons le problème de multi-instanciation caractérisant notre codage et nous proposons l'utilisation des fonctions à croissance restreintes pour le résoudre. Nous finissons par présenter la génération d'un schéma de fragmentation à partir d'un code donné.

4.2.1.1 Principe

Nous avons vu que les domaines des attributs de sélection sont découpés en sous-domaines. Un fragment horizontal est défini par une clause de conjonction de prédicats définis sur les attributs de fragmentation. Un schéma de FH permet de définir un nouveau découpage des domaines de ces attributs où certains sous-domaines sont regroupés dans des partitions(voir section 3.4.1.4). Une partition est composée d'un ou plusieurs sous-domaines. Un domaine composé de n_i sous-domaines peut être décomposé au minimum en une partition et au maximum en n_i partitions. Par conséquent, ce découpage peut être représenté par un tableau avec n_i cellules. Chaque valeur d'une case représente le numéro de la partition englobant le sous-domaine correspondant. De ce fait, le partitionnement de l'ensemble des attributs peut être représenté par un tableau multidimensionnel (que nous appelons $CODE$), où chaque ligne i représente le partitionnement du domaine de l'attribut de fragmentation A_i. Le remplissage du tableau $CODE$ se fait de la manière suivante :

$CODE[i][j] = k$ si le sous-domaine sd_j de l'attribut A_i appartient à la partition P_k de cet attribut où $1 \leq i \leq n, 1 \leq j \leq n_i, 1 \leq k \leq n_i$

Deux sous-domaines sd_j, sd_l appartiennent à la même partition si et seulement si $CODE[i][j] = CODE[i][l]$.

Pour illustrer ce codage, nous considérons le découpage représenté sur la figure 4.2(a). Supposons que nous effectuons le codage représenté sur la figure 4.2(b). Dans ce codage, l'attribut *Saison* par exemple est décomposé en trois partitions P_1, P_2 et P_3 portant respectivement le numéro 1 et 2 et 3. P_1 contient le premier sous-domaine(été), P_2 contient

---

16. http ://www.postgresql.org/docs/8.0/interactive/geqo.html

Chapitre 4. La FH : Algorithmes de sélection et Validation

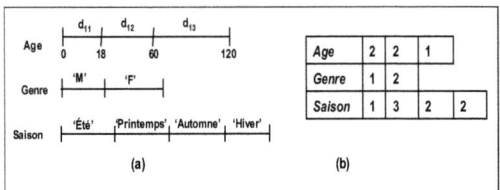

FIGURE 4.2 – Codage d'un schéma de fragmentation

le troisième et le quatrième sous-domaine (automne et hiver) et P_3 contient le deuxième sous-domaine (Printemps). Notons qu'une partition d'un domaine peut être définie par une disjonction de prédicats. Par exemple, la deuxième partition de l'attribut *Saison* est définie par : P_2 :(($Saison = Automne$) $\vee$ ($Saison = hiver$))

Si toutes les cellules d'une ligne contiennent la même valeur, cela signifie que le domaine de l'attribut correspondant n'est pas partitionné et par conséquent cet attribut ne participe pas dans le processus de fragmentation.

Exemple 34 *Pour matérialiser la fragmentation de l'entrepôt selon le codage représenté sur la figure 4.2(b), l'AED utilise l'instruction suivante pour créer les tables CLIENTS et TEMPS fragmentées.*

```
CREATE TABLE CLIENT
(CID NUMBER, Nom Varchar2(20), Genre CHAR, Age Number)
PARTITION BY RANGE (Age)
SUBPARTITION BY LIST (Genre)
SUBPARTITION TEMPLATE (SUBPARTITION Female VALUES ('F'),
SUBPARTITION Male VALUES ('M'))
(PARTITION Cust_0_60 VALUES LESS THAN (61),
PARTITION Cust_60_120 VALUES LESS THAN (MAXVALUE));

CREATE TABLE TEMPS
(TID NUMBER, Saison VARCHAR2(10), Année Number)
PARTITION BY LIST(Saison)
(PARTITION Time_Summer VALUES('Été'),
PARTITION Time_Spring VALUES ('Printemps'),
PARTITION Time_Autumn_Winter VALUES('Automne', 'Hiver'));
```

Puisque les tables CLIENT et TEMPS ont été fragmentées en 3 et 4 fragments respectivement, la table des faits sera fragmentée en 12 partitions.

Rappelons que toute approche de FH doit satisfaire les règles de correction suivantes : la complétude, la disjonction et la reconstruction[116] (voir section 2.3.2.1.5).

Puisque le schéma de fragmentation de l'entrepôt est généré à partir du codage utilisé, il est nécessaire que ce dernier respecte ces trois règles de correction.

– *Complétude* : elle est garantie par le fait que le découpage prend en compte la totalité du domaine (tous les sous-domaines sont représentés) et que toutes les cellules sont

4.2. Méta-heuristiques pour la sélection d'un schéma de fragmentation horizontale

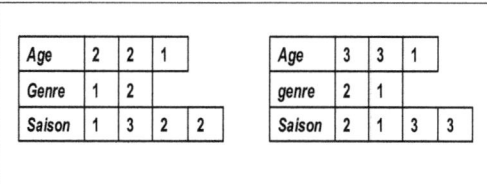

FIGURE 4.3 – Deux codes du même schéma de fragmentation

numérotées donc toutes prises en considération. Les fragments de dimension sont obtenus en considérant toutes les combinaisons possibles de prédicats définissant les partitions de chaque attributs de fragmentation, donc, toutes les valeurs sont prises en considération.

- *Disjonction* : La disjonction est garantie par le fait qu'un sous-domaine appartient à une et une seule partition puisque la case correspondante ne prend qu'un seul numéro à la fois.
- *Reconstruction* : La reconstruction est faite à l'aide de l'opération d'union des fragments horizontaux.

Le codage que nous venons de présenter permet de représenter n'importe quel découpage des domaines obtenu à partir du découpage initial et par conséquent permet de représenter tout schéma de fragmentation basé sur ce découpage. Il présente aussi l'avantage de générer des schémas de fragmentation vérifiant les trois règles de correction. Néanmoins, ce codage souffre d'un problème de multi-instanciation où plusieurs codes différents représentent le même schéma de fragmentation. Nous présentons ce problème dans la section suivante.

4.2.1.2 Problème de multi-instanciation

Le mécanisme de codage que nous avons adopté est basé sur le codage du partitionnement des domaines de valeurs découpés en sous-domaines. Supposons un attribut A_i dont le domaine est découpé en n_i sous-domaines. Nous avons vu que chaque case $CODE[i][j]$ représente le numéro de la partition contenant le sous-domaine sdj de l'attribut A_i. Supposons deux sous-domaines sd_{j_1} et sd_{j_2} de l'attribut A_i appartiennent à la même partition. Par conséquent, les cases correspondantes à ces deux sous-domaines recevront le même numéro, soit k ce numéro, alors : $CODE[i][j_1] = CODE[i][j_2] = k, 1 \leq k \leq n_i$.

k peut prendre n'importe quelle valeur entre 1 et n_i. Chaque valeur donnée à k désigne le même partitionnement, et donc le même schéma de fragmentation. Par conséquent, dans ce cas n_i codes différents désignent le même schéma de fragmentation.

Exemple 35 *La figure 4.3 représente deux codages du même schéma de fragmentation.*

Si nous prenons l'exemple de l'attribut Saison, les deux codes proposent le partitionnement de son domaine en trois partitions comme suit :
  – Une partition contenant le sous-domaine {été}.

Chapitre 4. La FH : Algorithmes de sélection et Validation

– Une partition contenant le sous-domaine {*printemps*}.
– Une partition contenant le deux sous-domaines {*automne*} et {*hiver*}.
Les deux codes diffèrent seulement par les numéros donnés à chaque partition, mais le résultat du partitionnement est le même.

Le problème de multi-instanciation peut détériorer la performance des algorithmes utilisés pour résoudre le problème de sélection d'un schéma de fragmentation pour les raisons suivantes :
– La taille de l'espace de recherche des solutions augmente du fait de la multiplication du nombre de solutions par le nombre de codes représentant la même solution.
– Plusieurs solutions équivalentes sont traitées inutilement, ce qui diminue la capacité d'exploration des algorithmes et augmente leur temps d'exécution nécessaire pour avoir des solutions satisfaisantes.

La résolution de ce problème passe par l'adoption d'un mécanisme permettant de numéroter les partitions d'une manière unique. Cela est possible en utilisant les fonctions à croissance restreinte que nous présentons dans la section suivante.

4.2.1.3 Partitionner un ensemble et les fonctions à croissance restreinte

Une fonction à croissance restreinte (*Restricted Growth Functions*) [56, 144] est définie comme suit :

Soit [n] un ensemble $\{1, \cdots, n\}$, une fonction à croissance restreinte est une fonction $f : [n] \to [n]$ tel que :

$$\begin{aligned} f(1) &= 1 \\ f(i+1) &\leq max\{f(1), \cdots, f(i)\} + 1 \end{aligned}$$

$f(i)$ définit le numéro de la partition à laquelle l'élément i appartient.

Notons qu'il y a une correspondance un à un entre l'ensemble des partitions et l'ensemble des fonctions à croissance restreinte[144]. En particulier, les fonctions à croissance restreinte représentent un partitionnement en $m \leq n$ groupes (partitions), où 1 est l'indice du premier groupe et i l'indice du $f(i)^{eme}$ groupe et $max\{f(1), \cdots, f(n)\} = m$. Les propriétés des fonctions à croissance restreinte ont été étudiées pour définir efficacement les opérations de mutation et de croisement d'un algorithme génétique dans [144].

Pour garantir que tous les schémas de fragmentation sont codés d'une manière unique, nous avons défini une fonction à croissance restreinte que nous appelons *ReNuméroter*. Cette fonction prend en entrée une ligne du tableau multidimensionnel et retourne en sortie un nouveau code de la même ligne respectant la numérotation générée par les fonctions à croissance restreinte. Le corps de la fonction Renuméroter se trouve dans algorithme 2. La fonction procède comme suit :
– Initialiser le numéro maximum attribué aux partitions (N_M) à **1**.
– Renuméroter par 1 la première case et toutes les cases ayant le même numéro dans l'ancien codage.

4.2. Méta-heuristiques pour la sélection d'un schéma de fragmentation horizontale

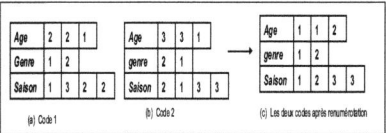

FIGURE 4.4 – Exemple de renumérotation de deux codages équivalents

- Incrémenter N_M et refaire la même renumérotation pour les cases non encore renumérotées.
- Arrêt lorsque toutes les cases ont été renumérotées.

Exemple 36 *La figure 4.4 (c) montre le codage résultat de la renumérotation de deux codes équivalents. Le code représenté dans cette figure sera le seul code représentant le schéma de fragmentation généré par les deux codages équivalents.*

Fonction Renuméroter(**A[n]**) : **A'[n]**
    Variables :
    Renum[n] : Booléen, retourne vrai si la case a été déjà renumérotée (initialisé à faux).
    N_M : numéro de partition maximum utilisé.
    Début
    $N_M=1$;
    Pour j de 1 à n **faire**
        Si (Renum[j]= **faux**) **Alors**
            A'[j]=N_M;
            Renum[j]= **vrai**;
            p=A[j];
            Pour k de j+1 à n **faire**
                Si (A[k]=p **ET** Renum[k]= **faux**) **Alors**
                      A'[k]=N_M;
                      Renum[k]= **vrai**;
                Fin Si
            Fin Pour
            $N_M=N_M+1$;
        Fin Si
    Fin Pour
    Retourner A';
    Fin.
Fin

Algorithme 2: Fonction Renuméroter

Tout algorithme exploitant notre mécanisme de codage, doit nécessairement pouvoir le décoder, c'est-à-dire générer le schéma de fragmentation correspondant à un code donné. Nous présentons dans la section suivante, comment la génération de ce schéma est effectuée.

Chapitre 4. La FH : Algorithmes de sélection et Validation

Age	1	2	1	
Genre	1	2		
Saison	1	2	3	3

FIGURE 4.5 – Exemple de codage

4.2.1.4 Génération d'un schéma de FH à partir d'un codage

La génération d'un schéma de fragmentation à partir d'un codage se fait en deux étapes : (1) génération des schémas de fragmentation des tables de dimension, et (2) génération du schéma de fragmentation de la table des faits. Pour illustrer le processus de génération des fragments de dimension et de faits à partir d'un codage, nous considérons le codage représenté dans la figure 4.5.

4.2.1.4.1 Génération des fragments de dimension : Avant de générer les fragments de chaque table de dimension, nous commençons par une étape d'identification du partitionnement des domaines des attributs de chaque table de dimension. Le but de cette étape est de déterminer les attributs utilisés pour fragmenter l'entrepôt (les attributs de fragmentation). Rappelons que la i^{eme} partition de l'attribut A_k notée P_k^i est constituée d'un ensemble de sous-domaines S_k^i défini par : $S_k^i = \{sd_k^j / CODE[k][j] = i\}$ où sd_k^j représente le j^{eme} sous-domaine de l'attribut A_k. P_k^i est définie par un prédicat pp_k^i comme suit :

$$pp_k^i : \vee_{sd_k^j \in S_k^i} (p_k^i)$$

où p_k^i représente le prédicat définissant le sous-domaine sd_k^i.

La génération des fragments de dimension est obtenue en utilisant les trois règles suivantes :
- *Règle 1* : Si un attribut possède une seule partition (toutes les cellules possèdent le même numéro), alors il ne participe pas dans la génération des fragments de dimension et donc ne participe pas dans la fragmentation de l'entrepôt de données.
- *Règle 2* : Si aucun attribut d'une table de dimension ne participe dans la fragmentation de l'entrepôt, la table de dimension correspondante sera exclue du processus de fragmentation.
- *Règle 3* : Chaque fragment de dimension D_i^j de la table D_i est défini par une clause $Cl_{D_i^j}$ représentant une conjonction de prédicats. Chaque prédicat dans cette conjonction définit une partition d'un attribut de fragmentation.

$$Cl_{D_i^j} : pp_1^l \wedge pp_2^r \wedge \cdots \wedge pp_k^s$$

où k et pp_k^s représentent respectivement le nombre d'attributs de fragmentation de la table de dimension D_i et le prédicat définissant la partition P_k^s.

4.2. Méta-heuristiques pour la sélection d'un schéma de fragmentation horizontale

Exemple 37 *Pour illustrer la procédure de génération des fragments de dimension, considérons le schéma de fragmentation de la figure 4.5. L'entrepôt est fragmenté en utilisant les trois attributs, Age, Genre et Saison. Le partitionnement du domaine de l'attribut Genre est défini par deux partitions : P_1 : Genre $=' M'$ et P_2 : Genre $=' F'$. Le partitionnement du domaine de l'attribut Age est défini par deux partitions : $P_3 = ((Age \leq 18) \vee (Age \geq 60))$ et $P_4 : (18 < Age < 60)$. Le partitionnement du domaine de l'attribut Saison est défini par trois partitions : P_5 : Saison $=' été'$, P_6 : Saison $=' printemps'$ et $P_7 : ((Saison =' automne') \vee (Saison =' hiver'))$.*

En se basant sur le partitionnement des domaines des attributs Age, Genre et Saison, les tables de dimensions sont fragmentées comme suit :

La table Client est fragmentée selon l'attribut Ville et Genre en quatre fragments définis par les prédicats suivants :
- *$Client_1 : ((Age \leq 18) \vee (Age \geq 60)) \wedge (Genre =' M')$*
- *$Client_2 : ((Age \leq 18) \vee (Age \geq 60)) \wedge (Genre =' F')$*
- *$Client_3 : (18 < Age < 60) \wedge (Genre =' M')$*
- *$Client_4 : (18 < Age < 60) \wedge (Genre =' F')$*

La table Temps est fragmentée sur l'attribut Saison en trois fragments définis par les prédicats suivants :
- *$Temps_1 : Saison =' été'$*
- *$Temps_2 : Saison =' printemps'$*
- *$Temps_3 : (Saison =' automne') \vee (Saison =' hiver')$*

4.2.1.4.2 Génération des fragments de faits

: Un fragment de faits F_t est défini par une conjonction de clauses où chaque clause définit un fragment d'une table de dimension, comme suit :

$$F_t : Cl_{D_1^j} \wedge Cl_{D_2^k} \wedge \cdots \wedge Cl_{D_g^l}$$

$(1 \leq j \leq m_1, 1 \leq k \leq m_2, \cdots, 1 \leq l \leq m_g)$ où g, m_i et $Cl_{D_i^j}$ représentent le nombre de tables de dimension fragmentées, le nombre de fragments de la table D_i et la clause définissant le fragment de dimension D_i^j.

Exemple 38 *A partir des schémas de fragmentation des tables Client, Produit et Temps de l'exemple précédent, la table des faits Ventes est fragmentée en 12 fragments $Ventes_1$, $Ventes_2$, $\cdots$, $Ventes_{12}$. Par exemple, le fragment $Ventes_1$ est défini comme suit :*
$Vente_1 : (((Age \leq 18) \vee (Age \geq 60)) \wedge (Sexe = M)) \wedge (Saison = été)$

Nous avons présenté dans cette section le mécanisme de codage d'un schéma de fragmentation, ses avantages et ses inconvénients. Nous avons évoqué le problème de multi-instanciation généré par le codage et proposé l'utilisation des fonctions à croissance restreintes pour le résoudre. Pour être exploitable par nos algorithmes, nous avons présenté comment se fait la génération d'un schéma de fragmentation de l'entrepôt de données à partir d'un code.

Chapitre 4. La FH : Algorithmes de sélection et Validation

Nous venons de présenter tous les concepts nécessaires pour la définition de nos différents algorithmes de sélection d'un schéma de fragmentation. Ces derniers seront présentés dans les sections suivantes.

4.2.2 Algorithme d'affinité

Nous avons proposé un algorithme d'affinité pour la sélection d'un schéma de fragmentation de l'entrepôt basé sur les affinités entre les sous-domaines. Le schéma sélectionné constitue une solution basée sur la fréquence d'accès comme critère de groupement des sous-domaines. Nous avons proposé d'autres algorithmes permettant d'améliorer cette solution, il s'agit d'un algorithme de Hill Climbing et un algorithme de Recuit Simulé.

Nous présentons dans ce qui suit, l'algorithme d'affinité que nous avons proposé. Il constitue une adaptation de l'algorithme proposé par Navathé ([108]) pour la fragmentation verticale que nous l'appelons *Algo_Navathe*.

4.2.2.1 Adaptation de *Algo_Navathe* pour la FH

Le but de *Algo_Navathe* est de regrouper les attributs fréquemment utilisés ensemble dans le même fragment. Cela est motivé par le fait que lors de l'exécution des requêtes les plus fréquentes, moins de fragments sont chargés ce qui diminue le nombre de jointures à effectuer pour récupérer le résultat final.

Nous avons vu qu'un schéma de fragmentation horizontal correspond à un certain découpage des domaines des attributs de sélection. Dans ce découpage, certains sous-domaines sont regroupés dans des partitions. Les fragments horizontaux sont définis à partir de ces partitions, donc lors de l'exécution d'une requête utilisant une partition, toutes les données correspondant aux sous-domaines constituant cette partition seront chargées. Il est donc intéressant de regrouper les sous-domaines fréquemment utilisés ensemble dans la même partition.

Une des ressemblances entre les problèmes de sélection d'un schéma de fragmentation verticale et horizontale réside dans le fait que les données accédées en même temps doivent appartenir aux mêmes fragments pour diminuer le nombre de données non pertinentes chargées. Pour la FH, cela est effectué en regroupant les n-uplets accédés simultanément dans le même fragment horizontal. Comme ce dernier est défini à partir du découpage des domaines, il est nécessaire donc de regrouper les sous-domaines fréquemment accédés ensemble dans la même partition.

Exemple 39 *Supposons que le domaine de l'attribut Mois soit découpé en douze sous-domaines. Supposons que la plupart des requêtes accèdent aux données relatives au premier trimestre (janvier, février et mars). Si nous fragmentons la table Temps en douze fragments alors ces requêtes accèdent à trois fragments, ensuite une union des résultats est effectuée. Si nous regroupons les sous-domaines Janvier, Février et Mars dans une seule partition, alors un seul fragment de la table Temps sera chargé pour exécuter ces requêtes.*

4.2. Méta-heuristiques pour la sélection d'un schéma de fragmentation horizontale

Le but de notre algorithme d'affinité est donc de regrouper les sous-domaines simultanément accédés ensemble, dans la même partition. Le regroupement se fait en utilisant l'affinité entre les sous-domaines. L'affinité entre deux sous-domaines est donnée par la somme des fréquences des requêtes accédant simultanément à ces deux sous-domaines. Il est appliqué sur chaque attribut séparément pour générer le partitionnement de son domaine. L'adaptation de *Algo_Navathe* consiste alors à :

1. remplacer la table à fragmenter par le domaine de chaque attribut à partitionner.
2. remplacer les attributs constituant la table par les sous-domaines constituant le domaine.
3. remplacer la matrice d'usage des attributs par la matrice d'usage des sous-domaines
4. remplacer la matrice d'affinité des attributs par la matrice d'affinité des sous-domaines

Pour générer un schéma de FH, nous avons retenu 5 étapes semblables à celles constituant *Algo_Navathe*. Ces étapes sont : (1) l'énumération des sous-domaines utilisés par la charge de requêtes, (2) la construction de la matrice d'usage des sous-domaines, (3) la construction de la matrice d'affinité des sous-domaines, (4) le groupement des sous-domaines en partitions et (5) le codage du partitionnement obtenu. Pour détailler ces étapes, nous considérons l'exemple suivant :

Exemple 40 *Soit l'attribut Ville de la table Client dont le domaine est découpé en 5 sous-domaines $sd_1, sd_2, \cdots, sd_5$ comme suit : $sd_1 = \{Poitiers\}$, $sd_2 = \{Bordeaux\}$, $sd_3 = \{Paris\}$, $sd_4 = \{Dijon\}$ et $sd_5 = \{Marseille\}$. Soit une charge de 8 requêtes Q_1, Q_2, ..., Q_8 utilisant des prédicats de sélection définis sur l'attribut Ville (nous ne représentons pas ici les éventuels prédicats définis sur les autres attributs). Les prédicats sont utilisés par chaque requête comme suit :*
$Q1 : Ville = Poitiers \lor Ville = Marseille$
$Q2 : Ville = Bordeaux \lor Ville = Paris$
$Q3 : Ville = Dijon$
$Q4 : Ville = Marseille$
$Q5 : Ville = Bordeaux \lor Ville = Paris \lor Ville = Marseille$
$Q6 : Ville = Poitiers \lor Ville = Marseille$
$Q7 : Ville = Poitiers$
$Q8 : Ville = Dijon$

1. **Énumération des sous-domaines utilisés par la charge de requêtes :** A partir de chaque requête, nous énumérons l'ensemble des prédicats de sélection utilisés. Ces prédicats figurent dans la clause WHERE (voir exemple précédent). Pour chaque prédicat nous définissons l'ensemble des sous-domaines concernés.

   Exemple 41 *Le tableau 4.1 représente les sous-domaines utilisés par chaque requête.*

Chapitre 4. La FH : Algorithmes de sélection et Validation

Requête	Sous-domaines
Q_1	sd_1, sd_5
Q_2	sd_2, sd_3
Q_3	sd_4
Q_4	sd_5
Q_5	sd_2, sd_3, sd_5
Q_6	sd_1, sd_5
Q_7	sd_1
Q_8	sd_4

TABLE 4.1 – Utilisation des sous-domaines par l'ensemble des requêtes

	sd_1	sd_2	sd_3	sd_4	sd_5	Fréq
Q_1	1	0	0	0	1	10
Q_2	0	1	1	0	0	50
Q_3	0	0	0	1	0	25
Q_4	0	0	0	0	1	5
Q_5	0	1	1	0	1	45
Q_6	1	0	0	0	1	15
Q_7	1	0	0	0	0	25
Q_8	0	0	0	1	0	15

FIGURE 4.6 – Matrice d'usage des sous-domaines de l'attribut Ville

2. **Construction de la matrice d'usage :** A partir des résultats de l'étape précédente, nous remplissons pour chaque attribut A_k la matrice d'usage MUS^k ligne par ligne pour toutes les requêtes. La matrice d'usage MUS^k est une matrice $(m \times n_k)$ où m et n_k représentent respectivement le nombre de requêtes et le nombre de sous-domaines de l'attribut A_k. Un élément mus_{ij}^k $(1 \leq i \leq m, 1 \leq j \leq n_k)$ est définit comme suit : $mus_{ij}^k = 1$, si la requête Q_i utilise le sous-domaine sd_j de l'attribut A_k, 0 sinon. La figure 4.6 représente la matrice d'usage correspondante à l'attribut *Ville*.

3. **La construction de la matrice d'affinité des sous-domaines :** La matrice d'affinité MAS^k est une matrice carrée $(n_k \times n_k)$ dont les lignes et les colonnes représentent les sous-domaines. Elle est générée de la même manière que dans *Algo_Navathe*. Un élément mas_{ij}^k $(1 \leq i \leq n_k, 1 \leq j \leq n_k)$ contient une valeur d'affinité entre les sous-domaines sd_i et sd_j. Cette valeur représente la somme des fréquences des requêtes accédant simultanément aux deux sous-domaines. La matrice d'affinité générée à partir de la matrice d'usage obtenue dans la précédente phase est représentée dans la figure 4.7

4. **Groupement des sous-domaines en partitions :** Cette étape est réalisée en exécutant l'algorithme de groupement graphique proposé par [108]. Pour chaque attribut, cet algorithme est exécuté en lui fournissant en entrée la matrice d'affinité des sous-domaines. L'algorithme considère cette matrice comme un graphe étiqueté. Les

4.2. Méta-heuristiques pour la sélection d'un schéma de fragmentation horizontale

	sd_1	sd_2	sd_3	sd_4	sd_5
sd_1	50	0	0	0	25
sd_2	0	95	95	0	45
sd_3	0	95	95	0	45
sd_4	0	0	0	40	0
sd_5	25	45	45	0	75

FIGURE 4.7 – Matrice d'affinité des sous-domaines

noeuds représentent les sous-domaines et une arête entre deux noeuds représente la valeur d'affinité entre les deux sous-domaines correspondants. L'algorithme recherche à former des cycles où chacun représente une partition de sous-domaines. Pour former ces cycles, l'algorithme commence par un noeud choisi de manière aléatoire et le considère comme un cycle. L'algorithme cherche ensuite à étendre ce cycle en ajoutant d'autres noeuds. Lorsqu'un cycle est formé, les noeuds qui le composent sont écartés du graphe d'affinité. Cette procédure est ré-exécutée sur les noeuds restants pour former d'autres cycles. L'algorithme de groupement graphique donne en sortie un ensemble de cycles, représentant chacun une partition du domaine de l'attribut traité.

Exemple : Nous avons exécuté l'algorithme de groupement graphique avec la matrice d'affinité représentée dans la figure 4.7. L'algorithme a permis de former trois cycles C_1, C_2 et C_3. Le cycle C_1 contient le sous-domaine sd_1, le cycle C_2 contient les sous-domaines sd_2, sd_3 et sd_5 et le cycle C_3 contient sd_4 (voir figure4.8). A partir de ces cycles, nous avons formé trois partitions P_1, P_2 et P_3, chacune correspond à un cycle. Ces partitions sont définies comme suit : $P_1 = \{Poitiers\}$, $P_2 = \{Bordeaux, Paris, Marseille\}$ et $P_3 = \{Dijon\}$.

5. **Génération du schéma de fragmentation :** La génération du schéma de fragmentation commence par le codage de ce schéma. Le partitionnement des domaines de valeurs obtenu dans l'étape précédente est codé en utilisant notre mécanisme de codage. Les sous-domaines regroupés dans une partition recevront la même valeur dans le tableau multidimensionnel. La numérotation des partitions vérifie les caractéristiques des fonctions à croissance restreinte pour éviter le problème de multi-instanciation (voir section 4.2.1.3).

Exemple 42 *Le partitionnement du domaine de l'attribut Ville obtenu dans l'étape précédente est codé comme suit :*
– P1 recevra le numéro 1, par conséquent la case correspondant à sd_1 recevra 1.
– P2 recevra le numéro 2, par conséquent les cases correspondant à sd_2, sd_3 et sd_5 recevront 2.
– P3 recevra le numéro 3, par conséquent la case correspondant à sd_4 recevra 3.
La ligne correspondant à l'attribut Ville sera codée donc par : {1, 2, 2, 3, 2}.

Chapitre 4. La FH : Algorithmes de sélection et Validation

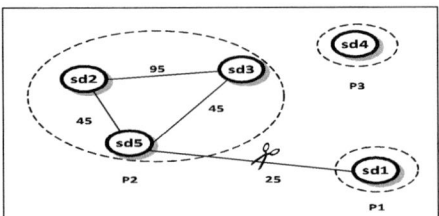

FIGURE 4.8 – Application de l'algorithme d'affinité

Le codage du partitionnement de tous les domaines de valeurs permet de remplir tout le tableau multidimensionnel. Ce dernier permet de générer le schéma de fragmentation de l'entrepôt comme expliqué dans la section 4.2.1.4.

4.2.2.2 Bilan

L'algorithme d'affinité que nous avons proposé permet de sélectionner un schéma de fragmentation en se basant sur la fréquence d'utilisation. L'avantage de cet algorithme est sa simplicité et sa complexité réduite pour la sélection d'un schéma de fragmentation. Comme cet algorithme est basé sur les affinités, il présente les mêmes inconvénients évoqués dans l'étude des approches basées sur les affinités (voir section2.3.2.1.7). Rappelons que ces approches utilisent la fréquences d'accès seulement comme critère de groupement, elle ne permettent pas de contrôler le nombre de fragments et ne donnent aucune garantie sur la qualité de la solution obtenue. Pour cela, nous avons utilisé la solution obtenue par l'algorithme d'affinité comme solution initiale pour deux algorithmes que nous avons proposés, un algorithme de Hill Climbing et un algorithme de recuit simulé que nous présentons dans les sections suivantes.

4.2.3 Algorithme de Hill Climbing

Le premier algorithme que nous proposons est un algorithme Hill Climbing. L'algorithme de Hill Climbing est une méthode de voisinage composée de deux étapes essentielles :

1. Trouver une solution initiale représentant un schéma de fragmentation de l'entrepôt.
2. Améliorer itérativement le schéma initial en utilisant des mouvements locaux, tant que la réduction du temps d'exécution des requêtes est possible et que la contrainte de maintenance est satisfaite.

Une solution initiale peut être obtenue aléatoirement (en assignant des numéros choisis de manière aléatoire dans chaque cellule du tableau multidimensionnel) ou issue d'un autre algorithme plus simple. Dans la deuxième étape, des mouvements sont effectués sur la solution initiale pour réduire le temps d'exécution des requêtes.

4.2.3.1 Solution initiale

La solution initiale peut être choisie de plusieurs manières. Nous pouvons choisir une solution aléatoire ou une solution issue d'un autre algorithme. La solution aléatoire ne garantit aucune performance de l'algorithme. Nous avons choisi d'utiliser une solution initiale obtenue à partir de l'algorithme d'affinité que nous avons proposé dans la section 4.2.2. Nous avons choisi cet algorithme pour deux raisons : (1) l'algorithme est simple et de complexité polynomiale [59] et (2) puisque la fragmentation d'une table dépend du partitionnement du domaine des attributs de fragmentation, alors partitionner le domaine de ces attributs selon l'affinité des sous-domaines peut constituer un bon point de départ pour fragmenter une table. Vu les inconvénients liés à l'algorithme d'affinité, des mouvements sur la solution initiale sont nécessaires pour augmenter sa performance.

4.2.3.2 Mouvements effectués pour améliorer la solution

Les mouvements effectués sur la solution initiale visent à améliorer sa qualité. Ils se basent sur l'utilisation de deux fonctions, *Merge* et *Split*. La fonction *Merge* permet de combiner deux partitions de sous-domaines en une seule et ainsi diminuer le nombre de fragments générés. La fonction *Split* est duale à la fonction *Merge*. Elle permet d'éclater une partition en deux et d'augmenter ainsi le nombre de fragments générés. Notons que la fonction permettant d'évaluer la qualité de chaque schéma de fragmentation dans HC est la fonction de coût qui calcule le coût d'exécution de l'ensemble des requêtes sur le schéma fragmenté.

Le choix de ces deux fonctions est dicté par deux considérations : (1) la notion de fusion et d'éclatement a été utilisée dans les travaux portant sur le problème de partitionnement d'ensemble [69], de partitionnement horizontal [19] et de partitionnement vertical [129, 107](2) ces deux fonctions sont similaires à celles supportées par les SGBD actuels. Par exemple dans Oracle 10g, nous trouvons deux commandes, MERGE PARTITIONS et SPLIT PARTITION qui permettent respectivement de fusionner des partitions ou d'éclater une partition (voir section 3.2.2).

4.2.3.2.1 La fonction *Merge* : Cette fonction possède la signature suivante : $Merge(P_i^k, P_j^k, A_k, SF) \to SF'$. Elle prend en entrée deux partitions P_i^k et P_j^k ($P_i^k \neq P_j^k$) de l'attribut A_k et un schéma de fragmentation SF et donne en sortie un autre schéma SF' avec les deux partitions P_i^k et P_j^k fusionnées en une seule partition. La fusion de deux partitions consiste à leur attribuer le même numéro. C'est-à-dire assigner un même numéro à toutes les cellules appartenant aux deux partitions sur le tableau unidimensionnel correspondant à A_k.

Exemple 43 *Supposons le schéma de fragmentation représenté par la figure 4.9(a). Dans ce schéma, le domaine de l'attribut Genre est partitionné en deux partitions, le domaine de l'attribut Saison en trois partitions et le domaine de l'attribut Age en deux partitions. Par exemple pour l'attribut Saison, la partition P_1 contient le sous-domaine sd_1, P_2 contient*

Chapitre 4. La FH : Algorithmes de sélection et Validation

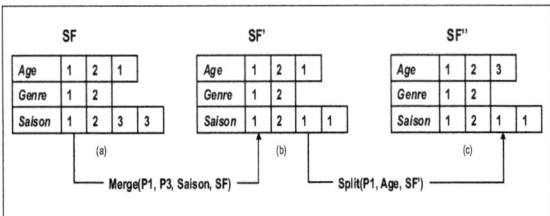

FIGURE 4.9 – Application des fonctions Merge et Split

le sous-domaine sd_2 et P_3 contient les sous-domaines sd_3 et sd_4. Par conséquent, SF génère 12 fragments.

L'application de la fonction Merge sur les partitions P_1 et P_3 de l'attribut Saison (Merge(P_1, P_3, Saison,SF)) donne le schéma de fragmentation SF'. Dans SF' l'attribut Saison possède deux partitions après la fusion, la partition P'_1 contient les sous-domaines sd_1, sd_3 et sd_4 et la partition P'_2 contient le sous-domaine sd_2 (voir figure 4.9(b)). SF' génère ainsi 8 fragments.

4.2.3.2.2 La fonction *Split* : Cette fonction possède la signature suivante : $Split(P_i^k, A_k, SF) \rightarrow SF'''$. Elle prend en entrée une partition P_i^k de l'attribut A_k et un schéma de fragmentation SF et donne en sortie un schéma SF''' avec la partition P_i^k éclatée en deux partitions P_i^{k1} et P_i^{k2} ($P_i^{k1} \neq P_i^{k2}$). Cela est effectué en donnant deux numéros différents aux cellules représentant P_i^{k1} et celles représentant P_i^{k2}. La fonction *Split* n'est pas appliquée sur une partition élémentaire contenant un seul sous-domaine.

Exemple 44 Sur le schéma SF' de la figure4.9(b). L'application de la fonction Split sur la partition P_1 de l'attribut Age (Split(P_1,Age, SF')) donne le schéma SF". Dans SF", la partition P_1 a été scindée en deux partitions, la première contient le sous-domaine sd_1 et la deuxième le sous-domaine sd_3 (voir figure 4.9(c)). SF" génère au total 12 fragments.

Pour appliquer les deux fonctions *Merge* et *Split*, nous avons identifié trois problèmes : (1) quel est l'ordre d'exécution des deux fonctions ? (2) sur quel attribut la fonction choisie sera-t-elle appliquée ? , (3) sur quelle(s) partition(s) de l'attribut, la fonction choisie sera-t-elle appliquée ? Pour répondre à ces questions, nous avons effectué certains choix que nous présentons dans les sections suivantes.

4.2.3.3 Choix de l'ordre d'application des deux fonctions :

Pour résoudre le problème du choix de l'ordre d'application des deux fonctions, nous avons utilisé le critère d'*admissibilité* de la solution courante. Une solution est dite *admissible* si elle ne viole pas les contraintes du problème à optimiser. Dans notre contexte, un schéma de fragmentation SF est admissible s'il génère un nombre de fragments inférieur ou égal à W ($N_{SF} \leq W$).

Si la solution courante est admissible, alors la fonction *Split* est appliquée dans le but de chercher une solution qui génère plus de fragments et qui peut être plus intéressante. Si la solution courante est inadmissible, la fonction *Merge* est appliquée pour diminuer le nombre de fragments générés et rendre la solution admissible. Nous avons implémenté une fonction *IsFeasible* (dont la signature est la suivante $IsFeasible(SF) \rightarrow Booléen$) permettant de déterminer l'admissibilité d'une solution. Cette fonction prend en entrée un schéma de fragmentation et retourne vrai si ce schéma génère une solution admissible, faux sinon. Elle est définie comme suit :

$$IsFeasible(SF) = \begin{cases} 1 \text{ si } N_{SF} \leq W \\ 0 \text{ sinon.} \end{cases}$$

4.2.3.4 Choix de l'attribut subissant le mouvement :

Pour résoudre le problème du choix de l'attribut, nous avons pris en considération le critère de la fréquence d'utilisation des attributs. Les attributs les plus utilisés par les requêtes les plus fréquentes sont prioritaires pour participer dans le processus de fragmentation afin de satisfaire plus de requêtes. En effet, les requêtes qui utilisent des attributs de fragmentation accèdent à un nombre réduit de sous-schémas en étoile, car les attributs utilisés constituent tout ou une partie de la clé de fragmentation. Par conséquent, la fonction *Split* sera appliquée en premier lieu sur les attributs les plus utilisés pour les inclure dans la fragmentation de l'entrepôt. Par contre, la fonction *Merge* est appliquée en premier lieu sur les attributs les moins utilisés pour les écarter du processus de fragmentation.

Pour implémenter ces choix, nous utilisons un tableau unidimensionnel $USE[N]$ de taille N où N est le nombre d'attributs candidats à la fragmentation. Chaque cellule $USE[i]$ fait référence à un attribut. Le tableau USE est trié par ordre croissant sur la fréquence d'utilisation des attributs. Le remplissage de ce tableau se fait à partir de la matrice d'usage des attributs MUA. La matrice d'usage MUA est une matrice de m lignes et N colonnes où m est le nombre de requêtes et N le nombre d'attributs. Un élément mua_{ij} est binaire et il est mis à 1 si la requête Q_i utilise l'attribut A_j (Q_i utilise au moins un sous-domaine de A_i) et à 0 sinon.

Après le choix de l'attribut, nous appliquons la fonction déjà choisie (*Merge* ou *Split*) sur cet attribut. Si la fonction *Merge* a été choisie, nous vérifions que l'attribut choisi possède aux moins deux partitions pour pouvoir appliquer cette fonction. Si l'attribut choisi possède une seule partition, la fonction *Merge* ne peut pas être appliquée, nous passons alors à l'attribut suivant dans le tableau USE. Pour vérifier la possibilité d'application de la fonction *Merge* nous avons implémenté une fonction $CanMerge(A, SF)$ dont la signature est la suivante $CanMerge(A, SF) \rightarrow Boolén$. Elle prend en entrée un attribut et retourne vrai si la fonction *Merge* est applicable, faux sinon. Elle est définie comme suit :

$$CanMerge(A, SF) = \begin{cases} 1 \text{ si } np_A \geq 2 \\ 0 \text{ sinon.} \end{cases} \text{ où } np_A \text{ est le nombre de partitions du domaine de}$$

Chapitre 4. La FH : Algorithmes de sélection et Validation

A dans SF.

Si la fonction choisie est *Split*, nous vérifions que l'attribut choisi possède au moins une partition non élémentaire [17]. Si toutes les partitions d'un attribut sont élémentaires, nous passons à l'attribut précédent dans le tableau USE. Pour vérifier la possibilité d'application de la fonction *Split* nous avons implémenté une fonction $CanSplit(A, SF)$ dont la signature est la suivante $CanSplit(A, SF) \rightarrow Booléen$. Elle prend en entrée un attribut et retourne vrai si la fonction *Split* est applicable, faux sinon. Elle est définie comme suit :

$$CanSplit(A, SF) = \begin{cases} 1 \text{ si } np_A < n_A \\ 0 \text{ sinon.} \end{cases} \text{ où } n_A \text{ représente le nombre de sous-domaines}$$

de A.

4.2.3.5 Choix des partitions :

Si l'attribut choisi possède plusieurs partitions candidates à l'application de l'une des fonctions *Merge* ou *Split*, nous devons choisir la (les) partition(s) subissant ces fonctions. Les choix pris pour chaque fonction sont effectués comme suit :

– **La Fonction Merge** : Pour appliquer la fonction *Merge* sur un attribut A_k, nous avons choisi d'effectuer toutes les fusions possibles de partitions deux à deux. Après chaque fusion, la solution obtenue est évaluée et la meilleure solution parmi toutes celles obtenues par fusion est prise comme solution suivante. Notons que si l'attribut A_k possède p_k partitions et que nous avons m attributs de fragmentation, l'opération *Merge* est appliquée $\sum_{k=1}^{m} \frac{p_k(p_k - 1)}{2}$ fois (au pire des cas $\sum_{k=1}^{m} \frac{n_k(n_k - 1)}{2}$ fois où n_k désigne le nombre de sous-domaines de l'attribut $A_k (n_k \geq p_k)$).

Pour implémenter ce choix, nous avons défini une fonction *BestMerge* qui possède la signature suivante : $BestMerge(A_k, SF) \rightarrow SF$. Cette fonction prend en entrée un attribut A_k et un schéma de fragmentation SF et retourne en sortie le meilleur schéma obtenu après la réalisation de toutes les fusions deux à deux possibles.

La comparaison entre deux solutions se fait selon leur admissibilité. Si une solution est admissible et l'autre inadmissible alors la solution admissible est considérée comme meilleure. Si les deux solutions sont admissibles ou inadmissibles en même temps alors celle ayant le coût minimum sera considérée meilleure. La fonction *BestMerge* est représentée dans algorithme 3. Notons que la fonction permettant de comparer la qualité des solutions obtenues est la fonction de coût qui calcule le nombre d'E/S nécessaires pour exécuter l'ensemble des requêtes sur le schéma fragmenté que nous avons défini dans la section 3.5.3.5.

– **La Fonction Split** : Générer tous les éclatements possibles d'une partition est compliqué par rapport à la génération des fusions. Cela est dû au fait que le nombre d'éclatements possibles d'une partition en deux est exponentiel par rapport au nombre de sous-domaines constituant cette partition. Si une partition P est constituée de s sous-domaines alors le nombre d'éclatements possibles pour générer deux sous-partitions

---

[17]. Une partition élémentaire est une partition composée d'un seul sous-domaine.

4.2. Méta-heuristiques pour la sélection d'un schéma de fragmentation horizontale

est donné par : $(2^{s-1} - 1)$ [69].

Pour appliquer les fonction *Split*, nous avons choisi d'éclater les partitions les plus volumineuses. La taille d'une partition dépend de sa sélectivité. Le facteur de sélectivité d'une partition détermine la taille de la partition à éclater. L'éclatement d'une partition volumineuse peut être plus bénéfique par rapport à une partition moins volumineuse. Cela est expliqué par le fait que l'éclatement d'une partition volumineuse permet aux requêtes utilisant une partie de cette partition de charger moins de données non pertinentes. Pour cette raison, nous choisissons la partition ayant le plus grand facteur de sélectivité. Le facteur de sélectivité d'une partition P (noté $SFel(P)$) est définie par la somme des facteurs de sélectivité des prédicats définissant les sous-domaines composant la partition. Par exemple, si le domaine de l'attribut *Saison* possède une partition P définie par $P : Saison = Printemps \vee Saison = été$ alors le facteur de sélectivité de P est calculé comme suit : $FSel(P) = FSel(Saison = Printemps) + FSel(Saison = été)$.

Fonction BestMerge(**A, SF**) : **SF**
  Variables et fonctions :
  SF : solution courante, *BestSF* : meilleure solution.
  Cost(SF) : la fonction de coût.
  MinCost : coût minimum.
  PartNumber(A) : retourne le nombre de partitions de l'attribut A.
  Début
  BestSF← SF ; MinCost←+∞ ;
  np←PartNumber(A) ;
  Pour i de 1 à np-1 **faire**
    Pour j de i+1 à np **faire**
      SF'← Merge(i,j,A,SF) ;
      Si ((¬IsFeasible(SF') **ET** ¬IsFeasible(BestSF)) **OU** (IsFeasible(SF') **ET** IsFeasible(BestSF))) **Alors**
        Si (Cost(SF')<MinCost) **Alors**
          BestSF←SF' ; MinCost←Cost(BestSF)
        Fin Si
      Sinon
        Si (IsFeasible(SF') **ET** ¬IsFeasible(BestSF)) **Alors**
          BestSF←SF' ; CostMin←Cost(BestSF)
        Fin Si
      Fin Si
    Fin Pour
  Fin Pour
  Retourner BestSF ;
  Fin.
Fin

Algorithme 3: La fonction *BestMerge*

Chapitre 4. La FH : Algorithmes de sélection et Validation

Après la présentation de toutes les fonctions utilisées par HC, nous donnons la description de ce dernier dans algorithme 4

4.2.3.6 Bilan

Nous avons présenté dans cette section un algorithme de Hill Climbing permettant d'améliorer une solution initiale obtenue par l'algorithme d'affinité. L'amélioration est obtenue en effectuant des mouvements sur cette solution de manière itérative en utilisant deux fonctions, Merge et Split permettant respectivement de fusionner des partitions ou d'éclater une partition. L'algorithme s'arrête lorsque aucune amélioration de la solution n'est possible. Cet algorithme est moins coûteux en temps d'exécution car il se base sur deux opérations simples. Par contre, l'algorithme de Hill Climbing est confronté au problème d'optimums locaux où aucun mouvement ne permet d'améliorer la solution courante. Pour pallier ce problème, des solutions moins bonnes doivent être acceptées pour sortir de ces optimums locaux. Cela représente le principe fondamental de l'algorithme de recuit simulé que nous avons proposé. Cet algorithme sera présenté dans la section suivante.

4.2. Méta-heuristiques pour la sélection d'un schéma de fragmentation horizontale

Algorithme Hill Climbing
IN : charge de requêtes Q, Entrepôt ED, W
OUT : SF
Variables et fonctions :
Affinity() : retourne la solution obtenue par l'algorithme d'affinité
SF : solution courante
Cost(SF) : la fonction de coût.
N : nombre d'attributs candidats à la fragmentation.
Use[] : tableau contenant les N attributs triés par ordre croissant sur la fréquence de leur utilisation.
MaxSelectPartition(A) : retourne la partition de A possédant le facteur de sélectivité maximum.
Begin
SF←Affinity();
Si ((¬IsFeasible(SF)) **OU** ($N_S = W$)) **Alors**
    a←1 ;
    Tant que (¬IsFeasible(SF)) **faire**
        A←USE[a] ;
        Tant que ((CanMerge(A)) **ET** (¬IsFeasible(SF))) **faire**
            SF←BestMerge(SF, A) ;
        Fait
        Si (¬CanMerge(A)) **Alors**
            a←a+1 ;
        Fin Si
    Fait
    Retourner SF ;
Sinon
    a←N ;
    Tant que (IsFeasible(SF)) **faire**
        A←USE[a] ;
        Tant que ((CanSplit(A)) **ET** (IsFeasible(SF))) **faire**
            P←MaxSelectPartition(A) ;
            SF'←Split(SF,A, P) ;
            Si (Cost(SF')<Cost(SF) **ET** (IsFeasible(SF'))) **Alors**
                SF←SF' ;
            Fin Si
        Fait
        Si (¬CanSplit(A)) **Alors**
            a←a-1 ;
        Fin Si
    Fait
    Retourner SF ;
Fin Si
End.

Algorithme 4: Algorithme Hill Climbing

4.2.4 Algorithme Recuit Simulé

Nous présentons dans cette section l'algorithme de recuit simulé que nous avons proposé pour résoudre le problème des optimums locaux inhérents aux algorithmes de hill climbing. Nous commençons par présenter le principe de l'algorithme ainsi que la fonction objectif à optimiser. Nous présentons ensuite l'algorithme et les différents paramètres le caractérisant.

4.2.4.1 Principe

Le recuit simulé (RS) est une heuristique d'optimisation qui s'inspire de la technique du recuit des matériaux en métallurgie. Cette dernière consiste à porter un métal à très haute température puis à le refroidir très lentement avec un schéma de décroissance bien précis de la température. Cela permettra de maintenir à chaque étape le métal dans un niveau d'énergie minimal. Lorsque la température a suffisamment baissé, ce niveau correspond à une structure cristalline très régulière.

Les premières tentatives d'optimisation numériques par la simulation de ce phénomène thermodynamique ont été conduites par Metropolis [103] puis le concept a été généralisé par Kirkpatrick [95] pour les problèmes d'optimisation combinatoires. L'utilisation des principes de ce phénomène dans la résolution d'un problème d'optimisation nécessite :
- Un codage des solutions constituant l'espace de recherche et qui correspondent aux états possibles du métal.
- Une fonction de transformation qui génère aléatoirement des déplacements locaux à partir d'une solution admissible pour représenter les transitions possibles du système.
- Un paramètre de contrôle analogue à la température et son schéma de décroissance.

L'algorithme RS commence par une solution initiale et lui associe une température initiale et un état d'énergie élevé. L'énergie d'une solution est donnée par la fonction objectif que l'algorithme de RS a pour but de minimiser. La configuration est refroidie suivant un ordonnancement donné de la température. A chaque palier de la température, un nombre de transformations de la solution courante est effectué jusqu'à l'équilibre thermique. Une solution générée est acceptée suivant une probabilité qui dépend de son coût et de la température courante. L'équilibre thermique est atteint quand un nombre maximum prédéterminé de transformations a été accepté ou généré. Quand la température décroît, de moins en moins de solutions augmentent l'énergie du système sont acceptées. Le processus s'arrête (gel du système) quand le système est à sa température minimale ou lorsqu'un certain nombre d'itérations est effectué.

L'algorithme du recuit simulé se déroule de la manière suivante :

1. choisir une solution initiale et en faire la solution courante (S) et choisir une température initiale $T = T_0$.
2. effectuer une transformation sur S pour obtenir une nouvelle solution S'.
3. si S' est meilleure que S, alors en faire la solution courante ($S = S'$), sinon avec une probabilité p=$e^{-\frac{F(S')-F(S)}{T}}$ en faire la solution courante ($S = S'$) où F est la fonction objectif.

4. si l'équilibre n'est pas atteint alors aller à (2) sinon décrémenter T

5. si le gel n'est pas atteint alors aller à 2 sinon retourner meilleure solution et fin de l'algorithme.

4.2.4.2 Fonction objectif

Pour évaluer chaque solution, nous avons utilisé la fonction de coût ($Cost(SF)$) qui calcule le coût d'exécution des requêtes sur l'entrepôt fragmenté selon le schéma SF. Dans RS, des solutions de mauvaise qualité peuvent être acceptées au cours de la recherche et peuvent être inadmissibles. Pour prendre en considération les solutions inadmissibles, nous avons inclus une fonction de pénalité dans la fonction objectif. Plusieurs formes de la fonction de pénalité peuvent être définies. Lee et Hammer([100]) ont définis trois formes de la fonction de pénalité et trois modes pour l'inclure dans la fonction objectif. Dans leur travail, ils traitent un problème de maximisation du gain apporté en matérialisant un ensemble de vues sous une contrainte du coût de maintenance [100].

Supposons que nous traitons le problème suivant : *Maximiser $F(x)$ sous la contrainte $C_x \leq C$* où C_x représente un coût généré par la solution x et C représente un seuil de coût à ne pas dépasser. La fonction de pénalité (notée $Pen(x)$) permet de pénaliser les solutions violant la contrainte, en diminuant la valeur de la fonction à maximiser selon le degré de violation de la contrainte.

Trois types de la fonction de pénalité ont été définis, *logarithmique*, *linéaire* et *exponentielle*.

1. *Pénalité logarithmique* : $Pen(x) = log_2(1 + \alpha.(C_x - C))$ où α représente le facteur de pénalité.

2. *Pénalité linéaire* : $Pen(x) = 1 + \alpha(C_x - C)$

3. *Pénalité exponentielle* : $Pen(x) = (1 + \alpha(C_x - C)^2)$

Dans notre travail, nous avons utilisé le mode de pénalité linéaire où la fonction de pénalité est définie par :
$Pen(SF) = 1 + \alpha(N_{SF} - W)$ où N_{SF} représente le nombre de sous-schémas en étoile générés par SF.

L'utilisation de la fonction de pénalité au sein de la fonction $F(x)$ permet de transformer le problème à un problème d'optimisation sans contraintes d'une fonction $F'(x)$ définie à partir des fonctions $F(x)$ et $Pen(x)$. Cela peut être effectué en utilisant trois modes, *soustraction*, *division* et *division-soustraction* qui sont définis comme suit.

1. Mode Soustraction :
$F'(x) = \begin{cases} F(x) - Pen(x) & \text{si } F(x) - Pen(x) \geq 0 \\ 0 & \text{sinon.} \end{cases}$

2. Mode Division :
$F'(x) = \begin{cases} \frac{F(x)}{Pen(x)} & \text{si } Pen(x) > 1 \\ F(x) & \text{sinon.} \end{cases}$

Chapitre 4. La FH : Algorithmes de sélection et Validation

3. Mode Soustraction-Division :
$$F(SF) = \begin{cases} F(x) - Pen(x) & \text{si } F(x) > Pen(x) \\ \frac{F(x)}{Pen(x)} & \text{si } F(x) \leq Pen(x) \text{ et } Pen(x) > 1 \\ F(x) & \text{si } F(x) \leq Pen(x) \text{ et } Pen(x) \leq 1. \end{cases}$$

Les modes de pénalisation proposés par Lee et Hammer sont utilisés dans le cas d'un problème de maximisation. Dans RS, nous traitons un problème de minimisation qui nécessite une adaptation de ces modes. La pénalisation des solutions violant la contrainte dans un problème de minimisation consiste à augmenter la valeur de la fonction objectif selon le degré de violation. Cela est effectué en remplaçant le mode soustraction par le mode addition, le mode division par le mode multiplication et le mode soustraction-division par le mode addition-division. Dans notre travail, nous avons utilisé le mode multiplication (dual du mode division) où la fonction objectif à minimiser est définie donc par :

$$F(SF) = \begin{cases} Cost(SF) \times Pen(SF) & \text{si } Pen(SF) > 1 \text{ et } N_{SF} > W \\ Cost(SF) & \text{sinon.} \end{cases}$$

où $Cost(SF)$ représente la fonction qui calcule le coût d'exécution total des requêtes sur le schéma SF.

4.2.4.3 La fonction de transformation

Nous avons défini une fonction appelée $Transformer$ qui permet de générer une solution à partir de la solution courante. Cette fonction possède la signature suivante : $Transformer(SF) \rightarrow SF$. Elle prend en entrée un schéma de fragmentation et retourne en sortie un autre schéma de fragmentation obtenu en utilisant les fonctions $Merge$ ou $Split$. Le fonctionnement de la fonction $Transformer$ ressemble à notre algorithme HC (voir section 4.2.3) avec une différence relative au choix des attributs subissant les fonctions $Merge$ et $Split$. Dans l'algorithme RS, les mouvements effectués sur la solution courante sont de nature aléatoire pour permettre de sortir des optimums locaux. De ce fait, les attributs subissant les deux fonctions sont choisi de manière aléatoire. Si la fonction choisie n'est pas applicable sur l'attribut, alors un autre sera choisi de manière aléatoire. Cela permettra de passer par des solutions non avantageuses qui seront acceptées avec une certaine probabilité dépendant de la température actuelle et de l'écart de qualité. Une fois l'attribut choisi, les fonctions $Merge$ et $Split$ sont appliquées avec le même principe que dans HC. Si la solution courante est admissible, nous appliquons la fonction $Split$ pour augmenter le nombre de fragments générés et rechercher une solution meilleure. Si la solution courante est inadmissible, nous appliquons la fonction $Merge$ pour diminuer le nombre de fragments et rechercher une meilleure solution. Le choix des partitions subissant les deux fonctions est le même que celui décrit dans l'algorithme HC (voir section 4.2.3).

4.2.4.4 Paramètres du RS

L'utilisation du RS pour l'optimisation des problèmes combinatoires nécessite la définition d'un ensemble de paramètres : la solution initiale, la température initiale et son schéma de refroidissement, la fonction de transformation, l'équilibre et le gel du système.

4.2. Méta-heuristiques pour la sélection d'un schéma de fragmentation horizontale

1. *Solution initiale* : la solution initiale constitue le point de départ du RS, elle peut être choisie d'une manière aléatoire ou issue d'un autre algorithme. Comme dans HC, nous avons choisi d'utiliser une solution initiale issue de l'algorithme d'affinité décrit dans la section 4.2.2.

2. *Température initiale et son schéma de refroidissement* : Le choix de la température initiale est très important car les solutions explorées par l'algorithme dépendent en partie de ce paramètre. Cette dernière doit être assez grande pour permettre d'accepter plus de mouvements non avantageux au début de l'algorithme pour explorer plus de parties de l'espace de recherche. La réduction de la valeur de la température vise à diminuer la probabilité d'acceptation des solutions non avantageuses au fil du déroulement de l'algorithme. Deux principaux modes de décroissance de la température sont utilisés, décroissance linéaire et décroissance exponentielle. Dans le premier mode, la température à une itération $i+1$ est calculée en décrémentant la température actuelle avec un certain pas comme suit : $T_{i+1} = T_i - pas$. Dans le deuxième mode, la température à une itération $i+1$ est calculée en multipliant la température actuelle par un paramètre $\mu \in [0, 1]$ comme suit : $T_{i+1} = \mu T_i$. Le paramètre μ prend généralement des valeurs proches de 1 pour permettre une diminution lente de la température. Nous avons choisi le deuxième mode puisqu'il est le plus souvent utilisé [84].

3. *Équilibre* : L'équilibre détermine le nombre d'itérations à effectuer sur chaque palier de température. La plupart des travaux considèrent un nombre d'itérations déterminé pour implémenter ce paramètre. Nous avons utilisé le même principe.

4. *Gel du système* : Le gel du système détermine la condition d'arrêt de l'algorithme et reflète le fait que peu d'améliorations sont constatées. Ce paramètre peut être implémenté en choisissant un nombre d'itération, un temps d'exécution de l'algorithme ou une température initiale à atteindre. Nous avons implémenté ce paramètre fixant un temps d'exécution où l'algorithme s'arrête en consommant ce temps.

L'algorithme de recuit simulé que nous avons proposé se trouve dans algorithme 5.

4.2.4.5 Bilan

Nous avons présenté dans cette section un algorithme de recuit simulé permettant d'améliorer une solution obtenue par un algorithme d'affinité en effectuant un certain nombre de transformations sur cette solution. Des solutions non avantageuses sont acceptées au cours de l'algorithme avec une certaine probabilité qui diminue au cours du déroulement de l'algorithme. Cet algorithme a été défini pour pallier le problème d'optimums locaux caractérisant les algorithmes de hill climbing. Par contre, l'algorithme de RS est caractérisé par un ensemble de paramètres qu'il faut déterminer.

Les deux algorithmes que nous venons de présenter, HC et RS, permettent de considérer une solution à la fois dans chaque itération. Dans la section suivante, nous présentons un algorithme considérant plusieurs solutions à la fois dans chaque itération. Il s'agit d'un

Chapitre 4. La FH : Algorithmes de sélection et Validation

algorithme génétique qui commence par une population initiale de solutions et améliore cette population itérativement en appliquant des opérateurs génétiques.

Algorithme Recuit Simulé
IN : Charge de requêtes Q, Entrepôt ED, W
OUT : SF
Variables et fonctions :
SF : solution courante.
F(SF) : la fonction objectif.
T_0 : température initiale. $g(T)$: schéma de décroissement de la température.
Begin
T$\leftarrow T_0$;
SF$\leftarrow$ Affinity() ;
BestSF$\leftarrow$ SF ;
i$\leftarrow$ 1 ;
Tant que ($i \leq Gel$) **faire**
$\quad$ j$\leftarrow$ 1 ;
$\quad$ **Tant que** ($j \leq Equilibre$) **faire**
$\quad\quad$ SF'$\leftarrow$ Transformer(SF) ;
$\quad\quad$ **Si** (F(SF')<F(SF)) **Alors**
$\quad\quad\quad$ SF$\leftarrow$ SF' ;
$\quad\quad\quad$ **Si** (Cost(SF')<Cost(BestSF)) **Alors**
$\quad\quad\quad\quad$ BestSF=SF' ;
$\quad\quad\quad$ **Fin Si**
$\quad\quad$ **Sinon**
$\quad\quad\quad$ **Si** (Rand[0,1]< $e^{-\frac{F(SF')-F(SF)}{T}}$) **Alors**
$\quad\quad\quad\quad$ SF$\leftarrow$ SF' ;
$\quad\quad\quad$ **Fin Si**
$\quad\quad$ **Fin Si**
$\quad\quad$ j$\leftarrow$ j+1 ;
$\quad$ **Fait**
$\quad$ T$\leftarrow g(T)$;
$\quad$ i$\leftarrow$ i+1 ;
Fait
Retourner BestSF ;
Fin.

Algorithme 5: Algorithme du recuit simulé

4.2.5 Algorithme Génétique

Nous présentons dans cette section un algorithme génétique (AG) permettant de sélectionner un schéma de fragmentation en exploitant plusieurs populations de solutions. Nous commençons par présenter le principe de l'algorithme ainsi que la fonction objectif à optimiser. Nous présentons ensuite les opérateurs génétiques utilisés pour générer de nouvelles populations à partir de celles déjà générées.

4.2. Méta-heuristiques pour la sélection d'un schéma de fragmentation horizontale

4.2.5.1 Principe

Les AGs sont des méthodes de recherche basées sur le concept évolutionnaire de la mutation naturelle et la survie des individus les plus convenables [78]. L'application des algorithmes génétiques pour des problèmes d'optimisation suppose la disposition des éléments suivants :

- *Un principe de codage des solutions :* chaque solution de l'espace de recherche est représentée par une structure de données servant à la coder. Le codage dépend du problème à traiter. Le codage binaire a été largement utilisé mais il n'est pas toujours le plus adéquat pour un certain nombre de problèmes [143]. La qualité du codage des données conditionne le succès de l'algorithme génétique. Dans notre algorithme génétique, chaque individu (ou solution) correspond à un schéma de fragmentation. Nous avons utilisé le même principe de codage d'un schéma de fragmentation présenté dans la section 4.2.1 pour représenter tous les individus manipulés par l'algorithme génétique.
- *Un mécanisme de génération de la solution initiale :* Ce mécanisme a pour but de générer une population initiale non homogène qui permettra elle-même de former les générations suivantes. Le choix de la population initiale est important car il peut rendre plus au moins rapide la convergence de l'algorithme. Généralement, la population initiale est générée de manière aléatoire pour qu'elle soit répartie sur tout l'espace de recherche.
- *Une fonction à optimiser :* Cette fonction est appelée fonction d'évaluation ou fitness. Elle permet d'évaluer la qualité de chaque solution par rapport au problème à résoudre.
- *Des opérateurs génétiques :* Ces opérateurs permettent de générer les futures populations et d'explorer l'espace de recherche. Les opérateurs de croisement et de mutation sont généralement utilisés pour produire de nouveaux chromosomes.
- *Des paramètres de dimensionnement :* comme la taille de la population, le nombre de générations, le critère d'arrêt, le taux de croisement, le taux de mutation, etc.

La forme générale d'un algorithme génétique se trouve dans algorithme 6. L'AG est caractérisé par la gestion de plusieurs solutions en même temps (population). Étant donné un espace de recherche bien défini, trois opérateurs génétiques de recherche (la sélection, le croisement, et la mutation) sont appliqués pour transformer une population initiale de chromosomes, dans l'objectif d'améliorer leurs qualités. Le concept fondamental lié à la structure des AGs est la notion du chromosome, qui est une représentation codée d'une solution possible. Avant que le processus de recherche ne commence, un ensemble de chromosomes est initialisé pour former la première génération. Des opérations de recherche génétique sont appliquées à plusieurs reprises, afin d'obtenir des populations avec des individus de meilleures caractéristiques. Chaque population contient un nombre constant d'individus. L'algorithme s'exécute de manière itérative jusqu'à ce que la condition d'arrêt devienne vraie. La condition d'arrêt est généralement liée à un nombre déterminé de générations mais elle peut être associée à un temps d'exécution déterminé ou à un certain

Chapitre 4. La FH : Algorithmes de sélection et Validation

degré de qualité de la solution obtenue.

Algorithme Génétique
OUT : Meilleure Solution
Début.
Générer aléatoirement la population initiale P_0
Évaluer(P_0) ;
Tant que (Condition d'arrêt non atteinte) **faire**
    Sélection(P_i) ;
    $P_{i+1} \leftarrow Croisement(P_i)$;
    $P_{i+1} \leftarrow Mutation(P_{i+1})$;
    Évaluer(P_{i+1}) ;
Fait
Retourner Meilleure solution rencontrée
Fin.

Algorithme 6: Forme générale d'un AG

4.2.5.2 Fonction objectif

Un individu dans notre algorithme génétique représente une solution possible du problème donc un schéma de fragmentation. Ce dernier est représenté en utilisant le codage que nous avons présenté dans la section 4.2.1. Pour évaluer les différentes solutions, nous avons défini une fonction objectif basée sur le modèle de coût présenté dans 3.5.3.

Nous avons formalisé le problème de fragmentation horizontale dérivée comme un problème de minimisation, or les algorithmes génétiques traitent des problèmes de maximisation. Pour traiter un problème de minimisation avec les algorithmes génétiques, une transformation de la fonction à minimiser est souvent effectuée pour le ramener à un problème de maximisation. Par conséquent, minimiser une fonction $f(x)$ revient à maximiser la fonction $f'(x) = -f(x)$

Le problème que nous traitons revient alors à sélectionner un schéma de FH de l'entrepôt de données SF qui maximise la fonction $F(SF)$ définie par :

$F(SF) = -Cost(SF)$, où $Cost(SF)$ représente la fonction qui calcule le coût d'exécution de l'ensemble de requêtes sur le schéma de l'entrepôt fragmenté selon SF (voir section 3.5.3.5).

Notre AG peut générer des solutions violant la contrainte de maintenance (solutions inadmissibles). Afin de pénaliser ces schémas, une fonction de pénalité $Pen(SF)$ est introduite et fait partie de la fonction objectif (voir section 4.2.4).

Notons que nous maximisons une fonction à valeurs négatives, nous devons adapter les modes de pénalité définis par Lee et Hammer [100]. Nous avons adapté le mode division en multipliant la valeur de la fonction de coût par la valeur de pénalité comme suit :

$$F(SF) = \begin{cases} -Cost(SF) \times Pen(SF) & \text{si } Pen(SF) > 1 \text{ et } N_{SF} > W \\ -Cost(SF) & \text{sinon.} \end{cases}$$

4.2.5.3 Génération de la population initiale

La génération de la population initiale se fait de manière aléatoire, nous générons aléatoirement N solutions pour former les individus de cette première génération où N est un nombre constant et représente le nombre d'individus par génération. La génération aléatoire des solutions est effectuée en remplissant pour chaque individu, d'une manière aléatoire, les cellules dans le tableau multidimensionnel. Cette numérotation aléatoire des cellules ne respecte pas les caractéristiques des fonctions à croissance restreinte et donc pose un problème de multi-instanciation (voir section 4.2.1). Pour résoudre ce problème, nous appliquons la fonction *ReNuméroter* que nous avons définie dans la section 4.2.1. Cette fonction sera appliquée sur toutes les lignes de tous les individus de la population initiale. L'algorithme génétique améliore la population initiale en lui appliquant les opérateurs génétiques de sélection, croisement et mutation que nous décrivons dans les sections suivantes.

La génération aléatoire de la population initiale permet d'avoir deux catégories de solutions, les solutions admissibles et les solutions inadmissibles. Lorsque le seuil W fixé par l'administrateur est très petit par rapport au nombre de fragments maximum, la cardinalité de la première catégorie sera très petite. Par conséquent, peu de solutions admissibles sont manipulées par l'algorithme génétique au fil des générations, ce qui rend l'algorithme non efficace. Le pire des cas, l'algorithme passe beaucoup de temps sans générer aucune solution admissible. Pour résoudre ce problème, plusieurs approches peuvent être appliquées, nous citons les plus connues. [105] propose une étude détaillée de ce problème ainsi qu'une présentation de toutes les méthodes proposées.

1. mettre en oeuvre un codage qui ne représente que les solutions admissibles. Cette approche n'est pas applicable dans certains problèmes où le codage utilisé est compliqué et que l'existence des solutions inadmissibles est inévitable ;

2. éliminer toutes les solutions non admissibles et ne laisser que les solutions admissibles. Cette approche peut être non intéressante dans le cas où le déplacement entre deux solutions admissibles passerait obligatoirement par une solution non admissible. Notons qu'il est nécessaire dans ce cas de mettre en oeuvre des opérateurs génétiques qui gardent l'admissibilité des solutions (l'application d'un opérateur génétique sur une solution admissible donne toujours une solution admissible) ;

3. pénaliser les solutions non admissibles en incluant une fonction de pénalité comme partie de la fonction d'évaluation. Cette approche peut ne pas être efficace pour les petites valeurs de W. Cela est dû au fait qu'il y a un risque que la population initiale ne contienne que des solutions inadmissibles, et si les opérateurs génétiques génèrent peu ou ne permettent pas de générer des solutions admissibles. L'algorithme manipule peu de solutions admissibles et ne sera pas efficace.

Chapitre 4. La FH : Algorithmes de sélection et Validation

4. réparer les solutions non admissibles. La réparation des solutions non admissibles est effectuée en appliquant itérativement une fonction qui fait rapprocher la solution vers la contrainte jusqu'à avoir une solution admissible [113]. Cette approche garantit l'obtention d'une solution finale admissible quelle que soit la contrainte mais peut rendre l'algorithme lent en cherchant à chaque fois à réparer les solutions non admissibles.

Nous avons choisi d'utiliser une approche qui combine l'approche 3 et 4. Nous appliquons l'opération de réparation sur la population initiale après sa génération aléatoire. Par conséquent, notre algorithme commence par une population complètement admissible. Notons que des solutions non admissibles peuvent être générées au cours du processus génétique et pourront être conservées dans les générations futures. Cela leur donnera une probabilité de participer dans la génération des populations suivantes.

Nous avons utilisé la fonction *Merge* que nous avons définie dans la section 4.2.3 pour réparer les solutions non admissibles en l'appliquant itérativement jusqu'à obtenir une solution admissible. L'attribut et les deux partitions subissant la fonction *Merge* sont choisis de manière aléatoire pour éviter d'avoir des solutions semblables. Le corps de la fonction *Reparation* se trouve dans algorithme 7

Fonction Réparation(**SF**) : **SF'**
    [SF : solution inadmissible, SF' : solution admissible]
    Tant que (¬IsFeasible(SF)) **faire**
        A← Attribut choisi aléatoirement ;
        Si (CanMerge(A)) **Alors**
            P1← partition choisie aléatoirement dans A ;
            P2← partition choisie aléatoirement dans A ;
            SF← Merge(P1,P2,A,SF) ;
        Fin Si
    Fait
    Retourner SF ;
Fin

Algorithme 7: Fonction Réparation

Algorithme 8 représente la procédure de génération de la population initiale.

4.2. Méta-heuristiques pour la sélection d'un schéma de fragmentation horizontale

---

Génération de la population initiale
[I : individu, Pop_0 : population initiale]

[N_a : nombre d'attributs de sélection, N_i : nombre de cellules dans la ligne i]

Pour k de 1 à N **faire**
  Pour i de 1 à N_a **faire**
    Pour j de 1 à N_i **faire**
      | I.CODE[i][j]=Rand[1,N_i] ;
    Fin Pour
    Renuméroter(i, I) ;
  Fin Pour
  I'=Reparation(I) ;
  Insérer I' dans Pop_0 ;
Fin Pour

Algorithme 8: Génération de la population initiale

4.2.5.4 Sélection

L'opérateur de sélection permet de sélectionner les meilleurs individus dans la population pour participer dans la génération de la prochaine population. Nous avons utilisé la sélection par roulette [143]. Cette méthode associe chaque individu à sa qualité (valeur de la fonction d'évaluation). La roulette est partagée entre tous les individus, la surface allouée à chaque individu est en fonction de la qualité de l'individu. Par conséquent, les meilleurs individus ont plus de chances d'être sélectionnés. Les mauvais individus peuvent être sélectionnés mais avec une probabilité inférieure. L'implémentation de cette méthode se fait de la manière suivante :

- Calculer la valeur de la fonction d'évaluation de chaque individu et la somme totale de ces valeurs.
- Chaque individu est associé à sa probabilité de sélection (segment de longueur égal à sa valeur de fitness divisée par la somme des fitness déjà calculée).
- Tirer un nombre aléatoire et choisir l'individu dont le segment englobe ce nombre.

4.2.5.5 Croisement

L'opérateur de croisement permet à deux individus d'échanger leurs gènes en vue de créer de nouveaux individus plus intéressants. Le croisement est appliqué sur deux individus pères choisis par l'opérateur de sélection. Nous avons utilisé le croisement multipoints entre individus qui peut être considéré comme un croisement mono-point sur chaque ligne (attribut) de l'individu. Cela permettra de donner la même chance à tous les attributs d'être choisis pour subir le croisement. Après le choix de la position de croisement sur chaque attribut, les deux individus échangent leurs gènes. Cela est effectué en échangeant les numéros des cellules qui se trouvent après le point de croisement entre les deux indivi-

Chapitre 4. La FH : Algorithmes de sélection et Validation

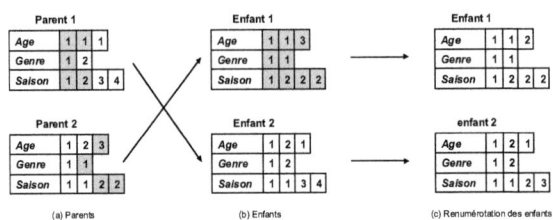

FIGURE 4.10 – Exemple de croisement

dus. Cet échange peut rendre la numérotation non conforme à celle adoptée (voir section 4.2.1). Pour résoudre ce problème, nous appliquons la fonction *ReNuméroter* sur tous les attributs des individus fils avant de les injecter dans la population suivante. Le croisement est effectué avec un taux de croisement Tc. Généralement, ce taux est grand pour pouvoir combiner des solutions et former des générations de meilleure qualité. Nous pouvons décrire le fonctionnement de l'opérateur de croisement par les étapes suivantes :

– Tirer un nombre aléatoire (entre 0 et 100)
– Si ce nombre est supérieur au taux de croisement T_c alors il n'y aura pas de croisement. Nous réinjectons les deux parents dans la population suivante.
– Si ce nombre est inférieur à T_c alors sur chaque ligne choisir aléatoirement une position de croisement et échanger les gènes entre les deux individus.
– Re-numéroter les deux individus fils et les injecter dans la population suivante.

La figure 4.10 montre un exemple de croisement entre deux individus parents (figure 4.10(a)). Le résultat du croisement de ces deux individus donne deux individus Enfant1 et Enfant2 représentés dans figure 4.10(b). La numérotation des deux individus ne respecte pas les fonctions à croissance restreinte. L'application de la fonction de renumérotation sur ces deux enfants est représentée dans la figure 4.10(c). Ces deux enfants seront par la suite insérés dans la population suivante.

4.2.5.6 Mutation

L'opérateur de mutation permet de modifier occasionnellement des gènes d'un individu pour permettre d'explorer certaines zones dans la codification des individus où le croisement ne peut pas explorer. La mutation se fait avec un taux T_m généralement petit mais qui diffère d'une application à une autre. Si la mutation est trop fréquente, l'AG est orienté vers une recherche aléatoire. L'opérateur de mutation que nous avons utilisé permet de modifier une case du tableau multidimensionnel représentant l'individu choisi. Le nombre d'individus à muter est déterminé de manière aléatoire. Notons que la modification d'une case dans une ligne peut rendre la numérotation non conforme à celle adoptée. Pour résoudre ce problème, chaque ligne sera re-numérotée après la modification. Nous pouvons décrire le fonctionnement de l'opérateur de mutation par les étapes suivantes :

4.2. Méta-heuristiques pour la sélection d'un schéma de fragmentation horizontale

FIGURE 4.11 – Exemple de mutation d'un individu

- Déterminer aléatoirement le nombre d'individus à muter
- Choisir aléatoirement ces individus.
- Tirer un nombre aléatoire (entre 0 et 100)
- Si ce nombre est supérieur à Tm alors injecter l'individu dans la population suivante sans mutation.
- Sinon, pour chaque individu choisi, choisir aléatoirement une ligne
- Choisir aléatoirement sur cette ligne une case à muter
- Donner une valeur aléatoire à cette case (entre 1 et le nombre de cases).
- Re-numéroter la ligne modifié.
- Injecter l'individu résultat dans la population suivante.

La figure 4.11 montre un exemple de mutation sur un individu. Le résultat de cette mutation donne un individu où une cellule a été modifiée (voir figure 4.11(b)). La numérotation de l'individu résultat ne respecte pas les caractéristiques des fonctions à croissance restreinte. Le résultat de l'application de la fonction de renumérotation sur cet individu est représenté dans la figure 4.10(c). Cet individu sera inséré dans la population suivante.

4.2.6 Bilan

Après la présentation du problème de sélection d'un schéma de fragmentation et sa complexité, nous avons proposé trois algorithmes de sélection d'une solution quasi optimale. Deux algorithmes (HC et RS) permettent d'améliorer itérativement une solution initiale obtenue à partir d'un algorithme d'affinité. L'amélioration se fait en utilisant deux fonctions *Merge* et *Split* qui permettent respectivement de fusionner et d'éclater des partitions pour générer de nouvelles solutions. Nous avons proposé un troisième algorithme (AG) qui permet de manipuler une population de solutions à la fois. Des opérateurs génétiques sont appliqués itérativement sur chaque population pour générer de nouvelles populations de meilleure qualité.

Pour comparer la performance de chaque algorithme, nous avons effectué deux types d'expérimentation. Dans le premier, nous avons utilisé la fonction de coût que nous avons définie dans la section 3.5.3.5. Nous avons mené plusieurs expériences en utilisant cette fonction que nous présentons dans la section suivante. Dans le deuxième, nous avons implémenté les schémas de fragmentation issus de chaque algorithme sur un SGBD réel (Oracle 10g). Nous avons fragmenté l'entrepôt de données d'origine en utilisant les schémas de

Chapitre 4. La FH : Algorithmes de sélection et Validation

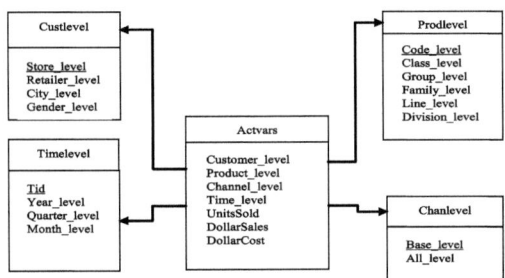

FIGURE 4.12 – Schéma de l'entrepôt

fragmentation générés par les trois algorithmes.

4.3 Évaluation de performance des trois algorithmes

Nous avons effectué des expériences pour comparer les trois heuristiques, HC, AG et RS en utilisant le modèle de coût mathématique que nous avons proposé dans la section 3.5.3. Nous avons implémenté nos algorithmes avec Visual C++ sur une machine Intel Centrino ayant une capacité mémoire de 1Go. Avant de présenter les différentes expériences, nous présentons l'entrepôt de données utilisé dans les tests ainsi que la charge des requêtes définie sur cet entrepôt.

4.3.1 L'entrepôt de données

Nous avons utilisé l'entrepôt de données issu du banc d'essais APB1 [47]. Le schéma en étoile que nous avons dégagé à partir de ce banc d'essais est constitué d'une table de faits *Actvars* et de quatre tables de dimension, *Prodlevel*, *Custlevel*, *Timelevel* et *Chanlevel*. La table 4.2 résume les caractéristiques de chaque table.

Table	Nombre d'enregistrements	Taille d'un enregistrement
Actvars	24 786 000	74
Chanlevel	9	24
Custlevel	900	24
Prodlevel	9 000	72
Timelevel	24	36

TABLE 4.2 – Caractéristiques des tables de l'entrepôt

4.3. Évaluation de performance des trois algorithmes

4.3.2 Charge de requêtes

Sur l'entrepôt de données ci-dessus décrit, nous avons considéré 60 requêtes de recherche composées d'un seul bloc (pas de requêtes imbriquées). Ces requêtes respectent la syntaxe que nous avons définie dans la section 3.5.3. Chaque requête est caractérisée par sa description, sa fréquence d'accès ainsi que par l'ensemble des prédicats de sélection qu'elle utilise. L'ensemble des requêtes utilise 45 prédicats de sélection définis sur 12 attributs de sélection. La table 4.3 donne pour chaque attribut la cardinalité ainsi que le nombre de sous-domaines. Chaque prédicat possède un facteur de sélectivité calculé sur l'entrepôt réel.

Attribut	Cardinalité	Nombre de sous-domaines
$ClassLevel$	605	4
$GroupLevel$	300	2
$FamilyLevel$	75	5
$LineLevel$	15	2
$DivisionLevel$	4	4
$YearLevel$	2	2
$MonthLevel$	12	12
$QuarterLevel$	4	4
$RetailerLevel$	99	4
$CityLevel$	4	4
$GenderLevel$	2	2
$AllLevel$	5	5

TABLE 4.3 – Caractéristiques des attributs de sélection

4.3.3 Comparaison

Les algorithme AG et RS sont caractérisés par un ensemble de paramètres (HC ne possède pas de paramètres). Pour déterminer les valeurs de ces paramètres, nous avons effectué des expériences avec plusieurs valeurs et nous avons retenu ceux donnant les meilleurs résultats.

4.3.3.1 Paramètres de AG

Les paramètres que nous avons configurés sont : le nombre d'individus, le taux de croisement, le taux de mutation et le temps d'exécution. Après plusieurs expériences avec différents valeurs de ces paramètres, les valeurs que nous avons retenues sont représentées dans tableau 4.4

151

Chapitre 4. La FH : Algorithmes de sélection et Validation

Paramètres	Valeur
Nombre d'individus	20
Taux de croisement	80
Taux de mutation	20
Temps d'exécution	450 s
W_0	500

TABLE 4.4 – Paramètres de AG

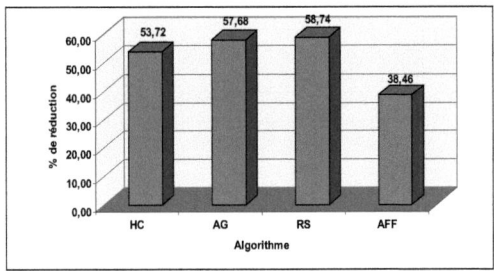

FIGURE 4.13 – Taux de réduction du coût d'exécution par algorithme

4.3.3.2 Paramètres de RS

Les paramètres que nous avons configurés sont : température initiale, facteur de décroissement de la température, l'équilibre et le temps d'exécution. Pour déterminer la température initiale, nous avons utilisé la technique suivante : nous fixons un seuil de probabilité initial π_0 assez proche de 1 pour accepter de mauvaises solutions. On génère un certain nombre de solutions, on calcule l'écart de la fonction objectif pour chaque mauvaise solution acceptée et on calcule la moyenne de ces différences (Δf). On résout par la suite l'équation $T_0 = (\frac{-\Delta f}{ln(\pi_0)})$. Les valeurs des paramètres retenus après toutes les expériences sont représentées dans tableau 4.5

Paramètres	Valeur
Température initiale	1400
Facteur de décroissance de température	0,9
Équilibre	10
Temps d'exécution	300 s

TABLE 4.5 – Paramètres de RS

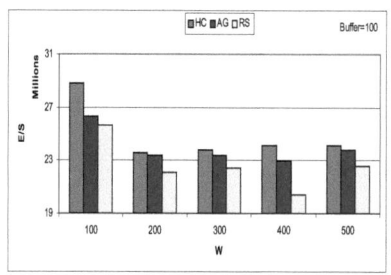
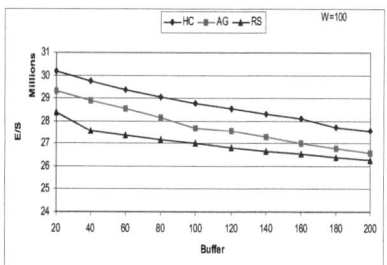

FIGURE 4.14 – Effet de W   FIGURE 4.15 – Etude de l'impact du buffer

4.3.3.3 Expériences

Dans la première expérimentation, nous avons exécuté les quatre algorithmes : Affinité (AFF), AG, HC et RS pour un seuil 100. La figure 4.13 montre le taux de réduction du coût d'exécution des requêtes apporté par le schéma de fragmentation sélectionné par chaque algorithme par rapport au schéma non fragmenté. L'algorithme d'affinité a sélectionné un schéma de fragmentation générant 16 fragments. Ce schéma réduit le coût de 38% par rapport au cas non fragmenté. Les deux algorithmes HC et RS ont permis d'améliorer cette solution pour atteindre 53% et 58% respectivement. L'algorithme génétique a sélectioné quant à lui, un schéma de fragmentation réduisant le coût par 57%. Il est clair que les trois algorithmes RS, HC et AG qui sont basés sur un modèle de coût et guidés par le nombre de fragments donnent de meilleurs résultats que celui de l'algorithme d'affinité qui n'est basé que sur la fréquence d'accès comme critère de fragmentation.

Nous présentons dans ce qui suit les différentes expériences que nous avons effectuées pour comparer les trois algorithmes heuristiques AG, RS et HC.

La figure 4.14 montre les performances de chaque algorithme par rapport au seuil W. Nous avons fait varier W de 100 à 500 en utilisant 45 prédicats, et pour chaque valeur de W nous exécutons chaque algorithme. Le recuit simulé et le génétique donnent de meilleurs résultats. L'algorithme HC est moins performant par le fait qu'il est confronté au problème de blocage dans des optimums locaux. L'augmentation du seuil améliore généralement les performances des requêtes car en relâchant W, plus d'attributs sont utilisés pour fragmenter l'entrepôt. Lorsque W est grand, les partitions sont plus fines, donc moins volumineuses. Cela implique moins de données non pertinentes chargées pour exécuter les requêtes utilisant les attributs de fragmentation. Lorsque W est petit, les partitions générérées sont volumineuses et chaque requête charge plus de données non pertinentes contenues dans ces partitions. Aussi, lorsque W est petit peu d'attributs sont utilisés pour fragmenter l'entrepôt, ce qui implique que les requêtes utilisant les autres attributs (non utilisés pour fragmenter l'entrepôts) accèdent à toutes les partitions, ce qui explique la diminution de la performance.

Chapitre 4. La FH : Algorithmes de sélection et Validation

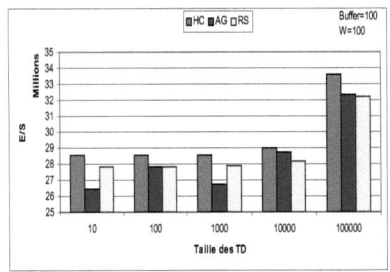 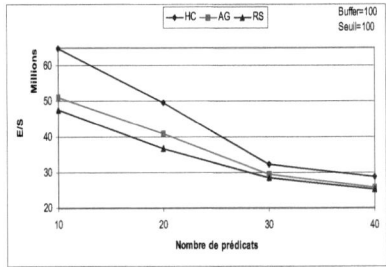

FIGURE 4.16 – Effet de la taille des TD   FIGURE 4.17 – Effet du nombre de prédicats

La figure 4.15 montre l'effet du tampon (buffer) sur la performance des requêtes. Notre modèle de coût est basé sur la gestion du tampon et sa taille. Nous varions la valeur du buffer de 20 à 200 pages et nous exécutons les algorithmes pour chaque valeur. L'augmentation de la taille du tampon implique une amélioration de la performance, car un tampon assez large permet de garder les résultats intermédiaires en mémoire où l'accès n'est pas coûteux en temps. Un tampon de petite taille provoque l'écriture des résultats intermédiaires sur le disque et leur rechargement pour les prochaines jointures, ce qui augmente le nombre d'E/S.

La figure 4.16 montre l'effet de la taille des tables de dimension (en termes de nombre de n-uplets). Nous avons considéré que toutes les tables de dimension ont le même nombre de n-uplets et nous avons fait varier ce nombre entre 10 et 100000. Les résultats montrent que pour les petites tailles des tables (de 10 à 1000) les résultats sont presque similaires, du fait que pour ces cas les fragments des tables de dimension sont suffisamment petits pour tenir dans un nombre de pages similaires. Lorsque la taille des tables de dimension devient importante, le temps d'exécution augmente car les fragments de ces dernières occupent plus d'espace et provoquent plus de données enregistrées sur le disque lors de leur jointure avec les fragments de faits.

Pour voir l'effet du nombre de prédicats utilisés dans les 60 requêtes sur la performance globale, nous faisons varier ce nombre entre 10 et 40. Nous créons quatre instances de requêtes utilisant chacune un nombre de prédicats différents (10, 20, 30 et 40 prédicats). Pour chaque instance, nous exécutons nos algorithmes pour W=100. Les résultats obtenus montrent que le nombre de prédicats utilisés par les requêtes a un effet considérable sur la performance des requêtes. Lorsque ce nombre est petit, la plupart des requêtes ne bénéficient pas de la fragmentation. Ceci est expliqué par le fait qu'elles accèdent à un nombre important de sous-schémas, voire la totalité des sous-schémas si elles ne possèdent pas des prédicats définis sur des attributs de fragmentation. Par conséquent, plusieurs opérations d'union sont nécessaires pour avoir le résultat final. Par contre, si le nombre de prédicats est important, le nombre de sous-schémas valides pour chaque requête est réduit (surtout pour celles n'utilisant que des attributs de fragmentation), ce qui implique le chargement

4.3. Évaluation de performance des trois algorithmes

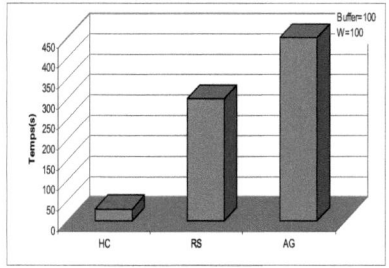

FIGURE 4.18 – Temps d'exécution de chaque algorithme

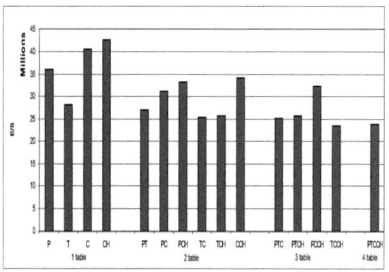

FIGURE 4.19 – Choix et nombre de tables de dimension

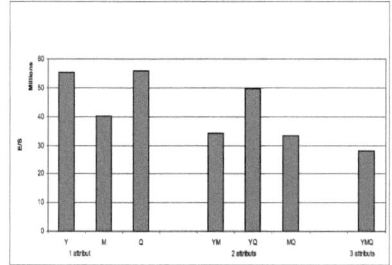

FIGURE 4.20 – Choix des attributs de la table *Timelevel*

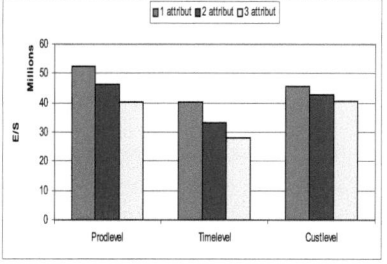

FIGURE 4.21 – Effet du nombre d'attributs de fragmentation de chaque table

de moins de données (les sous-schémas valides seulement).

La figure 4.18 montre le temps moyen d'exécution de chaque algorithme pour W=100. Le génétique et le recuit simulé consomment plus de temps d'exécution vu qu'ils utilisent plusieurs opérations. L'algorithme génétique prend plus de temps car il manipule plusieurs solutions en même temps. Le hill climbing est l'algorithme le plus rapide puisqu'il est basé sur deux opérations simples, à savoir *Merge* et *Split*.

Pour montrer l'effet du choix des tables de dimension à fragmenter, nous avons mené des expériences en considérant les cas suivants : *Cas 1* : une table parmi les quatres tables de dimension est fragmentée, *Cas 2* : deux parmi quatre, *Cas 3* : trois parmi quatre et *Cas 4* : quatre parmi quatre. Pour chaque cas, toutes les combinaisons de tables sont considérées. Ces expériences ont été effectuées en utilisant le RS, puisqu'il donne les meilleurs résultats. Les tables utilisées sont : *Prodlevel(P)*, *Timelevel(T)*, *Custlevel(C)* et *Chanlevel(CH)*. La figure 4.19 montre les résultats obtenus. Ces derniers montrent que le choix des tables de dimension à fragmenter est très important.

Par exemple, la table *Timelevel* est la plus adaptée pour être partitionnée, cela est

155

Chapitre 4. La FH : Algorithmes de sélection et Validation

justifié par le fait qu'elle est celle ayant le plus grand nombre de prédicats dans la charge de requête. Elle est aussi la table la plus utilisée par la charge de requêtes et par conséquent ces requêtes accéderont à moins de sous-schémas en étoile, donc moins de données chargées. Les résultats montrent aussi que choisir plus de tables de dimension pour la fragmentation donne plus de performance, à condition de choisir les bonnes tables. Les résultats montrent aussi que choisir plus de tables de dimension candidates à la fragmentation permet d'avoir plus de performance. Cela est dû au fait que les requêtes de jointure en étoile accèdent généralement à la totalité de l'entrepôt. Rappelons que les tables où aucun prédicat de sélection n'est défini sont écartées par notre approche de fragmentation, car la fragmentation ne permet pas de les optimiser. Une requête de ce type accède à la totalité des fragments générés et par conséquent aucune réduction n'est possible.

Pour montrer l'effet du choix des attributs, nous avons pris l'exemple de la table *Timelevel*. Nous avons considéré toutes les combinaisons possibles pour le choix des attributs (voir figure 4.20). Ces attributs sont (*Monthlevel(M), Yearlevel(Y)* et *Quarterlevel(Q)*). L'attribut *Monthlevel* donne les meilleurs résultats. Ceci s'explique par le fait que *Monthlevel* est l'attribut ayant le plus grand nombre de prédicats dans la charge de requête et il est l'attribut le plus utilisé. Choisir cet attribut comme un attribut de fragmentation permet aux requêtes ayant des prédicats sur cet attribut d'accéder à un nombre réduit de sous-schémas, donc moins de données sont chargées.

La même expérience a été menée pour les deux autres tables de dimension. Nous avons pris pour chaque table le meilleur temps d'exécution des requêtes pour le cas de 1, 2 ou 3 attributs choisis pour fragmenter l'entrepôt (voir figure 4.21). Les résultats montrent que lorsqu'on choisit plus d'attributs pour fragmenter l'entrepôt nous obtenons plus de performance, car plus de requêtes sont satisfaites (celles utilisant ces attributs) en accédant à moins de sous-schémas en étoile à condition de bien choisir ces attributs.

4.3.4 Bilan

Nous avons présenté une comparaison entre les trois algorithmes : HC, RS et AG conçus autour d'un modèle de coût mathématique. Les résultats montrent que le choix de l'algorithme de sélection, des tables de dimension ainsi que les attributs utilisés pour fragmenter l'entrepôt est très important pour garantir une bonne performance des requêtes. Ils montrent l'efficacité (en termes de performance) de l'algorithme du recuit simulé. Le hill climbing représente l'algorithme le plus rapide en temps d'exécution. Les résultats montrent que lorsque plus de tables de dimension et d'attributs sont utilisés dans le processus de fragmentation, la performance est meilleure. Cela est dû à la nature des requêtes décisionnelles qui sont utilisées sur la totalité de l'entrepôt (la majorité des dimensions et des attributs).

Dans la section suivante, nous effectuons une réelle validation en utilisant les données issue de banc d'essai APB1 sous Oracle10G.

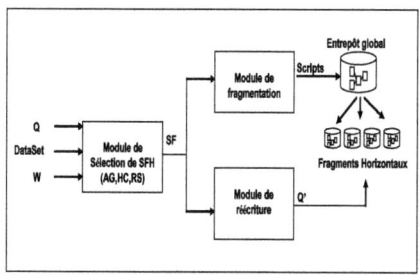

FIGURE 4.22 – Architecture de notre implémentation

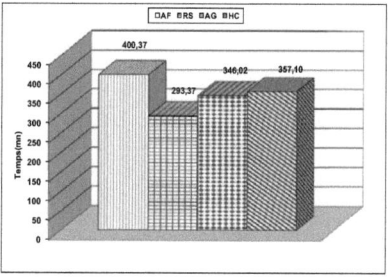

FIGURE 4.23 – Résultats sous Oracle

4.4 Validation sous Oracle 10g

Nous présentons dans cette section une implémentation de la FH primaire et dérivée sous un SGBD réel. Nous commençons par présenter notre architecture d'implémentation de la FH. Nous présentons par la suite deux techniques permettant respectivement d'implémenter la FH primaire et dérivée et nous présentons notre réécriture des requêtes sur le schéma fragmenté. Nous terminons par présenter les résultats obtenus après l'implémentation des solutions générées par chaque algorithme.

4.4.1 Architecture d'implémentation

Pour valider notre travail, nous avons développé une plate-forme sous ORACLE10g pour gérer le partitionnement d'un entrepôt de données. L'architecture de cette plate-forme est décrite dans la figure 4.22.

Cette architecture est composée de trois modules principaux : (1) le module de sélection d'un schéma de fragmentation, (2) le module de fragmentation de l'entrepôt et (3) le module de réécriture des requêtes.

1. *Module de sélection d'un schéma de FH (MSSFH)* : A partir d'un ensemble de requêtes, du schéma de l'entrepôt et du nombre de fragments souhaités, MSSFH permet de sélectionner un schéma de FH en utilisant un des trois algorithmes proposés (HC, RS ou AG).

2. *Module de fragmentation (MF)* : Ce module reçoit en entrée un schéma de fragmentation généré par MSSFH et donne en sortie tous les scripts permettant de fragmenter l'entrepôt. Deux types de scripts sont générés. Le premier concerne les scripts pour fragmenter les tables de dimensions en utilisant la fragmentation primaire. Le deuxième type de scripts est pour fragmenter la table des faits.

3. *Module de réécriture (MR)* : ce module reçoit en entrée un schéma de fragmentation SF et les requêtes globales, il retourne des requêtes réécrites sur SF. La réécriture

Chapitre 4. La FH : Algorithmes de sélection et Validation

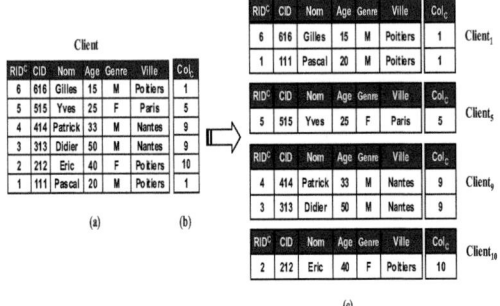

FIGURE 4.24 – Implémentation de la fragmentation primaire

d'une requête q_j sur SF consiste à identifier les sous-schémas valides pour q_j et ensuite la réécrire sur ces derniers.

4.4.1.1 Une technique d'implémentation de la fragmentation horizontale primaire

Plusieurs difficultés sont apparues pour implémenter la FH primaire. Elles sont liées au fait qu'Oracle10g ne supporte pas une fragmentation primaire sur trois niveaux ou plus en utilisant des combinaisons des modes de base (seule une fragmentation à un ou deux niveaux est supportée).

Pour remédier à ces difficultés, nous avons développé une technique permettant d'implémenter la FH sur plusieurs attributs. La technique consiste à ajouter une colonne supplémentaire Col_i dans la table de dimension D_i à fragmenter. Selon le schéma de fragmentation de la table D_i notre module de fragmentation génère un script PlSql permettant de remplir cette colonne pour chaque instance. La valeur de cette colonne pour une instance ins_j d'une table de dimension D_i correspond au numéro de fragment contenant ins_j. Après le remplissage, nous fragmentons la table D_i par liste sur cette colonne. Pour illustrer cela, considérons l'exemple suivant :

Exemple 45 *Soit la table Client représentée par l'ensemble de ses instances sur la figure 4.24(a). Supposons que nous fragmentons cette table sur les attributs Age, Genre et Ville. Cette fragmentation engendre le découpage suivant :*
  - *Le domaine de l'attribut Age est découpé en trois partitions comme suit : $\{\{Age \leq 26\}, \{26 \leq Age \leq 60\}, \{Age > 60\}\}$*
  - *Le domaine de l'attribut Genre est découpé en deux partitions comme suit : $\{\{M\}, \{F\}\}$*
  - *Le domaine de l'attribut Ville est découpé en trois partitions comme suit : $\{\{Poitiers\}, \{Paris\}, \{Nantes\}\}$*

Par conséquent, la table Client sera fragmentée en 18 fragments, $Client_1, \cdots, Client_{18}$.

4.4. Validation sous Oracle 10g

Par exemple, $Client_1$ est défini par la conjonction suivante : $(Age \leq 26) \wedge (Genre = M) \wedge (Ville = Poitiers)$.
La figure 4.24(b) montre la colonne Col_C ajoutée et les valeurs de ses instances après remplissage. La figure 4.24(c) montre les fragments obtenus après la fragmentation de la table Client sur Col_C [18]. Par exemple, la première ligne de la table correspond à un client masculin habitant Poitiers et âgés de moins de 26 ans, donc cette ligne appartient à la première partition de la table Client, ce qui implique que la première ligne de la colonne Col_C recevra 1. Le tableau 4.6 montre les combinaisons des différents sous-domaines générant les 18 fragments de la table Client.

Age	Genre	Ville	Fragment de la table Client
$Age \leq 26$	M	Poitiers	$Client_1$
$Age \leq 26$	M	Paris	$Client_2$
$Age \leq 26$	M	Nantes	$Client_3$
$Age \leq 26$	F	Poitiers	$Client_4$
$Age \leq 26$	F	Paris	$Client_5$
$Age \leq 26$	F	Nantes	$Client_6$
$26 \leq Age \leq 60$	M	Poitiers	$Client_7$
$26 \leq Age \leq 60$	M	Paris	$Client_8$
$26 \leq Age \leq 60$	M	Nantes	$Client_9$
$26 \leq Age \leq 60$	F	Poitiers	$Client_{10}$
$26 \leq Age \leq 60$	F	Paris	$Client_{11}$
$26 \leq Age \leq 60$	F	Nantes	$Client_{12}$
$Age > 60$	M	Poitiers	$Client_{13}$
$Age > 60$	M	Paris	$Client_{14}$
$Age > 60$	M	Nantes	$Client_{15}$
$Age > 60$	F	Poitiers	$Client_{16}$
$Age > 60$	F	Paris	$Client_{17}$
$Age > 60$	F	Poitiers	$Client_{18}$

TABLE 4.6 – Sous-domaines générant chaque fragment de la table Client

4.4.1.2 Une technique d'implémentation de la fragmentation horizontale dérivée

La fragmentation dérivée est réalisée avec le mode de partitionnement par référence (voir section 2.3.2.1.4). Or ce mode permet de fragmenter la table des faits en utilisant le schéma d'une seule table de dimension. Nous avons donc rencontré un problème pour implémenter la FH pour plus de deux tables de dimension. Afin de supporter la FH dérivée basée sur la fragmentation de plusieurs tables de dimension, nous avons développé la technique suivante : nous créons une colonne supplémentaire Col_F dans la table des faits. Cette colonne contient la concaténation des numéros de fragments des tables de dimension. Pour remplir cette colonne, nous effectuons une jointure entre la table des faits et les tables de dimension fragmentées, et nous concaténons les valeurs des colonnes Col_i utilisées pour fragmenter les tables de dimension. Nous fragmentons ensuite la table des faits par liste

---
[18]. Les fragments vides ne sont pas représentés

Chapitre 4. La FH : Algorithmes de sélection et Validation

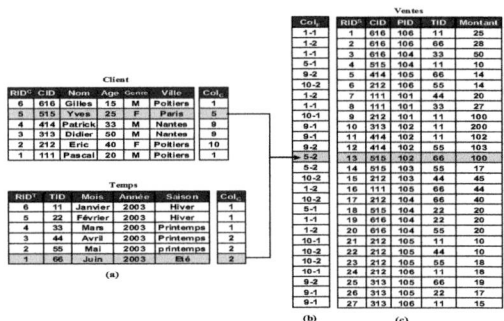

FIGURE 4.25 – Implémentation de la fragmentation dérivée

sur la colonne Col_F. Pour faire cela, nous créons une vue matérialisée temporaire V. Cette vue contient les instances de la table des faits et la colonne Col_F. Nous chargeons la vue V dans la table des faits et nous supprimons par la suite la vue V.

Exemple 46 *Pour illustrer la technique d'implémentation de la fragmentation dérivée, considérons que les deux tables de dimension Client et Temps sont fragmentées en utilisant la technique décrite ci-dessus (voir figure 4.25(a)). La table Temps est fragmentée sur l'attribut Mois en deux fragments correspondant respectivement au premier et au deuxième trimestres. La figure 4.25(c)) représente la table des faits à fragmenter en utilisant les schémas de fragmentation de Client et Temps. La figure 4.25(b) montre la colonne ajoutée avec les valeurs de ses instances calculées en créant la vue matérialisée VM décrite comme suit :*

```
CREATE MATERIALIZED VIEW VM
BUILD IMMEDIATE
AS
SELECT V.CID, V.TID,V.PID, V.Montant, Col_C||'-'||Col_T as Col_F
FROM Ventes V, Client C, Temps T
WHERE V.CID = C.CID
AND V.PID = P.PID
AND V.TID = T.TID
```

La table Ventes sera fragmentée en 36 fragments, chacun correspondant à une combinaison de fragments des tables Client et Temps. Par exemple, la ligne grisée dans la figure 4.25(c) correspond à $CID = 515$ et $TID = 66$. Or les n-uplets ayant $CID = 515$ appartiennent à la partition $Client_5$ de la table Client, et les n-uplets ayant $TID = 66$ appartiennent à la partition $Temps_2$ de la table Temps. En concaténant les numéros des deux partitions, la colonne Col_F de cette ligne recevra alors la valeur $5 - 2$.

4.4.1.3 Réécriture des requêtes

La table des faits est fragmentée horizontalement en utilisant la colonne Col_F, or les requêtes utilisent des prédicats de sélection définis sur les tables de dimension. Lors de l'exécution d'une requête par l'optimiseur, celui-ci ne trouve aucune correspondance entre les prédicats utilisés par les requêtes et la clé de fragmentation (Col_F), et par conséquent, il accède à tous les fragments et effectue une union des résultats obtenus. Pour que l'optimiseur prenne en considération notre processus de fragmentation, nous devons faire une réécriture des différentes requêtes sur les sous-schéma en étoile. Le processus de réécriture passe par les étapes suivantes :

1. Pour chaque requête, trouver l'ensemble des sous-schémas en étoile valides.
2. Pour chaque sous-schéma valide, déterminer le type de correspondance (partielle ou totale).
3. Déterminer l'ensemble des fragments de dimension à joindre ainsi que les prédicats de sélections définis sur chaque table.
4. Réécrire la requête sur chaque sous-schéma valide sous forme d'une sous-requête.
5. Effectuer une opération UNION ALL entre toutes les sous-requêtes pour récupérer le résultat final.

La forme générale d'une sous-requête définie sur le sous-schéma en étoile Sc_i est la suivante [19] :

```
SELECT [SGA], FC(AA)
```
FROM F PARTITION(F_i), D_1 PARTITION(D_{1j}), D_2 PARTITION(D_{2k}),$\cdots$,D_l PARTITION($D_l m$)
```
WHERE PJOIN AND PSEL
[GROUP BY GA]
```

où F_i représente le fragment de faits constituant le sous-schéma en étoile Sc_i et , D_{1j}, D_{2k}, $D_l m$ les fragments de dimension utilisés par la requête et liés au fragment F_i.

Notons que si un sous-schéma en étoile contient une table de dimension non fragmentée, la clause PARTITION n'est pas utilisée pour cette table.

Exemple 47 *Considérons la requête Q suivante :*

```
SELECT CID, sum(Ventes)
FROM Ventes V, Client C, Temps T
WHERE V.CID = C.CID AND V.TID = T.TID
AND C.Gender='M' AND C.Age<26 AND T.Mois='Janvier'
Group By C.CID
```

Dans la table Client, trois partitions ($Client_1$, $Client_2$ et $Client_3$) sont valides pour Q. Il y a une correspondance totale entre la requête et ces partitions, donc il n'est pas nécessaire de joindre ces partitions lors de l'exécution de la requête. Dans la table Temps, une partition($Temps_1$) est valide pour Q. Il y a une correspondance partielle entre la requête et cette partition, donc il est nécessaire de joindre cette partition lors de l'exécution de la requête.

---
19. Nous utilisons la syntaxe d'Oracle

Chapitre 4. La FH : Algorithmes de sélection et Validation

Par conséquent, trois fragments de faits sont valides pour cette requête, il s'agit des fragments : $Ventes_{1-1}$, $Ventes_{2-1}$ et $Ventes_{3-1}$. La requête Q sera réécrite comme suit :

```
SELECT CID, sum(Ventes)
FROM (
SELECT CID, Ventes
FROM Ventes  PARTITION (Ventes1-1) V, Temps PARTITION(Temps1) T
WHERE V.TID = T.TID
AND T.Mois='Janvier'
UNION ALL
SELECT CID, Ventes
FROM Ventes  PARTITION (Ventes2-1) V, Temps PARTITION(Temps1) T
WHERE V.TID = T.TID
AND T.Mois='Janvier'
UNION ALL
SELECT CID, Ventes
FROM Ventes  PARTITION (Ventes3-1) V, Temps PARTITION(Temps1) T
WHERE V.TID = T.TID
AND T.Mois='Janvier'
)
Group By C.CID
```

4.4.2 Implémentation sous Oracle 10g

L'implémentation de notre démarche de fragmentation sous Oracle10g nécessite deux étapes : (1) créer l'entrepôt et le charger et (2) exécuter les requêtes sur cet entrepôt avant et après fragmentation. Nous détaillons ces deux étapes dans ce qui suit.

4.4.2.1 Chargement de l'entrepôt

Le banc d'essais Apb-1 est livré avec un fichier exécutable APB.exe [47]. Cet exécutable sert à générer les fichiers de données servant à peupler l'entrepôt. Il est livré aussi avec un fichier contenant les scripts de création des tables constituant l'entrepôt. Nous avons modifié ces scripts pour créer les tables de dimension *ProdLevel*, *TimeLevel*, *CustLevel* et *ChanLevel* et la table des faits *Actvars*. Le peuplement de l'entrepôt se fait à l'aide de l'utilitaire SqlLoader fourni avec Oracle10g en utilisant des fichiers de contrôle que nous avons créés. Les fichiers de contrôle spécifient les formats des fichiers de données et des tables dans lesquelles ces fichiers seront chargées. La figure 4.26 montre le chargement de l'entrepôt en utilisant l'outil de génération APB.EXE fourni avec le banc d'essais APB-1 [47] et l'outil SQLLoader fourni avec Oracle.

4.4.2.2 Exécution des requêtes

Nous avons implémenté les schémas de fragmentation obtenus à partir de chaque algorithme sous Oracle 10g. Nous avons choisi le scénario suivant pour valider les trois algorithmes (W=100) : L'algorithme génétique et le recuit simulé ont généré un schéma de fragmentation composé de 80 sous-schémas en étoile. Le génétique utilise 5 attributs parmi 12 et 3 tables de dimension (*Timelevel*, *Custlevel* et *Chanlevel*) pour fragmenter l'entrepôt. Le recuit simulé utilise 5 attributs mais toutes les tables de dimension ont été

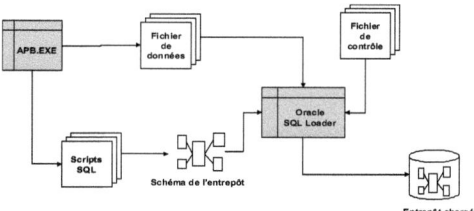

FIGURE 4.26 – Création et chargement de l'entrepôt issu du banc d'essais Apb-1

utilisées pour fragmenter l'entrepôt. Le Hill Climbing a généré 96 sous-schémas en étoile en utilisant 4 attributs et 3 tables de dimension (*Prodlevel*, *Timelevel* et *Chanlevel*).

Nous avons implémenté chaque schéma en utilisant notre module de fragmentation. Les requêtes d'origine ont été réécrites par le module de réécriture sur les schémas de fragmentation obtenus à partir de chaque algorithme. Nous avons exécuté les requêtes d'origine sur l'entrepôt non fragmenté (AF) et les requêtes réécrites sur l'entrepôt fragmenté correspondant. Nous avons vidé le tampon après l'exécution de chaque requête pour éviter l'influence de l'exécution d'une requête sur l'autre. La figure 4.23 montre les résultats obtenus. Elle illustre deux points importants : (i) que la FH dans les entrepôts de données est cruciale pour la performance de requêtes et (ii) que le choix de l'algorithme de fragmentation a un impact considérable sur cette performance. Les résultats réels montrent que l'algorithme de recuit simulé donne de meilleurs résultats (comme dans l'évaluation théorique) que l'algorithme génétique ou le hill climbing.

4.5 Conclusion

Nous avons proposé dans ce chapitre trois algorithmes heuristiques pour sélectionner un schéma de fragmentation horizontale : un algorithme hill climbing, un algorithme génétique et un algorithme de recuit simulé. Nous avons détaillé pour chaque algorithme les principales fonctions qu'il utilise ainsi que sa fonction objectif. Nous avons procédé à une validation des trois algorithmes en effectuant un certain nombre d'expériences. Deux types d'expérimentation ont été effectuées. Les premières expériences ont été effectuées en utilisant le modèle de coût mathématique que nous avons proposé ; tandis que les autres expériences ont été effectuées sur un entrepôt réel sous le SGDB Oracle 10g. En constatant certaines difficultés à implémenter la FH primaire définie sur plus de deux niveaux ainsi que la fragmentation dérivée définie sur plusieurs tables de dimension, nous avons proposé une technique pour les implémenter ainsi qu'un processus de réécriture des requêtes sur les sous-schémas en étoile résultant de la fragmentation. Les résultats montrent que notre approche donne une bonne réduction du temps d'exécution des requêtes, à condition de bien choisir les algorithmes de sélection, les tables de dimension à fragmenter ainsi que les attributs de fragmentation. Elles montrent aussi que l'algorithme RS est le meilleur

Chapitre 4. La FH : Algorithmes de sélection et Validation

algorithme parmi les trois proposés, suivi de AG puis par HC. Par contre, ce dernier est moins gourmand en temps de calcul, ce qui permet de l'utiliser pour avoir rapidement un schéma de fragmentation afin de satisfaire un ensemble de requêtes.

Le processus de fragmentation utilise un sous-ensemble d'attributs de sélection pour fragmenter l'entrepôt. Par conséquent, plusieurs requêtes ne bénéficient pas de ce processus. Ces requêtes utilisent généralement des attributs non utilisés pour fragmenter l'entrepôt, ce qui nécessite de charger toutes les partitions et de faire une union pour former le résultat final. D'autres techniques d'optimisation peuvent être utilisées pour réduire le temps d'exécution de ces requêtes comme les vues matérialisées et les index. Comme la jointure est l'opération la plus coûteuse et du fait qu'elle est omniprésente dans les requêtes de jointure en étoile, l'utilisation des index de jointure peut améliorer considérablement la performance de ces requêtes. Nous proposons dans le chapitre suivant une étude détaillée du problème de sélection d'un ensemble d'index de jointure pour réduire le coût d'exécution d'un ensemble de requêtes.

Chapitre 5

Sélection Isolée : Les Index de Jointure Binaires

5.1 Introduction

Dans le chapitre précédent, nous avons étudié la fragmentation horizontale primaire et dérivée qui sont deux techniques d'optimisation non redondantes qui réduisent le coût d'exécution des opérations de sélections et de jointures respectivement. La jointure est une opération très coûteuse en temps de réponse lorsque le volume de données manipulé est important. La fragmentation horizontale et les techniques d'implémentation de la jointure comme les boucles imbriquées, le tri-fusion ou les fonctions de hachage restent insuffisantes pour l'optimiser.

Rappelons que les index de jointure binaires (IJB) précalculent la jointure entre la table des faits et une ou plusieurs tables de dimension. Cette jointure est matérialisée à travers un ensemble de vecteurs de bits construits sur la table des faits en se basant sur un ou plusieurs attributs de dimension de faible cardinalité. Un vecteur de bits représentant les n-uplets de la table de faits est créé pour chaque valeur distincte de l'attribut de la table de dimension sur lequel l'index est construit. Le $i^{ème}$ bit du bitmap est égal à 1, si le n-uplet correspondant à la valeur de l'attribut indexé peut être joint avec le n-uplet de rang i de la table de faits. Dans le cas contraire, le $i^{ème}$ bit est à zéro. Les IJB sont efficaces pour les requêtes de type COUNT, AND, OR, NOT, d'où leur implémentation dans les SGBD commerciaux, comme *Oracle*, *SQL Server* et *DB2*. Les IJB définis sur des attributs de faible cardinalité sont souvent bénéfiques par rapport aux index b-tree pour deux considérations : la taille réduite et la possibilité de combinaison. La taille des index binaires est proportionnelle à la cardinalité des attributs indexés. Ils ne sont pas recommandés pour les attributs de forte cardinalité. Pour réduire la taille de ces index, plusieurs travaux ont été proposés. Ces travaux s'orientent vers deux directions : l'encodage [154] et la compression [7, 86, 153]. Plusieurs techniques de compression ont été proposées pour réduire la taille des IJB [86]. Nous pouvons citer l'approche WAH (Word-Aligned Hybrid) [153] et BBC (Byte-aligned Bitmap Code) [7].

Chapitre 5. Sélection Isolée: Les Index de Jointure Binaires

Un IJB peut être défini sur un ou plusieurs attributs de dimension utilisés par des prédicats de sélection. Par conséquent, plusieurs index sont candidats. Choisir les index de jointure pour optimiser un ensemble de requêtes est une tâche difficile pour un administrateur. Peu de travaux se sont intéressés au problème de sélection des IJB (voir le chapitre sur l'état de l'art).

Nous présentons dans ce chapitre notre approche de sélection d'IJB. Elle propose deux types d'algorithmes gloutons pour la sélection d'une configuration d'index. Le premier algorithme permet de sélectionner un ensemble d'index mono-attributs (définis sur un seul attribut de dimension). Le deuxième algorithme permet de sélectionner un ensemble d'IJB multi-attributs.

Ce chapitre est organisé en sept sections. La section 2 donne la stratégie d'exécution d'une requête de jointure en étoile en présence d'un IJB. La section 3 présente le problème de sélection des IJB et nous étudions sa complexité. La section 5 présente notre approche de sélection d'IJB. La section 6 présente l'ensemble des expériences que nous avons effectuées sur les données du banc d'essais APB1. La section 7 conclut le chapitre en présentant les résultats obtenus et en citant quelques perspectives.

5.2 Stratégie d'exécution en présence des IJB

Une requête de jointure en étoile est caractérisée par un ensemble de sélections sur les tables de dimension, suivies de jointures avec la table des faits. Si tous les attributs objets des prédicats de sélection sont indexés, alors l'exécution d'une requête de jointure passe par les étapes suivantes :

1. Effectuer une réécriture de la requête qui consiste à séparer chaque jointure dans une sous-requête. Chaque sous-requête représente l'ensemble des sélections effectuées sur chaque table de dimension.

2. Pour chaque sous-requête, utiliser les IJB définis sur la table de dimension pour trouver un vecteur de bits représentant les n-uplets de la table des faits référencés par la sous-requête.

3. Effectuer une opération AND entre les vecteurs obtenus à partir des sous-requêtes pour trouver un seul vecteur référençant tous les n-uplets référencés par la requête.

4. Utiliser le vecteur résultat pour accéder à la table des faits et récupérer les n-uplets référencés par la requête globale.

Pour montrer cette stratégie d'exécution, nous présentons l'exemple suivant.

Exemple 48 *Soit l'entrepôt de données de l'exemple 12. Supposons la requête Q définie par :*

```
SELECT avg(montant)
FROM Ventes V, Client C, Produit P, Temps T
WHERE V.CID=D.CID AND V.PID=P.PID AND V.TID=T.TID AND
C.VILLE=('Poitiers' OR 'Nantes') AND Mois ='Mars' AND (P.TYPE='Jouet' OR 'Beauté')
```

Supposons l'existance de trois index mono-attributs, IJB-Ville, IJB-Mois et IJB-Type définis comme suit :

5.2. Stratégie d'exécution en présence des IJB

```
CREATE BITMAP INDEX IJB-VILLE
ON Ventes(Client.Ville)
FROM Ventes, Client
WHERE
Client.CID=Ventes.CID

CREATE BITMAP INDEX IJB-MOIS
ON Ventes(Temps.Mois)
FROM Ventes, Temps
WHERE
Client.CID=Ventes.CID

CREATE BITMAP INDEX IJB-TYPE
ON Ventes(Produit.Type)
FROM Ventes, Produit
WHERE
Client.CID=Ventes.CID
```

Pour exécuter Q, nous suivons les trois étapes ci-dessus mentionnées.

1. La réécriture de Q donne :

    ```
    SELECT avg(montant)
    FROM Ventes
    WHERE   CID in (SELECT CID FROM Client WHERE AND VILLE=('Poitiers' OR 'Nantes'))
    AND
    V.PID in (SELECT P.PID FROM Produit WHERE (P.TYPE='Jouet' OR 'Beauté'))
    AND
    V.TID in (SELECT T.TID FROM Time WHERE T.Mois ='Mars')
    ```

2. Le calcul du vecteur de bits relatif à chaque sous-requête se fait comme suit (voir figure 5.1) :
    - Sous-requête 1 : l'optimiseur calcule le vecteur vérifiant le prédicat C.VILLE=('Poitiers' OR 'Paris'). Pour cela, il effectue une opération OR entre les deux vecteurs représentant les valeurs 'Poitiers' et 'Paris'. Le résultat est sauvegardé dans un vecteur binaire VB1.
    - Sous-requête 2 : chargement du vecteur relatif à la valeur Mois ='Juin'. Le résultat est sauvegardé dans un vecteur binaire VB2.
    - Sous-requête 3 : Chargement des vecteurs relatifs aux valeurs 'Jouet' et 'Beauté'. Il effectue une opération OR pour avoir un vecteur résultat. Le résultat est sauvegardé dans un vecteur binaire VB3.

3. L'optimiseur calcule un vecteur binaire final VBF qui est le résultat d'une opération AND entre les trois vecteurs obtenus comme suit : VBF=VB1 AND VB2 AND VB3.

4. L'optimiseur accède à partir de VBF aux n-uplets de la table de faits en utilisant les rowid correspondant aux bits mis à 1 dans VBF. Il calcule la moyenne du montant de ces n-uplets.

Cet exemple montre l'intérêt de ce type d'index pour l'optimisation de requêtes décisionnelles.

Chapitre 5. Sélection Isolée : Les Index de Jointure Binaires

	Ville			Mois						Catégorie					
RID	P	Pr	N	Ja	Fe	Ma	Av	Mai	Ju	B	M	J	Jr	F	
1	1	0	0	1	0	0	0	0	0	1	0	0	0	0	0
2	1	0	0	0	0	0	0	0	1	1	0	0	0	0	0
3	1	0	0	0	0	1	0	0	0	0	1	0	0	0	0
4	0	1	0	1	0	0	0	0	0	0	1	0	0	0	0
5	0	0	1	0	0	0	0	1	0	1	0	0	0	0	0
6	1	0	0	0	0	0	0	1	0	1	0	0	0	0	0
7	1	0	0	0	0	0	1	0	0	0	0	0	0	1	0
8	1	0	0	0	0	1	0	0	0	0	0	0	0	1	1
9	1	0	0	1	0	0	0	0	0	0	0	0	0	1	0
10	0	0	1	1	0	0	0	0	0	0	0	0	1	0	0
11	0	0	1	1	0	0	0	0	0	0	0	0	1	0	0
12	0	0	1	0	0	0	0	1	0	0	0	0	1	0	0
13	0	1	0	0	0	0	0	1	0	0	0	0	1	0	0
14	0	1	0	0	0	0	0	1	0	0	0	1	0	0	0
15	1	0	0	0	0	0	1	0	0	0	0	1	0	0	0
16	1	0	0	0	0	0	0	0	1	1	0	0	0	0	0
17	1	0	0	0	0	0	0	0	1	0	1	0	0	0	0
18	0	1	0	0	1	0	0	0	0	0	1	0	0	0	0
19	1	0	0	0	1	0	0	0	0	0	0	0	0	0	0
20	1	0	0	0	0	0	0	1	0	0	1	0	0	0	0
21	1	0	0	1	0	0	0	0	0	1	0	0	0	0	0
22	1	0	0	0	0	1	0	0	0	1	0	0	0	0	0
23	1	0	0	0	0	0	0	1	0	1	0	0	0	0	0
24	1	0	0	1	0	0	0	0	0	1	0	0	0	0	0
25	0	0	1	0	0	0	0	0	1	1	0	0	0	0	0
26	0	0	1	0	1	0	0	0	0	1	0	0	0	0	0
27	0	0	1	1	0	0	0	0	0	1	0	0	0	0	0

FIGURE 5.1 – Exécution d'une requête en utilisant trois IJB

5.3 Problème de sélection des index de jointure binaires

Nous présentons dans cette section une formalisation du problème de sélection des IJB, ensuite nous étudions sa complexité.

5.3.1 Formalisation

La sélection d'une configuration d'IJB vise à optimiser la performance d'un ensemble de requêtes de jointure en étoile. Nous considérons l'espace de stockage réservé aux index comme une contrainte du problème de sélection des IJB. En conséquence, le problème de sélection d'une configuration d'IJB peut être formalisé comme suit :
Étant donné :
- un entrepôt de données modélisé par un schéma en étoile ayant un ensemble de tables de dimension $D = \{D_1, D_2, ..., D_d\}$ et une table des faits F,
- une charge de requêtes $Q = \{Q_1, Q_2, ..., Q_m\}$, où chaque requête Q_j a une fréquence d'accès f_j, et
- une capacité de stockage S ;

le problème de sélection des index de jointure consiste à trouver une configuration d'index CI minimisant le coût d'exécution de Q en respectant la contrainte de stockage ($Taille(CI) \leq S$).

5.3.2 Complexité

La sélection d'une configuration d'IJB est généralement une tâche difficile comparée à d'autres types d'index. Cela est dû à plusieurs considérations :
- Un IJB est défini sur un ensemble d'*attributs indexables* qui représentent un sous-ensemble des attributs non clés des tables de dimension. Un attribut est indexable s'il est utilisé par un prédicat de sélection. Dans le contexte d'entrepôts de données, le nombre d'attributs indexables peut être important, vu le nombre de tables de dimension et le nombre d'attributs non clés de chaque table.
- Un IJB peut être défini sur un attribut (mono-attribut) ou sur plusieurs attributs issus de différentes tables de dimension (multi-attributs), ce qui augmente le nombre d'index de jointure possibles.
- Un attribut indexable peut figurer dans plusieurs IJB car ces derniers peuvent être non disjoints.
- La taille d'un IJB est proportionnelle à sa cardinalité. Un attribut de forte cardinalité rend l'index volumineux, donc difficile à stocker et à maintenir.

Soit $A = \{A_1, A_2, ..., A_K\}$ un ensemble d'attributs indexables candidats pour la sélection d'une configuration d'IJB. Chaque IJB dans cette configuration est constitué d'un sous-ensemble d'attributs de A, par conséquent cette configuration constitue une partition de A en un ensemble de groupes. Chaque groupe d'attributs représente un IJB potentiel. Nous pouvons considérer deux scenarii :

1. *Sélection d'un seul index de jointure* : si on veut utiliser un seul IJB, le nombre de possibilité est donné par :

$$N = \binom{K}{1} + \binom{K}{2} + ... + \binom{K}{K} = 2^K - 1 \tag{5.1}$$

Si le nombre d'attributs indexables est égal à 5 ($K = 5$), alors le nombre d'index possible est égal à 31.

2. *Sélection de plus d'un index de jointure* : pour sélectionner plus d'un IJB, le nombre de possibilités est donné par :

$$N = \binom{2^K-1}{1} + \binom{2^K-1}{2} + ... + \binom{2^K-1}{2^K-1} = 2^{2^K-1}$$

Par exemple, si le nombre d'attributs indexables est égal à 5, alors $N = 2^{31} > 1,2 \times 10^9$).

En se penchant sur la littérature, peu d'algorithmes ont été proposés pour la sélection des IJB. Nous pouvons citer deux algorithmes proposés dans [10, 25]. Ces algorithmes sont dirigés par les *techniques de fouille de données*. Le premier implémente l'algorithme *CLOSE* pour la construction des motifs fermés fréquents et se base sur la fréquence d'accès pour construire les IJB [10]. Le deuxième appelé *DynaClose* améliore le premier algorithme en prenant en compte de nouveaux paramètres, comme la taille des tables de dimension indexées. Ces deux algorithmes utilisent les motifs fréquents pour générer un ensemble d'index candidats, ensuite un algorithme glouton permet de sélectionner la configuration finale.

Nous présentons dans ce qui suit notre approche de sélection des IJB. Elle repose sur le principe de sélectionner une configuration initiale, puis de construire une configuration finale en améliorant cette configuration de manière itérative.

5.4 Modèle de coût

Evaluer et comparer la qualité des différentes configurations d'index générées lors du processus de sélection nécessite l'utilisation d'un modèle de coût. Nous avons utilisé le modèle de coût proposé par Aouiche dans [10]. A partir d'une requête Q et d'une configuration d'index CI, ce modèle permet d'estimer la taille des index de CI ainsi que le coût d'exécution de Q en termes de nombre d'entrées-sorties en présence de CI. Il utilise un ensemble de paramètres dont les plus importants sont représentés sur le tableau 5.1.

Paramètre	Signification
I	Un index de jointure binaire
$|RowId|$	Taille de l'identificateur de ligne en bits
$|A_j|$	Cardinalité de l'attribut A_j.
$|F|$	Cardinalité de la table des faits F
$||F||$	Nombre de pages nécessaires pour stocker F
Taille(I)	Taille d'un index I
PS	Taille de la page système

TABLE 5.1 – Paramètres utilisés dans le modèle de coût

5.4.1 Coût de stockage d'un IJB

Un IJB construit sur un ensemble d'attributs de dimension, stocke pour chaque n-uplet de la table des faits son identificateur de ligne ($RowID$) ainsi qu'un ensemble de vecteurs binaires représentant chacune une valeur des attributs indexés. L'espace de stockage d'un IJB dépend de deux paramètres : le nombre de n-uplets de la table des faits et la cardinalité des attributs indexables.

Soit un index I défini sur n attributs $A_1, A_2, \cdots, A_n$. L'espace de stockage en octets de I est calculé par la formule suivante :

$$Taille(I) = \frac{(|RowID| + \sum_{j=1}^{n} |A_j|) \times |F|}{8}$$

5.4.2 Coût d'exécution

Le coût d'exécution d'une requête Q en présence d'une configuration d'index CI est exprimé en nombre d'entrées-sorties nécessaires pour l'exécution de ces requêtes en utilisant CI. Selon les attributs indexés dans CI, nous pouvons considérer trois scenarii pour l'exécution de Q : (1) Aucun attribut indexable de Q n'est couvert par CI, (2) tous les attributs indexables de Q sont couverts par CI et (3) quelques attributs indexables de Q sont couverts par CI.

1. *Scénario 1 : Aucun attribut de Q n'est indexé dans CI* : Dans le cas d'absence d'IJB utilisés par Q, toutes les jointures de Q peuvent être calculées en utilisant la jointure par hachage. Pour calculer le coût d'exécution de ces jointures, nous avons utilisé le modèle de coût développé et décrit au chapitre 3.

2. *Scénario 2 : Tous les attributs de Q sont indexés dans CI* : ce cas représente la situation idéale où toutes les jointures dans Q ont été pré-calculées dans CI. L'exécution de Q dans ce cas passe par deux étapes importantes : le chargement des index, ensuite l'accès aux données. Par conséquent, deux coûts sont considérés : le coût de chargement des index et le coût d'accès aux données.
   - *Coût de chargement des index* : le coût de chargement d'un IJB noté CC(I) correspond au nombre de pages lues pour le charger. Il est calculé par la formule suivante :
   $$CC(I) = \frac{Taille(I)}{PS}$$
   Le coût de chargement de l'ensemble d'index utilisés par une requête Q correspond à la somme des coûts de chargement de ces index.
   - *Coût d'accès aux n-uplets* : soit N_t le nombre de n-uplets de la table de faits référencés par la requête Q. Le coût de lecture (CL) de ces n-uplets est donné par la formule suivante :
   $$CL = ||F||(1 - e^{-\frac{N_t}{||F||}})$$
   où $||F||$ désigne le nombre de pages nécessaires pour stocker la table des faits F.

3. *Scénario 3 : Quelques attributs de Q sont indexés dans CI* : Dans ce scénario, l'exécution de Q se fait en deux phases. Dans la première phase, les index utilisés par Q sont chargés et utilisés pour trouver un ensemble de n-uplets de la table des faits. Le coût de cette phase est calculé comme celui du scénario 2. Il correspond au coût de chargement des index utilisés ainsi que celui de chargement des n-uplets de faits. Dans la deuxième phase, les jointures non encore effectuées (à cause de l'absence d'IJB les précalculant dans CI) sont réalisées. Ces jointures sont effectuées entre les n-uplets de faits, résultats de la première étape, et les tables de dimension non encore jointes. Le coût de cette étape est calculé en utilisant le modèle que nous avons défini dans le chapitre 3 (voir scénario 1).

5.5 Approche de sélection d'index de jointure binaires

Nous présentons dans cette section notre approche de sélection d'une configuration d'IJB visant à réduire le coût d'exécution d'une charge de requêtes sous une contrainte

Chapitre 5. Sélection Isolée : Les Index de Jointure Binaires

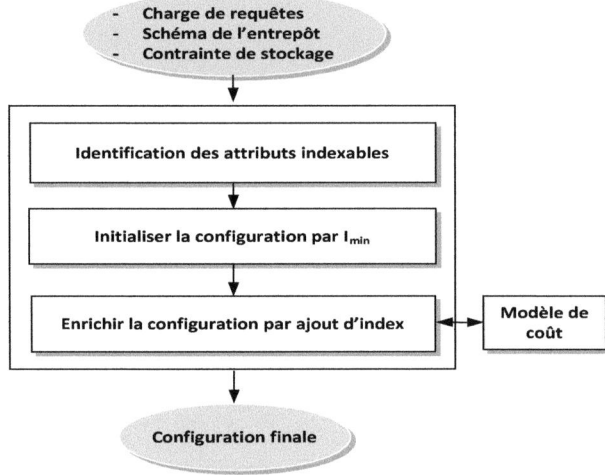

FIGURE 5.2 – Architecture de notre approche de sélection d'IJB mono-attribut

de stockage. Nous proposons deux algorithmes de sélection, le premier sélectionne une configuration d'index mono-attributs et le deuxième un ensemble d'index multi-attributs.

5.5.1 Sélection d'une configuration d'index mono-attributs

La sélection d'une configuration d'index mono-attributs se déroule en trois étapes :(1) l'identification des attributs indexables, (2) l'initialisation de la configuration et (3) l'enrichissement de la configuration actuelle par l'ajout de nouveaux index. Dans la première étape, l'ensemble des requêtes est analysé afin d'extraire les attributs indexables. Ces attributs sont les attributs sur lesquels un prédicat de sélection est défini dans la charge de requêtes. Les attributs indexables candidats sont choisis parmi les attributs indexables de faible et de moyenne cardinalité. La deuxième et la troisième étapes sont réalisées au sein d'un algorithme glouton que nous avons proposé. Cet algorithme est basé sur le modèle de coût que nous avons présenté dans la section 5.4. L'algorithme commence par une configuration composée d'un index mono-attribut défini sur l'attribut ayant une cardinalité minimum noté BJI_{min}. La configuration initiale est améliorée itérativement par l'ajout d'index définis sur d'autres attributs non encore indexés. L'algorithme s'arrête lorsque deux conditions sont satisfaites : aucune amélioration n'est possible et l'espace de stockage est consommé. Notre algorithme glouton est décrit dans algorithme 9.

5.5. Approche de sélection d'index de jointure binaires

Algorithme glouton pour la sélection d'IJB
Variables :
- BJI_j : IJB défini sur l'attribut A_j.
- $Taille(BJI_j)$: coût de stockage de BJI_j
- $C[Q, \phi]$: coût d'exécution de Q avant indexation.
- $C[Q, C]$: coût d'exécution de Q en utilisant la configuration C.

Entrées : Charge Q, Ensemble d'attributs indexables $BJIASET$, Espace de stockage S.
Sortie : Configuration finale C_f.
begin
$C_f \leftarrow BJI_{min}$;
$S \leftarrow S - Taille(BJI_{min})$;
$BJISET \leftarrow BJISET - A_{min}$;   //A_{min} est l'attribut utilisé pour générer BJI_{min}
Tant que $((Taille(C_f) \leq S))$ **faire**
   Pour (chaque $A_j \in BJISET$) **faire**
      Si $((C[Q', (C_f \cup BJI_j))] < C[Q', \phi])$
      ET $((Taille(C_f \cup BJI_j) \leq S)))$ **Alors**
         $C_f \leftarrow C_f \cup BJI_j$;
         $Taille(C_f) \leftarrow Taille(C_f) + Taille(BJI_j)$;
         $BJISET \leftarrow BJISET - A_j$;
      Fin Si
   Fin Pour
Fait
Fin.

Algorithme 9: Algorithme glouton pour la sélection d'IJB

5.5.2 Sélection d'une configuration d'index multi-attributs

Un IJB multi-attributs peut être défini sur plusieurs attributs $\{A_1, A_2, \cdots, A_n\}$ où chaque attribut A_j peut appartenir à n'importe quelle table de dimension. Notre approche prend en entrée un schéma de l'entrepôt, une charge de requêtes Q composée de m requêtes les plus fréquentes $\{Q_1, Q_2, \cdots, Q_m\}$ et un quota d'espace disque et renvoie en sortie une configuration d'IJB multi-attributs permettant de réduire le coût d'exécution de la charge, tout en respectant une contrainte d'espace de stockage. La sélection des IJB commence par une configuration initiale qui permet d'optimiser toutes les requêtes, sans tenir compte de son coût de stockage. Pour chaque requête, un index permettant de précalculer toutes les jointures de la requête. La configuration initiale peut satisfaire toutes les requêtes mais risque d'être très volumineuse et viole la contrainte de stockage. Par conséquent, nous procédons à une réduction itérative de sa taille. L'approche de sélection passe par quatre étapes : (1) l'identification des attributs indexables, (2) la construction d'une configuration par requête, (3) la construction d'une configuration initiale et (4) la construction d'une configuration finale. Avant de présenter ces étapes, nous présentons la manière dont est représentée une configuration d'IJB dans notre approche.

Chapitre 5. Sélection Isolée : Les Index de Jointure Binaires

	T.mois	T.Jour	P.Type	C.Ville	C.Genre
IJB1	0	1	0	1	1
IJB2	1	1	0	0	0
IJB3	0	0	0	0	1
IJB4	1	1	0	0	1
IJB5	1	1	1	0	0

FIGURE 5.3 – Exemple d'une configuration d'IJB

5.5.2.1 Représentation d'une configuration d'index

Considérons un ensemble d'attributs candidats pour l'indexation $A = \{A_1, A_2, \cdots, A_n\}$. Un IJB peut être construit sur un sous-ensemble d'attributs de A. Une configuration d'index composée de k IJB peut être représentée par une matrice *index-attributs* notée MIA ($k \times n$). Les colonnes représentent les attributs indexables et les lignes représentent les index définis sur ces attributs. Un élément $mia_{i,j}$ de cette matrice est de type booléen défini comme suit :

$$mia_{i,j} = \begin{cases} 1 \text{ si l'index } I_i \text{ est construit sur l'attribut } A_j \\ 0 \text{ sinon.} \end{cases}$$

Exemple 49 *Supposons trois tables de dimension Client, Temps et Produit et une table de fait Ventes. Supposons cinq attributs indexables : Temps.Mois, Temps.Jour, Produit.Type, Client.Ville et Client.Genre.*

La figure 5.3 montre la matrice Index-Attributs représentant une configuration de sept IJB construits sur les cinq attributs indexables.

Pour comprendre cette représentation, nous prenons la première ligne de la matrice. Cette ligne représente l'index $IJB1$ qui est construit sur les attributs : Jour, Ville et Genre. $IJB1$ sera créé par la commande suivante :

```
CREATE BITMAP INDEX IJB1
ON Ventes(Temps.Jour,Client.Ville,Client.Genre)
FROM Ventes V, Temps T, Client C
WHERE V.TID=T.TID AND V.CID= C.CID
```

5.5.2.2 Identification des attributs indexables

L'identification de l'ensemble des attributs indexables $BJISET$ se fait à partir des requêtes de la charge. Tout attribut sur lequel un prédicat de sélection est défini et possédant une cardinalité faible ou moyenne est considéré comme attribut indexable. L'ensemble des attributs indexables est l'union de tous les attributs indexables identifiés sur chaque requête.

5.5.2.3 Construction d'une configuration par requête

Dans cette étape, la charge de requête Q est éclatée en m sous-charges. Chaque sous-charge est composée d'une seule requête. Pour chaque requête Q_i nous sélectionnons l'index

5.5. Approche de sélection d'index de jointure binaires

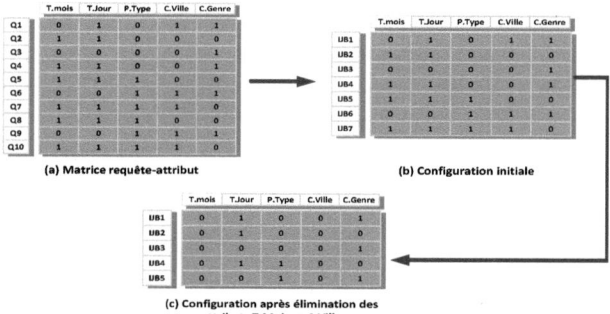

FIGURE 5.4 – Exemple de génération d'une configuration initiale et d'élimination d'attributs

qui couvre tous les attributs indexables utilisés par cette requête. Cela est motivé par le fait que cet index pré-calcule toutes les jointures de la requête. Par conséquent, aucune jointure n'est effectuée pour exécuter la requête, ce qui permet de réduire considérablement le coût d'exécution de la requête.

Exemple 50 *Supposons les attributs indexables de l'exemple 49. Soit la requête Q suivante :*

```
SELECT avg(montant)
FROM Ventes V, Client C, Produit P, Temps T
WHERE V.CID=D.CID AND V.PID=P.PID AND V.TID=T.TID AND
C.VILLE=('Poitiers' OR 'Paris') AND
Mois ='Juin' AND
P.TYPE=('Jouet' OR 'Beauté')
```

Cette requête peut être optimisée par l'IJB défini sur les attributs Ville, Mois et Type. Comme suit :

```
CREATE BITMAP INDEX IJB2
ON Ventes(Temps.Jour,Client.Ville,Produit.Type)
FROM Ventes V, Temps T, Client C, Produit P
WHERE V.TID=T.TID AND V.CID= C.CID AND V.PID= P.PID
```

En utilisant cet index, l'exécution de cette requête nécessite le chargement de l'index, deux opérations logiques OR et une opération AND. Le vecteur résultat permet d'accéder directement aux n-uplets de la table de faits sur lesquels la fonction avg sera exécutée.

Supposons maintenant que nous disposons d'une charge composée de dix requêtes $\{Q_1, Q_2, ..., Q_{10}\}$. Les attributs indexables utilisés par chaque requête sont représentés dans la matrice requête-attribut représentée dans la figure 5.4(a). L'application de la première étape sur cette charge permet de créer 10 IJB, chacun correspond à une requête.

Chapitre 5. Sélection Isolée : Les Index de Jointure Binaires

5.5.2.4 Construction d'une configuration initiale

L'entrée de cette étape est l'ensemble des index générés lors de l'étape précédente. Chaque index a été sélectionné séparément pour optimiser une requête de la charge. Le but de cette étape est de construire une configuration initiale qui permet d'optimiser toutes les requêtes de la charge. Cette configuration est construite en effectuant l'union des IJBs obtenus séparément, comme suit :

$$CI = \bigcup_{i=1}^{n} IJB_i$$

Notons que le nombre d'index dans la configuration initiale est inférieur ou égal au nombre de requêtes de la charge, car certaines requêtes partagent les mêmes index. Une fois la configuration initiale générée, elle est représentée par une matrice index-attribut comme nous avons montré plus haut.

Exemple 51 *L'application de cette étape sur l'exemple précédent permet de créer une configuration initiale composée de 7 IJB, car trois index (I5, I6 et I7) sont partagés par plusieurs requêtes. La configuration résultante est représentée dans la figure 5.4(b).*

5.5.2.5 Construction d'une configuration finale

La configuration initiale obtenue dans l'étape précédente est bénéfique pour la totalité des requêtes, car chaque index a été défini pour optimiser une requête séparément. Néanmoins, la configuration initiale peut être très volumineuse. Ce grand volume est dû à deux considérations :

1. Un grand nombre d'index est créé pour satisfaire toutes les requêtes.
2. Les index multi-attributs sont volumineux en fonction du nombre d'attributs indexés et de leurs cardinalités.

Le but de cette étape est de construire une configuration finale en effectuant des améliorations itératives sur la configuration initiale afin de réduire le coût d'exécution des requêtes et de respecter la contrainte de stockage.

Notons que si la taille de la configuration initiale est inférieure à la capacité de stockage, alors elle est automatiquement choisie comme configuration finale. Dans la cas contraire, des opérations de réduction de la taille de la charge sont effectuées jusqu'à ce que la contrainte de stockage soit satisfaite. La réduction de la taille d'un index peut être faite en éliminant certains attributs rentrant dans sa définition dans la clause ON. Supposons que l attributs sont utilisés pour définir les index de la configuration initiale. L'élimination d'attributs de cette configuration pose le problème du choix d'attributs à éliminer. Plusieurs stratégies peuvent être suivies pour effectuer ce choix. Dans notre étude, nous avons considéré les quatre stratégies suivantes :

1. *Elimination des attributs de forte cardinalité (AFC) :* La principale cause de l'explosion de la taille des IJB est la cardinalité des attributs indexés. Dans cette stratégie,

5.5. Approche de sélection d'index de jointure binaires

l'attribut de forte cardinalité est éliminé de tous les index constituant la configuration initiale. Pour cela, les attributs sont triés par ordre décroissant sur leur cardinalité, ils seront éliminés dans l'ordre jusqu'à ce que la taille de la configuration devienne inférieure à la capacité de stockage.

2. *Attributs appartenant aux tables moins volumineuses (TMV)* : le principe de cette stratégie est de donner une priorité aux index précalculant des jointures entre la table des faits et des tables de dimension volumineuses. Le coût de ces jointures est important par rapport aux jointures impliquant des tables de dimension de faible volume. Si plusieurs attributs d'une même table sont candidats pour la suppression, alors ceux ayant une forte cardinalité sont éliminés les premiers.

3. *Attributs les moins utilisés (AMU)* : cette stratégie suppose que les attributs les plus utilisés doivent être indexés pour satisfaire plus de requêtes. Par conséquent, les attributs les moins utilisés sont éliminés en premier.

4. *Attribut apportant moins de réduction de coût(MC)* : l'inconvénient des stratégies que nous venons de présenter est qu'elles éliminent des attributs sans avoir une évaluation des configurations intermédiaires issues de chaque élimination. Cela nécessite de définir une stratégie utilisant un modèle de coût pour choisir les meilleures configurations. Pour avoir ces configurations, les éliminations d'attributs qui engendrent des configurations de mauvaise qualité seront retenues. Pour k attributs candidats, k éliminations sont effectuées et celle engendrant un coût maximum sera retenue.

Exemple 52 *Pour expliquer ces stratégies, considérons les 10 requêtes dont la matrice requête-attribut est représentée dans la figure 5.3(a) et la configuration initiale se trouvant sur la figure 5.4(b). Supposons que les cardinalités des attributs Mois, Jour, Type, Ville et Genre sont respectivement 12, 31, 5, 50 et 2. En appliquant la stratégie d'élimination des attributs de forte cardinalité, les attributs sont éliminés dans l'ordre suivant : Ville, Jour, Mois, Type, Genre. Après l'élimination des attributs Ville et Mois par exemple, nous obtenons la configuration représentée sur la figure 5.4(c). Nous constatons que ces deux attributs ne sont plus indexés et que le nombre d'IJB dans la configuration est descendu de 7 à 5, ce qui permet de réduire le coût de stockage de la configuration résultante.*

Après l'explication des différents composants de notre approche, nous pouvons donner l'algorithme de sélection des IJB que nous avons implémenté qui se trouve dans algorithme 10

Chapitre 5. Sélection Isolée : Les Index de Jointure Binaires

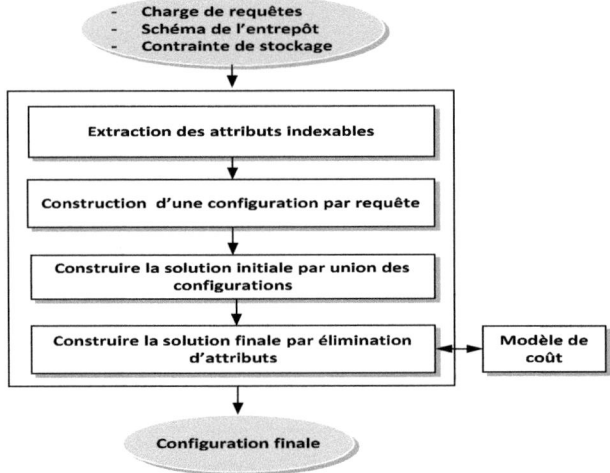

FIGURE 5.5 – Architecture de notre approche de sélection d'IJB multi-attribut

---

Algorithme de sélection d'IJB multi-attributs
Variables :
- IJB_j : IJB défini pour optimiser la requête Q_j.
- $Taille(C)$: coût de stockage de la configuration C.
- EAI_C : ensemble d'attributs utilisés dans la définition des IJB de la configuration C
- $SelectUnIndex(Q_j)$ fonction qui sélectionne un index multi-attributs pour chaque requête Q_j
- $ChoisirUnAttribut(EACE, SA)$ choisir un attribut de $EACE$ à éliminer selon la stratégie SA choisie
- $EliminerUnAttribut(C_f, A)$ Fonction qui élimine l'attribut A dans la définition des index contenus dans la configuration C_f.

Entrées : Charge Q, Espace de stockage S, Stratégie d'élimination SA(AFC, ATV, AMU, AMR).
Sortie : Configuration finale C_f.
Début
Pour j de 1 à k faire
  | $IJB_j \leftarrow SelectUnIndex(Q_j)$
Fin Pour
$C_0 \leftarrow \bigcup_{i=1}^{n} IJB_i$;
$C_f \leftarrow C_0$;
$EACE = EAI_{C_f}$; // ensemble d'attributs candidats pour l'élimination
Tant que (Taille(C_f>S)) **faire**
  | $A \leftarrow ChoisirUnAttribut(EACE, SA)$;
  | $EACE \leftarrow EACE - A$
  | $C_f \leftarrow EliminerUnAttribut(C_f, A)$;
Fait
Retourner C_f ;
Fin

Algorithme 10: Algorithme de sélection d'IJB multi-attributs

Notre algorithme utilise trois principales fonctions :
- La fonction $SelectUnIndex(Q)$ qui permet de sélectionner un IJB pour la requête Q en entrée. Cet index couvre tous les attributs indexables utilisés par Q
- La fonction $ChoisirUnattribut(EA, SA)$ qui permet de choisir un attribut à éliminer dans l'ensemble EA selon la stratégie d'élimination SA. Cette stratégie correspond à l'une des quatre stratégies vues plus haut. Notons que cette fonction repose sur le modèle de coût lorsque la stratégie MC est choisie.
- La fonction $EliminerUnAttribut(C_f, A)$ qui permet d'éliminer un attribut A de tous les index de la configuration C_f. Si un index utilise A seulement, il sera supprimé de la configuration.

5.6 Expériences

Nous avons implémenté notre approche de sélection d'IJB sous Visual C++. Notre étude expérimentale est effectuée sur l'entrepôt de données issu du banc d'essais APB-1 que nous avons présenté dans le chapitre 4 (la section 4.3.1). Rappelons que cet entrepôt est composé d'une table de faits *Actvars* et quatre tables de dimension *ProdLevel*, *TimeLevel*, *CustLevel* et *ChanLevel*. Nous avons considéré 12 attributs candidats à l'indexation (*ClassLevel*, *GroupLevel*, *FamilyLevel*, *LineLevel*, *DivisionLevel*, *YearLevel*, *MonthLevel*, *QuarterLevel*, *RetailerLevel*, *CityLevel*, *GenderLevel* et *ALLLevel*) dont les cardinalités sont respectivement : 605, 300, 75, 15, 4, 2, 12, 4, 99, 4, 2, 5.

Nous avons considéré aussi une charge de 60 requêtes de jointure en étoile définies sur cet entrepôt. Nous avons considéré que l'identificateur de ligne (*RowId*) est codé sur 10 octets et que la taille du buffer est 100. Nous présentons ci-après deux types d'expériences, le premier type est effectué en utilisant le modèle de coût théorique tandis que le deuxième en utilisant un entrepôt réel sous Oracle 10g.

5.6.1 Evaluation

Nous avons effectué plusieurs expériences en utilisant le modèle de coût théorique. Ces expériences visent à comparer les performances de chaque stratégie de sélection. Nous avons implémenté trois algorithmes de sélection :

1. un algorithme de sélection d'une configuration mono-attributs (MI) ;
2. un algorithme basé sur une technique de datamining (DM), à savoir la recherche de motifs fréquents fermés ;
3. un algorithme glouton de sélection d'une configuration d'index multi-attributs. Pour réduire la taille de la configuration initiale, nous avons implémenté quatre stratégies de réduction :
   (a) TMV : les attributs appartenant aux tables de dimension les moins volumineuses sont éliminés.
   (b) AFC : les attributs de fortes cardinalités sont éliminés.

Chapitre 5. Sélection Isolée : Les Index de Jointure Binaires

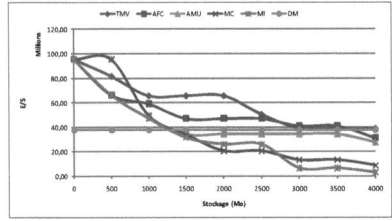
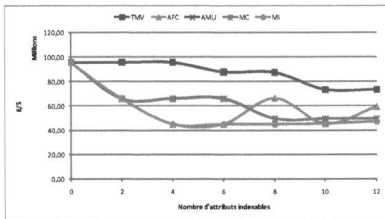

FIGURE 5.6 – Comparaison de performance en fonction de l'espace stockage

FIGURE 5.7 – Nombre d'attributs indexables vs performance

(c) AMU : les attributs les moins utilisés sont éliminés.

(d) MC : les attributs apportant moins de gains dans le coût d'exécution sont éliminés.

L'application de notre approche de sélection d'IJB multi-attributs génère une solution initiale occupant *26,4 Go*. Si l'espace de stockage disponible est supérieur ou égal à cette valeur, alors toutes les stratégies de sélection d'IJB que nous avons considéré donnent la même configuration. Dans le cas contraire, les différentes stratégies proposées permettent d'éliminer des attributs indexables pour satisfaire la contrainte de stockage.

Dans la première expérimentation, nous avons considéré plusieurs valeurs de l'espace de stockage nécessaire pour les index sélectionnés (de 0 à 4 Go). La figure 5.6 montre les résultats obtenus. L'algorithme DM ne prend pas en considération la contrainte d'espace dans la stratégie de sélection. Les résultats contenus dans cette figure ont été obtenus avec *minsup*=0.25. Les résultats montrent que les meilleures performances ont été obtenues par l'algorithme MI et MC. Cela est expliqué par le fait que ces deux algorithmes sont basés sur un modèle de coût. Ce modèle prend en considération plusieurs paramètres comme les facteurs de sélectivité, les cardinalités, les tailles des tables de dimension, etc. Les autres algorithmes se basent chacun sur un seul paramètre. Par exemple, l'algorithme AMU est moins bon que les deux derniers algorithmes, car il ne prend en considération que la fréquence d'utilisation comme seul paramètre de sélection. Les algorithmes TMV et AFC donnent les plus mauvais résultats du fait qu'ils reposent respectivement sur la taille des tables de dimension et la cardinalité des attributs comme paramètres de sélection. Nous pouvons conclure que la sélection d'une configuration d'index doit considérer plusieurs paramètres en même temps pour garantir une meilleure performance.

L'algorithme *DM* donne des résultats qui ne prennent pas en considération l'espace de stockage, ce qui explique la ligne horizontale sur le graphe. Lorsque l'espace de stockage est réduit, la configuration générée par *DM* est meilleure, car les autres algorithmes sélectionnent peu d'index. Lorsque le quota d'espace augmente, ces algorithmes permettent de sélectionner une configuration meilleure. Pour permettre à DM de sélectionner une meilleure configuration, il faut configurer la valeur de *minsup* qui représente le *support minimum* des motifs fréquents. Pour cela, nous avons effectué des expériences pour différentes

5.6. Expériences

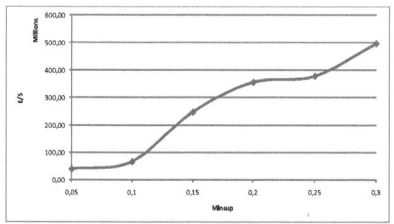

FIGURE 5.8 – Effet de *minsup* sur la performance de DM

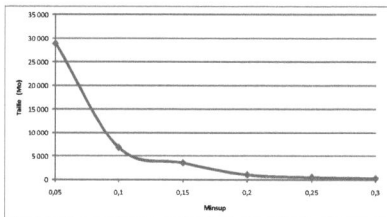

FIGURE 5.9 – Effet de *minsup* sur la taille de la configuration sélectionnée par DM

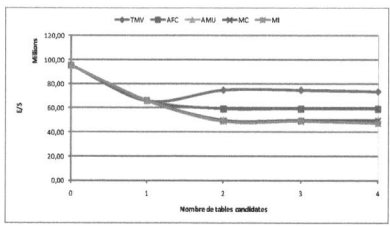

FIGURE 5.10 – Nombre de tables de dimension vs performance

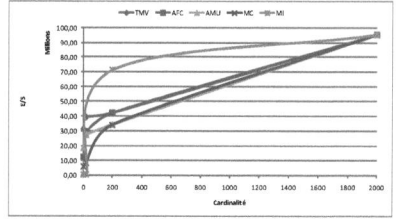

FIGURE 5.11 – Cardinalité vs performance

valeurs de *minsup* puis pour chaque valeur nous avons lancé l'algorithme *DM* et nous avons calculé le coût d'exécution des requêtes ainsi que la taille des index générés. Les figures 5.8 et 5.9 montrent les résultats obtenus. Il est clair que lorsque *minsup* est petit, beaucoup d'index sont créés et occupent donc plus d'espace. Cela est causé par le fait qu'une petite valeur de *minsup* implique que la majorité des motifs sont considérés fréquents. Lorsque *minsup* est grand, peu d'index sont générés, et par conséquent moins d'espace est occupé. Il faut donc choisir une valeur de *minsup* garantissant un bon compromis entre performance et espace de stockage.

Dans la deuxième expérience, nous avons changé le nombre d'attributs candidats pour la sélection d'IJB. Nous avons changé ce nombre de 1 à 12. La figure 5.7 montre la variation du coût d'exécution en fonction du nombre d'attributs candidats. La performance des requêtes augmente lorsque le nombre d'attributs candidats augmente. Cela est dû au fait que lorsque le nombre d'attributs candidats augmente, les index sélectionnés couvrent plusieurs attributs, par conséquent les requêtes utilisant ces attributs exploitent les index créés et évitent d'effectuer des jointures entre la table des faits et les tables de dimension de ces attributs. Les résultats montrent aussi que lorsque le nombre d'attributs dépasse un certain nombre (8 dans notre cas), peu d'amélioration est constatée. Cela est dû à l'espace de stockage qui une fois saturé ne permet pas de sélection d'autres index.

Chapitre 5. Sélection Isolée : Les Index de Jointure Binaires

Nous avons effectué des expériences pour montrer l'effet du nombre des tables de dimension dans la sélection des index. Nous avons choisi 1, 2, 3 ensuite 4 tables et à chaque choix nous exécutons les différents algorithmes. La figure 5.10 montre les résultats obtenus. Généralement, lorsque le nombre de tables augmente, la performance augmente, car plus de tables sont indexées, donc plus de jointures sont précalculées. Nous voyons que l'algorithme *TMV* sort de cette règle, car en utilisant une seule table il donne de meilleurs résultats que 2 ou plus. Cela est dû au fait que lorsque le nombre de tables augmente l'algorithme élimine les tables les moins volumineuses qui sont peut-être intéressantes à indexer. La performance ne s'améliore pas considérablement à partir d'un certain nombre de tables dû à la contrainte d'espace de stockage, qui ne permet pas de sélectionner d'autres index malgré l'ajout de tables.

Dans la dernière expérience, nous avons modifié la cardinalité des attributs indexables. Nous avons considéré que tous les attributs ont la même cardinalité et nous avons choisi plusieurs valeurs (de 2 à 2000) et pour chaque valeur nous avons exécuté nos différents algorithmes. La figure 5.11 montre les résultats obtenus dans cette expérimentation. La performance se détériore considérablement avec l'augmentation des cardinalités. Cela est dû à l'augmentation de la taille des index sélectionnés qui provoque la saturation rapide de l'espace de stockage réservé et un coût de chargement énorme des index créés. Lorsque la cardinalité dépasse un certain seuil, soit l'espace de stockage disponible ne permet de sélectionner aucun index, soit les index sélectionnés sont très volumineux, ce qui rend l'utilisation de ces index non avantageuse.

5.6.2 Validation sous Oracle 10g

Pour valider notre approche sur un entrepôt de données réel, nous avons considéré celui issu du banc d'essais APB-1. La description de cet entrepôt est données dans le chapitre 4. Nous avons considéré 12 attributs indexables et 60 requêtes de jointure en étoile. Plusieurs types de requêtes ont été considérées : requêtes de type count(*) avec et sans agrégation, requêtes utilisant les fonctions d'agrégation comme Sum, Min, Max, requêtes ayant des attributs de dimension dans la clause SELECT, etc.

Nous avons appliqué notre approche de sélection avec un espace de stockage de *3 Go*. Nous avons exécuté nos algorithmes pour chaque stratégie de sélection. Pour l'algorithme *DM*, nous avons considéré une solution qui respecte l'espace de stockage disponible (*minsup*=0,20). Le tableau 5.2 montre les index sélectionnés dans chaque stratégie. Pour chaque configuration sélectionnée, nous avons représenté sur ce tableau le nombre d'index mono-attributs, multi-attributs ainsi que les attributs de dimension indexés.

Nous avons créé physiquement les configurations générées par chaque algorithme puis nous avons exécuté les 60 requêtes pour chaque configuration. Nous avons forcé l'utilisation des IJB en utilisant les *hint*. Pour vérifier que les IJB sont bien utilisés par Oracle pour exécuter une requête donnée, nous avons utilisé l'outil *Explain Plan* fournit avec Oracle. Cet outil permet de visualiser le plan d'exécution détaillé d'une requête. Le tableau 5.2 montre, pour chaque stratégie, la configuration d'IJB sélectionnée ainsi que les tables de dimension

Stratégie	Nombre d'IJB sélectionnés	Attributs indexés	Tables de dimension indexées
MV	4 index mono-attributs	GroupLevel, FamilyLevel, LineLevel, DivisionLevel	Prodlevel
DM	3 index mono-attributs	MonthLevel, AllLevel, RetailerLevel	Timelevel, Chanlevel, Custlevel
AFC	4 index mono-attributs, 4 index multi-attributs	QuarterLevel, DividionLevel, YearLevel, GenderLevel	Timelevel, ProdLevel, Custlevel
AMU	3 index mono-attributs	YearLevel, MonthLevel	Timelevel
MC	4 index mono-attributs, 5 index multi-attributs	QuarterLevel, YearLevel, MonthLevel, AllLevel	Timelevel, Chanlevel
MI	9 index mono-attributs	FamilyLevel, LineLevel, DivisionLevel, YearLevel, MonthLevel, QuarterLevel, GenderLevel, CityLevel, AllLevel	Prodlevel, Chanlevel, TimeLevel, Custlevel

TABLE 5.2 – Caractéristiques des configurations générées par chaque stratégie

indexées. Chaque IJB dans ce tableau est représenté par les attributs de dimension qu'il indexe.

Les figures 5.12 et 5.13 montrent respectivement le temps d'exécution de l'ensemble des requêtes et le taux de réduction de ce coût en utilisant la configuration d'IJB issue de chaque stratégie.

L'exécution des 60 requêtes sur toutes les configurations d'index nous a permet de confirmer la grande utilité des IJB pour les requêtes de type *Count(*)*. Le coût d'exécution de ces requêtes en utilisant les IJB est négligeable devant le coût sans index. Ces requêtes sont celles les plus bénéficiaires des IJB, car aucun accès aux données n'est effectué (l'accès aux IJB suffit pour répondre à ces requêtes). Les requêtes les moins bénéficiaires des IJB sont celles référençant des attributs de dimension dans la clause SELECT ou celles ayant moins d'attributs indexés, car elles nécessitent des jointures supplémentaires entre les tables de dimension et la table des faits. Nous avons aussi constaté que les IJB multi-attributs sont plus efficaces lorsqu'ils couvrent tous les attributs indexables de la requête. Dans le cas contraire, Oracle utilise souvent des jointures par hachage car l'utilisation des IJB dégrade les performances à cause des jointures supplémentaires. L'utilisation des IJB mono-attributs est généralement bénéfique car elle permet d'utiliser les opérations logiques pour répondre à des requêtes référençant plusieurs attributs indexés.

Les résultats globaux obtenus sous Oracle montrent que l'approche de sélection des IJB mono-attributs ainsi que l'algorithme *DM* donnent les meilleurs résultats. Les index générés par ces deux algorithmes sont tous mono-attributs et couvrent respectivement trois et quatre tables de dimension. Pour l'algorithme de génération d'IJB multi-attributs, la stratégie MC est la plus bénéfique car elle repose sur un modèle de coût et prend en considération plusieurs paramètres. La stratégie *AMU* donne des résultats proches de ceux donnés par MC. Cela est dû au fait que les attributs et la table indexée sont ceux les plus utilisés par les 60 requêtes, ce qui permet d'optimiser une bonne partie d'entre elles. Cela montre d'un coté qu'il est intéressant de considérer la fréquence d'utilisation dans la

Chapitre 5. Sélection Isolée : Les Index de Jointure Binaires

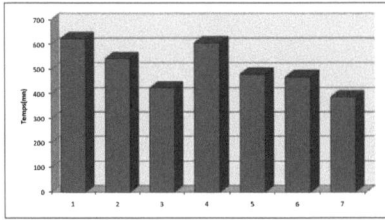
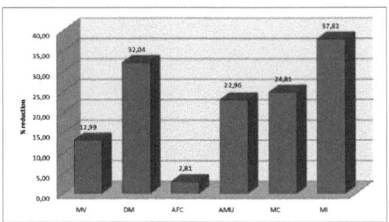

FIGURE 5.12 – Temps d'exécution des requêtes sous Oracle

FIGURE 5.13 – Pourcentage de réduction du coût d'exécution

sélection d'index et de l'autre coté de considérer d'autres paramètres (taille des tables, les cardinalités, etc.). Les résultats montrent aussi que les stratégie TMV et AFC donnent des résultats de très mauvaise qualité. La stratégie TMV élimine les tables moins volumineuses, or leur indexation peut être très bénéfique (la table *Chanlevel* par exemple, est indexée dans MC, MI et DM qui sont les stratégies donnant les meilleures performances). La stratégie AFC élimine les attributs de forte cardinalité du processus d'indexation, or indexer un attribut de faible cardinalité rarement utilisé peut être bénéfique à quelques requêtes seulement mais pas pour toute la charge. Par exemple l'algorithme DM indexe des attributs *RetailerLevel* et *MonthLevel* ayant une cardinalité importante par rapport aux autres (99 et 12) mais cet algorithme donne de meilleurs résultats car ces attributs sont utilisés par un nombre important de requêtes.

5.7 Conclusion

Les IJB sont des structures redondantes permettant de précalculer les jointures dans un entrepôt de données modélisé par un schéma en étoile. Ces index sont caractérisés par une représentation binaire permettant l'utilisation des opérations logiques pour évaluer des conjonctions ou disjonctions de prédicats contenus dans les requêtes de jointure en étoile. Ces index sont généralement recommandés pour les attributs de faible cardinalité.

Nous avons étudié dans ce chapitre le problème de sélection d'une configuration d'IJB sous une contrainte d'espace de stockage. Nous avons formalisé la sélection d'IJB comme un problème d'optimisation et nous avons décrit sa complexité par rapport au nombre d'attributs indexables.

Nous avons proposé une approche de sélection d'une configuration d'index en utilisant deux algorithmes gloutons. Le premier permet de sélectionner une configuration d'index mono-attributs et le deuxième une configuration multi-attributs. Les deux algorithmes permettent de sélectionner une configuration initiale, ensuite procéder à son amélioration tant que la contrainte d'espace n'est pas violée. L'amélioration dans le deuxième algorithme passe par l'élimination d'un ensemble d'attributs indexés. Nous avons proposé plusieurs stratégies d'élimination d'attributs. Nous avons mené plusieurs expériences en utilisant un

5.7. Conclusion

modèle de coût théorique puis sous *Oracle* pour montrer les performances des différents algorithmes et stratégies d'élimination. Les résultats montrent que les algorithmes basés sur le modèle de coût donnent les meilleurs résultats, car ils prennent en considération plusieurs paramètres dans le processus de sélection, tandis que les autres se basent sur un paramètre chacun.

Nous avons présenté dans le précédent et le présent chapitres deux approches de sélection d'un schéma de fragmentation horizontale et d'une configuration d'index. Ces approches considèrent des sélections isolées (indépendantes) des index et des fragments horizontaux. Cette sélection ne permet pas de prendre en compte les similarités entre ces deux techniques et ignore par exemple le fait qu'on pourra créer des index sur un fragment au lieu de la totalité de la table. Nous étudierons dans le prochain chapitre les similarités entre ces techniques ainsi que la possibilité de les combiner pour mieux optimiser l'entrepôt de données.

Chapitre 6

Sélection Multiple de Schémas de Fragmentation et d'Index de Jointure

6.1 Introduction

Nous avons présenté dans les deux chapitres précédents, deux techniques d'optimisation : la fragmentation horizontale (une technique non redondante) et les index de jointure binaire (une technique redondante). La sélection d'un schéma de fragmentation est contrainte par un seuil représentant le nombre de fragments qu'un administrateur souhaite avoir, tandis que la sélection des index de jointure binaire est souvent contrainte par l'espace de stockage. Nous avons également montré que la sélection isolée n'est pas suffisante pour optimiser l'ensemble de requêtes défini sur l'entrepôt de données. Par conséquent, pour optimiser la majorité de requêtes, un administrateur est amené alors à sélectionner plusieurs techniques d'optimisation en même temps. Si nous examinons les deux techniques d'optimisation, nous constatons qu'elles possèdent de forte similarité : les deux optimisent la sélection et la jointure.

Nous présentons dans ce chapitre une nouvelle manière de combiner les techniques d'optimisation. Au lieu de les sélectionner en utilisant le mode isolé ou le mode multiple, nous proposons d'utiliser une technique pour élaguer l'espace de recherche de la deuxième technique et réduire la complexité de son problème de sélection. Plus précisément, la fragmentation horizontale est utilisée pour réduire la complexité du problème de sélection des index de jointure binaires.

A notre connaissance, un seul travail a étudié la combinaison de la FH et les IJB dans le contexte d'entrepôts de données parallèles [136]. Dans ce travail, les fragments horizontaux et les IJB sont alloués aux différents noeuds du système. Pour élaborer le processus d'allocation, l'approche propose de fragmenter la table des faits en utilisant les schémas de fragmentation des tables de dimension. La FH de chaque table de dimension repose sur une fragmentation à un point (*one point fragmentation*). Chaque fragment de la table de dimension est associé à une seule valeur d'un attribut de fragmentation. Par exemple, si la fragmentation se fait sur l'attribut *Ville* et que ce dernier possède 100 valeurs différentes, alors 100 fragments de la table Client seront créés. Les auteurs imposent aussi que chaque attribut de fragmentation doit appartenir à un niveau de hiérarchie de sa table de dimension. L'approche permet de fragmenter l'entrepôt en utilisant des attributs de dimension mais avec une condition qu'au plus un attribut est sélectionné par table de dimension [135]. Les limites de cette approche sont liées au fait que dans le contexte d'entrepôt de données, une table de dimension peut être fragmentée sur plusieurs attributs appartenant ou non à des hiérarchies dans leurs tables de dimension. Nous avons montré dans le chapitre 4 que l'utilisation de plus d'attributs pour fragmenter les tables de dimension permet de mieux optimiser les performances des requêtes (voir section 4.3.3.3). Pour améliorer les performances après fragmentation, les auteurs proposent la sélection d'un ensemble d'IJB sur l'entrepôt fragmenté. Ces index sont définis sur les attributs non utilisés pour fragmenter l'entrepôt. Le fait d'utiliser au plus un attribut de fragmentation par table de dimension implique que le nombre d'attributs candidats pour l'indexation peut rester important, ce qui ne réduit pas la complexité du problème de sélection des index.

L'approche de sélection simultanée d'un schéma de FH et d'une configuration d'IJB que nous proposons dans ce chapitre exploite les similarités que nous avons identifiées entre ces deux techniques. Elle permet de fragmenter les tables de dimension en utilisant plusieurs attributs de fragmentation qui peuvent appartenir ou non à une hiérarchie dans leurs tables de dimension. Les schémas des tables de dimension obtenus sont utilisés pour fragmenter la table des faits. Notre approche exploite le fait que les deux techniques partagent le même ensemble d'attributs candidats : *les attributs de sélection*. Au lieu de considérer la totalité de cet ensemble comme attributs candidats pour la sélection des index, seuls ceux non utilisés pour fragmenter l'entrepôt sont considérés. Puisque notre approche de fragmentation permet d'utiliser plusieurs attributs par table de dimension, cela permettra de réduire le nombre d'attributs candidats pour l'indexation, ce qui permet d'élaguer l'espace de recherche du problème de sélection de ces derniers et réduit sa complexité.

Ce chapitre est organisé en cinq sections, comme suit :

– Section 2 présente les similarités et les interdépendances que nous avons identifiées entre la fragmentation horizontale dérivée (FHD) et les IJB.
– Section 3 présente notre approche de sélection d'un schéma de FH et d'une configuration d'IJB. Cette sélection est composée de deux étapes : (1) une étape de sélection d'un schéma de fragmentation qui représente une étape d'élagage de l'espace de recherche des IJB et (2) une étape de sélection d'une configuration d'index basée sur un algorithme glouton que nous proposons.
– La section 4 présente l'évaluation de notre approche. L'évaluation se fait selon deux aspects : (1) en se basant sur un modèle de coût mathématique et (2) en utilisant le SGBD Oracle.
– Section 5 présente une conclusion où nous résumons le travail effectué et les résultats obtenus.

Chapitre 6. Sélection Multiple de Schémas de Fragmentation et d'IJB

6.1.1 Similarité entre la FHD et les IJB : Exemple de motivation

Nous considérons l'entrepôt de données utilisé dans les chapitres 3 et 4. Cet entrepôt est composé d'une table de faits *Ventes* et trois tables de dimension *Produit*, *Client* et *Temps*. Les instances de cet entrepôt se trouvent dans la figure 3.2, page 76.

Soit une requête Q exécutée sur cet entrepôt définie comme suit :

```
SELECT Count(*)
FROM   CLEINT C, PRODUIT P, TEMPS T, VENTES V
WHERE
C.Ville='Poitiers' AND
P.Catégorie='Beauté' AND
T,Mois='Juin'
AND
P.PID=V.PID AND
C.CID=V.CID AND
T.TID=V.TID
```

La requête Q permet de calculer le nombre de ventes effectuées pour des clients habitant *Poitiers* ayant acheté des produits de *beauté* durant le mois de *juin*. Cette requête contient trois prédicats de sélection et nécessite trois jointures impliquant la table de faits *Ventes*.

Pour optimiser cette requête, l'AED peut utiliser les IJB ou la FHD. Ces deux structures sont définies sur l'ensemble des attributs de sélection, *Ville*, *Catégorie* et *Mois*. Si l'AED décide de fragmenter l'entrepôt, il choisi une clé de fragmentation composée d'un ou plusieurs attributs de cet ensemble. S'il décide d'indexer son entrepôt, les IJB créés seront définis sur un ou plusieurs attributs du même ensemble. Nous distinguons deux scenarii :

– L'AED fragmente l'entrepôt sur les trois attributs *Ville*, *Catégorie* et *Mois* (aucun IJB n'est créé). Nous appelons ce scénario FHSEULE.
– L'AED crée un IJB défini sur les trois attributs *Ville*, *Catégorie* et *Mois* (sans fragmentation de l'entrepôt). Nous appelons ce scénario IJBSEULS.

6.1.1.1 Fragmentation seule de l'entrepôt(FHSEULE)

Dans ce scénario, l'AED fragmente les tables de dimension Client, Produit et Temps sur les attributs Ville, Catégorie et Mois respectivement.

– La table Client est fragmentée en trois partitions comme suit [20] :
  – $Client_1 : \sigma_{Ville='Poitiers'}(Client)$,
  – $Client_2 : \sigma_{Ville='Paris'}(Client)$,
  – $Client_3 : \sigma_{Ville='Nantes'}(Client)$.
– La table Produit est fragmentée en cinq partitions comme suit :
  – $Produit_1 : \sigma_{Catégorie='Beauté'}(Produit)$,
  – $Produit_2 : \sigma_{Catégorie='Multimédia'}(Produit)$,
  – $Produit_3 : \sigma_{Catégorie='Jouet'}(Produit)$,
  – $Produit_4 : \sigma_{Catégorie='Jardinage'}(Produit)$,
  – $Produit_5 : \sigma_{Catégorie='Fitness'}(Produit)$.
– La table Temps est fragmentée en six partitions comme suit :

---

20. Nous supposons qu'il y a exactement 3 villes, 5 catégories de produits et 6 mois

- $Temps_1 : \sigma_{Mois='Janvier'}(Temps)$,
- $Temps_2 : \sigma_{Mois='Février'}(Temps)$,
- $Temps_3 : \sigma_{Mois='Mars'}Temps$,
- $Temps_4 : \sigma_{Mois='Avril'}(Temps)$,
- $Temps_5 : \sigma_{Mois='Mai'}(Temps)$,
- $Temps_6 : \sigma_{Mois='Juin'}(Temps)$

La fragmentation des trois tables peut être effectuée par la commande suivante :

```
CREATE TABLE CLIENT
(CID number(6), Nom varchar(30), Ville varchar(30),
Genre char(1), Age number(3))
PARTITION BY LIST(Ville)
(PARTITION Clients_1 VALUES('Poitiers'),
 PARTITION Clients_2 VALUES('Paris'),
 PARTITION Clients_3 VALUES('Nantes'));

CREATE TABLE PRODUIT
(PID NUMBER, Nom Varchar2(20), Catégorie Varchar2(20))
PARTITION BY LIST(Catégorie)
(PARTITION Produit_1 VALUES('Beauté'),
 PARTITION  Produit_2 VALUES ('Multimédia'),
 PARTITION  Produit_3 VALUES('Jouets'),
 PARTITION  Produit_4 VALUES ('Jardinage'),
 PARTITION  Produit_5 VALUES ('Fitness'));

CREATE TABLE TEMPS
(TID NUMBER, Mois VARCHAR2(10), Saison VARCHAR2(10), Année Number(4))
PARTITION BY LIST(Mois)
(PARTITION Temps_1 VALUES('Janvier'),
 PARTITION  Temps_2 VALUES ('Février'),
 PARTITION  Temps_3 VALUES('Mars'),
 PARTITION  Temps_4 VALUES ('Avril'),
 PARTITION  Temps_5 VALUES ('Mai'),
 PARTITION  Temps_6 VALUES ('Juin'));
```

- La table Ventes sera donc fragmentée en 90 (3x5x6) fragments, $Ventes_1, \cdots, Ventes_{90}$ où chaque fragment $Vente_i$ est défini par :

$Ventes_i = Ventes \bowtie Client_j \bowtie Produit_k \bowtie Temps_l$

$(1 \leq i \leq 90, 1 \leq j \leq 3, 1 \leq k \leq 5, 1 \leq l \leq 6)$.

Parmi les 90 fragments générés, un seul est valide pour Q que nous appelons $Ventes\_PBJ$. Il est défini par :

$Ventes\_PBJ = Ventes \bowtie Client_1 \bowtie Produit_1 \bowtie Temps_6$

Ce fragment contient toutes les ventes effectuées pour des clients habitant *Poitiers* ayant acheté des produits de *beauté* durant le mois de *juin*. La figure 6.1 représente le sous-schéma en étoile contenant le fragment $Ventes\_PBJ$.

Pour exécuter la requête Q sur l'entrepôt fragmenté, elle sera réécrite sur $Ventes\_PBJ$ comme suit :

```
SELECT Count(*)
FROM  VENTES PARTITION (Ventes_PBJ)
```

Pour l'exécuter, l'optimiseur charge le fragment $Ventes\_PBJ$ seulement et compte le nombre de lignes se trouvant dans ce fragment (il en trouve 2).

Chapitre 6. Sélection Multiple de Schémas de Fragmentation et d'IJB

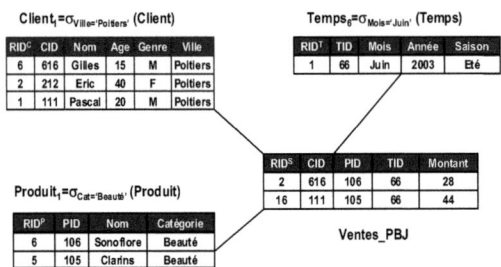

FIGURE 6.1 – Le sous-schéma en étoile contenant le fragment $Ventes\_PBJ$

En fragmentant son entrepôt selon ce scénario, l'administrateur a pu avoir deux types d'améliorations :

1. Une seule partition de la table des faits a été chargée au lieu de 90 partitions ;
2. Aucune opération de jointure n'a été calculée, car les trois jointures ont été précalculées durant la fragmentation de l'entrepôt.

6.1.1.2 Indexation seule de l'entrepôt (IJBSEULE)

Dans ce scénario, l'AED utilise les IJB pour optimiser la requête Q. Les attributs candidats pour la création d'index sont : *Ville*, *Catégorie* et *Mois*. L'administrateur crée un IJB multi-attributs (noté IJB_VMT_bjix) défini sur les attributs, *Ville*, *Mois* et *Catégorie*. Cet index sera créé comme suit :

```
CREATE BITMAP INDEX IJB_VMT_bjix
ON VENTES(CLIENT.VILLE, PRODUIT.CATEGORIE, TEMPS.MOIS)
FROM VENTES V, CLIENT C, TEMPS T, PRODUIT P
WHERE V.CID= C.CID AND V.PID=P.PID AND V.TID=T.TID
```

La figure 6.2 (a) représente l'index IJB_VMT_bjix. Pour exécuter Q, l'optimiseur accède à l'index binaire, ensuite il effectue une opération AND logique entre les trois vecteurs représentant les valeurs *Poitiers*, *Beauté* et *Juin* (les trois colonnes grisées sur la figure 6.2 (a)). L'optimiseur calcule le nombre de 1 dans le vecteur résultat, il en trouve également 2 (voir figure 6.2 (b)).

En créant l'index de jointure IJB_VMT_bjix, l'administrateur a pu avoir deux types d'améliorations : (1) seul l'index IJB_VMT_bjix a été chargé (aucune table n'a été chargée), et (2) aucune opération de jointure n'a été effectuée (les trois jointures ont été précalculées durant la création de l'index).

6.1.2 Similitudes entre la FHD et les IJB

A travers l'exemple précédent, il est clair que la FHD et les IJB sont deux techniques similaires pour plusieurs raisons :

6.1. Introduction

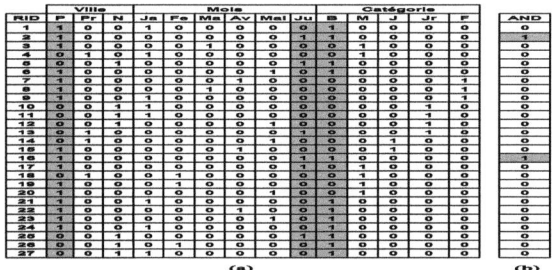

FIGURE 6.2 – L'index de jointure binaire IJB_VMT_bjix

1. Elles permettent de réduire le temps d'exécution des requêtes en réduisant le volume de données chargées.
2. Elles permettent de précalculer des opérations de jointure entre la table des faits et les tables de dimension.
3. Elles partagent la même ressource qui est l'ensemble des attributs de sélection.

Nous étudions donc cette similarité selon trois aspects, l'amélioration de la performance, l'optimisation de la sélection et de la jointure et le partage des attributs de sélection.

6.1.2.1 Amélioration de la performance

En utilisant les deux techniques, l'optimiseur charge moins de données non pertinentes pour une requête données.

En utilisant la FHD, l'optimiseur ne charge que les partitions valides pour une requête donnée (voir chapitre 4, section 3.5.3.5.1). Si la requête utilise des prédicats de sélection définis sur des attributs de fragmentation, le nombre de fragments non valides augmente et par conséquent peu de données sont chargées.

En utilisant les IJB, l'optimiseur charge ces index et accède directement aux données correspondantes. Si les facteurs de sélectivité des prédicats contenus dans la requête sont faibles, alors la taille des données chargées est petite et donc le coût d'exécution de la requête sera réduit. Mieux encore, pour les requêtes de type count(*) sans agrégations, l'optimiseur ne charge que les IJB pour répondre à ces requêtes sans aucun accès aux données.

Exemple 53 *Nous avons vu dans l'exemple précédent que l'exécution de la requête Q ne nécessite que la chargement d'un seul fragment (Ventes_PBJ) dans le cas du scénario FHSEULE. Dans IJBSEULS, le chargement de l'IJB créé (IJB_VMT_bjix) suffit pour répondre à la requête Q.*

6.1.2.2 Optimisation des sélections et des jointures

Si nous examinons la façon dont la FHD et les IJB sont construits, nous constatons deux choses en commun :

1. les deux techniques sont définies sur la table des faits à partir des attributs appartenant aux tables de dimension ;
2. les deux techniques sont construites à l'aide de l'opérateur de jointure. Les IJB sont construits en utilisant une équi-jointure entre la table des faits et les tables de dimension, tandis que les fragments de la table des faits sont construits à l'aide de l'opérateur de semi-jointure entre la table des faits et les tables de dimension.

Par conséquent, les deux techniques permettent de précalculer des opérations de sélection sur les tables de dimension suivies d'opérations de jointure avec la table des faits. L'opération de sélection est précalculée dans la FHD lors de la fragmentation primaire des tables de dimension. Elle est implicite dans la construction des IJB à travers la construction d'un vecteur de bits pour chaque valeur de l'attribut de sélection. L'opération de jointure est précalculée dans la FHD lors de la fragmentation dérivée de la table des faits et dans les IJB lors de leur construction à l'aide de l'opérateur de jointure.

Exemple 54 *Nous avons vu que la réécriture de la requête Q sur le fragment $Ventes\_PBJ$ ne nécessite aucune opération de sélection ni de jointure. De la même façon, l'exécution de Q nécessite uniquement le chargement de l'index IJB_VMT_bjix sans effectuer aucune opération de jointure ni de sélection.*

6.1.2.3 Partage des attributs de sélection

La clé de fragmentation est constituée d'un ou plusieurs attributs de sélection appartenant aux tables de dimension. Les IJB sont créés sur le même ensemble d'attributs mais en ne considérant que ceux ayant une faible cardinalité. Les deux structures utilisent un certain nombre d'attributs en commun. Cela pose un problème de partage de ces attributs entre les deux techniques, c'est-à-dire quels sont les attributs qui seront mieux utilisés pour fragmenter l'entrepôt et ceux pour l'indexer ? L'AED peut utiliser tous les attributs pour les deux techniques comme il peut les partager entre les deux techniques. Par exemple, il pourra utiliser certains attributs de faible cardinalité pour indexer l'entrepôt et ceux qui restent pour le fragmenter.

Exemple 55 *Dans l'exemple précédent, la FHD (FHSEULE) de la table des faits est basée sur les attributs de sélection Ville, Catégorie et Mois qui constitueront la clé de fragmentation de cette dernière. Les mêmes attributs sont utilisés dans IJBSEULS. Au lieu d'utiliser les trois attributs dans les deux techniques, l'AED peut fragmenter la table des faits sur Catégorie et Mois et l'indexer sur l'attribut Ville par exemple.*

6.1. Introduction

6.1.3 Différences entre la FHD et les IJB

Nous avons vu que la FHD et les IJB présentent des similarités importantes, néanmoins ils possèdent certaines différences. La principale différence entre les deux techniques est le coût de stockage et de maintenance. La FH étant une technique non redondante [21], elle ne requiert pas de données redondantes, donc pas d'espace supplémentaire. L'IJB est une technique redondante nécessitant un espace de stockage et un coût de maintenance considérable. Le coût de stockage dépend de la cardinalité des attributs utilisés pour construire l'index. Les attributs ayant une faible cardinalité engendrent un coût de stockage réduit. Durant la construction des IJB, plusieurs bits sont mis à 0. Pour réduire la taille des index bitmap et ainsi permettre de les construire sur des attributs de cardinalité moyenne, des techniques de compression ont été proposées. Ces travaux proposent des méthodes de compression réduisant la taille des bitmaps mais engendrent un coût d'exécution supplémentaire par rapport aux index non compressés [86]. Cela a motivé d'autres chercheurs à proposer des méthodes améliorant l'efficacité des bitmap compressés [6, 7, 152, 153].

Les IJB requièrent aussi un coût de maintenance suite aux opérations de mise à jour (INSERT, DELETE, UPDATE). Ces mises à jour peuvent toucher les tables de dimension ou la table des faits.

L'ajout de n-uplets au niveau des tables de dimension peut provoquer des extensions des domaines de certains attributs. Par conséquent, de nouveaux vecteurs sont ajoutés à l'index et sont instanciés. Ces vecteurs représentent toutes les nouvelles valeurs ajoutées pour chaque attribut. Pour les instancier, un parcours de la table des faits est nécessaire pour rechercher les n-uplets qui peuvent être joints avec ceux ajoutés dans la table de dimension.

Exemple 56 *Supposons que le domaine de l'attribut Ville est composé de trois valeurs, Poitiers, Nantes et Bordeaux. Par conséquent, un IJB construit sur l'attribut Ville contient trois vecteurs de bits. Supposons qu'une opération de mise à jour ajoute deux autres villes, Paris et Dijon. Cet ajout provoque la création de deux vecteurs correspondant à ces deux villes. Pour remplir ces trois vecteurs, la table Ventes est parcourue pour trouver les n-uplets qui peuvent être joints avec les deux n-uplets ajoutés dans la table Client. Pour ces n-uplets, la valeur 1 est mise dans le bit correspondant, une valeur Null est mise dans les autres bits.*

Les mises à jour dans la table des faits (généralement ajout de faits) nécessitent l'ajout de lignes dans l'index, ensuite l'instanciation de ces lignes. Cette instanciation nécessite une jointure entre la table des faits et les tables de dimension sur lesquelles l'index est défini.

Exemple 57 *Supposons l'ajout de 20 n-uplets dans la table des faits suite à une opération de mise à jour. La mise à jour de l'index défini sur l'attribut Ville, nécessite l'ajout de 20 entrées dans chaque vecteur de l'index. Le remplissage des entrées ajoutées nécessite une*

---

21. La FH ne duplique pas les données dans un contexte de non-réplication

Chapitre 6. Sélection Multiple de Schémas de Fragmentation et d'IJB

jointure entre la table Ventes et la table Client pour rechercher la ville du client effectuant chaque vente ajoutée.

Il est clair donc que la maintenance d'un IJB est très coûteuse. Pour résoudre ce problème, certains travaux proposent de supprimer l'IJB et de le créer de nouveau après les opérations de mise à jour.

Une autre différence entre les deux techniques concerne la cardinalité des attributs candidats pour chaque technique. La FHD peut être définie sur tout l'ensemble des attributs de sélection, tandis que les IJB sont définis sur des attributs de cardinalité faible ou moyenne. La taille de l'index binaire dépend de deux paramètres : la cardinalité de l'attribut utilisé et la taille de la table indexée (la table des faits). Lorsque la cardinalité de l'attribut est très grande, la taille de l'index de jointure peut facilement dépasser celle de la table des faits. L'accès aux données en utilisant un tel index peut nécessiter un coût plus important qu'un balayage total de la table.

6.1.4 Complémentarité entre la FHD et les IJB

La complémentarité entre la FHD et les IJB est possible du fait qu'ils opèrent sur le même ensemble d'attributs de sélection. Etant donnée la fragmentation est contrainte par un nombre de fragments exigé par l'administrateur, généralement, elle ne peut pas utiliser tous ces attributs. En conséquence, les attributs qui ne sont exploités par la fragmentation peuvent être utilisés par le processus d'indexation.

Pour mieux comprendre cette complémentarité, considérons le scénario suivant : soient $EACF$ et $EACI$ l'ensemble d'attributs candidats pour la fragmentation et l'indexation respectivement. Etant donné que $EACF \cap EACI \neq \phi$, l'administrateur peut naïvement les sélectionner d'une manière séquentielle (fragmentation suivie par indexation). Cette sélection ne réduit pas la complexité des deux problèmes. Rappelons que le problème de sélection d'un schéma de fragmentation est un problème NP-Complet [30]. Sa complexité est proportionnelle au nombre d'attributs candidats pour le processus de fragmentation. Le problème de sélection des IJB est un problème NP-Complet[23, 8]. La complexité est aussi proportionnelle au nombre d'attributs candidats pour l'indexation. Une sélection plus intéressante est la suivante :

1. Sélectionner un schéma de fragmentation horizontale dérivée en utilisant l'ensemble $EACF$. Soit EAF l'ensemble des attributs de sélection utilisés par le schéma obtenu ($EAF \subseteq EACF$) ;

2. Sélectionner une configuration d'IJB définis sur le schéma fragmenté en utilisant l'ensemble des attributs ($EACI - EAF$). Dans ce cas, la fragmentation horizontale est utilisée pour élaguer l'espace de recherche des IJB.

Exemple 58 *Pour illustrer cette approche de sélection, considérons l'entrepôt de données présenté dans la section 6.1.1. L'ensemble d'attributs candidats pour la fragmentation est $EACF = \{Ville, Mois, Catégorie\}$. Supposons que l'AED fragmente l'entrepôt en 6 fragments en utilisant l'attribut Mois seulement($EAF = \{Mois\}$).*

6.1. Introduction

Rappelons que la requête Q utilisée dans l'exemple de la section 6.1.1 calcule le nombre de ventes effectuées le mois de juin par des habitants de Poitiers ayant acheté des produits de beauté. Parmi les 6 fragments générés, cette requête accède à un seul fragment de faits (noté $Ventes\_Juin$) défini par :
$Ventes\_Juin = Ventes \bowtie \sigma_{Mois=Juin}(Temps))$. Ce fragment contient toutes les ventes effectuées le mois de juin quelles que soient la ville du client et la catégorie du produit acheté. La requête Q sera réécrite sur ce fragment comme suit :

```
SELECT Count(*)
FROM   CLEINT C, PRODUIT P, VENTES PARTITION(VENTES_JUIN) V
WHERE
C.Ville='Poitiers' AND
P.Catégorie='Beauté' AND
P.PID=V.PID AND
C.CID=V.CID AND
```

Pour exécuter Q, l'optimiseur effectue deux jointures entre le fragment $Ventes\_Juin$ et les tables de dimension Client et produit. Le but de cette jointure est de rechercher les n-uplets du fragment $Ventes\_Juin$ correspondants aux produits de catégorie beauté achetés par des clients habitant Poitiers. Le coût de ces deux jointures peut être important à cause de la taille du fragment $Ventes\_Juin$, car la fragmentation de la table ventes en 6 partitions seulement peut générer des fragments de grande taille.

Pour optimiser ces deux jointures, l'AED crée un IJB permettant de les précalculer. Cet index est défini sur l'ensemble $(EACI - EAF)$ qui est défini par :
$EACI - EAF = \{Ville, Catégorie\}$

Nous appelons cet index ($IJB\_Ville\_Catégorie\_ijbx$) qui sera créé avec la commande suivante :

```
CREATE BITMAP INDEX IJB_Ville_Catégorie_ijbx
ON VENTES(CLIENT.VILLE, PRODUIT.CATEGORIE)
FROM VENTES V, CLIENT C, PRODUIT P
WHERE V.CID= C.CID AND V.PID=P.PID
LOCAL
```

Cet index est créé sur la table Ventes et partitionné de la même manière que cette dernière. Sur chaque partition de la table des faits, un fragment de cet index est créé, il ne référence que les n-uplets contenus dans la partition correspondante. Chaque fragment d'index est défini sur un et un seul sous-schéma en étoile. Notons qu'un index créé sur un schéma en étoile est moins volumineux que l'index global, ce qui nécessite moins d'espace de stockage et moins de coût de chargement lors de l'exécution des requêtes.

Pour exécuter la requête Q, l'optimiseur effectue les opérations suivantes :
 – Il détermine les partitions valides pour cette requête, seule la partition $Ventes\_Juin$ est valide (figure 6.4(a)).
 – Il charge l'index local $IJB\_Ville\_Catégorie\_ijbx$ défini sur le fragment $Ventes\_Juin$ (figure 6.4(b))

Chapitre 6. Sélection Multiple de Schémas de Fragmentation et d'IJB

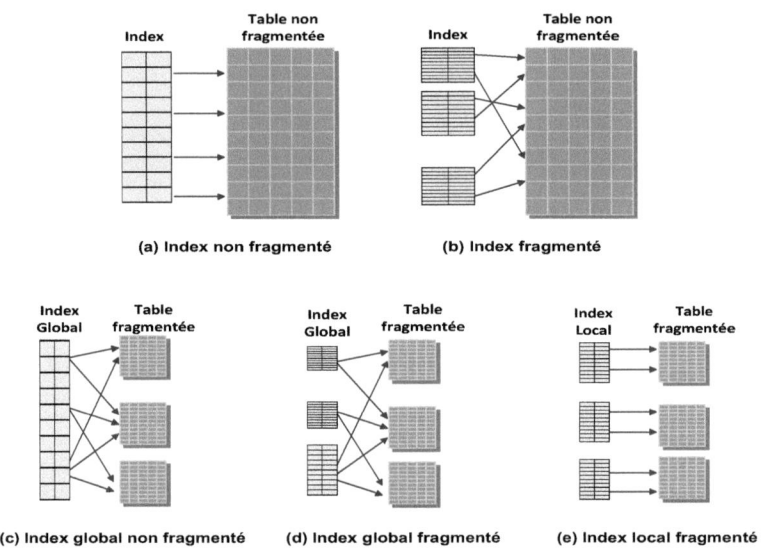

FIGURE 6.3 – Scenarii de fragmentation des index et des tables indexées

- *Il effectue une opération AND entre le vecteur représentant la valeur Poitiers pour l'attribut Ville et la valeur Beauté pour l'attribut Catégorie (les colonnes grisées sur la figure 6.4(b)).*
- *Il calcule le nombre de 1 dans le vecteur résultat (figure 6.4(c)).*

La fragmentation des index avec la même façon que les tables qu'ils référencent est très importante pour garantir une facilité de gestion de l'entrepôt [130]. Appliquer le même schéma de fragmentation d'une table sur ses index est appelée *Alignement*[130, 5]. Un index est considéré *aligné* s'il est partitionné de la même façon que la table qu'il référence. Si l'index est aligné, il est appelé *index local* sinon il est appelé *index global*. L'alignement des index permet de faciliter la gestion lors de certaines opérations touchant les partitions comme la sauvegarde et la restauration. [5] ont adopté le principe d'alignement et ils l'ont considéré comme une forte exigence pour garantir une bonne conception physique qui prend en considération la performance et la mangeabilité de la base de données.

Selon la fragmentation ou non de l'index et/ou la table qu'il référence, nous pouvons distinguer cinq types d'index (voir figure 6.3) :

1. Index non fragmenté défini sur une table non fragmentée (voir figure 6.3(a)).
2. Index fragmenté défini sur une table non fragmentée (voir figure 6.3(b)). Cet index peut être fragmenté en utilisant un des modes simples ou composites que nous avons présentés dans le chapitre 3 (voir section 2).

6.1. Introduction

3. Index global non fragmenté défini sur une table fragmentée (voir figure 6.3(c)).

4. Index global fragmenté défini sur une table fragmentée (voir figure 6.3(d)). Cet index est fragmenté et chaque partition référence des n-uplets appartenant à plusieurs partitions de la table indexée. Cet index ne permet pas une exécution indépendante (parallèle) inter-partitions. Aussi, lorsque des partitions de la table sont fusionnées, éclatées ou supprimées alors toutes les partitions de l'index global seront affectées.

5. Index local défini sur une table fragmentée (voir figure 6.3(e)). Un index local est un index équi-partitionné que la table qu'il référence où chaque partition de l'index référence uniquement des n-uplets d'une et d'une seule partition de cette table. Il hérite donc toutes les propriétés de fragmentation de la table indexée : clé de fragmentation, nombre de partitions ou de sous-partitions, etc.

L'utilisation des index locaux permettent d'améliorer la facilité de gestion pour les raisons suivantes :

– Lors des opérations de mise à jour sur une partition d'une table, une seule partition de l'index sera reconstruite.
– La durée des opérations de mise à jour sur une partition dépend uniquement de la taille de cette partition si tous ses index sont locaux.
– Les index locaux permettent une exécution indépendante (parallèle) des sous-requêtes sur les différentes partitions.

La sélection d'un schéma de FH suivie d'une configuration d'index locaux que nous proposons possède plusieurs avantages :

– La sélection des IJB prend en considération le schéma de fragmentation généré par le processus de fragmentation.
– La création des IJB locaux sur les sous-schémas en étoile permet d'avoir des index locaux moins volumineux qui sont utilisés pour accéder aux données au lieu de l'index global.
– La FH de l'entrepôt permet d'élaguer l'espace de recherche des IJB en réduisant le nombre d'attributs candidats à l'indexation. Cela permet de réduire la complexité du problème de sélection d'une configuration d'IJB.
– Aucun changement n'est effectué sur les modules de sélection de chaque technique. Puisque la sélection des IJB dépend du schéma de fragmentation sélectionné, le module de sélection des IJB prend en entrée ce schéma de fragmentation. Le seul changement dans ce module concerne la nature des données en entrées. Le schéma de l'entrepôt et l'ensemble d'attributs EACI nécessaires en entrée pour la sélection des IJB sur le schéma non fragmenté seront remplacés respectivement par l'ensemble des sous-schémas en étoile générés par le schéma de fragmentation sélectionné et l'ensemble d'attributs EACI-EAF.

Dans la section suivante nous décrivons d'une manière formelle notre approche.

Chapitre 6. Sélection Multiple de Schémas de Fragmentation et d'IJB

RID^S	CID	PID	TID	Montant
2	616	106	66	28
5	414	105	66	14
13	515	102	66	100
16	111	105	66	44
17	212	104	66	40
25	313	105	66	19

(a) Ventes_Juin

	Ville			Catégorie				
RID	P	Pr	N	B	M	J	Jr	F
2	1	0	0	1	0	0	0	0
5	0	0	1	1	0	0	0	0
13	0	1	0	0	0	0	1	0
16	1	0	0	1	0	0	0	0
17	1	0	0	0	1	0	0	0
25	0	0	1	1	0	0	0	0

(b) IJB_Ville_Cat_ijbx

AND
1
0
0
1
0
0

(c)

FIGURE 6.4 – Exemple de sélection conjointe

6.2 Sélection conjointe d'un schéma de FH et d'une configuration d'IJB

Nous avons vu que l'approche conjointe est plus adaptée pour la sélection d'un schéma de fragmentation horizontale et d'une configuration d'IJB. Nous présentons d'abord une formalisation du problème de sélection conjointe ensuite une approche pour sa résolution.

6.2.1 Formalisation du problème de sélection d'un schéma de FH et d'IJB

La sélection conjointe que nous proposons vise à sélectionner un schéma de fragmentation horizontale suivi d'une sélection d'une configuration d'IJB qui prend en considération le schéma de fragmentation sélectionné. Notons que le schéma de FH sélectionné doit vérifier la contrainte de maintenance qui représente le nombre de sous-schémas en étoile maximum à avoir (voir chapitre 3) et que la taille de la configuration d'index créés soit inférieure à l'espace disque alloué (voir chapitre 5). Nous formalisons ce problème comme un problème d'optimisation avec contraintes comme suit :
Étant :
- Un entrepôt de données modélisé par un schéma en étoile composé d'une table de faits F et de d tables de dimension $\{D_1, D_2, \cdots, D_d\}$;
- Une charge de requêtes $Q = \{Q_1, Q_2, \cdots, Q_m\}$ où chaque requête Q_i possède une fréquence d'accès f_i ;
- Un seuil W représentant le nombre de fragments générés par le processus de fragmentation ;
- Un espace de stockage S réservé aux IJB.

L'objectif recherché est de sélectionner simultanément un schéma de FH (SF) et d'une configuration d'IJB (CI) tel que :
- Le coût d'exécution de Q en présence de SF et CI soit réduit ;
- Le nombre de fragments générés par SF soit inférieur ou égal à W ($N_{SF} \leq W$)
- La taille de CI est inférieure ou égale à l'espace de stockage réservé ($Taille(CI) \leq S$).

6.2.2 Approche de sélection conjointe de la FHD et des IJB

Nous présentons dans cette section notre approche de sélection simultanée d'un schéma de FH et d'une configuration d'index. Nous commençons par présenter le principe de l'approche et ensuite nous détaillons les différentes étapes qui la caractérisent.

6.2.2.1 Principe de l'approche

Notre approche se base sur les dépendances que nous avons identifiées entre la FHD et les IJB. Elle consiste à sélectionner un schéma de FH en se basant sur une charge de requêtes, et ensuite sélectionner une configuration d'IJB en prenant en compte le schéma de fragmentation sélectionné et les requêtes non bénéficiaires du processus de fragmentation.

La sélection d'un schéma de FH avant celle des IJB permet de réduire la complexité du problème de sélection des IJB en permettant deux améliorations : (1) l'élagage de l'espace de recherche des IJB et (2) la réduction de la charge de requêtes nécessaire pour définir les IJB.

6.2.2.1.1 Élagage de l'espace de recherche des IJB
: Le nombre d'IJB possibles augmente de manière exponentielle par rapport au nombre d'attributs candidats pour la sélection. Si le nombre d'attributs est important, il est quasiment impossible d'énumérer toutes les configurations possibles (voir chapitre 5). Pour sélectionner un ensemble d'index, plusieurs travaux proposent deux étapes, la première consiste à éliminer un ensemble d'attributs candidats, et la deuxième consiste à sélectionner une configuration en utilisant le nouvel ensemble d'attributs obtenu après élagage [10, 24]. La première étape permet d'élaguer l'espace de recherche des index et par conséquent diminue sa complexité. Dans [10, 24] l'étape d'élagage est effectuée en utilisant des techniques de datamining.

Ce qui différencie notre approche de ces travaux réside dans la façon dont cet élagage est effectué. Au lieu d'utiliser des techniques de datamining, notre approche utilise la fragmentation horizontale pour élaguer l'espace de recherche d'une deuxième technique (IJB) en se basant sur les dépendances existant entre elles.

Rappelons que le schéma de fragmentation sélectionné dans la première étape utilise un sous-ensemble d'attributs $EAF \subseteq EACF$. La cardinalité de l'ensemble EAF dépend du seuil W que l'administrateur fixe. Si W est petit, peu d'attributs sont utilisés pour fragmenter l'entrepôt. La fragmentation de l'entrepôt est effectuée en utilisant une clé de fragmentation composée des attributs de EAF. La sélection des IJB peut être effectuée en utilisant l'ensemble des attributs $(EACI - EAF)$ comme un ensemble d'attributs candidats. Si la cardinalité de cet ensemble est petite, alors la taille de l'espace de recherche des IJB diminue de manière très significative, ce qui permet de réduire la complexité du problème de leur sélection.

Exemple 59 *Supposons que l'ensemble des attributs candidats pour la sélection des IJB EACI est composé de 10 attributs. Dans ce cas, l'espace de recherche est composé de $2^{2^{10}} = 1,79 \times 10^{308}$ configurations d'index possibles (voir chapitre 5).*

Chapitre 6. Sélection Multiple de Schémas de Fragmentation et d'IJB

Supposons que le processus de fragmentation sélectionne un schéma de fragmentation utilisant 5 attributs de fragmentation. La sélection des IJB sur le schéma fragmenté se base alors sur les 5 attributs qui restent. Le nouvel espace de recherche est composé de $2^{2^5} = 4,29 \times 10^9$ configurations possibles, ce qui présente une réduction très importante du problème de sélection d'IJB.

6.2.2.1.2 Réduction de la charge de requêtes : La sélection d'un schéma de FH obtenu n'est pas bénéfique pour toutes les requêtes de la charge. Cela dépend des prédicats de sélection que la requête utilise. Pour illustrer cela, nous considérons l'entrepôt de données de l'exemple 6.1.1. Supposons que l'AED fixe W à 18. Il fragmente son entrepôt en 18 fragments sur les attributs *Ville* et *Mois*. L'attribut *Catégorie* n'est pas utilisé pour fragmenter l'entrepôt.

Soit une requête Q_j exécutée sur le schéma de fragmentation SF, soit EAS_j et EAF respectivement l'ensemble des attributs de sélection utilisés dans la requête Q_j et l'ensemble des attributs de fragmentation. Pour identifier les requêtes bénéficiaires du processus de fragmentation, nous considérons trois scenarii :

1. *Scénario 1* : Q_j n'utilise que des prédicats définis sur des attributs de fragmentation ($EAS_j \subseteq EAF$)

    Le nombre de sous-schémas valides pour cette requête est réduit. Cela est dû au fait qu'il y a moins de correspondance entre les prédicats définissant les fragments de faits et la clause de la requête Q_j. Pour illustrer ce cas, considérons la requête Q suivante :

    ```
    SELECT Count(*)
    FROM    CLIENT C, TEMPS T, VENTES V
    WHERE
    C.Ville='Poitiers' AND T.Mois='Juin'
    AND
    C.CID=V.CID AND T.TID=V.TID
    ```

    Parmi les 18 fragments, un seul sera valide pour cette requête qu'on notera $Ventes\_PJ$ et qui correspond aux ventes effectuées pour des clients habitant Poitiers durant le mois de juin. Q sera réécrite comme suit :

    ```
    SELECT Count(*)
    FROM    VENTES PARTITION(VENTES_PJ)
    ```

    Les requêtes du même type que la requête Q ont plus de chances de bénéficier du processus de fragmentation. Cela est dû au nombre réduit de fragments valides pour répondre à cette requête.

2. *Scénario 2* : Q_j utilise un mélange d'attribut de fragmentation et d'autres attributs ($EAS_j \cap EAF \neq \phi$)

    Dans ce scénario, les attributs de fragmentation dans Q_j permettent de déterminer les fragments valides. Mais l'exécution de cette requête nécessite des jointures entre les fragments de faits de chaque sous-schéma avec les fragments de dimension pour prendre en compte les prédicats définis sur les attributs n'appartenant pas à EAF. Pour illustrer ce cas, considérons la requête suivante :

6.2. Sélection conjointe d'un schéma de FH et d'une configuration d'IJB

```
SELECT Count(*)
FROM   CLIENT C, PRODUIT P, VENTES V
WHERE
C.Ville='Poitiers' AND P.Catégorie='Beauté'
AND
C.CID=V.CID AND P.PID=V.PID
```

La requête utilise un prédicat défini sur l'attribut *Catégorie* (qui n'est pas un attribut de fragmentation). Parmi les 18 fragments, 6 sous-schémas sont valides pour cette requête. Ces fragments correspondent aux ventes effectuées pour des clients habitant *Poitiers* quelle que soit la catégorie du produit acheté.

La requête sera réécrite sur chaque fragment $Vente\_i$ ($1 \leq i \leq 6$) comme suit :

```
SELECT Count(*)
FROM   PRODUIT P, VENTES PARTITION(Ventes_i) V
WHERE
P.Catégorie='Beauté'
AND P.PID=V.PID
```

Pour exécuter la requête sur chaque sous-schéma, l'optimiseur effectue une jointure entre le fragment de faits et la table Produit pour rechercher les produits de catégorie beauté. Une union des résultats obtenus sur chaque sous-schéma est effectuée pour construire le résultat de la requête.

Ce type de requêtes peut bénéficier du processus de fragmentation si la cardinalité de l'ensemble EAS_j est proche de celle de EAF (la majorité des attributs utilisés sont des attributs de fragmentation).

3. *Scénario 3 :* La requête n'utilise aucun attribut de fragmentation ($EAS_j \cap EAF = \phi$) Dans ce cas, tous les sous-schémas générés sont valides pour la requête, donc l'optimiseur accède à tous ces sous-schémas. Puisque aucun attribut de fragmentation n'est utilisé par la requête, l'exécution de cette dernière sur chaque sous-schéma nécessite d'effectuer toutes les jointures existantes. Pour illustrer ce cas, considérons la requête suivante :

```
SELECT Count(*)
FROM   PRODUIT P, VENTES V
WHERE
P.Catégorie='Beauté' AND P.PID=V.PID
```

Les 18 fragments générés sont valides pour cette requête qui seront tous accédés pour répondre à cette requête. Sur chaque sous-schéma la jointure entre la table Ventes et Produit présente dans le requête sera effectuée entre le fragment de faits et la table Produit pour rechercher les ventes concernant les produits de beauté.

A partir des scenarii que nous avons présentés, nous pouvons conclure que généralement les requêtes représentant le premier scénario sont celles les plus bénéficiaires du processus de fragmentation. Les requêtes du deuxième scénario sont moins bénéficiaires et celles du dernier scénario sont celles qui ne sont pas bénéficiaires du processus de fragmentation. La principale caractéristique des requêtes non bénéficiaires est la présence de jointures entre le fragment de faits et les tables de dimension. Ces jointures peuvent être coûteuses lorsque la taille des fragments de faits est importante.

Chapitre 6. Sélection Multiple de Schémas de Fragmentation et d'IJB

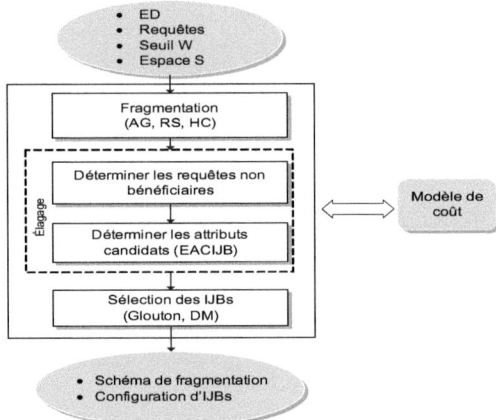

FIGURE 6.5 – Notre approche conjointe

Pour optimiser les requêtes non bénéficiaires (celles de la deuxième et de la troisième catégorie), l'administrateur doit sélectionner un ensemble d'IJB qui permettent de réduire le coût d'exécution de ces requêtes en précalculant les opérations de jointure nécessaires. Donc, au lieu de considérer toute la charge de requêtes pour la sélection de la configuration d'index, seules les requêtes non bénéficiaires sont considérées. La réduction de la taille de la charge de requêtes permet de réduire la complexité du problème de sélection en réduisant le nombre de requêtes évaluées pour chaque configuration d'index parcourue. Cette réduction ressemble au concept de compression de la charge de requêtes étudié dans plusieurs travaux. La compression des requêtes vise à diminuer le nombre de requêtes considérées dans la charge de requêtes, sans perdre la qualité des recommandations générées. La taille de la charge de requêtes est un facteur très important affectant la scalabilité (passage à l'échelle) des outils de conception physique [159]. Chaque requête de la charge doit être compilée pour avoir une estimation de son coût d'exécution. L'augmentation de la taille de la charge implique une augmentation du temps d'exécution de ces outils. [159] affirment que le temps d'exécution des outils de conception physique comme *Microsoft Tuning Wizard* et *DB2 Index Advisor* augmente exponentiellement avec l'augmentation linéaire de la taille de la charge de requêtes. De ce fait la compression des requêtes est impérative pour la scalabilité de ces outils de conception.

6.2.2.2 Étapes de l'approche

L'approche que nous proposons pour la sélection simultanée d'un schéma de FH et d'une configuration d'IJB commence par sélectionner un schéma de FH, ensuite déterminer à partir de ce schéma l'ensemble des attributs candidats pour l'indexation et l'ensemble

6.2. Sélection conjointe d'un schéma de FH et d'une configuration d'IJB

des requêtes non bénéficiaires qui seront utilisées pour la sélection des IJB. A partir de ces deux ensembles et d'un quota d'espace alloué aux index, un algorithme de sélection d'IJB sélectionne une configuration d'IJB réduisant le coût d'exécution des requêtes non bénéficiaires et vérifie la contrainte de stockage. La forme générale de notre approche est schématisée dans la figure 6.5. Elle est constituée de cinq étapes principales : (1) énumération des attributs de sélection, (2) génération d'un ensemble de prédicats minimal et complet, (3) sélection d'un schéma de FH, (4) identification des requêtes non bénéficiaires, (5) identification des attributs candidats aux le processus d'indexation et (6) sélection d'une configuration d'IJB.

6.2.2.2.1 Énumération de l'ensemble des attributs de sélection : Pour chaque requête dans la charge globale, nous énumérons les attributs sur lesquels sont définis des prédicats de sélection dans la clause WHERE. Soit EAS l'ensemble des attributs de sélection définis dans l'ensemble des requêtes. EAS constitue l'ensemble des attributs de départ de notre approche. Les IJB sont définis sur les attributs de faible cardinalité, par conséquent nous identifions dans EAS l'ensemble de ces attributs noté $EAFC$ ($EAFC \subseteq EAS$).

6.2.2.2.2 Génération d'un ensemble de prédicats minimal et complet : Comme nous avons vu dans le chapitre 3, l'ensemble des prédicats de sélection utilisé pour générer les fragments horizontaux doit être complet et minimal. La génération des ensembles de prédicats complets et minimaux peux éliminer certains attributs du processus de fragmentation ce qui permet d'élaguer son espace de recherche. Soit EASCM, l'ensemble des attributs résultats de cette étape ($EASCM \subseteq EAS$). Cet ensemble représente les attributs candidats pour le processus de FH.

6.2.2.2.3 Sélection d'un schéma de fragmentation : La sélection d'un schéma de fragmentation est effectuée en utilisant un des algorithmes que nous avons proposés dans le chapitre 4 (Algorithme Génétique, Recuit Simulé ou Hill Climbing). L'algorithme de sélection d'un schéma de fragmentation reçoit en entrée un ensemble de requêtes, un ensemble d'attributs candidats et un schéma d'entrepôt de données et donne en sortie un schéma de fragmentation. L'algorithme de fragmentation que nous utilisons prend en entrée la charge de requête initiale $Q = \{Q_1, Q_2, \cdots, Q_m\}$, l'ensemble $EASCM$ déterminé dans l'étape précédente et le seuil W fixé par l'administrateur.

Le schéma de fragmentation obtenu est défini par :
– L'ensemble de tables de dimension fragmentées.
– Pour chaque table de dimension fragmentée, l'ensemble des attributs utilisés pour la fragmenter. Donc parmi les attributs dans $EASCM$, un sous-ensemble EAF est utilisé pour fragmenter l'entrepôt ($EAF \subseteq EASCM$).
– Pour chaque attribut de fragmentation, le découpage de son domaine en partitions.

Rappelons que le nombre d'attributs de fragmentation (cardinalité de l'ensemble EAF) dépend du seuil W. Lorsque W est petit, peu d'attributs sont utilisés pour fragmenter l'entrepôt. Lorsque W est relâché, la majorité des attributs sont utilisés pour fragmenter l'entrepôt de données.

6.2.2.2.4 Identification des requêtes bénéficiaires : Comme nous l'avons vu dans la section 6.2.2.1.2, parmi l'ensemble des requêtes de la charge, certaines bénéficient du processus de fragmentation et d'autres n'en bénéficient pas. Une requête est bénéficiaire du processus de fragmentation si son coût d'exécution après fragmentation est significativement réduit. Les requêtes les plus bénéficiaires du processus de fragmentation sont celles qui ne contiennent que des prédicats définis sur des attributs de fragmentation. Les requêtes ne contenant aucun prédicat défini sur un attribut de fragmentation sont généralement des requêtes non bénéficiaires du processus de fragmentation (voir section 6.2.2.1.2).

Pour quantifier la réduction du coût après fragmentation, nous utilisons une métrique que nous appelons *taux de réduction* (TR). Ce taux est défini pour chaque requête Q_j comme suit :

$$TR(Q_j) = \frac{Cost(Q_j, SF)}{Cost(Q_j, \phi)} \qquad (6.1)$$

où $Cost(Q_j, SF)$ et $Cost(Q_j, \phi)$ représentent respectivement le coût d'exécution de la requête Q_j sur l'entrepôt fragmenté selon le schéma SF et sur le schéma non fragmenté. Notons que lorsque $TR(Q_j)$ est très petit (proche de zéro), la requête est bénéficiaire du processus de fragmentation. Par contre, s'il est proche ou supérieur à 1, la requête n'est pas bénéficiaire.

Le problème qui se pose est de savoir à partir de quel taux l'AED décide qu'une requête est bénéficiaire ou non ? Pour résoudre ce problème, nous donnons la possibilité à l'AED de fixer un seuil de réduction maximum noté λ ($\lambda \in [0, 1]$) pour lequel une requête est considérée bénéficiaire du processus de fragmentation. Une requête Q_j est bénéficiaire du processus de fragmentation si, et seulement si $TR(Q_j) < \lambda$, elle est non bénéficiaire sinon. L'ensemble des requêtes non bénéficiaires Q' est défini par :
$Q' = \{Q'_j / Q'_j \in Q \wedge TR(Q'_k) < \lambda\}$
Par exemple, si l'administrateur décide qu'une requête est bénéficiaire du processus de fragmentation si et seulement si le coût après fragmentation représente moins de 40% du coût avant fragmentation, alors il fixe λ à $0, 4$.

Il est très important de savoir si une requête est bénéficiaire ou non du processus de fragmentation. Si une requête est bénéficiaire, l'AED considère qu'il n'est pas nécessaire d'utiliser une technique d'optimisation supplémentaire pour l'optimiser. Pour un schéma de fragmentation donnée, le nombre de requêtes non bénéficiaires dépend fortement de la valeur de λ. Lorsque la valeur de λ diminue, plus de requêtes sont considérées non bénéficiaires. Puisque la sélection des IJB repose sur l'ensemble des requêtes non bénéficiaires, elle est donc très dépendante de la valeur de λ.

Les deux valeurs limites de λ ont une signification particulière :
- Si l'AED fixe $\lambda = 0$ alors il considère que toutes les requêtes ne sont pas bénéficiaires, de ce fait toute la charge Q sera utilisée pour la sélection des IJB.

6.2. Sélection conjointe d'un schéma de FH et d'une configuration d'IJB

- Si l'AED fixe $\lambda = 1$ toutes les requêtes sont bénéficiaires et par conséquent aucun IJB ne sera créé.

6.2.2.2.5 Identification des attributs candidats à l'indexation : L'étape précédente permet d'identifier l'ensemble Q' des requêtes non bénéficiaires du processus de fragmentation. Le processus d'indexation vise à optimiser cet ensemble de requêtes. Sur ces requêtes, nous identifions l'ensemble des attributs de sélection noté $EAS_{Q'}$. L'ensemble des attributs candidats pour la sélection d'une configuration d'index (noté $EACIJB$) est déterminé à partir de trois ensembles d'attributs : (1) les attributs de l'ensemble $EAFC$ représentant les attributs de sélection de faible cardinalité, (2) l'ensemble des attributs non utilisés pour fragmenter l'entrepôt et (3) les attributs de sélection contenus dans les requêtes non bénéficiaires $EAS_{Q'}$. L'ensemble des attributs candidats pour le processus d'indexation $EACIJB$ regroupe les attributs de sélection de faible cardinalité sauf ceux utilisés pour fragmenter l'entrepôt et ceux non utilisés par les requêtes non bénéficiaires. Il est défini par : $EACIJB = (EAFC - EAF) \cap EAS_{Q'}$.

La réduction du nombre d'attributs candidats pour la sélection d'IJB et par conséquent l'élagage de son espace de recherche dépend de deux paramètres, le nombre d'attributs de fragmentation et le nombre de requêtes bénéficiaires. Si ces deux nombres sont relativement importants, alors peu d'attributs sont candidats pour l'indexation et donc le problème devient moins complexe.

6.2.2.2.6 Sélection d'une configuration d'index : A partir de l'ensemble d'attributs candidats $EACIJB$, un algorithme de sélection d'IJB est exécuté. L'algorithme de sélection d'une configuration d'IJB reçoit en entrée l'ensemble $EACIJB$, l'ensemble des requêtes Q' et l'espace disque S réservé aux IJB. Il donne en sortie une configuration d'index CI permettant de réduire le coût d'exécution des requêtes de l'ensemble Q' dont la taille totale des index constituant cette configuration ne dépasse pas l'espace réservé S. Deux algorithmes de sélection d'index peuvent être utilisés dans notre approche, un algorithme glouton et un algorithme basé sur les techniques de data Mining. Les deux algorithmes sont détaillés dans le chapitre 5.

6.2.2.3 Modèles de coût

Les algorithmes de sélection d'un schéma de FH et d'une configuration d'index que nous avons proposé permettent de sélectionner les meilleures solutions rencontrées parmi celles générées. L'évaluation de la qualité d'un schéma de fragmentation et d'une configuration d'index nécessite l'utilisation de deux modèles de coût. Le premier modèle de coût permet d'évaluer la qualité des différents schémas de fragmentation générés par l'algorithme de fragmentation (HC, AG, RS). Il permet de d'estimer le nombre d'entrées/sorties nécessaires pour exécuter une requête sur un schéma fragmenté ou non. Ce modèle de coût est détaillé dans le chapitre 3. Le deuxième modèle de coût permet d'évaluer les différentes configurations d'index générées par l'algorithme de sélection des IJB. Ce modèle permet

Chapitre 6. Sélection Multiple de Schémas de Fragmentation et d'IJB

de calculer la taille des différents IJB générés ainsi que le coût d'exécution (en nombre d'entrées/ sorties) des requêtes en présence de ces index. Ce modèle de coût est détaillé dans le chapitre 5.

6.2.2.4 L'utilisation de l'approche pour le tuning

L'entrepôt de données évolue au cours de sa durée de vie. Cette évolution concerne plusieurs aspects : (i) le contenu des tables, (ii) la taille des techniques d'optimisation sélectionnées lors de la conception physique (les vues matérialisées, les index et les partitions), (iii) les fréquences des requêtes/mises à jour, (iv) l'ajout et la suppression de requêtes, etc. Ces changements nécessitent une phase de réglage (*tuning*) de manière à maintenir une meilleure performance de l'entrepôt et surtout éviter sa dégradation. Le rôle principal de la phase de *tuning* est de surveiller et de diagnostiquer l'utilisation de l'ensemble des techniques d'optimisation sélectionnées lors de la conception physique (appelé *configuration*) et des différentes ressources qui lui sont affectées (comme le tampon, l'espace de stockage, etc.).

Notre approche de sélection peut être considérée comme une approche de tuning de l'entrepôt. Ce tuning est réalisé en permettant d'améliorer les performances de certaines requêtes non bénéficiaires d'une technique d'optimisation par la sélection d'une autre technique. Cela dépend du paramètre λ que nous appelons *paramètre de tuning*. Ce paramètre est très important car il détermine le mode de sélection (FHSEULE, IJBSEULS ou FH&IJB). Les différents modes de sélection sont définis comme suit :

- **FHSEULE** : Pour effectuer une FH de l'entrepôt de données sans l'indexer, l'AED met $\lambda = 1$. Dans ce cas, il considère que toutes les requêtes sont bénéficiaires du processus de fragmentation, par conséquent aucun index ne sera créé.
- **IJBSEULS** : Pour effectuer une indexation de l'entrepôt de données non fragmenté, l'AED met $\lambda = 0$ et $W = 1$. Dans ce cas, l'entrepôt de données n'est pas fragmenté ($W = 1$) et toutes les requêtes sont non bénéficiaires ($\lambda = 0$). Par conséquent, la sélection des IJB sur l'entrepôt non fragmenté se base sur tous les attributs candidats pour l'indexation (l'ensemble des attributs de fragmentation est vide) et sur toutes les requêtes de la charge.
- **FH&IJB** : Pour effectuer une sélection simultanée d'un schéma de fragmentation horizontal et d'une configuration d'index selon l'approche que nous avons proposée, l'AED fixe une valeur de W supérieure à 1 et une valeur de λ telle que $0 < \lambda < 1$. Dans ce cas, un schéma de fragmentation est sélectionné suivi d'une configuration d'IJB.

Le paramètre λ permet aussi de guider la tâche de tuning de l'entrepôt de données. Ce paramètre permet d'identifier les requêtes non bénéficiaires du processus de fragmentation. Ces requêtes dépendent du schéma de fragmentation sélectionné, en particulier du seuil W utilisé. Nous considérons quatre scenarii d'optimisation selon les valeurs de W et λ : grandes valeurs ou petites valeurs (voir figure 6.6) [22] :

---

22. Les valeurs de λ sont considérées petites si elles sont proches de 0, et grandes lorsqu'elles sont

6.2. Sélection conjointe d'un schéma de FH et d'une configuration d'IJB

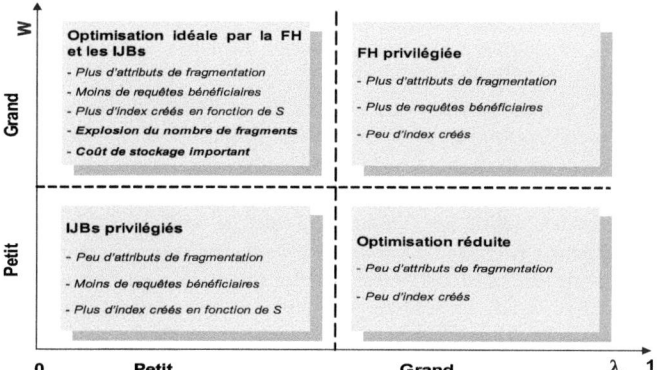

FIGURE 6.6 – Effet de λ et W sur les choix d'optimisation

1. **W et λ grands** : Dans ce cas, le schéma de fragmentation sélectionné génère un grand nombre de fragments, ce qui implique que leurs tailles sont petites et que beaucoup d'attributs sont utilisés pour fragmenter l'entrepôt. Le fait de fixer λ à une grande valeur (proche de 1) implique que la majorité des requêtes est considérée bénéficiaire du processus de fragmentation. Dans ce scénario, l'AED privilégie la FH (technique non redondante) comme technique d'optimisation principale et peu d'IJB (technique redondante) sont créés à cause du nombre d'attributs candidats réduit et le peu de requêtes à optimiser.

   L'AED choisit ce scénario dans le cas où il ne peut pas satisfaire les exigences des techniques redondantes. En effet, si l'AED dispose de peu d'espace disque pour les index, il serait intéressant de concentrer son optimisation sur une technique non redondante, comme la FH, pour avoir une bonne réduction du coût d'exécution des requêtes. Ce scénario est aussi intéressant lorsque la charge de requête contient plusieurs requêtes de mise à jour, chose qui rend l'utilisation des techniques redondantes très coûteuses.

2. **W et λ petits** : Dans ce scénario, le schéma de fragmentation sélectionné génère peu de fragments et donc moins d'attributs de fragmentation sont utilisés. Beaucoup de requêtes utilisant les autres attributs ne bénéficient pas du processus de fragmentation. La fait de mettre λ petit permet de prendre en compte toutes ces requêtes. Par conséquent, la sélection d'IJB est très importante pour optimiser ces requêtes, elle est basée sur un grand nombre d'attributs candidats et la majorité des requêtes de la charge.

   L'AED choisit ce scénario lorsqu'il ne veut pas avoir un nombre important de sous-

---
proches de 1. Les valeurs de W sont considérées petites si elles sont très inférieures au nombre maximum de fragments possibles, et grandes lorsqu'elles sont proches de ce nombre.

Chapitre 6. Sélection Multiple de Schémas de Fragmentation et d'IJB

schémas en étoile et s'il dispose d'assez d'espace disque pour créer un nombre important d'IJB. Ce scénario n'est pas recommandé lorsque la charge de requête contient beaucoup de requêtes de mise à jour.

3. W grand et λ petit : Dans ce scénario, un schéma de FH utilisant un grand nombre d'attributs de fragmentation est sélectionné, ce qui permet de satisfaire beaucoup de requêtes de la charge. Le fait de fixer λ à une petite valeur permet de considérer la majorité des requêtes non bénéficiaires, ce qui permet de considérer la majorité des attributs non utilisés pour fragmenter l'entrepôt de données comme des attributs candidats pour l'indexation. Ce scénario permet d'avoir une optimisation maximale où la majorité des attributs de sélection ont été utilisés pour définir les fragments horizontaux et les IJB. Ce scénario est limité par le risque d'avoir un nombre important de sous-schémas en étoile qu'il faut gérer et maintenir. La configuration d'index créée peut aussi occuper un espace de stockage important qui pourra dépasser le quota réellement disponible.

4. W petit et λ grand : Dans ce scénario, aucune technique d'optimisation n'est efficacement utilisée pour optimiser la charge de requêtes. Peu d'attributs sont utilisés pour fragmenter l'entrepôt, ce qui ne permet pas de satisfaire beaucoup de requêtes (fragmentation insuffisante). Fixer λ à une grande valeur permet de considérer la majorité des requêtes bénéficiaires malgré le peu d'attributs utilisés pour fragmenter l'entrepôt. Par conséquent, peu d'attributs candidats pour l'indexation sont considérés, ce qui ne permet pas de créer assez d'index permettant d'optimiser la majorité des requêtes. Dans ce scénario, peut d'attributs sont utilisés par les deux techniques, donc peu de requêtes sont optimisées. Ce scénario peut être utilisé par exemple si l'AED veut optimiser un nombre réduit de requêtes de la charge en complément d'autres optimisations effectuées en utilisant d'autres techniques comme les vues matérialisées.

6.2.3 Bilan et discussion

Après la présentation des principales similarités et dépendances entre la FHD et les IJB, nous avons proposé notre démarche de sélection conjointe d'un schéma de fragmentation horizontale et d'une configuration d'index. Cette approche se base principalement sur les similarités que nous avons identifiées entre la FHD et les IJB. Elle permet d'utiliser une technique non redondante (FHD) pour élaguer l'espace de recherche d'une autre technique redondante (IJB). La sélection d'un schéma de fragmentation permet d'utiliser un ensemble d'attributs de fragmentation, ces attributs seront éliminés de l'ensemble des attributs indexables candidats.

Trois modes de sélection sont supportés, FHSEULE, IJBSEULS et FH&IJB. FHSEULE permet de sélectionner un schéma de fragmentation qui permet de partitionner l'entrepôt sans l'indexer, IJBSEULS permet d'indexer l'entrepôt de données non fragmenté et FH&IJB permet de sélectionner un schéma de fragmentation suivie d'une configuration d'index définie sur l'entrepôt fragmenté.

Notre approche permet aussi de tuner l'entrepôt de données en utilisant un paramètre de tuning noté λ dans le cas du mode de sélection FH&IJB. Ce paramètre permet d'identifier l'ensemble des requêtes non bénéficiaires du processus de fragmentation et, donc, qui nécessite la création d'un ensemble d'IJB pour les optimiser. Ce paramètre couplé avec le seuil W représentant le nombre de sous-schémas en étoile voulu peuvent être utilisés pour partager l'ensemble des attributs candidats entre les deux techniques. Ce partage permet à l'administrateur de privilégier une technique par rapport à l'autre. Par exemple, lorsque l'AED fixe W et λ à des grandes valeurs, la FH est privilégiée par rapport aux IJB. Cela peut être utile lorsque l'AED dispose de peu d'espace disque ou d'une charge de requêtes contenant plusieurs requêtes de mise à jour.

6.3 Expérimentation

Nous montrons dans cette section les performances de notre approche à travers de multiples expériences menées selon deux axes :

1. Nous avons effectué une évaluation des différentes approches en utilisant le modèle de coût mathématique estimant le coût d'exécution de l'ensemble des requêtes en termes de nombre d'entrées sorties. Quatre approches ont été évaluées : (a) sans techniques d'optimisation, que nous appelons (a) *SansTO*, (b) *FHSEULE* : seule la FH est utilisée, (c) *IJBSEULS* : seuls les IJB sont sélectionnés sans fragmentation et (d) HP&IJB : notre approche conjointe.

2. Une évaluation des différentes solutions obtenues en utilisant le banc d'essais APB-1 sous le SGBD Oracle 10g.

banc d'essais : Nous avons effectué nos expériences sur les données issues d'un banc d'essais et un ensemble de requêtes définies sur ce banc d'essais. Nous avons utilisé le banc d'essais APB-1 Release II que nous avons présenté dans le chapitre 4 (voir section 4.3.1).

Charge de requêtes : Nous avons considéré une charge de 60 requêtes monoblock (pas de sous-requêtes) utilisant 12 attributs de sélection : *ClassLevel*, *GroupLevel*, *FamilyLevel*, *LineLevel*, *DivisionLevel*, *YearLevel*, *MonthLevel*, *QuarterLevel*, *RetailerLevel*, *CityLevel*, *GenderLevel* et *AllLevel*. Les domaines de ces attributs sont découpés respectivement en : 4, 2, 5, 2, 4, 2, 12, 4, 4, 4, 2 et 5 sous-domaines respectivement. Nous avons considéré plusieurs classes de requêtes : 15 requêtes avec la fonction count(*) (sans agrégations), 11 avec la fonction sum(), 11 avec la fonction Avg(), 6 avec la fonction min() et 6 avec la fonction max(). Nous n'avons pas considéré des requêtes de mise à jour.

Nos algorithmes ont été implémentés sous Visual C++ avec une machine Intel Centrino et une mémoire de 1 Go sous le SGBD Oracle10g.

Pour la sélection d'un schéma de fragmentation horizontal, nous avons utilisé l'algorithme génétique que nous avons défini dans chapitre 4. Nous avons aussi utilisé l'algorithme glouton pour la sélection d'une configuration d'index mono-attributs que nous avons présenté dans le chapitre 5.

Chapitre 6. Sélection Multiple de Schémas de Fragmentation et d'IJB

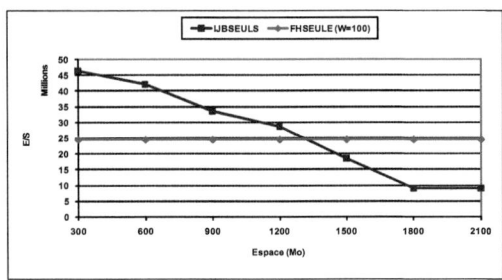

FIGURE 6.7 – FHSEULE vs IJBSEULS(S)

6.3.1 Évaluation

Dans la première expérimentation, nous comparons les deux approches FHSEULE et IJBSEULS. La figure 6.7 montre la performance des 60 requêtes en termes de coût d'exécution en fonction de l'espace de stockage disponible. Nous avons fait varier cet espace de 300 jusqu'à 2100 Mo. Nous avons exécuté aussi l'algorithme génétique avec un seuil de maintenance W=100. Les résultats montrent que FHSEULE est plus performante que IJBSEULS lorsque l'espace de stockage est inférieur à 1200 Mo. Mais lorsque nous réservons plus d'espace aux IJB, IJBSEULS est plus performante surtout pour les 15 requêtes utilisant la fonction count(*). Cela est dû au fait que ce type de requêtes chargent uniquement les IJB et n'accèdent pas à la table des faits. Cette expérimentation est très intéressante du fait qu'elle donne des recommandations à l'AED pour bien administrer son entrepôt. Pour des requêtes utilisant des opérations count(*) sans groupement, il est très bénéfique d'utiliser seulement les IJB.

La figure 6.8 montre la performance de la FH lorsque la contrainte de maintenance est relâchée. Les IJB ont été sélectionnés avec un espace de 1000 Mo. L'augmentation de la contrainte de maintenance implique qu'un grand nombre d'attributs de sélection participent dans le processus de fragmentation. Par conséquent, la plupart des requêtes bénéficient du processus de FH. Dans ce cas, FHSEULE est bénéfique pour la majorité des requêtes.

Pour évaluer notre approche HP&IJB, nous considérons le scénario suivant : nous utilisons l'algorithme génétique avec W=100 et nous fixons $\lambda = 0.6$ pour identifier les requêtes bénéficiaires du processus de fragmentation. Parmi les 60 requêtes de départ, 23 sont non bénéficiaires tandis que 37 sont bénéficiaires. Le schéma de fragmentation obtenu fragmente l'entrepôt en utilisant 5 attributs : *ClassLevel, FamilyLevel, MonthLevel, AllLevel, RetailerLevel*. Ces attributs ne seront pas considérés par l'algorithme glouton pour la sélection des IJB. Ce dernier utilise 7 attributs : *GroupLevel, LineLevel, DivisionLevel, YearLevel, QuarterLevel, CityLevel* et *GenderLevel*. L'algorithme glouton prend en entrée ces 7 attributs, les 23 requêtes non bénéficiaires et un espace de stockage de 1500 Mo. Trois IJB ont

6.3. Expérimentation

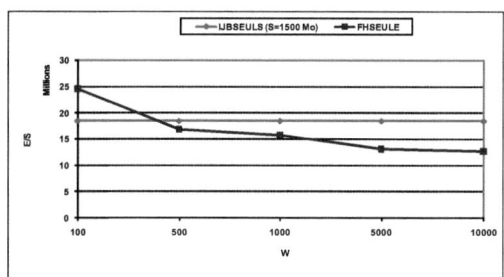

FIGURE 6.8 – IJBSEULS vs FHSEULE(W)

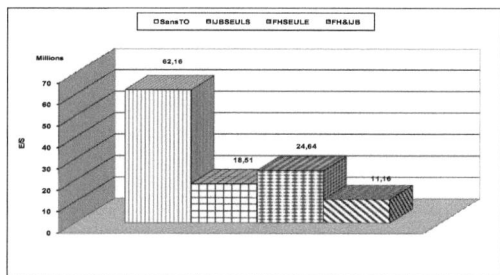

FIGURE 6.9 – Comparaison des trois approches

été sélectionnés par cet algorithme.

La figure 6.9 montre la performance de chaque approche. *FH&IJB* est la meilleure approche par rapport à *SansTO* et *FHSEULE*. Mais elle est légèrement meilleure que *IJBSEULS*, car un nombre important des requêtes de notre banc d'essai possèdent des fonctions de type count(*) sans groupement. Rappelons que les IJB sont performants pour ce type de requêtes. Un autre résultat intéressant est le fait que *FH&IJB* est moins gourmande en espace de stockage que *IJBSEUL* qui a besoin de 1500 Mo pour stocker les IJB sélectionnés or que *FH&IJB* a besoin de 1200 Mo seulement qui représente 20% d'économie d'espace.

Nous menons une autre expérience pour étudier l'effet de l'espace de stockage sur notre approche *HP&IJB*. Nous varions cet espace de 0 (où aucun IJB n'est sélectionné) à 1500 Mo (la majorité des IJB peuvent être sélectionnés). Nous comparons notre approche avec *FHSEULE* (W=100). La figure 6.10 montre les résultats obtenus. Notre approche est plus performante que *FHSEULE* du fait que la majorité des IJB ont été sélectionnés. La performance de *HP&IJB* dépend largement du choix de λ qui détermine les requêtes bénéficiaires du processus de fragmentation. Pour mesurer l'impact de ce paramètre, nous varions sa valeur de 0 (toutes les requêtes sont non bénéficiaires) à 1 (toutes les requêtes

Chapitre 6. Sélection Multiple de Schémas de Fragmentation et d'IJB

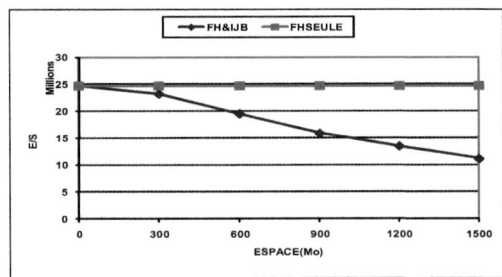

FIGURE 6.10 – Effet de S sur notre approche

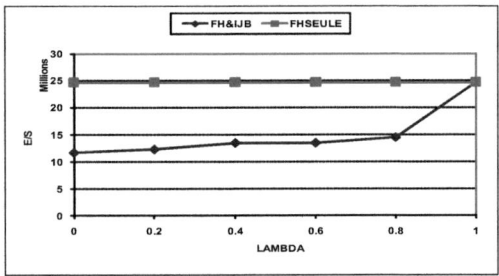

FIGURE 6.11 – Effet de λ HP&IJB

sont bénéficiaires). La figure 6.11 montre les résultats obtenus. Lorsque λ est égal à 0, HP&IJB réduit le coût généré par FHSEULE de 50% en allouant 741 Mo d'espace pour les index sélectionnés. Lorsqu'il atteint 1, la performance de notre approche est équivalente à celle de FHSEULE (aucun index n'est créé). Cette expérimentation montre une grande importance à ce paramètre durant la conception physique. Il constitue un outil pour *tuner* l'entrepôt de données. L'AED peut utiliser ce paramètre comme suit : s'il privilégie la FH (par manque d'espace disque par exemple), il relâche W et donne une valeur à λ proche de 1. Par contre s'il possède assez d'espace de stockage et moins de requêtes de mise à jour, il donne une valeur à λ assez proche de zéro pour prendre en compte le maximum d'attributs candidats pour l'indexation.

6.3.2 Validation sous Oracle 10g

Pour valider notre approche sur un SGBD réel, nous avons effectué une implémentation sous Oracle 10g en utilisant les données issues du banc d'essais Apb-1[47]. A partir des fichiers de données générés par l'outil fourni avec le banc d'essais, nous avons créé l'entrepôt de données correspondant et nous l'avons chargé dans Oracle 10g. Nous commençons par présenter l'architecture de notre application, ensuite nous présentons les résultats obtenus.

6.3. Expérimentation

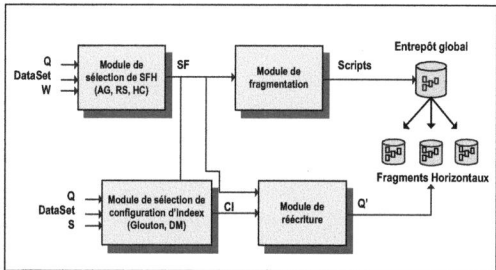

FIGURE 6.12 – Architecture de notre implémentation

6.3.2.1 Architecture de notre implémentation

L'architecture de notre implémentation est schématisée dans la figure 6.12. Elle étend celle que nous avons présentée dans le chapitre 4 (voir section 4.4.1). Un module de sélection des IJB a été ajouté à cette architecture. Une fonctionnalité de réécriture de la charge de requêtes sur la configuration d'index sélectionnés a été ajoutée au module de réécriture. Les modules de sélection d'un schéma de FH et le module de fragmentation n'ont subi aucune modification.

Pour implémenter le schéma de fragmentation horizontale obtenu par le module de fragmentation, nous avons utilisé la même technique décrite dans chapitre 4, section 4.4.1. Cette technique permet de fragmenter les tables de dimension par la fragmentation primaire ensuite fragmenter la table des faits en utilisant la fragmentation dérivée. Pour matérialiser cette fragmentation, un fichier de scripts PlSql est généré et exécuté sur l'entrepôt non fragmenté pour le remplacer par un schéma fragmenté selon le schéma en entrée.

Nous présentons dans ce qui suit le module de sélection des IJB que nous avons ajouté et les modifications que nous avons apportées au module de réécriture.

6.3.2.1.1 Module de sélection des IJB (MSIJB) : ce module reçoit en entrée un schéma d'entrepôt de données (fragmenté ou non), un ensemble d'attributs candidats à l'indexation, un ensemble de requêtes et un seuil d'espace disque. Il génère une configuration d'IJB en utilisant un algorithme de sélection d'IJB. Ce module est utilisé de la même façon par les deux approches IJBSEULS et HP&IJB avec une seule différence concernant les données en entrées. Dans IJBSEULS, il reçoit en entrée le schéma non fragmenté de l'entrepôt de données, tous les attributs candidats à l'indexation, toutes les requêtes de la charge de requêtes et l'espace disque alloué aux IJB. Dans HP&IJB, il reçoit le schéma fragmenté de l'entrepôt, les attributs indexables candidats non utilisés pour fragmenter l'entrepôt, l'ensemble des requêtes non bénéficiaires du processus de fragmentation et l'espace disque alloué aux IJB.

La création des IJB sélectionnés sur l'entrepôt de données diffère s'ils sont issus par IJBSEULS ou HP&IJB. Dans IJBSEULS, les IJB ne sont pas fragmentés et ils sont créés

Chapitre 6. Sélection Multiple de Schémas de Fragmentation et d'IJB

sur l'entrepôt non fragmentés. Les vecteurs de bits dans ces index référencent tous les n-uplets de la table des faits.

Dans HP&IJB les IJB sont locaux et fragmentés de la même manière que la table des faits. Chaque fragment de l'index est créée sur un fragment de la table des faits et ne référence que les n-uplets de ce dernier. La création d'un index local se fait à l'aide de l'option "LOCAL" qu'il faut placer à la fin de la commande de création.

6.3.2.1.2 Module de réécriture : Ce module permet de réécrire les requêtes d'origine en prenant en compte les structures d'optimisation sélectionnées. Deux types de réécriture sont effectuées, une réécriture des requêtes sur les sous schémas en étoile générés par le processus de fragmentation et une réécriture sur les IJB créés par le processus d'indexation. La réécriture des requêtes sur les sous schémas en étoile est décrite dans la section 4.4.1.3. La réécriture sur les IJB a pour but de forcer l'optimiseur à utiliser les index créés pour évaluer les différentes requêtes. Cela est possible en utilisant les *Hints*. Notons qu'un *Hint* est une expression ajoutée dans le corps d'une requête pour forcer l'optimiseur à utiliser un plan d'exécution déterminé. Pour forcer l'optimiseur à utiliser un ou plusieurs index créés sur une table donnée, le hint INDEX est utilisé. La syntaxe de ce hint est la suivante :

```
SELECT /*+INDEX(table_indexée[index_1],[index_2],...,[index_n])*/
```

où *index_1, ..., index_n* représentent des index créés sur la table *table_indexée*. En complément des Hints, nous avons utilisé l'outil *Explain Plan* d'Oracle pour s'assurer que l'optimiseur utilise les index créés pour évaluer les requêtes. Cet outil permet de compiler une requête et donner le plan d'exécution choisi par l'optimiseur pour cette requête.

Exemple 60 *Pour montrer l'effet d'utilisation des Hints sur le plan d'exécution des requêtes, nous supposons la requête suivante définie sur le banc d'essais APB-1.*

```
SELECT Product_level,Avg(Unitssold)
FROM ACTVARS A,TIMELEVEL T
WHERE
A.TIME_LEVEL=T.TID AND
T.MONTH_LEVEL = 1
GRUP BY Product_level
```

Pour accélérer cette requête, nous créons un index de jointure BJI_MONTH défini sur l'attribut $MONTH\_LEVEL$ comme suit :

```
CREATE BITMAP INDEX BJI_MONTH
ON actvars(timelevel.month_level)
FROM actvars, timelevel
WHERE  time_level = tid
```

La plan d'exécution de cette requête sans utilisation de Hint est schématisé dans la figure 6.13. Ce plan a été obtenu grâce à l'outil Explain Plan et montre que l'exécution de cette requête nécessite :

1. Un balayage complet des tables Actvars et Timelevel

6.3. Expérimentation

Operation	Node Cost	IO Cost	CPU Cost	Cardinality	Bytes	Position	Obj Owner
SELECT STATEMENT	73167.0	70892	13238760672	6500	182000	73167	
HASH (GROUP BY)	73167.0	70892	13238760672	6500	182000	1	
HASH JOIN	64687.0	62929	10230856942	2916000	81648000	1	
TABLE ACCESS (FULL)	64258.0	62926	7749304945	24786000	495720000	2	DWA
TABLE ACCESS (FULL)	3.0	3	41847	2	16	1	DWA

FIGURE 6.13 – Plan d'exécution sans Hint

Operation	Node Cost	IO Cost	CPU Cost	Cardinality	Bytes	Position	Obj Owner	Obj Name
SELECT STATEMENT	116565.0	115945	3606330911	6500	130000	116565		
HASH (GROUP BY)	116565.0	115945	3606330911	6500	130000	1		
TABLE ACCESS (BY INDEX ROWID)	111799.0	111533	1548319380	2065500	41310000	1	DWA	ACTVARS
BITMAP CONVERSION (TO ROWIDS)						1		
BITMAP INDEX (SINGLE VALUE)						1	DWA	BJI_MONTH

FIGURE 6.14 – Plan d'exécution avec Hint

2. *Une jointure par hachage de ces deux tables*

Ce plan d'exécution n'utilise pas l'index binaire que nous avons créé et peut être très coûteux lorsque la taille des deux tables est très importante. Pour forcer l'optimiseur à utiliser l'index binaire BJI_ MONTH, nous ajoutons un hint après l'instruction SELECT comme suit :

```
SELECT /*+INDEX (A BJI_MONTH)*/ Product_level,Avg(Unitssold)
FROM ACTVARS A,TIMELEVEL T
WHERE
A.TIME_LEVEL=T.TID AND
T.month_LEVEL = 1
GROUP BY Product_level
```

Le nouveau plan d'exécution est schématisée dans la figure 6.14. Dans ce plan, l'optimiseur utilise l'index BJI_ MONTH pour répondre à cette requête sans aucun balayage des deux tables ni opération de jointure.

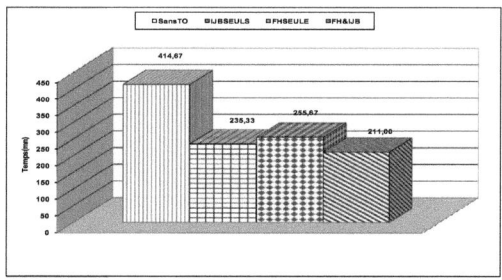

FIGURE 6.15 – Validation sous Oracle 10g

215

Chapitre 6. Sélection Multiple de Schémas de Fragmentation et d'IJB

6.3.2.2 Résultats sous Oracle

Pour valider notre approche sous Oracle 10g, nous avons utilisé les données issues du banc d'essais APB-1. Pour calculer le temps d'exécution réel de chaque requête, nous utilisons l'outil Aqua Data Studio [23]. Ce temps d'exécution est multiplié par la fréquence d'accès de la requête correspondante. Nous avons évalué quatre scenarii, FHSEULE, IJBSEULS, HP&IJB et SansTO.

- **SansTO** : Nous avons exécuté les 60 requêtes d'origine sur l'entrepôt non fragmenté.
- **FHSEULE** : Nous avons fixé $W = 100$ et nous avons lancé l'algorithme génétique. Le schéma de fragmentation obtenu génère 96 sous-schémas en étoile en utilisant 5 attributs (voir section 6.3.1). Le module de fragmentation partitionne l'entrepôt de données initial en utilisant le schéma obtenu. Les 60 requêtes sont réécrites sur le schéma fragmenté par le module de réécriture. Les requêtes réécrites ont été exécutées sur l'entrepôt fragmenté.
- **IJBSEULS** : Nous avons lancé l'algorithme glouton avec 12 attributs candidats, l'algorithme sélectionne 9 IJB. Le coût de stockage théorique de ces index est de 3 Go. L'ensemble des 60 requêtes sont exécutées en utilisant les index créés à l'aide de l'ajout des Hints.
- **HP&IJB** : Nous avons considéré le schéma de fragmentation obtenu par FHSEULE et nous avons lancé l'algorithme glouton avec 7 attributs candidats, 23 requêtes non bénéficiaires, $\lambda = 0.6$ et une capacité de stockage de 1 Go. Quatre IJB ont été sélectionnés où chaque index est créé sur un attribut indexable. Les requêtes bénéficiaires sont réécrites sur le schéma fragmenté par le module de réécriture et ensuite exécutées sur l'entrepôt fragmenté. Les requêtes non bénéficiaires sont réécrites sur le schéma fragmenté et ensuite exécutées sur l'entrepôt de données fragmenté et indexé en utilisant les Hints. Notons que le buffer est vidé après chaque exécution pour éviter que l'exécution d'une requête influence l'exécution de la suivante.

La figure 6.15 montre les résultats obtenus qui sont similaires à ceux obtenus dans notre étude théorique. HP&IJB est plus performante que les autres approches et économise 2 Go d'espace de stockage. Cet espace peut être utilisé pour créer autres structures redondantes comme les vues matérialisées. IJBSEULS donnent de résultats meilleurs que FHSEULE du fait de la présence d'un grand nombre de requêtes de type count sans groupement.

6.4 Conclusion

Dans ce chapitre nous avons clairement identifié la similarité entre les index de jointure binaire et la fragmentation horizontale dérivée. Les deux optimisent les opérations de sélection et de jointure, opérations souvent présentes dans les requêtes décisionnelles. Les problèmes de sélection d'un schéma de fragmentation et d'indexation sont connus comme des problèmes NP-complet. Les travaux actuels sur la sélection conjointe des techniques d'optimisation offrant une forte similarité proposent soit un algorithme parcourant l'es-

---

[23]. www.aquafold.com

pace de recherche des techniques concernées soit une sélection séquentielle. Notre approche de combinaison est un peu différente, car son objectif est d'utiliser la fragmentation horizontale dérivée comme un moyen de réduction de l'espace de recherche du problème de sélection des index de jointure binaires. Rappelons que la fragmentation et l'indexation sont en compétition sur le même ensemble d'attributs de sélection. Dans le cas où la fragmentation utilise un sous ensemble de l'ensemble initial, l'indexation n'utilise que les attributs qui ne sont pas concernés par la fragmentation.

Notre démarche de combinaison consiste d'abord à partitionner l'entrepôt de données, exécuter l'ensemble de requêtes sur l'entrepôt fragmenté, identifier les requêtes non bénéficiaires de la fragmentation, et indexer l'entrepôt fragmenté en ne prenant en compte que les requêtes non bénéficiaires. Nous avons établi un seuil appelé paramètre de tuning déterminant les requêtes bénéficiaires.

Nous avons mené plusieurs expériences pour valider notre approche en utilisant d'abord un modèle de coût mathématique, les résultats obtenus par ce dernier ont ensuite été validés avec Oracle 10g. Les résultats démontrent que notre approche réduit considérablement le coût d'exécution des requêtes et économise l'espace de stockage. Nous avons montré aussi qu'elle peut être utilisée pour tuner l'entrepôt de données en permettant aux administrateurs à travers un paramètre de tuning d'améliorer les performances de requêtes non bénéficiaires du processus de fragmentation.

Chapitre 7

ParAdmin : Outil d'aide à l'administration et le tuning

7.1 Introduction

Lors de la conception physique des entrepôts de données, l'administrateur doit sélectionner un ensemble de techniques d'optimisation pour satisfaire les requêtes décisionnelles (figure 7.1). Plusieurs techniques sont potentiellement candidates, chacune a ses propres avantages, ses inconvénients et certaines ont de fortes similarités. Pour chaque technique, plusieurs algorithmes de sélection sont possibles. En conséquence, l'administrateur doit faire des choix au niveau (1) des techniques d'optimisation, (2) de la nature de sélection (isolée ou multiple) et (3) des algorithmes de sélection utilisés. Etablir ces choix n'est pas

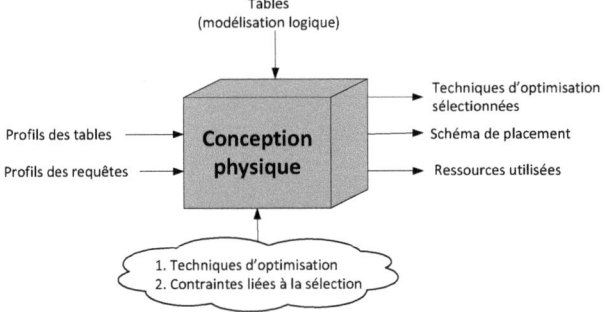

FIGURE 7.1 – La conception physique

facile, car l'administrateur doit effectuer plusieurs tests afin de trouver la bonne solution. Une fois ses choix définis, la conception physique génère une configuration, notée Δ, conte-

7.1. Introduction

nant les différentes techniques d'optimisation sélectionnées et leurs paramètres [24]. Compte tenu de l'évolution constante d'un entrepôt de données, une phase de réglage (tuning) de la conception physique est nécessaire afin de maintenir une meilleure performance de l'entrepôt et surtout éviter sa dégradation. Cette évolution concerne plusieurs aspects : (i) le contenu des tables, (ii) la taille des techniques d'optimisation sélectionnées lors de la conception physique (les vues matérialisées, les index et les partitions), (iii) les fréquences des requêtes/mises à jour, (iv) l'ajout et la suppression de requêtes, etc. Le rôle principal de la phase de tuning est de surveiller et de diagnostiquer l'utilisation de la configuration Δ et des différentes ressources qui lui sont affectées (comme le tampon, l'espace de stockage, etc.).

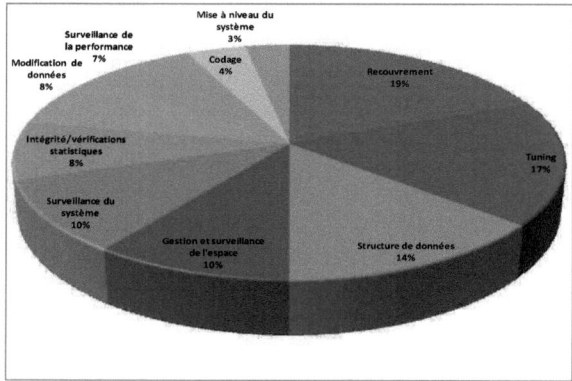

FIGURE 7.2 – Répartition de l'effort de l'administrateur

L'administrateur est généralement responsable de plusieurs tâches qu'il doit assurer simultanément. Parmi ces tâches, nous pouvons citer la gestion du recouvrement de données, le tuning, le suivi des structures de données, la gestion de l'intégrité et des droits d'accès, etc. Fabio et al. [110] ont fait une étude sur le temps passé par l'administrateur pour assurer les tâches d'administration. La figure 7.2 montre le taux d'effort effectué par l'administrateur exprimé en temps pour effectuer chaque tâche d'administration. Cette figure montre que la tâche de conception physique et de tuning consomme 17% du temps d'administration. Cet effort est dû au nombre important de choix qu'il doit effectuer.

Pour faciliter le travail de l'administrateur durant la conception physique et le tuning, le développement des outils d'aide à l'administration est nécessaire. Ces outils permettent d'aider l'administrateur à effectuer de bons choix pour améliorer les performances de son entrepôt de données. Malheureusement, peu d'outils existent pour assister et accompagner

---

24. Chaque technique possède un ensemble de paramètres. Par exemple, les index sont caractérisés par leur types (arbre-B, binaire, de jointure, etc.), leur taille, les tables et les attributs qu'ils indexent, etc.

Chapitre 7. ParAdmin : Outil d'aide à l'administration et le tuning

un administrateur dans sa tâche de conception physique et de tuning. Certains éditeurs de SGBD ont mis en place des outils pour gérer les techniques d'optimisation, comme *Oracle SQL Acces Advisor* [4], *DB2 Design Advisor* [159] et *Microsoft Database Tuning Advisor* [5]. Ces outils permettent de recommander un ensemble de techniques d'optimisation (vues matérialisées, index et fragmentation horizontale) pour réduire le coût d'exécution d'une charge de requête en entrée. Ces outils sont développés dans le cadre de l'auto-administration des bases de données (zéro administration par l'administrateur de la BD). Le principal risque d'utilisation de ces outils est leur incapacité à fournir des recommandations *robustes* [63], cela est dû au fait que celles-ci étaient établies sans le contrôle et l'intervention de l'administrateur. Une recommandation non robuste peut détériorer les performances des requêtes au lieu de les augmenter. Cela peut être causé par le fait que les hypothèses prises par l'optimiseur ne sont pas valides ou le fait que la charge de requête n'est pas représentative [63].

Nous présentons dans ce chapitre l'élaboration d'un outil d'aide à l'administration et de tuning (*ParAdmin*) permettant d'assister l'administrateur durant la conception physique et le tuning. Il doit lui permettre de choisir la/les technique(s) d'optimisation qu'il souhaite utiliser, les algorithmes de sélection, les attributs et les tables participant à la définition des techniques d'optimisation, etc. Vu le nombre important de techniques d'optimisation, nous avons concentré notre travail sur trois d'entre elles, à savoir la *fragmentation horizontale primaire (FHP)*, *dérivée (FHD)* que nous avons étudiées en détail dans les chapitres 3 et 4 et les *index de jointure binaires(IJB)* que nous avons étudié dans le chapitre 5. Ce choix est dû à la similarité entre ces deux techniques que nous avons identifiées et présentées dans le chapitre 6. *ParAdmin* implémente l'ensemble des algorithmes de sélection d'un schéma de fragmentation horizontale présentés dans le chapitre 4 et les algorithmes de sélection d'une configuration d'IJB présentés dans le chapitre 5. Il permet aussi de supporter la sélection isolée ou multiple de la FH et des IJB. Il implémente la combinaison de ces deux techniques pour le tuning de l'entrepôt de données suivant l'approche que nous avons présentée dans le chapitre 6.

Ce chapitre est divisé en 4 sections. Dans la section 2, nous présentons les principales difficultés rencontrées par l'administrateur dans sa tâche de conception physique et de tuning. La section 3 détaille la conception et le développement de l'outil *ParAdmin* en montrant ses principales fonctionnalités ainsi qu'une validation effectuée sur un banc d'essais sous Oracle 10g. La section 4 conclut le chapitre en résumant le travail effectué et en citant quelques perspectives.

7.2 Difficultés liées à l'administration d'un entrepôt de données

La réduction du temps d'exécution de requêtes constitue une exigence primordiale des utilisateurs de l'entrepôt. Pour satisfaire cette exigence, l'administrateur doit effectuer une conception physique qui devient cruciale pour garantir une bonne performance. La conception physique doit déterminer comment une requête doit être exécutée efficacement sur l'entrepôt de données. Pour cela, l'AED dispose d'un ensemble de techniques d'optimisation comme la fragmentation verticale, horizontale, les index, etc. Il pourra utiliser une seule technique ou en combiner plusieurs afin d'avoir une meilleure performance. Plusieurs algorithmes de sélection sont disponibles pour chaque technique choisie, chacun caractérisé par un ensemble de paramètres à régler. Pour certaines techniques, plusieurs objets de l'entrepôt sont candidats (généralement des tables et des attributs). Pour bien mener sa conception physique, l'AED est confronté à effectuer plusieurs choix liés à : (1) les techniques d'optimisation, (2) la nature de sélection, (3) les algorithmes de sélection et leurs paramètres et (4) les tables et attributs candidats.

7.2.1 Choix des techniques d'optimisation

Si nous explorons la littérature et les éditeurs de gestion de bases de données commerciaux, nous trouvons une large panoplie de techniques d'optimisation qui peuvent être redondantes ou non. Les *techniques redondantes* nécessitent un espace de stockage et un coût de maintenance (les vues matérialisées, les index avancés, la fragmentation verticale, etc.) par contre les *techniques non redondantes* ne nécessitent ni espace de stockage ni coût de maintenance (la FH, le traitement parallèle, etc.). Pour optimiser les requêtes définies sur l'entrepôt, l'administrateur peut choisir une ou plusieurs techniques parmi ces deux catégories. Le choix de la (ou des) technique(s) d'optimisation qui permet de mieux optimiser un ensemble de requêtes est souvent difficile. Cela est dû au fait que certaines techniques sont bénéfiques pour certaines requêtes et non pas pour d'autres. Par exemple, les IJB sont bénéfiques aux requêtes de types count(*), par contre déconseillés pour des requêtes de mise à jour.

7.2.2 Le choix de la nature de la sélection

En présence de plusieurs techniques d'optimisation, l'AED dispose de deux modes de sélection : la *sélection isolée* et la *sélection multiple*. Dans la sélection isolée, il choisit une seule technique qui pourra être redondante s'il dispose d'assez d'espace et peu de mises à jour par exemple, sinon il pourra choisir une technique non redondante. La sélection isolée a été largement étudiée [17, 25, 36, 86, 42, 65, 112]. Mais elle est souvent insuffisante pour une meilleure optimisation de l'entrepôt. La sélection multiple permet de sélectionner plusieurs techniques à la fois. Elle est principalement motivée par les fortes similarités entre les techniques d'optimisation. Les travaux majeurs dans cette catégorie sont principalement concentrés sur la sélection des vues matérialisées et les index [10, 99, 131, 138]. La sélection multiple peut être effectuée de deux manières : séquentielle ou conjointe (voir Chapitre 2).

7.2.3 Choix et paramétrage des algorithmes de sélection

Pour chaque technique d'optimisation que l'AED doit choisir, une variété d'algorithmes de sélection est disponible. Une fois que les techniques d'optimisation utilisées sont choi-

Chapitre 7. ParAdmin : Outil d'aide à l'administration et le tuning

sies, l'AED est confronté au problème de choix de leurs algorithmes de sélection. Pour chaque mode de sélection, isolée ou combinée, un large choix d'algorithmes est possible. Ces algorithmes sont de natures diverses qui vont des simples algorithmes comme les algorithmes gloutons aux algorithmes plus complexes comme les algorithmes basés sur la programmation linéaire, les algorithmes génétiques, le recuit simulé, les colonies de fourmis, etc. Certains algorithmes utilisés possèdent peu de paramètres comme les algorithmes gloutons. Par contre d'autres possèdent plusieurs paramètres qu'il faut régler. L'efficacité de ces algorithmes est liée aux valeurs prises par ces paramètres. Afin d'affiner sa sélection, l'AED pourra configurer certains paramètres en leur fixant certaines valeurs. Par exemple, l'AED pourra augmenter le nombre de générations de l'algorithme génétique afin de parcourir de nouvelles solutions intéressantes et par conséquent améliorer la qualité de la solution finale.

7.2.4 Choix des attributs et tables candidats

Pour certaines techniques comme la fragmentation horizontale, verticale et les index, plusieurs tables et attributs sont candidats pour être utilisés par ces techniques. L'administrateur est confronté dans certains cas à choisir un sous-ensemble de tables et d'attributs candidats parmi l'ensemble initial. Ce choix est souvent effectué pour réduire la complexité du problème de sélection. Par exemple, pour fragmenter horizontalement l'entrepôt, plusieurs tables de dimensions sont candidates pour la fragmentation, et pour chaque table, plusieurs attributs sont candidats pour former la clé de fragmentation. L'AED pourra éliminer une table non volumineuse par exemple du processus de fragmentation.

Cet état de l'art montre les difficultés d'administration d'un entrepôt de données (voir figure 7.3) vu les différents choix qu'un administrateur doit effectuer.

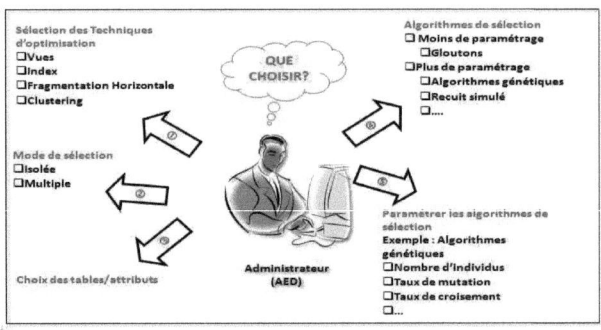

FIGURE 7.3 – Choix effectués par l'administrateur

7.2.5 Bilan des difficultés

Pour mieux comprendre ces difficultés, considérons le scénario suivant dans lequel un administrateur a un ensemble de requêtes à optimiser. Pour ce faire, il doit répondre aux questions suivantes :

1. Quelles techniques d'optimisation dois-je choisir ?
   Dans ce scénario, nous supposons qu'il choisit une seule technique concernant les index de jointure en étoile [10].
2. Quels tables et attributs dois-je indexer ?
3. Quel algorithme de sélection dois-je utiliser ?
   Deux types majeurs d'algorithmes ont été proposés pour sélectionner des IJB : les algorithmes gloutons [18] et les algorithmes basés sur les techniques de fouille de données [10, 25].
4. Quels paramètres d'algorithmes de sélection dois-je configurer ?

Comme nous venons de le voir, la tâche de l'AED devient de plus en plus complexe vu le nombre important de choix à effectuer, d'où la nécessité de développement d'outils d'aide. Ces outils doivent assister l'AED pour effectuer les bons choix d'administration et de tuning. Certains outils ont été développés pour satisfaire ces besoins. La plupart des outils existant ont été proposés par les éditeurs des grands SGBD commerciaux dans le cadre de l'auto-administration des bases de données. Parmi ces outils, nous pouvons citer *Oracle SQL Acces Advisor* [4], *DB2 Design Advisor* [159] et *Microsoft Database Tuning Advisor* [5] que nous avons détaillé dans le chapitre 2.

Les principales limites de ces outils sont :
- La non-prise en considération de la FHD dans les recommandations générées. La FHD permet d'améliorer considérablement les performances de requêtes décisionnelles dans le contexte d'entrepôts de données relationnels.
- L'administrateur ne dispose pas du choix de l'algorithme de sélection des techniques d'optimisation.
- Le fait d'éloigner l'administrateur du processus de conception physique et de son contrôle peut générer des recommandations non robustes qui peuvent détériorer les performances des requêtes [63].
- Les outils font appel à l'optimiseur de requêtes pour évaluer les techniques d'optimisation sélectionnées. Les appels fréquents de l'optimiseur peuvent détériorer considérablement ses performances.
- Les outils se basent sur les statistiques collectées sur la base de données pour pouvoir sélectionner les techniques d'optimisation, ce qui peut engendrer un coût d'exécution considérable.

L'outil *ParAdmin* que nous proposons permet d'aider l'administrateur dans sa tâche de conception physique et de tuning. Il lui permet de choisir les techniques d'optimisation, le mode de leur sélection, les algorithmes utilisés, les paramètres relatifs à chaque algorithme ainsi que les tables et les attributs pris en compte pour la génération des recommandations.

Chapitre 7. ParAdmin : Outil d'aide à l'administration et le tuning

ParAdmin permet de recommander une fragmentation primaire et dérivée, au contraire de la plupart des outils qui proposent uniquement la fragmentation primaire. *ParAdmin* permet aussi de combiner la FH et les IJB selon une approche qui permet d'utiliser la FH pour élaguer l'espace de recherche des IJB et par conséquent réduire sa complexité.

Notre outil peut être utilisé sur n'importe quelle base de données ou entrepôt de données. Cela est possible grâce à *Statistics API* développée dans [97]. Cette API permet d'accéder aux métadonnées d'une BD et de récupérer les différentes statistiques : cardinalités des tables, taille moyenne des n-uplets, facteurs de sélectivité des prédicats, etc. Les statistiques retournées par l'API sont utilisées par notre modèle de coût (utilisé par les processus de sélection des techniques d'optimisation) pour estimer la qualité des différentes techniques d'optimisation sélectionnées.

7.3 Conception et réalisation de l'outil d'assistance ParAdmin

Nous présentons en détail dans cette section l'outil d'assistance à l'administration et le tuning de l'entrepôt de données appelé *ParAdmin*. Cet outil permet à l'administrateur de fragmenter son entrepôt de données et/ou de l'indexer en sélectionnant un schéma de FH et une configuration d'IJB. Nous commençons par l'étape d'analyse des besoins où nous évoquons les techniques d'optimisation supportées, les modes de sélection ainsi que les algorithmes de sélection de chaque technique. Nous présentons par la suite la conception de *ParAdmin* où nous détaillons l'ensemble des fonctionnalités et l'utilisation des modèles de tâches pour élaborer son architecture fonctionnelle. Nous terminons par la validation de *ParAdmin* où nous montrons, via différents scenarii, l'utilisation de l'outil sur le banc d'essais APB-1.

7.3.1 Analyse des besoins

En examinant les différents choix qu'un administrateur est amené à faire (voir section 7.2), nous avons identifié un ensemble de besoins d'administration que *ParAdmin* doit satisfaire. Ces besoins concernent les aspects suivants :
- Les techniques d'optimistion supportées ;
- Les modes de sélection des techniques d'optimisation ;
- Les algorithmes de sélection et leur paramétrage ;
- La possibilité de tuner l'entrepôt ;
- La possibilité des retours en arrière pour reconsidérer les choix en cas d'insatisfaction ;
- La possibilité de personnalisation de l'administration.

Nous détaillons dans ce qui suit chacun de ces aspects.

7.3.1.1 Techniques d'optimisation supportées

Vu le grand nombre de techniques d'optimisation possibles, nous avons considéré pour cette première version de l'outil trois techniques : la fragmentation horizontale primaire, dérivée et les IJB. Le choix de ces techniques est motivé par les fortes similarités que nous avons identifiées et présentées dans le chapitre 6.

7.3.1.1.1 Fragmentation horizontale primaire et dérivée

: La FH a été largement adoptée par la communauté des entrepôts de données relationnels. Elle permet de décomposer une table/vue matérialisée en plusieurs sous-tables, appelées fragments horizontaux, où chacun contient un sous-ensemble d'instances de la table globale. Nous avons vu dans le chapitre 3 que le meilleur scénario de fragmentation pour un entrepôt de données relationnel consiste à fragmenter les tables de dimension par la fragmentation primaire, ensuite à utiliser leurs schémas de fragmentation pour fragmenter la table des faits par la fragmentation dérivée. Les deux types de fragmentation optimisent les requêtes de jointure en étoile caractérisées par des opérations de sélection définies sur les tables de dimension et des jointures entre les tables de dimension et la table des faits [15]. Appliquer la fragmentation dérivée sur la table des faits peut générer un nombre important de fragments. Pour éviter l'explosion de ce nombre, l'AED fixe un seuil représentant le nombre maximum de fragments qu'il souhaite avoir. *ParAdmin* doit pouvoir donner la possibilité à l'AED de fragmenter l'entrepôt selon ce scénario et lui permettre de fixer ce seuil.

7.3.1.1.2 Les index de jointure binaires

: L'index de jointure binaire (IJB) est une variante de l'index de jointure en étoile. Étant donné que les requêtes de jointure en étoile possèdent des opérations de jointure suivies par des opérations de sélection, un bitmap représentant les n-uplets de la table des faits est créé pour chaque valeur distincte de l'attribut de la table de dimension sur lequel l'index est construit. Les IJB sont efficaces pour les requêtes de type COUNT, AND, OR, NOT, d'où leur implémentation dans les SGBD commerciaux, comme Oracle, SQL server, et DB2. Les index binaires sont recommandés pour des attributs de faible cardinalité comme Genre. Notons que dans un contexte décisionnel, les requêtes d'analyse se font généralement sur des indicateurs (attributs) dont le domaine est restreint. *ParAdmin* doit pouvoir donner la possibilité à l'AED d'indexer l'entrepôt de données et lui permet de fixer le quota d'espace disque alloué à ces index.

7.3.1.2 Modes de sélection supportés

Nous avons vu que ParAdmin propose deux modes de sélection : la sélection isolée et la sélection multiple. Étant donné que *ParAdmin* supporte la FH et les IJB, il doit pouvoir donner la possibilité à l'AED d'effectuer :
- Une sélection isolée qui permet de sélectionner un schéma de fragmentation horizontale (FHSEULE) ou la sélection d'une configuration d'IJB (IJBSEULS).
- Une sélection multiple (FH&IJB) où un schéma de fragmentation et une configuration d'IJB sont sélectionnés en même temps.

Chapitre 7. ParAdmin : Outil d'aide à l'administration et le tuning

ParAdmin doit donc permettre d'effectuer trois types de sélection :

1. **FHSEULE** : Pour que l'AED puisse fragmenter son entrepôt en utilisant l'approche **FHSEULE** que nous avons décrie dans le chapitre 3, *ParAdmin* doit lui offrir la possibilité de choisir : (1) les tables de dimension candidates, (2) les attributs de chaque table qui sont candidats pour former la clé de fragmentation, (3) le découpage des domaines d'attributs en sous-domaines et (4) fixer le nombre de fragments maximum. A partir de ces informations, un algorithme de fragmentation permet de sélectionner un schéma de fragmentation de l'entrepôt.

2. **IJBSEULS** : L'indexation de l'entrepôt consiste à identifier les attributs de dimension indexables. Ces attributs sont caractérisés par une faible cardinalité. *ParAdmin* doit offrir à l'AED de choisir ces attributs ainsi que le quota d'espace alloué aux index. A partir de ces informations, un algorithme de sélection permet de sélectionner une configuration d'IJB.

3. **FH&IJB** : *ParAdmin* doit offrir la possibilité à l'AED de sélectionner un schéma de fragmentation et une configuration d'index d'une manière combinée (**FH&IJB**). Cette approche est détaillée dans le chapitre 6.

7.3.1.3 Algorithmes supportés

Pour chaque technique d'optimisation, un certain nombre d'algorithmes est disponible. Pour sélectionner un schéma de FH, plusieurs algorithmes de sélection ont été proposés [17, 31] : un algorithme génétique, un algorithme de recuit simulé et un algorithme glouton. Chaque algorithme génère un schéma de fragmentation de l'entrepôt de données. Étant donné deux types de tables à fragmenter : les tables de dimension et la table des faits, le schéma de fragmentation de l'entrepôt contient les schémas de fragmentation des tables de dimension et la table des faits. Pour réaliser cette fragmentation, l'administrateur doit identifier les attributs de dimension participant à ce processus, appelés les *attributs de fragmentation*. Un algorithme de fragmentation permet de partitionner le domaine de chaque attribut de fragmentation. Ces algorithmes sont détaillés dans le chapitre 4. Chaque algorithme est caractérisé par un certain nombre de paramètres à configurer. Le tableau suivant récapitule les différents paramètres utilisés par ces algorithmes.

ParAdmin doit donner la possibilité à l'AED de choisir l'un de ces algorithmes et de configurer ses paramètres. Notons que ces algorithmes sont basés sur un modèle de coût que nous avons présenté dans le chapitre 3. Ce modèle est implémenté dans *ParAdmin* et permet d'estimer la qualité de chaque schéma de fragmentation généré.

Pour sélectionner une configuration d'IJB, deux algorithmes ont été proposés. Un algorithme glouton et un algorithme basé sur les techniques de datamining. Ces algorithmes sont détaillés dans le chapitre 5. *ParAdmin* doit permettre à l'AED de choisir un algorithme de sélection ainsi que les attributs indexables candidats.

Algorithme	Paramètres
Algorithme génétique	Nombre d'individus
	Nombre de générations
	Taux de croisement
	Taux de mutation
Recuit Simulé	Température initiale
	Décroissance de la température
	Gel du système
	Équilibre

TABLE 7.1 – Principaux paramètres des différents algorithmes

7.3.1.4 Besoin de tuning de l'entrepôt

Nous avons présenté dans le chapitre 6 une approche de tuning de l'entrepôt de données. Cette approche repose sur l'utilisation de la FH et les IJB. Elle consiste à fragmenter l'entrepôt ensuite sélectionner une configuration d'IJB sur l'entrepôt fragmenté à partir de l'ensemble des requêtes non bénéficiaires et les attributs non utilisés pour fragmenter l'entrepôt. Cette approche se base sur un paramètre de tuning qui permet d'identifier les requêtes non bénéficiaires de la fragmentation de l'entrepôt. *ParAdmin* doit donner la possibilité à l'AED de tuner l'entrepôt selon cette approche.

Rappelons que cette technique se déroule en cinq étapes comme suit :

1. Déterminer l'ensemble des attributs de dimension utilisés dans les prédicats de sélection des requêtes les plus fréquentes.
2. Fragmenter l'entrepôt de données en utilisant cet ensemble d'attributs et l'ensemble des requêtes.
3. Identifier les requêtes non bénéficiaires du processus de fragmentation.
4. Identifier les attributs indexables candidats qui représentent les attributs utilisés par les requêtes non bénéficiaires et non utilisés pour fragmenter l'entrepôt de données.
5. Sélectionner une configuration d'IJB à partir de l'ensemble des requêtes non bénéficiaires et les attributs indexables.

7.3.1.5 Besoin de personnalisation de l'administration

Après la sélection des structures d'optimisation, l'AED peut ne pas être satisfait de ces structures. Cette insatisfaction peut être due à la qualité des structures sélectionnées ou à certaines tables ou attributs que l'AED préfère ne pas les utiliser dans ces structures. *ParAdmin* doit pouvoir donner la possibilité à l'AED de revenir en arrière pour reconsidérer ses choix et améliorer la qualité des structures sélectionnées. La plupart des outils proposés par les éditeurs de SGBD entrent dans le cadre de l'auto-administration (zéro administration) où l'AED délègue tous ses choix à l'outil. Nous avons vu que ces outils ne garantissent pas une solution robuste, vu que cette solution a été faite sans l'intervention de l'administrateur. Or, ce dernier, grâce à son expérience pourra personnaliser son administration en ciblant par exemple les attributs et tables candidats pour chaque technique d'optimisation. La personnalisation pourra toucher les algorithmes de sélection utilisés ainsi que la configuration de leurs paramètres. Par exemple, l'AED peut éliminer une table de dimension de petite taille du processus de fragmentation et préférer utiliser les IJB pour optimiser les requêtes accédant à cette table. Par conséquent, *ParAdmin* doit non seulement, donner la possibilité à l'AED d'effectuer une administration non personnalisée (par laquelle l'outil prend tous les choix à la place de l'AED) mais aussi lui proposer de personnaliser son administration (l'AED effectuera alors tous les choix que nous avons présentés plus haut).

7.3.2 Conception

Nous présentons dans cette section la conception de l'outil *ParAdmin*. Nous commençons par présenter les objectifs attendus du développement de cet outil. Nous évoquons ensuite l'utilisation des modèles de tâches que nous avons effectués pour concevoir l'outil et son interface. Nous terminons par présenter l'architecture fonctionnelle de *ParAdmin*.

7.3.2.1 Objectifs

ParAdmin gère principalement trois techniques d'optimisation ; la FHP ; la FHD et les IJB. Les objectifs principaux de *ParAdmin* sont :
- Permettre la visualisation de l'état courant de l'entrepôt de données : la structure de l'entrepôt (schéma, attributs, taille de chaque table, définition de chaque attribut, etc.) et la charge définie sur l'entrepôt (le nombre de sélections, le nombre de jointures, attributs de sélection, les facteurs de sélectivité de chaque prédicat, etc.)
- Offrir deux modes de sélection de techniques d'optimisation : *personnalisée* et *non personnalisée*. Dans la sélection non personnalisée, nous supposons que l'administrateur n'a pas assez de connaissances sur la technique sélectionnée. L'outil fait alors le choix (par défaut) de l'algorithme de sélection et propose la solution générée par cet algorithme. Tandis que la sélection personnalisée donne plus de liberté à l'administrateur pour le choix de l'algorithme, des paramètres, des attributs et des tables sur lesquels il souhaite sélectionner la technique d'optimisation.
- Offrir une sélection mono-structure de son choix (FHSEULE, IJBSEULS).
- Offrir une sélection multi-structure (FH&IJB).
- Permettre à l'administrateur de revoir ses choix s'il n'est pas satisfait.
- Proposer la génération des scripts implémentant les techniques d'optimisation.
- Permettre la visualisation de la qualité de chaque technique d'optimisation proposée et de ses critères de performance : le coût d'entrées/sorties de requêtes, le taux d'amélioration apporté par la technique, etc.

A partir de ces objectifs, nous avons identifié quatre cas d'utilisation de *ParAdmin* : la visualisation de l'état de l'entrepôt, la fragmentation de l'entrepôt (FHSEULE), l'indexation

7.3. Conception et réalisation de l'outil d'assistance ParAdmin

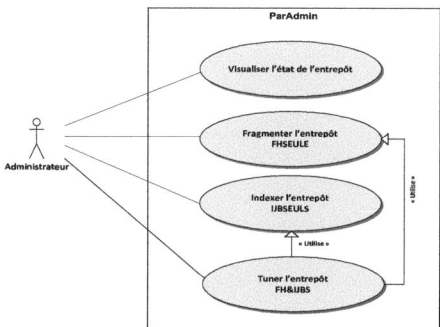

FIGURE 7.4 – Le modèle des cas d'utilisation de ParAdmin

de l'entrepôt (IJBSEULS) et le tuning de l'entrepôt (FH&IJBS). La figure 7.4 représente le modèle des cas d'utilisation correspondant.

7.3.2.2 Modèles de tâches pour la conception de ParAdmin

Le développement des systèmes interactifs nécessite la conception d'une interface conviviale capable de répondre aux besoins d'interactivité entre le système et l'utilisateur. La validation des interfaces est coûteuse en temps. Un point important de la validation ergonomique d'applications interactives est son acceptation par ses utilisateurs. Afin d'accroître l'acceptation d'applications interactives et diminuer le coût de validation, des études cherchent à comprendre les besoins des utilisateurs depuis l'étape de conception. Ces études proposent l'utilisation des *modèles de tâches* pour modéliser les besoins de l'utilisateur en termes d'interactivité [11]. Ces modèles sont développés en associant les utilisateurs de manière à représenter la façon dont ils effectuent des activités. De nombreux composants permettent les modélisations [133] : les opérateurs, les comportements, les tâches prescrites ou effectives, les activités qu'ils mettent en oeuvre pour les effectuer, ou encore des interactions entre opérateur et système technique.

Parmi les modèles de tâches existant dans la littérature, nous pouvons citer CTT (Concurrent Task Trees) [120], Diane+ [139], GTA (Groupware Task Analysis) [149] et K-MAD (Kernel of Model for Activity Description) [61, 132]. Certains modèles de tâches intègrent un outil permettant d'aider le concepteur à mettre en oeuvre un modèle de tâche. Par exemple, CTT, Diane+, GTA et K-MAD intègrent respectivement les outils CTTE, TAMOT, EUTERPE et K-MADe. Ces outils intègrent le plus souvent un outil de simulation qui produit les scenarii d'utilisation. Ces derniers sont utilisés pour permettre la validation par l'utilisateur de l'ordonnancement des tâches du logiciel en conception.

Malgré une syntaxe différente, ces modèles utilisent les mêmes concepts de modélisation qui peuvent se résumer dans les concepts suivants :

Chapitre 7. ParAdmin : Outil d'aide à l'administration et le tuning

- *le but* qui représente l'état du système à atteindre ;
- *la tâche* qui représente ce qu'il y a à faire ou est fait pour atteindre un but. Il s'agit toujours d'un verbe d'action ;
- *la manière d'atteindre le but,* exprimée par l'ordonnancement des tâches et leur décomposition hiérarchique ;
- *les conditions* dans lesquelles la tâche est réalisée exprimées sous forme de pré et post-conditions.
- *l'opérateur* exécutant la tâche qui peut s'agir de l'utilisateur ou du système.

Nous avons utilisé le modèle de tâches K-MAD et son outil K-MADe pour modéliser *ParAdmin*. Ce choix est lié principalement au fait que ce dernier est développé en partenariat avec l'équipe IHM de notre laboratoire et l'INRIA. De plus, il permet la définition de conditions logiques (pré, post, itération) formelles prises en compte lors de la simulation augmentant de ce fait le niveau de vérification.

K-MAD est un modèle hiérarchique qui représente l'activité de l'utilisateur comme un arbre de tâches, de la plus générale (root) à la plus détaillée (action élémentaire). Une tâche est définie par un *nom*, un *numéro*, un *but*, une *durée*, *observations*, le *niveau d'importance* (petit, moyen, élevé), la *fréquence* (petite, moyenne, élevée), l'*exécutant*, etc. La figure 7.5 représente les informations modélisées dans K-MADe pour la tâche *Choisir Attributs* de notre modèle.

Nous avons modélisé toutes les tâches de *ParAdmin* avec K-MADe à travers un arbre de tâches où la racine représente la principale tâche qui est l'administration de l'entrepôt et les feuilles représentent les tâches élémentaires effectuées par l'AED durant sa conception, comme le choix des attributs participant dans le processus de fragmentation. Pour des raisons de visibilité, nous présentons dans la figure 7.6 un extrait du modèle de tâche de *ParAdmin* concernant la tâche de *fragmentation de l'entrepôt*. Dans cette figure nous pouvons voir que cette tâche est décomposée en cinq sous-tâches : découpage, préparation, recommandation, génération des scripts et exécution des scripts qui s'exécutent séquentiellement. Par exemple, la tâche *préparation* n'est pas élémentaire et, par conséquent, elle est décomposée en trois autres sous-tâches.

7.3.2.3 Architecture fonctionnelle de ParAdmin

La modélisation des tâches nous a permis d'identifier les différents besoins d'utilisation de *ParAdmin*. Nous avons validé l'ordonnancement des tâches à l'aide des scenarii afin de produire une interface permettant de les accomplir selon les besoins de l'AED. K-MADe permet de générer les scenarii en fonction des tâches modélisées, de leurs natures (optionnelles, obligatoire, etc.) et de leurs exécution (séquentielles, parallèles, etc.). Les figures 7.7(a) et 7.7(b) montrent le déroulement d'un scénario d'utilisation de *ParAdmin*. La figure 7.7(a) représente un scénario en cours de génération où certaines actions ont été exécutées et d'autres attendent l'exécution. La figure 7.7(b) montre le scénario en entier où nous trouvons toutes les actions exécutées ordonnées et numérotées. K-MADe donne la possibilité à l'utilisateur d'exécuter ou non les tâches optionnelles (la personnali-

7.3. Conception et réalisation de l'outil d'assistance ParAdmin

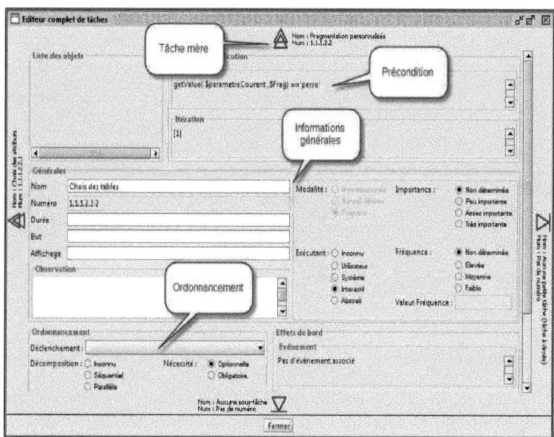

FIGURE 7.5 – Edition d'une tâche dans K-MADe

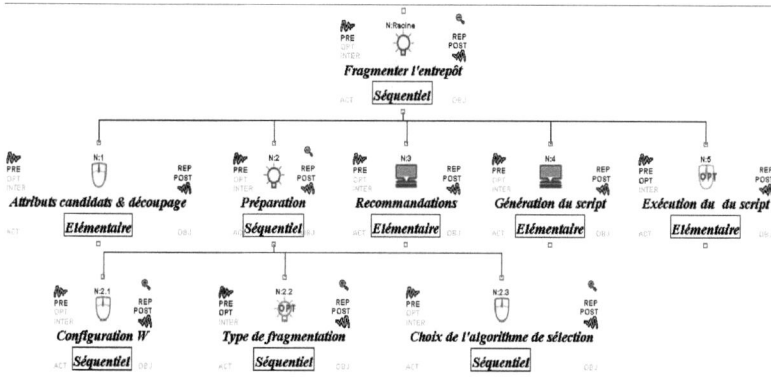

FIGURE 7.6 – Modèle de tâches de la fragmentation de l'entrepôt

Chapitre 7. ParAdmin : Outil d'aide à l'administration et le tuning

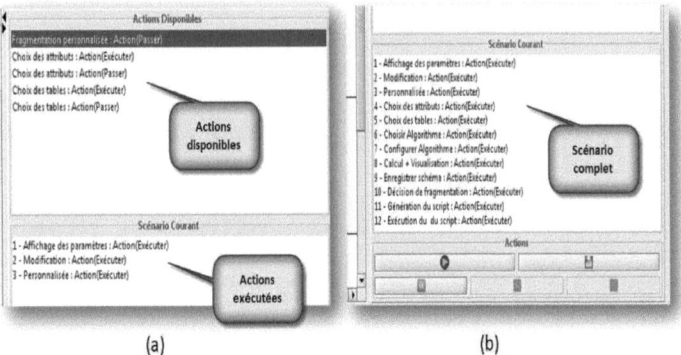

FIGURE 7.7 – Production d'un scénario dans K-MADe

sation de l'administration par exemple) et d'instancier certaines variables utilisées dans la suite du scénario (par exemple l'algorithme choisi AG, RS ou HC). La gestion des post et pré-conditions est très importante dans le déroulement des scenarii. Par exemple, si l'administrateur choisit l'administration personnalisée, alors une variable booléenne ($Perso$) est instanciée automatiquement à $vrai$ (post-condition). Cette instanciation permet d'exécuter ou non certaines tâches dépendantes de cette variable. Par exemple, la tâche *choix des attributs* est exécutée seulement si l'administration personnalisée a été choisie, elle est donc gardée par la pré-condition $Perso = Vrai$. Par conséquent, si l'administration personnalisée n'a pas été choisie ($Perso=Faux$), alors l'outil n'affiche pas la tâche *Choix des attributs* parmi les tâches disponibles. La génération des scenarii pourra nous aider à identifier les tâches qui doivent être disponibles dans *ParAdmin* à n'importe quel moment en fonction des choix effectués par l'AED. Par exemple dans le cas précédent, lorsque l'AED choisit une administration non personnalisée, *ParAdmin* doit automatiquement désactiver la possibilité de choisir les attributs et les tables candidates.

L'utilisation du modèle de tâches K-MAD nous a permis d'obtenir l'architecture globale du fonctionnement de *ParAdmin* (voir la Figure 7.8). Cette figure montre que l'AED commence par visualiser l'état actuel de l'entrepôt selon trois types d'informations : informations sur l'entrepôt, sur les requêtes et sur le système physique. Les informations concernant l'entrepôt peuvent être obtenues automatiquement en accédant aux catalogues de l'entrepôt. Après la visualisation, l'AED peut fragmenter l'entrepôt, l'indexer ou les deux en même temps. Par exemple, pour fragmenter l'entrepôt, l'AED passe par quatre étapes, la préparation de la fragmentation, la génération des recommandations, la génération des scripts et l'exécution des scripts. La préparation de la fragmentation consiste à choisir le seuil W et le type d'administration (personnalisée ou non). Si la fragmentation

7.3. Conception et réalisation de l'outil d'assistance ParAdmin

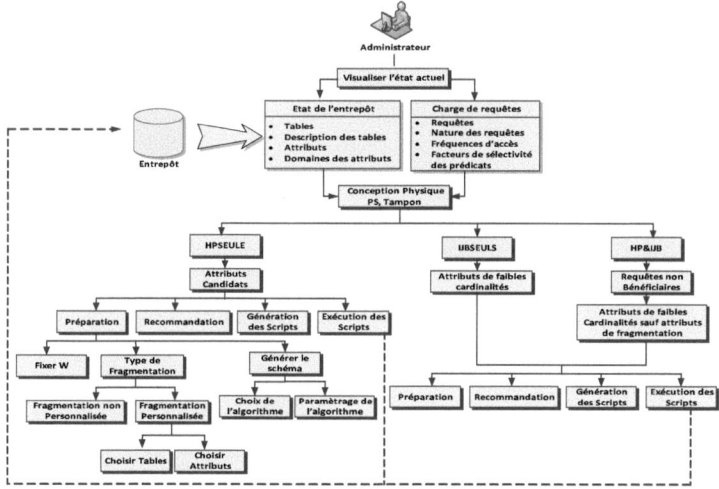

FIGURE 7.8 – Architecture générale du fonctionnement de *ParAdmin*

personnalisée a été choisie, l'AED peut choisir les attributs, les tables ainsi que l'algorithme de sélection et éventuellement les valeurs des paramètres de cet algorithme. *ParAdmin* recommande un schéma de fragmentation et affiche toutes les informations concernant ce schéma. Si l'AED est satisfait, il lance la génération des scripts qu'il pourra exécuter pour fragmenter physiquement l'entrepôt.

7.3.3 Implémentation et Validation

Nous avons vu que *ParAdmin* assure quatre principales tâches non élémentaires que l'AED doit pouvoir effectuer : (1) visualiser l'état courant de l'entrepôt de données, (2) partitionner l'entrepôt de données, (3) indexer l'entrepôt non fragmenté et (4) fragmenter et indexer l'entrepôt. Pour aider l'AED à effectuer ces tâches, l'interface globale de *ParAdmin* est composée de quatre compartiments : (1) visualisation, (2) mode de sélection, (3) fragmentation et (4) indexation. Les zones de l'interface permettant la réalisation de ces tâches sont respectivement numérotées par 1, 2, 3 et 4 sur la figure 7.9.

1. *Compartiment Visualisation* : ce compartiment permet de consulter l'état actuel de l'entrepôt. Cet état comprend les informations concernant les tables, les attributs, les requêtes définies sur l'entrepôt ainsi que certains paramètres physiques comme la taille du buffer et la page système.

2. *Compartiment Mode de sélection* : ce compartiment permet de choisir le mode de sélection des techniques d'optimisation, fragmentation horizontale seule (*HPSEULE*),

Chapitre 7. ParAdmin : Outil d'aide à l'administration et le tuning

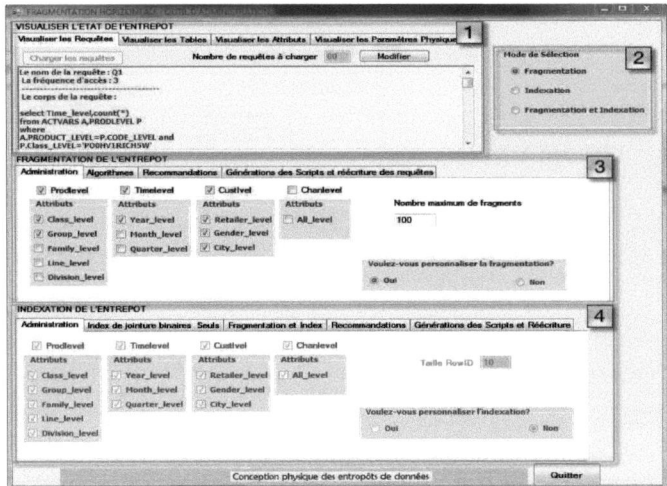

FIGURE 7.9 – Interface globale de l'outil ParAdmin

index de jointure binaires seuls (*IJBSEULS*) ou les deux structures ensemble (*HP&IJB*).

3. *Compartiment Fragmentation* : ce compartiment permet de partitionner l'entrepôt en donnant la possibilité à l'AED de personnaliser la fragmentation, de choisir un algorithme de sélection, de voir les recommandations après la fragmentation et de générer les scripts de fragmentation.

4. *Compartiment Indexation* : ce compartiment permet d'indexer l'entrepôt de données d'origine si IJBSEULS a été sélectionnée, ou d'indexer l'entrepôt de données fragmenté si HP&IJB a été sélectionné

L'outil *ParAdmin* a été développé sous l'environnement Visual Studio 2005. Nous avons effectué la validation de *ParAdmin* sur l'entrepôt de données issu du banc d'essais APB1 [47] sous le SGBD Oracle 10g. Rappelons que le schéma en étoile que nous avons dégagé à partir de ce banc d'essais est constitué d'une table de faits *Actvars* (24 786 000 n-uplets) et de quatre tables de dimension, *Prodlevel* (9 000 n-uplets), *Custlevel* (900 n-uplets), *Timelevel* (24 n-uplets) et *Chanlevel* (9 n-uplets). La génération des fichiers de données de ce banc d'essais a été effectuée à l'aide de l'outil *APB.EXE* fourni avec le banc d'essais. Le chargement des données sous Oracle 10g a été effectué à l'aide de l'outil *SqlLoader* fourni avec Oracle 10g.

Sur l'entrepôt de données décrit ci-dessus nous avons considéré 60 requêtes de recherche. Chaque requête est caractérisée par sa description, sa fréquence d'accès ainsi que par l'ensemble des prédicats de sélection qu'elle utilise. L'ensemble des requêtes utilise 40 prédicats

7.3. Conception et réalisation de l'outil d'assistance ParAdmin

de sélection définis sur 12 attributs de sélection.

Pour valider les différentes tâches de *ParAdmin*, nous considérons quatre scenarii :

1. *Scénario 1* : l'AED fragmente l'entrepôt de données en laissant à l'outil de faire tous les choix : tables, attributs, algorithme de sélection,etc. ;
2. *Scénario 2* : l'AED personnalise sa fragmentation en choisissant les tables et les attributs candidats pour le processus de fragmentation ;
3. *Scénario 3* : l'AED indexe l'entrepôt de données non fragmenté ;
4. *Scénario 4* : l'AED indexe l'entrepôt de données fragmenté avec un schéma de fragmentation donnée.

7.3.3.1 La visualisation de l'état de l'entrepôt

Cette tâche permet à l'AED de visualiser deux sortes d'informations : (1) les informations relatives à l'entrepôt de données (les tables, leurs descriptions, la définition de chaque attribut de dimension ou de faits, le domaine de chaque attribut) et (2) les informations relatives à la charge des requêtes (la nature de la requête : recherche ou mise à jour, la fréquence d'accès de chaque requête, les différents facteurs de sélectivité des prédicats de sélection, etc.). La figure 7.10 montre l'interface correspondante à la visualisation des informations concernant les tables de l'entrepôt. Pour chaque table, *ParAdmin* montre la cardinalité ainsi que l'ensemble des attributs. La figure 7.11 montre l'interface correspondante à la visualisation des informations concernant la charge de requêtes. Pour chaque requête, l'outil affiche le nom, la fréquence d'accès et le corps de la requête. Notons que cette tâche est partagée entre les quatre *scenarii* que nous avons définis.

7.3.3.2 Le partitionnement de l'entrepôt

Le partitionnement de l'entrepôt est une étape du processus de conception physique. La Figure 7.6 en présente la modélisation sous forme d'un arbre de tâches K-MAD. Deux types de fragmentation sont supportés dans les entrepôts de données, la fragmentation primaire (appliquée aux tables de dimension) et la fragmentation dérivée (appliquée à la table des faits), c'est pourquoi l'AED doit dans un premier temps identifier les attributs non clés des tables de dimension candidats au processus de fragmentation. Une fois cette identification établie, il propose un découpage de leurs domaines en sous-domaines. Un paramètre important que l'AED doit configurer est la contrainte de maintenance (W). Celle-ci représente le nombre de fragments de la table des faits généré.

Pour rendre cette fragmentation opérationnelle, deux types de partitionnement sont disponibles : (a) la fragmentation non personnalisée et (b) la fragmentation personnalisée. Dans le premier type, *ParAdmin* partitionne l'entrepôt de données en utilisant tous les attributs candidats et un algorithme de fragmentation par défaut. Le deuxième type *offre plus de liberté* à l'AED dans le processus de sélection. Il peut choisir les tables et les attributs de dimension participant au processus de fragmentation. Il doit choisir l'algorithme de partitionnement et établir ses paramètres. Trois types d'algorithme sont disponibles :

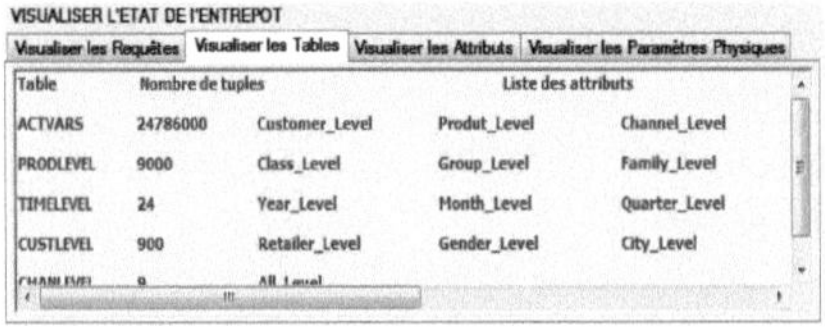

Chapitre 7. ParAdmin : Outil d'aide à l'administration et le tuning

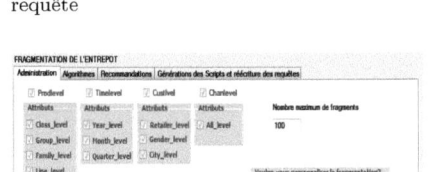

FIGURE 7.10 – Visualisation des tables de l'entrepôt

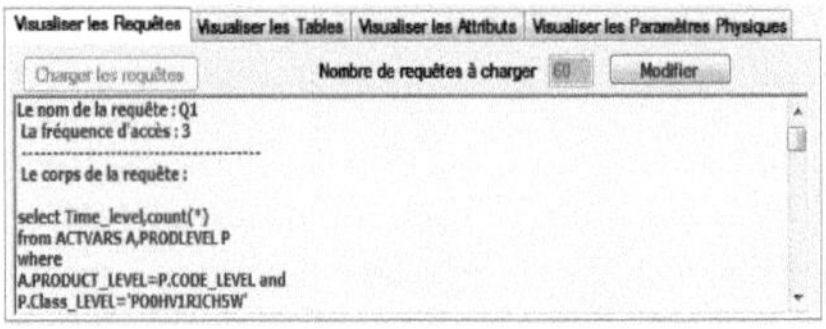

FIGURE 7.11 – Visualisation de la charge de requête

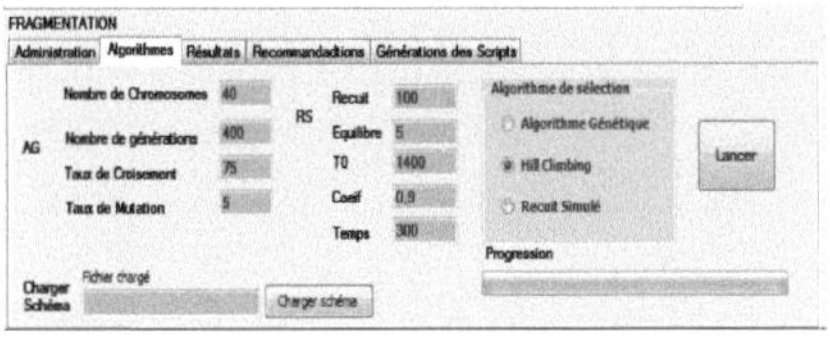

FIGURE 7.12 – Choix et configuration des algorithmes

FIGURE 7.13 – Fragmentation non personnalisée

un algorithme glouton, un algorithme génétique et un algorithme de recuit simulé. La figure 7.12 représente la zone de choix des algorithmes et de leurs paramètres. Pour chaque algorithme sélectionné, *ParAdmin* active les paramètres correspondants et donne la possibilité à l'AED de les modifier. Une fois le schéma de l'entrepôt fragmenté, l'AED peut visualiser une recommandation proposée par *ParAdmin*. Elle contient le nombre de sous-schémas en étoile générés, le découpage final du domaine de chaque attribut de sélection, une estimation du nombre d'entrées et sorties nécessaires pour exécuter la charge de requêtes, le nombre de fragments de chaque table de dimension, le gain de performance obtenu par cette fragmentation (par rapport à un schéma non fragmenté), les attributs de fragmentation, etc. Si l'AED n'est pas satisfait de cette recommandation, il peut revenir à l'étape précédente et changer les différents paramètres (rechoisir les attributs et les tables ou l'algorithme, ses paramètres, etc.). Ce retour en arrière est primordial dans la phase de conception physique. Une fois satisfait, l'AED demande à l'outil de générer les scripts de fragmentation. Ceux-ci pourront par la suite être appliqués sur l'entrepôt de données.

Pour illustrer la fragmentation non personnalisée, nous considérons le scénario 1. L'AED choisit la fragmentation non personnalisée pour un seuil W=100. La figure 7.13 représente l'interface dédiée à ce type de fragmentation où l'AED n'a la possibilité de choisir ni les tables à fragmenter, ni les attributs utilisés pour les fragmenter et ni l'algorithme de sélection utilisé. Après l'exécution, l'outil présente à l'AED le schéma de fragmentation sélectionné, sa qualité ainsi que les attributs et tables utilisés pour fragmenter l'entrepôt.

7.3. Conception et réalisation de l'outil d'assistance ParAdmin

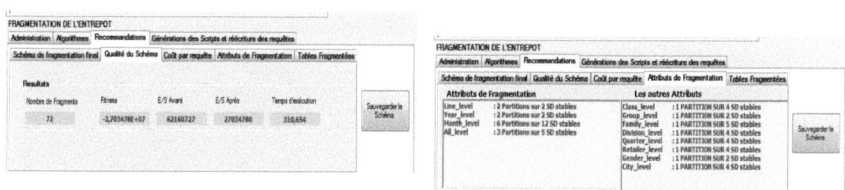

FIGURE 7.14 – Qualité du schéma de fragmentation sélectionné

FIGURE 7.15 – Attributs de fragmentation

La figure 7.14 représente les recommandations concernant la qualité du schéma issu de la fragmentation non personnalisée. On trouve principalement le coût d'exécution des requêtes (environ 27 millions d'entrées-sorties) et le nombre de fragments générés (72). La figure 7.15 montre les attributs utilisés pour fragmenter l'entrepôt. Pour cet exemple, quatre attributs parmi douze ont été utilisés : *Line_level, Year_level, Month_level* et *All_level* et trois tables de dimension parmi quatre ont été fragmentées : *Prodlevel, Timelevel* et *Chanlevel*.

Nous considérons maintenant le scénario 2 où l'AED n'est pas satisfait du schéma de fragmentation obtenu par la fragmentation non personnalisée. Au lieu de lancer la génération des scripts, il demande à faire une fragmentation personnalisée. Il choisit alors d'éliminer certains attributs et tables du processus de fragmentation. La figure 7.16 représente l'interface de personnalisation de la fragmentation. Si l'AED choisit de personnaliser sa fragmentation, alors *ParAdmin* lui donne la possibilité de choisir les attributs et les tables de dimension candidats pour le processus de fragmentation. Dans cette figure, l'AED a éliminé la table *CustLevel*, un attribut de la table *TimeLevel* et trois attributs de la table *ProdLevel* du processus de fragmentation. Après avoir choisi les tables et les attributs, l'AED choisit l'algorithme de recuit simulé et lance l'exécution. La figure 7.17 représente les recommandations concernant le schéma de fragmentation généré après la personnalisation de la fragmentation. Dans notre exemple, le schéma généré engendre un coût d'exécution de requêtes d'environ 24,6 millions d'entrées-sorties, ce qui représente un gain de coût de l'ordre de 8,8% par rapport à la fragmentation non personnalisée.

Dans le cas cas, où l'AED est satisfait du schéma sélectionné, il demande la génération des scripts et la réécriture des requêtes sur ce schéma. La figure 7.18 représente l'interface dédiée à la génération et la réécriture des requêtes. Un message est affiché lorsque *ParAdmin* finit la génération des scripts et la réécriture des requêtes d'origine sur le schéma fragmenté. Pour fragmenter physiquement l'entrepôt, l'AED exécute les scripts générés sur l'entrepôt d'origine, ce dernier sera remplacé par l'entrepôt fragmenté.

237

Chapitre 7. ParAdmin : Outil d'aide à l'administration et le tuning

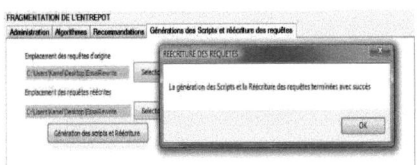
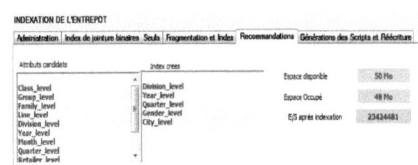

FIGURE 7.16 – Personnalisation de la fragmentation

FIGURE 7.17 – Qualité du schéma issu de la fragmentation personnalisée

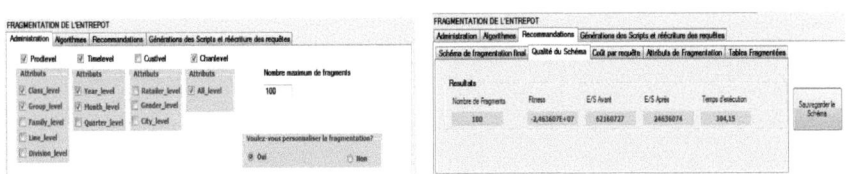

FIGURE 7.18 – Génération des scripts et réécriture des requêtes

FIGURE 7.19 – Recommandations d'indexation dans IJBSEULS

7.3.3.3 La tâche d'indexation

La tâche d'indexation permet de sélectionner des index de jointure en étoile. Cette tâche peut être exécutée d'une manière isolée (IJBSEUL) ou combinée (FH&IJB). Dans le cas d'une indexation de type IJBSEUL, l'AED doit d'abord choisir les attributs indexables candidats. Le paramètre important pour l'indexation est la contrainte de stockage (S) qui représente l'espace disque réservé aux index. Comme pour la FH, deux types d'indexation sont possibles : *l'indexation non personnalisée* et *l'indexation personnalisée*. Dans les recommandations, on trouve les informations concernant le gain des index, les attributs indexés, le coût de stockage exigé par les index sélectionnés, etc.

Pour illustrer ce cas, nous considérons le scénario 3 dans lequel l'AED choisit de faire une indexation non personnalisée avec un seuil de 50 Mo. La figure 7.19 présente l'interface dédiée à la tâche de recommandation sur les index créés (les attributs indexés, l'espace occupé, l'espace disponible, etc.) pour la réalisation de ce scénario. Parmi les douze attributs indexables, cinq attributs ont été utilisés pour créer cinq index de jointure occupant 48 Mo d'espace disque.

L'indexation dans FH&IJB a le même principe que dans IJBSEUL, sauf pour le choix des attributs candidats à l'indexation (au lieu de considérer les attributs candidats à partir de la configuration initiale de l'entrepôt de données, l'AED doit identifier ces attributs parmi les attributs d'indexation non utilisés par HFSEULE) et le choix du paramètre du tuning (λ). Ce paramètre peut jouer un rôle important dans le tuning, par exemple si

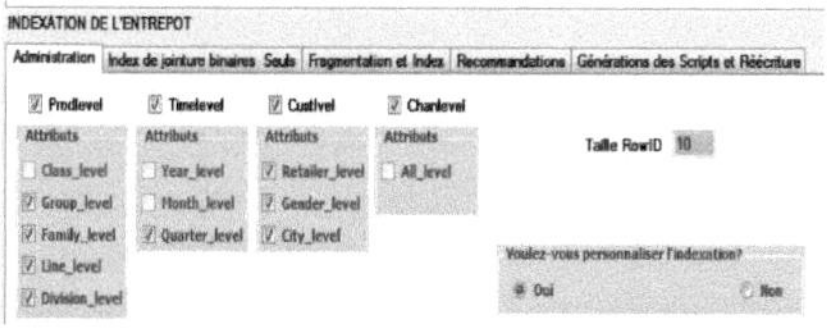

FIGURE 7.20 – Personnalisation de l'indexation

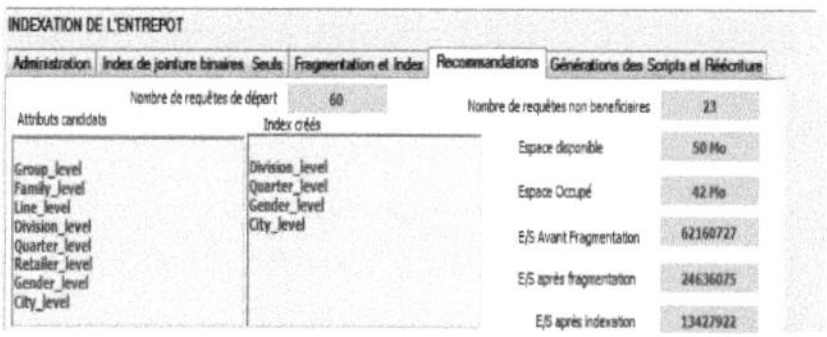

FIGURE 7.21 – Recommandation d'indexation dans HP&IJB

l'évolution de l'entrepôt de données impose à l'AED de réduire le coût de stockage des structures d'optimisation redondantes. Il est donc nécessaire de pouvoir paramétrer λ pour que la plupart des requêtes soient bénéficiaires.

Considérons le scénario 4 où l'AED cherche à indexer l'entrepôt de données fragmenté selon le schéma sélectionné dans le scénario 2. Il choisit le mode de sélection combiné, l'outil désactive automatiquement les attributs utilisés pour fragmenter l'entrepôt, puisqu'ils ne sont pas utilisés pour indexer l'entrepôt (le cas des attributs *Class_level*, *Year_level*, *Month_level* et *All_level* est présenté dans la figure 7.20). Cette figure montre aussi que l'AED peut personnaliser la sélection des IJB. Pour cela, *ParAdmin* lui donne la possibilité d'éliminer certains attributs du processus de fragmentation. L'AED choisit alors les attributs candidats à l'indexation, définit la valeur $\lambda = 60$ et un seuil d'espace de stockage de 50 Mo, puis lance l'algorithme de sélection. La figure 7.21 montre les recommandations d'indexation après la sélection d'une configuration d'index. Nous trouvons plusieurs informations, comme le nombre de requêtes non bénéficiaires, les attributs indexés, l'espace de stockage des index sélectionnés, le coût d'exécution avant et après indexation, etc. De la même façon que pour la fragmentation, s'il est satisfait des recommandations, il lance la génération des scripts de création des index binaires, sinon il peut modifier ses entrées.

7.4 Conclusion

Les entrepôts de données ont fait naître un nouveau besoin d'administration et de tuning. Cela est dû à leurs caractéristiques : la volumétrie, la complexité des requêtes, les exigences de temps de réponse raisonnable et la gestion de l'évolution de l'entrepôt. Dans cet environnent, nous avons mis en évidence les difficultés qu'un administrateur pourrait rencontrer durant les phases de conception physique et de tuning. Ces difficultés sont multiples, car elles concernent plusieurs niveaux de conception : le choix des techniques d'optimisation pertinentes pour l'ensemble de requêtes à optimiser, le choix de la nature de sélection des techniques d'optimisation et le choix des algorithmes et leur paramètres. Vu ces difficultés, nous avons identifié le besoin de développer un outil d'assistance à l'administrateur qui permet de répondre aux besoins en termes de choix possibles. Nous avons proposé un outil, appelé *ParAdmin*, offrant trois techniques d'optimisation : la FHP,

Chapitre 7. ParAdmin : Outil d'aide à l'administration et le tuning

FHD et les IJB. Il permet à l'administrateur de choisir les différents algorithmes et leurs paramètres. Il peut alors utiliser ces techniques d'une manière isolée ou combinée. Une autre particularité de *ParAdmin* est le fait de proposer des sélections personnalisées et non personnalisées des structures d'optimisation. Après chaque sélection, *ParAdmin* propose des recommandations à l'administrateur permettant de visualiser la qualité de la (des) technique(s) qu'il a choisie(s). Il peut alors soit valider ses choix en générant et exécutant les scripts ou les revoir et en faire d'autres.

Une des perspectives de cet outil est son extension de considérer d'autres techniques d'optimisation comme les vues matérialisées, la fragmentation verticale, traitement parallèle.

Chapitre 8

Conclusion et perspectives

Nous présentons dans ce chapitre un bilan du travail que nous avons effectué ainsi qu'un ensemble d'ouvertures et de perspectives de ce travail.

8.1 Contributions

Nous avons proposé à travers cette thèse un ensemble de méthodes permettant d'optimiser les entrepôts de données relationnels et aider leurs administrateurs dans les tâches de conception physique et de tuning. Nous détaillons dans les sections suivantes nos principales contributions.

8.1.1 Sélection d'un schéma de fragmentation horizontale

Nous avons proposé une approche guidée par le nombre de fragments que l'administrateur ou le concepteur souhaite avoir pour la sélection d'un schéma de fragmentation horizontale d'un entrepôt de données. Cette approche permet de fragmenter les tables de dimension en utilisant la fragmentation primaire et la table des faits en utilisant la fragmentation dérivée. Nous avons formalisé la sélection d'un schéma de fragmentation horizontale sous forme d'un problème d'optimisation à contraintes et nous avons prouvé qu'il est NP-Complet. Nous avons proposé trois algorithmes de sélection, hill climbing, recuit simulé et génétique. Un ensemble d'expérimentations a été effectué en utilisant un modèle de coût mathématique proposé ainsi qu'une implémentation sous un SGBD réel. Pour réaliser cette implémentation, nous avons proposé deux techniques pour l'implémentation de la fragmentation horizontale primaire et dérivée et une stratégie de réécriture des requêtes sur les fragments obtenus après fragmentation.

8.1.2 Sélection d'une configuration d'index de jointure binaires

Nous avons proposé une approche de sélection d'une configuration d'index de jointure binaires. Notre approche permet de sélectionner deux types d'index : mono-attributs et multi-attributs. Elle consiste à sélectionner une configuration initiale optimisant chaque

Chapitre 8. Conclusion et perspectives

requête séparément. La configuration obtenue est composée de plusieurs index et elle est caractérisée par un coût de stockage très important. Une amélioration de cette solution consiste à éliminer certains attributs indexés. Plusieurs stratégies ont été proposées pour l'élimination de ces attributs. Des expérimentations théoriques et réelles sur un SGBD en utilisant un Benchmark ont été effectuées pour comparer les différentes stratégies.

8.1.3 Combinaison des techniques d'optimisation pour le tuning des ED

Nous avons proposé une approche permettant de combiner les sélections de la fragmentation horizontale dérivée et les index de jointures binaires afin réduire l'espace de recherche du problème de sélection des index et de tuner l'entrepôt de données. Cette combinaison est pertinente vu la similarité entre les deux techniques. L'approche commence par la sélection d'un schéma de fragmentation horizontale en utilisant les attributs de sélection figurant dans les requêtes. Cette fragmentation peut être bénéficiaire à un sous ensemble de requêtes. Pour optimiser les requêtes non bénéficiaires, les index de jointure binaires sont définis en utilisant les attributs de sélection de faible cardinalité et ne figurant que dans les requêtes non bénéficiaires. Cette approche peut tuner l'entrepôt de données par le choix de requêtes bénéficiaires qui contrôlent la section des index.

8.1.4 Développement d'outil d'aide à la conception physique et au tuning

Nous avons proposé un outil *ParAdmin* qui permet d'aider l'administrateur dans ses tâches de conception physique et de tuning. Ce dernier permet à l'administrateur d'effectuer plusieurs choix, comme les techniques d'optimisation utilisées, leur mode de sélection, les algorithmes de sélection utilisés, les paramètres configurés de ces algorithmes, les objets de l'entrepôt (tables, attributs) participant dans le processus d'optimisation, la charge de requêtes à optimiser, etc. Une fois ces choix effectués, l'outil permet de générer un ensemble de recommandations à l'administrateur l'aidant ainsi à optimiser son entrepôt. Chaque recommandation est accompagnée d'un ensemble d'informations comme le gain en coût d'exécution, la taille des index sélectionnés, le nombre de fragments générés, etc. Si l'administrateur n'est pas satisfait de ces recommandations, il peut revenir en arrière pour revoir ses choix, par exemple éliminer ou ajouter un attribut candidat, modifier le nombre de fragments voulu, choisir un autre algorithme de sélection, etc. Dans le cas contraire, il lance la génération des scripts nécessaires et procède à leur exécution afin de matérialiser ses choix.

8.2 Perspectives

De nombreuses perspectives de recherche peuvent être envisagées. Dans cette section, nous présentons succinctement celles qui nous paraissent être les plus intéressantes. Les processus de fragmentation et d'indexation que nous avons étudiés suivent une démarche globale. Leurs algorithmes considèrent d'abord l'ensemble de tous les attributs de sélection dans les processus de sélection, ensuite en éliminent certains afin de satisfaire leurs contraintes respectives. Dans une telle démarche, toutes les tables de dimension auraient la même probabilité d'être utilisées, ce qui n'est pas toujours vrai dans la réalité, car elles ne possèdent pas la même taille, la même fréquence d'utilisation, etc. Il serait donc intéressant d'offrir aux administrateurs/concepteurs la possibilité d'identifier d'abord les tables qu'ils considèrent pertinentes pour la fragmentation/indexation, ensuite choisir leurs attributs. L'identification des tables de dimension peut se faire manuellement par les administrateurs/concepteurs en exploitant leurs expériences [88], ou automatiquement en prenant en considération des paramètres liés à l'optimisation de la jointure (comme la taille des résultats intermédiaires).

Les approches de sélection que nous avons proposées se basent sur une charge de requêtes considérées fréquentes. Cette charge peut évoluer et ainsi rendre la conception physique obsolète. Il serait intéressant de développer une stratégie permettant de capturer les changements intervenus au niveau de la charge de requêtes et de proposer un ensemble de recommandations à l'administrateur. L'identification des changements peut être effectuée en analysant les fichiers *logs* à travers l'implémentation d'un ensemble de *triggers*. Les recommandations générées peuvent varier d'un simple avertissement sur un changement dans une requête à une proposition d'une nouvelle conception physique de l'entrepôt. Cette stratégie peut être incorporée dans l'outil que nous avons proposé.

L'approche de sélection d'index de jointure binaires que nous avons étudiée est contrainte par l'espace de stockage. Il serait intéressant de considérer le coût de mise à jour des index sélectionnés. Ainsi au lieu d'avoir une seule fonction objectif représentant le coût d'exécution de requêtes, une fonction à double objectif ((a) *la réduction du coût d'exécution des requêtes* et (b) *la minimisation du coût de maintenance des index*) peut être étudiée. La prise en compte du coût de maintenance dans le processus de sélection des index de jointure binaires est pertinente pour les applications d'entreposage en temps réel, où la mise à jour de techniques d'optimisation redondantes est souvent coûteuse.

Nous avons identifié des similarités entre les index de jointure binaires et la fragmentation horizontale dérivée qui nous ont permis de les combiner. Il serait judicieux de refaire le même travail en considérant d'autres techniques comme la fragmentation verticale et les vues matérialisées. Il serait intéressant de sélectionner les techniques d'optimisation que nous avons proposées pour les entrepôts de données centralisés aux environnements répartis, parallèles et grilles de calcul, où le problème d'allocation des fragments et des index influence leur sélection. Enfin, l'outil que nous avons développé peut être enrichi par d'autres techniques d'optimisation, comme la fragmentation verticale et les vues matérialisées. Notons que ce dernier dans l'état actuel, suppose que l'entrepôt de données est en exploitation. Une autre utilisation peut être envisagée dans le cadre de simulation de la conception physique. Dans cette dernière, les concepteurs pourraient élaborer une multitude de tests de techniques d'optimisation en utilisant les statistiques sur les tables et les caractéristiques de des SGBDs candidats. Cette simulation pourrait aider les concepteurs dans leur choix de SGBD cible.

Glossaire

AED : Administrateur de l'Entrepôt de Données.
AF : Attribut de Fragmentation.
AG : Algorithme Génétique.
DM : DataMining (fouille de données).
FH : Fragmentation Horizontale.
FHD : Fragmentation Horizontale Dérivée.
FHP : Fragmentation Horizontale Primaire.
FHSEULE : Notre approche de sélection isolée de la fragmentation horizontale.
FH&IJB : Notre approche de sélection conjointe d'un schéma de fragmentation et d'un ensemble d'index de jointure binaires.
HASH : Mode de fragmentation horizontale permettant de partitionner une table selon une fonction de hachage.
HC : Hill Climbing.
IJB : Index de Jointure Binaire.
IJBSEULS : Notre approche de sélection isolée des index de jointure binaires.
LIST : Mode de fragmentation horizontale permettant de partitionner une table selon des listes de valeurs.
MOLAP : Multidimensional On-Line Analytical Processing.
OLAP : On-Line Analytical Processing.
RANGE : Mode de fragmentation horizontale permettant de partitionner une table selon des intervalles de valeurs.
RJE : Requêtes de Jointure en Etoile.
ROLAP : Rolational On-Line Analytical Processing.
RowID : Identificateur de ligne dans un SGBD relationnel.
RS : Recuit Simulé.
SE : Sous-schéma en Etoile.
SF : Schéma de Fragmentation.
W : Le nombre de fragments que l'administrateur souhaite avoir (paramètre utilisé par nos algorithmes de fragmentation).

Bibliographie

[1] P. D. A. Shukla and J. Naughton. Materialized view selection for multi-cubedata models. *7 th International Conference on Extending DataBase Technology (EDBT 00), Konstanz, Germany*, pages 269–284, 2000.

[2] E. AARTS and J. LENSTRA. *Local search in combinatorial optimization*. John Wiley and Sons, 1997.

[3] A. Agrawal, A. Gupta, and S. Sarawagi. Modeling multidimensional databases. Technical report research, IBM, 1997.

[4] S. Agrawal. Automatic sql tuning in oracle 10g. *In Proceedings of the 30th International Conference on Very Large Databases (VLDB)*, 2004.

[5] S. Agrawal. Database tuning advisor for microsoft sql server 2005. *In Proceedings of the 30th International Conference on Very Large Databases (VLDB)*, 2004.

[6] G. Antoshenkov. Byte-aligned bitmap compression. *Technical Report, Oracle Corp.,1994. U.S. Patent number 5,363,098*, 1994.

[7] G. Antoshenkov and M. Ziauddin. Query processing and optimization in oracle rdb. *Proceedings of the International Conference on Very Large Databases*, 5 :229–237, 1996.

[8] K. Aouiche. Techniques de fouille de données pour l'optimisation automatique des performances des entrepôts de données. Ph.d. thesis, Université Lumière Lyon 2, December 2005.

[9] K. Aouiche and J. Darmont. Index and materialized view selection in data warehouses. *Handbook of Research on Innovations in Database Technologies and Applications, IGI Global, Hershey, PA, USA*, 2 :693–700, February 2009.

[10] K. Aouiche, J. Darmont, O. Boussaid, and F. Bentayeb. Automatic Selection of Bitmap Join Indexes in Data Warehouses. *7th International Conference on Data Warehousing and Knowledge Discovery (DAWAK 05)*, August 2005.

[11] S. O. Balbo, N., and C. Paris. Choosing the right task-modeling notation : A taxonomy. *In The Handbook of Task Analysis for Human-Computer Interaction, D. Diaper and N. Stanton (Eds.), Lawrence Erlbaum Associates (LEA)*, 2004.

[12] E. Baralis, S. Paraboschi, and E. Teniente. Materialized view selection in a multidimensional database. *Proceedings of the International Conference on Very Large Databases*, pages 156–165, August 1997.

[13] X. Baril and Z. Bellahsène. Selection of materialized views : a cost-based approach. *15th International Conference on Advanced Information Systems Engineering (CAiSE 03), Klagenfurt, Austria*, pages 665–680, 2003.

[14] L. Bellatreche. Utilisation des vues matérialisées, des index et de la fragmentation dans la conception logique et physique d'un entrepôt de données. Ph.d. thesis, Université de Clermont-Ferrand II, December 2000.

[15] L. Bellatreche and K. Boukhalfa. An evolutionary approach to schema partitioning selection in a data warehouse environment. *Proceeding of the International Conference on Data Warehousing and Knowledge Discovery (DAWAK'2005)*, pages 115–125, August 2005.

[16] L. Bellatreche and K. Boukhalfa. La fragmentation dans les entrepôts de données : une approche basée sur les algorithmes gé-

nétiques. In *Revue des Nouvelles Technologies de l'Information*, pages 141–160, 2005.

[17] L. Bellatreche, K. Boukhalfa, and H. I. Abdalla. Saga : A combination of genetic and simulated annealing algorithms for physical data warehouse design. *in 23rd British National Conference on Databases*, (212-219), July 2006.

[18] L. Bellatreche, K. Boukhalfa, and M. K. Mohania. Pruning search space of physical database design. In *DEXA*, pages 479–488, 2007.

[19] L. Bellatreche, K. Karlapalem, and G. B. Basak. Query-driven horizontal class partitioning in object-oriented databases. *in 9th International Conference on Database and Expert Systems Applications (DEXA'98), Lecture Notes in Computer Science 1460*, pages 692–701, August 1998.

[20] L. Bellatreche, K. Karlapalem, and M. Schneider. On efficient storage space distribution among materialized views and indices in data warehousing environments. *Proceedings of the International Conference on Information and Knowledge Management (ACM CIKM'2000)*, November 2000.

[21] L. Bellatreche, K. Karlapalem, and A. Simonet. Horizontal class partitioning in object-oriented databases. *in 8th International Conference on Database and Expert Systems Applications (DEXA'97), Toulouse, Lecture Notes in Computer Science 1308*, pages 58–67, September 1997.

[22] L. Bellatreche, K. Karlapalem, and A. Simonet. Algorithms and support for horizontal class partitioning in object-oriented databases. *in the Distributed and Parallel Databases Journal*, 8(2) :155–179, April 2000.

[23] L. Bellatreche, R. Missaoui, H. Necir, and H. Drias. Selection and pruning algorithms for bitmap index selection problem using data mining. *9th International Conference on Data Warehousing and Knowledge Discovery (DaWaK '07), LNCS*, pages 221–230, September 2007.

[24] L. Bellatreche, R. Missaoui, H. Necir, and H. Drias. A data mining approach for selecting bitmap join indices. *Journal of Computing Science and Engineering*, 2(1) :206–223, 2008.

[25] L. Bellatreche, R. Missaoui, H. Necir, and H. Drias. A data mining approach for selecting bitmap join indices. *Journal of Computing Science and Engineering*, 2(1) :206–223, January 2008.

[26] L. Bellatreche, M. Schneider, H. Lorinquer, and M. Mohania. Bringing together partitioning, materialized views and indexes to optimize performance of relational data warehouses. *Proceeding of the International Conference on Data Warehousing and Knowledge Discovery (DAWAK'2004)*, pages 15–25, September 2004.

[27] P. A. Bernstein and D.-M. W. Chiu. Using semi-joins to solve relational queries. *Journal of the ACM*, 28(1) :25–40, January 1981.

[28] K. Boukhalfa and L. Bellatreche. Combinaison des algorithmes génétiques et de recuit simulé pour la conception physique des entrepôts de données. *INFORSID*, pages 673–686, 2006.

[29] K. Boukhalfa and L. Bellatreche. Sélection de schéma de fragmentation horizontale dans les entrepôts de données. formalisation et algorithmes. *Ingénierie des Systèmes d'Information*, 11(6) :55–82, 2006.

[30] K. Boukhalfa, L. Bellatreche, and R. P. Fragmentation primaire et dérivée : Étude de complexité, algorithmes de sélection et validation sous oracle10g. *Revue des Nouvelles Technologies de l'Information RNTI*, 2008.

[31] K. Boukhalfa, L. Bellatreche, and P. Richard. Fragmentation primaire et dérivée : Étude de complexité, algorithmes de sélection et validation sous oracle10g. Techreport 001-2008, http ://www.lisi.ensma.fr/members/ bellatreche, LISI/ENSMA, 2008.

[32] N. Bruno and S. Chaudhuri. To tune or not to tune ? a lightweight physical design

alerter. *In Proceedings of the International Conference on Very Large Databases (VLDB)*, 2006.
[33] X. Y. C. Zhang and J. Yang. An evolutionary approach to materialized view selection in a data warehouse environment. *IEEE Transactions on Systems, Man, and Cybernetics*, 31(3) :282–294, 2001.
[34] S. Ceri, M. Negri, and G. Pelagatti. Horizontal data partitioning in database design. *Proceedings of the ACM SIGMOD International Conference on Management of Data. SIGPLAN Notices*, pages 128–136, 1982.
[35] S. Ceri, M. Negri, and G. Pelagatti. Horizontal data partitioning in database design. *Proceedings of the ACM SIGMOD International Conference on Management of Data. SIGPLAN Notices*, pages 128–136, 1982.
[36] S. Chaudhuri. Index selection for databases : A hardness study and a principled heuristic solution. *IEEE Transactions on Knowledge and Data Engineering*, 16(11) :1313–1323, November 2004.
[37] S. Chaudhuri and U. Dayal. An overview of data warehousing and olap technology. *Sigmod Record*, 26(1) :65–74, March 1997.
[38] S. Chaudhuri and V. Narasayya. An efficient cost-driven index selection tool for microsoft sql server. *Proceedings of the International Conference on Very Large Databases*, pages 146–155, August 1997.
[39] S. Chaudhuri and V. Narasayya. Autoadmin 'what-if' index analysis utility. *Proceedings of the ACM SIGMOD International Conference on Management of Data*, pages 367–378, June 1998.
[40] S. Chaudhuri and V. R. Narasayya. Self-tuning database systems : A decade of progress. In *VLDB*, pages 3–14, 2007.
[41] S. Chaudhuri and G. Weikum. Foundations of automated database tuning. *In Proceedings of the International Conference on Data E ngineering (ICDE)*, 2006.
[42] C. Chee-Yong. Indexing techniques in decision support systems. Phd. thesis, University of Wisconsin - Madison, 1999.
[43] S. Choenni, H. Blanken, and T. Chang. Index selection in relational databases. In *5th International Conference on Computing and Information (ICCI 93),Ontario, Canada*, pages 491–496, 1993.
[44] S. Choenni, H. Blanken, and T. Chang. On the selection of secondary indices in relational databases. *Data Knowledge Engineering*, 11(3) :207–238, 1993.
[45] L. Comtet. *Advanced Combinatorics*. Dordrecht, Netherlands : Reidel, 1974.
[46] O. Corp. Oracle partitioning. *White Paper, http ://www.oracle.com/ technology/ products/ bi/ db/ 11g/*, June 2007.
[47] O. Council. Apb-1 olap benchmark, release ii. *http ://www.olapcouncil.org/ research/ resrchly.htm*, 1998.
[48] C. D. The dificulty of optimum index selection. *ACM Transactions on Database Systems (TODS)*, 3(4) :440–445, 1978.
[49] A. Darabant, A. Câmpan, G. Moldovan, and H. Grebla. Ai clustering techniques : a new approach in horizontal fragmentation of classes with complex attributes and methods in object oriented databases. *in the Proceedings of the International Conference on Theory and Applications of Mathematics and Informatics - ICTAMI*, pages 109–128, 2004.
[50] J. Darmont. Optimisation et évaluation de performance pour l'aide à la conception et à l'administration des entrepôts de données complexes. Hdr thesis, Université Lumière Lyon 2, November 2006.
[51] M. de Souza and M. Sampaio. Efficient materialization and use of views in data warehouses. *SIGMOD Record*, 28(1) :78–83, 1999.
[52] D. DeWitt and J. Gray. Parallel database systems : the future of high performance database systems. *Commun. ACM*, 35(6) :85–98, 1992.
[53] S. I. B. I. Division. Configuring and performance tuning emc symmetrix for sybase iq-multiplex. Whitepaper P/N LS031601/REV1, Sybase Inc., 2001.
[54] M. Dorigo and D. Caro. The ant colony optimization meta-heuristic. *In New Ideas in Optimization*, pages 11–32, 1999.
[55] M. Dorigo and T. Stützle. *Ant Colony Optimization*. MIT Press, Boston, MA, 2003.

[56] M. C. Er. A fast algorithm for generating set partitions. *Comput. J.*, 31(3) :283–284, 1988.

[57] Y. Feldman and J. Reouven. A knowledge based approach for index selection in relational databases. In *Expert System with Application*, pages 15–37, 2003.

[58] M. Frank, E. Omiecinski, and S. Navathe. Adaptive and automated index selection in rdbms. In *3rd International Conference on Extending Database Technology (EDBT 92), Vienna, Austria*, pages 277–292, 1992.

[59] C.-W. Fung, K. Karlapalem, and Q. Li. Cost-driven vertical class partitioning for methods in object oriented databases. *The VLDB Journal*, 12(3) :187–210, 2003.

[60] I. O. G. LAPORTE. *Metaheuristics in combinatorial optimization, Annals of Operations Research*. Baltzer Science Publishers, Basel, Switzerland, 1996.

[61] S. D. Gamboa, F. Editing mad* task descriptions for specifying user interfaces, at both semantic and presentation levels. In *In Harrison, M.D. and Torres, J.C. (Eds.), Proceedings of DSV-IS'97, Springer-Verlag*, pages 193–208, 1997.

[62] M. Garey and D. Johnson. *Computers and intractability : a guide to the theory of NP-completeness*. W.H. Freeman and Company, New York,, 1979.

[63] K. E. Gebaly and A. Aboulnaga. Robustness in automatic physical database design. *in 11th International Conference on Extending Database Technology (EDBT'08), March*, 2008.

[64] F. Glover and M. Laguna. *Tabu search*. Kluwer, Dordrecht, 1997.

[65] M. Golfarelli, , and E. Rizzi, S. Saltarelli. Index selection for data warehousing. *Proceedings 4th International Workshop on Design and Management of Data Warehouses (DMDW'2002), Toronto, Canada*, pages 33–42, 2002.

[66] M. Golfarelli, D. Maio, and S. Rizzi. Conceptual design of data warehouses from e/r schemes. *in the 31th Hawaii Conference on System Sciences*, January 1998.

[67] M. Golfarelli and S. Rizzi. View materialization for nested gpsj queries. *2nd International Workshop on Design and Management of Data Warehouses (DMDW 00), Stockholm, Sweden*, pages 10.1–10.9, 2000.

[68] G. Graefe. Query evaluation technique for large databases. *ACM Computing Surveys*, 25(2) :73–170, June 1993.

[69] V. Grebinski and G. Kucherov. Reconstructing set partitions. In *Symposium on Discrete Algorithms*, pages 915–916, 1999.

[70] H. Gupta. Selection of views to materialize in a data warehouse. *Proceedings of the 6th International Conference on Database Theory (ICDT '97)*, pages 98–112, 1997.

[71] H. Gupta. Selection and maintenance of views in a data warehouse. Ph.d. thesis, Stanford University, September 1999.

[72] H. Gupta, V. Harinarayan, A. Rajaraman, and J. Ullman. Index selection for olap. *Proceedings of the International Conference on Data Engineering (ICDE)*, pages 208–219, April 1997.

[73] H. Gupta and I. Mumick. Selection of views to materialize in a data warehouse. *IEEE Transactions on Knowledge and Data Engineering*, 17(1) :24–43, 2005.

[74] K. R. H. Uchiyama and T. Teorey. A progressive view materialization algorithm. *2nd ACM International Workshop on Data warehousing and OLAP (DOLAP 99), Kansas City, USA*, pages 36–41, 1999.

[75] P. J. Han, J. and Y. Yin. Mining frequent patterns without candidate generation. In *Proceedings of the ACM-SIGMOD 2000 Conference, Dallas, Texas, USA.*, pages 1–12, 2000.

[76] Y. Hansen. The steepest ascent mildest descent heuristic for combinatorial programming. *Congress on Numerical Methods in Combinatorial Optimization, Capri, Italie*, 1986.

[77] V. Harinarayan, A. Rajaraman, and J. Ullman. Implementing data cubes efficiently. *Proceedings of the ACM SIGMOD International Conference on Management of Data*, pages 205–216, June 1996.

Bibliographie

[78] J. H. Holland. *Adaptation in Natural and Artificial Systems*. University of Michigan Press, Ann Arbor, Michigan, 1975.

[79] T. Ibaraki and T. Kameda. Optimal nesting for computing n-relationnel join. *ACM Trans, on Database Systems*, 9(3) :482–502, 1984.

[80] J. K. I.H. OSMAN. *Meta-heuristics : theory and applications*. luwers Academic Publishers, Boston, 1996.

[81] W. H. Inmon. *Building the Data Warehouse*. John Wiley, 1992.

[82] Y. Ioannidis and Y. Kang. Randomized algorithms for optimizing large join queries. *Proceedings of the ACM SIGMOD International Conference on Management of Data*, pages 9–22, 1990.

[83] Y. E. Ioannidis and V. Poosala. Histogram-based approximation of set-valued query-answers. *In Proceedings of the International Conference on Very Large Data Bases (VLDB)*, pages 174–185, September 1999.

[84] Y. E. Ioannidis and E. Wong. Query optimization by simulated annealing. *SIGMOD Rec.*, 16(3) :9–22, 1987.

[85] G. M. JM. Steinbrunn and A. Kemper. Optimizing join orders. Techreport MIP9307, Faculty of Mathematic, Univ. of Passau, Germany, 1993.

[86] T. Johnson. Performance measurements of compressed bitmap indices. *Proceedings of the International Conference on Very Large Databases*, 1999.

[87] J. D. K. Aouiche, P. Jouve. Clustering-based materialized view selection in data warehouses. *10th East-European Conference on Advances in Databases and Information Systems (ADBIS 06)*, Thessaloniki, Greece, 4152, Springer, Heidelberg, Germany :81–95, September 2006.

[88] A. L. K. Woameno, L. Bellatreche and K. Boukhalfa. Personalized referential partitioning in data warehouses. *To appear in the ninth international symposium on programming and systems (ISPS'09)*.

[89] K. Karlapalem and Q. Li. Partitioning schemes for object oriented databases. *in Proceeding of the Fifth International Workshop on Research Issues in Data Engineering- Distributed Object Management, RIDE-DOM'95*, pages 42–49, March 1995.

[90] K. Karlapalem, Q. Li, and S. Vieweg. Method induced partitioning schemes in object-oriented databases. *in 16th International Conference on Distributed Computing System (ICDCS'96)*, Hong Kong, pages 377–384, May 1996.

[91] R. Kimball. *The Data Warehouse Toolkit*. John Wiley and Sons, 1996.

[92] R. Kimball, L. Reeves, M. Ross, and W. Thornthwaite. *The Data Warehouse Lifecycle Toolkit : Expert Methods for Designing, Developing, and Deploying Data Warehouses*. John Wiley and Sons, 1998.

[93] R. Kimball and K. Strehlo. Why decision support fails and how to fix it. *SIGMOD Record*, 24(3) :92–97, September 1995.

[94] W. King. On the selection of indices for a file. Technical report TR.RJ 1341, International Business Machines (IBM), San Jose CA, 1974.

[95] S. Kirkpatrick, C. D. Gelatt, and M. P. Vecchi. Optimization by simulated annealing. *Science*, 220(4598) :671–680, May 1983.

[96] Y. Kotidis and N. Roussopoulos. Dynamat : A dynamic view management system for data warehouses. *Proceedings of the ACM SIGMOD International Conference on Management of Data*, pages 371–382, June 1999.

[97] T. Kraft, H. Schwarz, and B. Mitschang. A statistics propagation approach to enable cost-based optimization of statement sequences. *International Conference on Advances in Databases and Information Systems (ADBIS'07)*, pages 267–282, October 2007.

[98] J. Kratica, D. Ljubig, and D. Tošig. A Genetic Algorithm for the Index Selection Problem. *Lecture Notes in Computer Science*, 2611 :281–291, 2005.

[99] W. Labio, D. Quass, and B. Adelberg. Physical database design for data warehouses. *Proceedings of the International Conference on Data Engineering (ICDE)*, 1997.

[100] M. Lee and J. Hammer. Speeding up materialized view selection in data warehouses using a randomized algorithm. *Int. J. Cooperative Inf. Syst.*, 10(3) :327–353, 2001.

[101] H. Lei and K. A. Ross. Faster joins, self-joins and multi-way joins using join indices. *Data and Knowledge Engineering*, 28(3) :277–298, November 1998.

[102] W. T. McCormick, P. J. Schweitzer, and T. W. White. Problem decomposition and data reorganization by a clustering technique. *Operation Research*, 20(5) :993–1009, September 1972.

[103] N. A. R. Metropolis, M. Rosenbluth, A. Teller, and E. Teller. Equation of state calculations by fast computing machines. *J. Chem. Phys.*, 21(6) :1087–1092, 1953.

[104] D. S. J. Michael Garey. *Computers and Intractability ; A Guide to the Theory of NP-Completeness*. W. H. Freeman & Co., New York, NY, USA, 1990.

[105] Z. Michalewicz. A survey of constraint handling techniques in evolutionary computation methods. In *Evolutionary Programming*, pages 135–155, 1995.

[106] T. Nadeau and T. Teorey. Achieving scalability in olap materialized view selection. *5th ACM International Workshop on Data Warehousing and OLAP (DOLAP 02), McLean, USA*, pages 28–34, 2004.

[107] S. Navathe, S. Ceri, G. Wiederhold, and D. J. Vertical partitioning algorithms for database design. *ACM Transaction on Database Systems*, 9(4) :681–710, December 1984.

[108] S. Navathe and M. Ra. Vertical partitioning for database design : a graphical algorithm. *ACM SIGMOD*, pages 440–450, 1989.

[109] A. Y. Noaman and K. Barker. A horizontal fragmentation algorithm for the fact relation in a distributed data warehouse. *in the 8th International Conference on Information and Knowledge Management (CIKM'99)*, pages 154–161, November 1999.

[110] F. Oliveira, K. Nagaraja, R. Bachwani, R. Bianchini, R. P. Martin, and T. D. Nguyen. Understanding and validating database system administration. In *ATEC '06 : Proceedings of the annual conference on USENIX '06 Annual Technical Conference*, pages 19–19, Berkeley, CA, USA, 2006. USENIX Association.

[111] P. O'neil. Multi-table joins through bitmapped join indioces. *SIGMOD*, 24(03), 1995.

[112] P. E. O'Neil and D. Quass. Improved query performance with variant indexes. *SIGMOD Conference*, pages 38–49, 1997.

[113] D. Orvosh and L. Davis. Shall we repair ? genetic algorithmscombinatorial optimizationand feasibility constraints. In *Proceedings of the 5th International Conference on Genetic Algorithms*, page 650, San Francisco, CA, USA, 1993. Morgan Kaufmann Publishers Inc.

[114] M. T. Özsu and P. Valduriez. Distributed database systems : Where are we now ? *IEEE COMPUTER*, 24(8) :68–78, August 1991.

[115] M. T. Özsu and P. Valduriez. Distributed database systems : Where are we now ? *IEEE COMPUTER*, 24(8) :68–78, August 1991.

[116] M. T. Özsu and P. Valduriez. *Principles of Distributed Database Systems : Second Edition*. Prentice Hall, 1999.

[117] B. P. and M. H. The dimension-join : A new index for data warehouses. *in 16th Simpósio Brasileiro de Banco de Dados (SBDD 2001), Rio de Janeiro, Brazil*, pages 259–273, 2001.

[118] S. Papadomanolakis and A. Ailamaki. Autopart : Automating schema design for large scientific databases using data partitioning. *Proceedings of the 16th International Conference on Scientific and Statistical Database Management (SSDBM 2004)*, pages 383–392, June 2004.

[119] N. Pasquier, Y. Bastide, R. Taouil, and L. Lakhal. Discovering frequent closed itemsets. *ICDT*, pages 398–416, 1999.

[120] F. Paterno. Model-based design and evaluation of interactive applications. *Springer*, 2001.

[121] A. P. Pons. Database tuning and its role in information technology education.

Journal of Information Systems Education, 14(4), 2004.

[122] V. Poosala, Y. E. Ioannidis, P. J. Haas, and E. J.Shekita. Improved histograms for selectivity estimation of range predicates. *In Proceedings of the ACM SIGMOD International Conference on Management of Data (SIGMOD), Montreal, Quebec, Canada*, pages 294–305, June 1996.

[123] J. Rao and K. A. Ross. Reusing invariants : A new strategy for correlated queries. *In Proceedings of the ACM-SIGMOD InternationalConference onManagement of Data (SIGMOD),Seattle, WA,USA*, pages 37–48, June 1998.

[124] J. Rao, C. Zhang, G. Lohman, and N. Megiddo. Automating physical database design in a parallel database. *Proceedings of the ACM SIGMOD International Conference on Management of Data*, pages 558–569, June 2002.

[125] F. Ravat. od^3 : contribution méthodologique à la conception de bases de données orientées objet réparties. Thèse de doctorat, Université Paul Sabatier, September 1996.

[126] C. REEVES. *Modern heuristic techniques for combinatorial problems*. Blackwell Scientific Publications, Oxford, 1993.

[127] F. Romeo and A. L. Sangiovanni-Vincentelli. Probabilistic hill climbing algorithms : Properties and applications. *In Proc. of Chapel Hill Conf. on VLSI*, pages 393–417, 1985.

[128] F. Romeo, A. Vincentelli, and C. Sechen. Research on simulated annealing at berkeley. *Proceedings ICCD*, pages 652–657, October 1984.

[129] D. Sacca and G. Wiederhold. Database partitioning in a cluster of processors. *ACM Trans. Database Syst.*, 10(1) :29–56, 1985.

[130] A. Sanjay, V. R. Narasayya, and B. Yang. Integrating vertical and horizontal partitioning into automated physical database design. *Proceedings of the ACM SIGMOD International Conference on Management of Data*, pages 359–370, June 2004.

[131] A. Sanjay, C. Surajit, and V. R. Narasayya. Automated selection of materialized views and indexes in microsoft sql server. *Proceedings of the International Conference on Very Large Databases*, pages 496–505, September 2000.

[132] B. C. Scapin D. Analyse des tâches et aide ergonomique : l'approche mad*. *in Kolski C. (dir.), Analyse et conception de l'IHM, Interaction homme-machine pour les systèmes d'information*, 1, 2001.

[133] J.-C. Sperandio. Aging and user disfunctionings : implications for information system design. *Proceedings of the 2003 Conference of the Association Francophone dInteraction Homme-Machine 2003*, pages 17–23, 2003.

[134] S. V. e. K. K. S.R. Valluri. View relevance driven materialized view selection in data warehousing environment. *13th Australasian Database Technologies Conference (ADC 2002), Melbourne, Australia*, pages 187–196, 2002.

[135] T. Stöhr and E. Rahm. Warlock : A data allocation tool for parallel warehouses. *Proceedings of the International Conference on Very Large Databases*, 2001.

[136] T. Stöhr, H. Märtens, and E. Rahm. Multi-dimensional database allocation for parallel data warehouses. *Proceedings of the International Conference on Very Large Databases*, pages 273–284, 2000.

[137] R. B. Systems. Star schema processing for complex queries. *White Paper*, July 1997.

[138] Z. A. Talebi, R. Chirkova, Y. Fathi, and M. Stallmann. Exact and inexact methods for selecting views and indexes for olap performance improvement. *11th International Conference on Extending Database Technology (EDBT'08)*, Mars 2008.

[139] J. Tarby and M. Barthet. Analyse et modélisation des tâches dans la conception des systèmes d'information : la méthode diane+. *In Analyse et conception de l'IHM, interaction pour les Systèmes d'Information*, 2001.

[140] O. Teste. Modélisation et manipulation d'entrepôts de données complexes et his-

torisées. Thèse de doctorat en informatique, Université Paul Sabatier, 2000.
[141] D. Theodoratos and W. Xu. Constructing search spaces for materialized view selection. *7th ACM International Workshop on Data Warehousing and OLAP (DOLAP 04), Washington DC, USA*, pages 112–121, 2004.
[142] G. T.I. Near optimal multiple choice index selection for relational databases. *Computers & Mathematics with Applications*, 37(2) :111–120, 1999.
[143] M. Tomassini. A survey of genetic algorithms. *Annual Reviews of Computational Physics*, III(2) :87–118, 1995.
[144] A. Tucker, J. Crampton, and S. Swift. Rgfga : An efficient representation and crossover for grouping genetic algorithms. *Evol. Comput.*, 13(4) :477–499, 2005.
[145] J. Ullman. Efficient implementation of data cubes via materialized views. *in the Proceedings of the 2nd International Conference on Knowledge Discovery and Data Mining (KDD'96)*, pages 386–388, 1996.
[146] P. Valduriez. Join indices. *ACM Transactions on Database Systems*, 12(2) :218–246, June 1987.
[147] P. Valduriez. Parallel database systems : Open problems and new issues. *Distributed and Parallel Databases*, 1(2) :137–165, 1993.
[148] G. Valentin, M. Zuliani, D. Zilio, G. Lohman, and A. Skelley. Db2 advisor : An optimizer smart enough to recommend its own indexes. In *16th International Conference on Data Engineering (ICDE 00), San Diego, USA*, pages 101–110, 2000.
[149] G. van der Veer. Ta : Groupware task analysis - modeling complexity. *In Acta Psychologica*, pages 297–322, 1996.
[150] H. J. Wang, J. and J. Pei. Closet+ : searching for the best strategies for mining frequent closed itemsets. *in Proceedings of international conference on Knowledge discovery and data mining (ACM SIGKDD03)*, pages 236–245, 2003.
[151] K. Whang. Index selection in relational databases. In *International Conference on Foundations of Data Organization (FODO 85), Kyoto, Japan*, pages 487–500, 1985.
[152] K. Wu, E. Otoo, and A. Shoshani. On the performance of bitmap indices for high cardinality attributes. *In Proceedings of the 30th International Conference on Very Large Databases (VLDB)*, 2004.
[153] K. Wu, E. Otoo, and A. Shoshani. An efficient compression scheme for bitmap indices. *In Proceedings of the ACM Transactions on Database Systems (TODS)*, 2006.
[154] M.-C. Wu and A. P. Buchmann. Encoded bitmap indexing for data warehouses. pages 220–230, 1998.
[155] J. X. Yu, C.-H. Choi, and G. Gou. Materialized view selection as constrained evolution optimization. *IEEE Transactions On Systems, Man, and Cybernetics, Part 3*, 33(4) :458–467, November 2004.
[156] M. Zaki and C. Hsiao. Charm : An efficient algotithm for closed itemset mining. *In proceeding of the 2nd SIAM International Conference on Data Mining (ICDM02)*, 2002.
[157] Y. Zhang and M.-E. Orlowska. On fragmentation approaches for distributed database design. *Information Sciences*, 1(3) :117–132, 1994.
[158] Y. Zhang and M.-E. Orlowska. On fragmentation for distributed database design. *Information Sciences*, 1(3) :117–132, 1994.
[159] D. C. Zilio, J. Rao, S. Lightstone, G. M. Lohman, A. Storm, C. Garcia-Arellano, and S. Fadden. Db2 design advisor : Integrated automatic physical database design. *Proceedings of the International Conference on Very Large Databases*, pages 1087–1097, August 2004.

Résumé

Nous visons à travers cette thèse à proposer un ensemble d'approches permettant d'optimiser les entrepôts de données et d'aider l'AED à bien mener cette optimisation. Nos approches d'optimisation reposent sur l'utilisation de trois techniques d'optimisation : la fragmentation horizontale primaire, dérivée et les index de jointure binaires (IJB). Nous commençons par proposer une approche de fragmentation qui prend en considération à la fois la performance (réduction du coût d'exécution) et la manageabilité (contrôle du nombre de fragments générés). Nous avons ensuite proposé une approche gloutonne de sélection d'IJB. Cette approche commence par trouver une solution initiale ensuite l'améliorer en utilisant plusieurs stratégies. L'utilisation séparée de la fragmentation horizontale (FH) et des IJB ne permet pas d'exploiter les similarités existantes entre ces deux techniques. Nous avons proposé une approche de sélection conjointe de la FH et des IJB. Cette approche peut être utilisée pour le tuning de l'entrepôt. Nous avons mené plusieurs expérimentations en utilisant des modèles de coût mathématiques suivies d'autres effectuées sur un benchmark sous Oracle 10g pour valider nos différentes approches. Nous proposons par la suite un outil permettant d'aider l'AED dans ses tâches de conception physique et de tuning. L'outil permet de fragmenter l'entrepôt, de l'indexer ou les deux en même temps.

Mots-clés: Conception Physique, Tuning, Techniques d'Optimisation, Fragmentation Horizontale, Index de Jointure Binaires.

Abstract

The main goal of this thesis is to propose a set of approaches to optimize performance of data warehouses and assist the data warehouse administrator (DWA) to well perform this optimization. Our approaches use three optimization techniques : primary and derived horizontal partitioning and bitmap join indexes (BJI). First, we propose a partitioning approach, which takes into account both the performance and manageability. Then, we propose a greedy approach that selects a set of BJI. This approach starts with an initial solution then improves it using multiple strategies. The use of FH and BJI independently cannot exploit the various similarities existing between these two techniques. We propose an approach for multiple selection of FH and BJI. This approach can be used for tuning data warehouses. We conducted several experiments using mathematics cost models then using a benchmark dataset under Oracle 10g to validate our approaches. We develop a tool to assist the DWA in physical design and tuning. The tool allows to partition the data warehouse or to select BJI or both.

Keywords: Physical Design, Tuning, Optimization Techniques, Horizontal Partitioning, Bitmap join index

Oui, je veux morebooks!

I want morebooks!

Buy your books fast and straightforward online - at one of the world's fastest growing online book stores! Environmentally sound due to Print-on-Demand technologies.

Buy your books online at
www.get-morebooks.com

Achetez vos livres en ligne, vite et bien, sur l'une des librairies en ligne les plus performantes au monde!
En protégeant nos ressources et notre environnement grâce à l'impression à la demande.

La librairie en ligne pour acheter plus vite
www.morebooks.fr

OmniScriptum Marketing DEU GmbH
Heinrich-Böcking-Str. 6-8
D - 66121 Saarbrücken
Telefax: +49 681 93 81 567-9

info@omniscriptum.com
www.omniscriptum.com

Printed by Books on Demand GmbH, Norderstedt / Germany